U0582544

人民·联盟文库

顾问委员会

由人民出版社市场联盟成员社社长、总编辑组成

编辑委员会

（以姓氏拼音为序）

主　任：陈有和

副主任：杜培斌　潘少平　王德树

委　员：陈令军　姜　辛　刘锦泉　刘智宏

王　路　许方方　徐佩和　张文明

人民·联盟文库

论死生

吴兴勇 著

湖北人民出版社
人民出版社

出版说明

人民出版社及全国各省市自治区人民出版社是我们党和国家创建的最重要的出版机构。几十年来，伴随着共和国的发展与脚步，他们在宣传马克思列宁主义、毛泽东思想、邓小平理论、“三个代表”重要思想，深入贯彻落实科学发展观，坚持走有中国特色社会主义道路方面，出版了大量的各种类型的优秀出版物，为丰富人民群众的学习、文化需求作出了不可磨灭的贡献，发挥了不可替代的作用。但由于环境、地域及发行渠道等诸多原因，许多精品图书并不为广大读者所知晓。为了有效地利用和二次开发全国人民出版社及其他成员社的优秀出版资源，向广大读者提供更多更好的精品佳作，也为了提升人民出版社市场联盟的整体形象，人民出版社市场联盟决定，在全国各成员社已出版的数十万个品种中，精心筛选出具有理论性、学术性、创新性、前沿性及可读性的优秀图书，辑编成《人民·联盟文库》，分批分次陆续出版，以飨读者。

《人民·联盟文库》的编选原则：1. 充分体现人民出版社的政治、学术水平和出版风格；2. 展示出各地人民出版社及其他成员社的特色；3. 图书主题应是民族的，而不是地区性的；4. 注重市场价值，要为读者所喜爱；5. 译著要具有经典性或重要影响；6. 内容不受时间变化之影响，可供读者长期阅读和收藏。基于上述原则，《人民·联盟文库》未收入以下图书：1. 套书、丛书类图书；2. 偏重于地方的政治类、经济类图书；3. 旅游、休闲、生活类图书；4. 个人的文集、年谱；5. 工具书、辞书。

《人民·联盟文库》分政治、哲学、历史、文化、人物、译著六大类。由于所选原书出版于不同的年代、不同的出版单位，在封面、开本、版式、材料、装帧设计等方面都不尽一致，我们此次编选，为便宜读者阅读，全部予以统一，并在封面上以颜色作不同类别的区分，以利读者的选购。

人民出版社市场联盟委托人民出版社具体操作《人民·联盟文库》的出版和发行工作，所选图书出版采用联合署名的方式，即人民出版社与原书所属出版社共同署名，版权仍归原出版单位。《人民·联盟文库》在编选过程中，得到了人民出版社市场联盟成员社的大力支持与帮助，部分专家学者及发行界行家们也提出了很多建设性的意见，在此一并表示诚挚的感谢！

《人民·联盟文库》编辑委员会

目录

死　亡　篇

生 命 篇

前　言

君不见黄河之水天上来，奔流到海不复回。君不见高堂明镜悲白发，朝如青丝暮成雪。人生得意须尽欢，莫使金樽空对月……五花马，千金裘，呼儿将出换美酒，与尔同销万古愁。

——李白《将进酒》

李白在《将进酒》诗中倾诉的“万古愁”是什么呢？这指的是人类“永恒”存在的情感，其中包括烦闷、孤寂、忧愁、失落、恐惧、绝望

七位美女一个骷髅，生与死，美与丑，爱与恨，诱与拒，种种矛盾融为一体，给人们留下无尽的思索。（美国　菲利普·哈尔斯曼摄）

等。这一类忧思往往是无可名状的，既没有具体的对象，也没有一定的范围，可是它们常常萦绕人们的心头，无法排解，“剪不断，理还乱”。实际上，这些愁闷同下述人生的大问题是分不开的。

一个人是怎样来到这个世界上的？有限的人生意义是什么？人生最后都以死亡为结局，富贵功名都化为尘土，那么人生的追求和奋斗还有什么意义？人生是不是太荒谬了？以上问题都是亚里士多德所谓的“从古到今以至将来永远地使人困惑的问题”。

法国17世纪著名的思想家帕斯卡尔（Blaise Pascal，1623—1662）说，人是世界上最脆弱的一棵苇草，一缕烟、一滴水便足以杀死他。但人却是一棵高贵的苇草，因为人知道自己要死亡，明白宇宙比他强大，而宇宙对此一无所知。大多数人从8—10岁起就知道他们也会死，此后，死亡的忧虑就终生伴随着一个人。

死亡的恐惧对人来说也许是必要的，这样才能避免人们全去自杀。自古以来，人类缓解死亡忧虑的方法有下列几种：一、寻求长生不老的丹药，希望一劳永逸地战胜死亡。二、信仰灵魂不死和生命轮回等宗教观念，相信死亡只是生命的转移，而不是自我的寂灭，以克服对死亡的忧惧。三、返归田园，在田园之乐中，让自己与大自然融为一体，以缓解畏死的心态。四、毕生从事苦行，把尘世当成苦海，以克服对生的留恋。

时至今日，以上几种方法都不那么奏效了。首先，科学证明，无限延长生命的灵丹妙药是没有的，乱服药只会加速人的死亡。其次，现代人都具有科学头脑，对灵魂永生等迷信已不再相信。再次，田园牧歌式的自然经济中的无忧与安贫状况早已成为过去，现代生活充满竞争和巨变，随之而来的是忧患、紧张和不安，再也难找世外桃源了。最后，现代社会崇尚高消费和享受，没有人愿意再做苦行僧。因此，对死亡的不可解脱的恐惧，是现代人最大的人性的压抑。

由此可见，对现代人进行生和死的教育十分必要。自古以来，就有开展这方面教育的传统。中国古代的学者王充、范缜、陈白沙、王阳明、王夫之，还有庄子、贾谊、嵇康、陶渊明、张载、洪亮吉、梁启超等都就死亡问题进行过深刻的探索，文学家曹操、白居易、苏轼、李清照、文天祥、罗贯中、曹雪芹，以及近代的鲁迅等都就死亡题材写过不朽的诗文。国外则更多了，举其要者，古希腊罗马有德谟克利特、西塞罗、伊壁鸠鲁、卢克莱修、爱比克泰德，还有苏格拉底、柏拉图、亚里士多德等，欧洲近代有伏尔泰、卢梭、狄德罗、费尔巴哈、叔本华、哈特曼、尼采、克尔凯郭尔、波德莱尔、斯威夫特等，当代有弗洛伊德、海德格尔、萨特、雅斯贝尔斯、加缪、马尔库塞等，还有俄国的列夫·托尔斯泰、陀思妥耶夫斯基、拉季舍夫、施马尔豪森、梅奇尼科夫等，日本有铃木大拙、池田大作、幸德秋水、井上靖等，印度有泰戈尔、奥修等，以上诸人，或就死亡问题写过专论，或发表过精辟的见解，或留下奇妙的诗文。

苏格拉底把自己的死变成一堂哲学课，以教育门徒：他认为研究哲学就是为死亡做准备，哲学家终生都期待死。柏拉图对苏格拉底之死的思索，奠定了西方古典哲学的基础，他认为人的每个认识都旨在认识自己将要死去及必然死去。

达尔文的进化论从生物学上揭示了个体生命的奥秘，这是人类生命死亡认识史上的第一次革命。近几十年来，分子生物学的建立和发展，脱氧核糖核酸的发现，遗传工程的产生，又开创了生命死亡认识史上的第二次革命。

20 世纪 70 年代以来，在西方国家中，死亡问题成为人类医学、哲学、伦理学、人类学、教育学、社会学、宗教学等诸多学科普遍探索的问题，也成为立法和公共政策关注的对象，一个跨学科的研究领域——死亡学（Thanatology）正在形成。

当代人类死亡学的研究是在现代医学发展的基础上进行的，开始于19 世纪末有关学者对人类死亡恐惧的研究，直到 20 世纪末对死亡各个层面的研究，例如死亡心理方面的濒死体验的研究、死亡伦理方面的安乐死的研究、死亡哲学方面的死亡超越的研究等。据统计，英语文献目录关于濒死、死亡和居丧的书籍（不包括文章）在1976—1986年之间出版的就有1700种，生物学家、医学家、人类学家、心理学家、社会学家、哲学家等都参与了对此问题的研究。

美国是死亡学研究最早的国家之一。在1912年美国罗斯威尔·帕克创用死亡学（Thanatology）一词的时候，该词的内涵主要涉及一般所理解的死亡概念，尤其是濒死者的反应。几十年后，才有学者开始以整合的科学知识及心理学的观点研究死亡的过程。1959年，赫尔曼·法伊费尔（Feifel）以行为科学观点编著了《死亡的意义》一书，为死亡观念、死亡教育的发展树立了一个新的里程碑。1969年库伯勒·罗斯（Kubler Ross）编著的《论死亡与濒死》（*On Death and Dying*）、1970年沃伦（Veron）编著的《死亡社会学》、1972年罗伯特·卡斯腾鲍姆（Robert Kastenbaum）和露特·艾森伯格（Aisenberg）编著的《死亡心理学》等著作，分别从心理学、社会学等方面对死亡现象进行了研究。除了死亡学著作的不断增加外，20世纪60年代，美国的许多大学及医院开始举办关于死亡、濒死、居丧的学术研讨会，大量有关死亡研究的论文得以涌现。死亡教育逐渐成为美国学校教育中的一门学科，幼儿园、小学、中学、大学以及医院、社会服务机构等都开设了死亡教育课程。罗伯特·卡斯腾鲍姆等还设立了死亡教育研究中心。研究死亡的期刊也相继面世，如《死亡与濒死杂志》、《死亡教育杂志》、《死亡学杂志》等。1994年1月2日，哈佛大学在燕京图书馆举行了以“中国文化中的生死观”为题的研讨会，讨论题目包括“生死与宗教”、“人间与生死”、“藏族的灵魂观”、“明遗民的生死态度”、“辛亥革命与鲁迅的生死观”等，显示了美国死亡学研究范围之广博。

日本死亡学研究状况：日本出版界自1975年以后，有关死亡话题的出版物也迅速地增加，先后出版了《生与死的思考》、《人的临终图卷》等多本拥有众多读者的书籍，死亡不再是日本人避讳的话题。铃木正子（1990）曾就手边拥有的约150本有关死亡问题的书籍，按年代顺序进行统计，调查结果如下：1965—1974年为10%；1975—1984年为

60%；1985—1990 年为 30%。自 1973 年开始，淀川基督教医院就以“临终照护”团队的形式，开展对临终病人及其家属的关怀照护。1977 年成立了“死亡问题临床研究协会”，医学界也逐渐对于临终关怀的开展显示了相当的兴趣。1984 年在上智大学成立了“生死问题研究会”，每年定期召开学术研讨会，目的是希望人们互相倾诉、安慰，进而寻求生活的价值，学习照顾濒死、临终病人及其家属，思索生命与死亡的意义等。

英国的死亡学研究的重点是医学和社会学的学者对濒死和居丧方面的研究。1967 年西塞莉·桑德斯（Cicely Saunders）博士在伦敦建立的圣克里斯多弗临终关怀院，标志着现代临终关怀学的建立。德国注意对青少年开展死亡教育，组织中学生参观殡仪馆，让青年人直观人生的终点。德国出版的《死亡准备的教科书》成为受人们欢迎的关于死亡问题的书籍。法国、荷兰等许多国家的大、中、小学也都开设了死亡教育课，进行了相应的研究。世界发达国家有数以千计的学校将死亡教育列入教学计划，并取得了良好效果。

苏联理论界自 20 世纪 60 年代以来就特别注重人的问题研究，出版了不少这方面的理论著作。例如，苏共中央委员、哲学家协会主席弗罗洛夫早在 1983 年就在《哲学问题》杂志上发表了《生死与不朽》一文，试图应用马克思主义的人道主义观点来解决生死观问题。文章发表后，反响很大。后来，弗罗洛夫又在《人的前景》一书中对这个问题做了更深入的发挥和阐述。弗罗洛夫是中国的老朋友，前几年逝世于上海。

新加坡认为信息技术已经过时，现在把国家战略瞄准在“生命和死亡的科学”。

20 世纪 90 年代以来，我国台湾地区多次举行死亡座谈会，台湾学校开始注重死亡学教育，台湾大学心理系开设“死亡学探讨”课程，听课者堂堂爆满。

长期以来，大陆理论工作者大多忽视对人的问题的研究，人们用沉默来回避人类世代生活当中提出的“生命与死亡”这一重大问题。人们花许多笔墨和纸张讨论一些僵死的教条和空洞的道理，而对人们每天都会遇到、经常都在思索的切身问题却故意回避。

死亡问题在中国，被忽略了数千年，人们只用死或重于泰山或轻如鸿毛这一笼统的提法掩盖一切，至于个体对死亡的感受，丧失亲人的痛苦，则不值一提，不然的话，就是私心太重，贪生怕死。在这方面的哲学思索更是受到长期的压抑。人们不敢研究个体对死亡的恐惧和忧虑。其实，这与传统社会中人性、人道主义被忽略、被搁置、被压抑有关。死亡问题是想回避也回避不了的。一切宗教的目的就是要缓解人们对死亡的忧虑，一切哲学的思考都离不开死亡问题。西方哲人说："研究哲学就是研究死亡。"

但中国现代和当代的学者在西方死亡学研究成果的影响下，逐步突破思想禁锢，在这方面做了很多工作。例如，早在20世纪20年代初到30年代，中国就陆续出版了一些探讨生死问题的著作，大多以译著为主，如《死之研究》（H. Carrington and J. R. Meader著，华文祺译，商务印书馆，1923）；《生与死》（E. Dater著，蒋炳然译，商务印书馆，1925）；《生死问题》（E. Teichmann著，丁捷臣译，商务印书馆，1926）；《科学的生老病死观》（朱洗著，商务印书馆，1936）等。这些著作或从科学与哲学角度讨论生与死的过程、性质与意义，或追述历史上的灵魂观念并对其进行心灵学的探讨。五四运动以后，中国一些学者对死亡现象中丧葬习俗进行研究，偏重于史学、民俗学和考古学三方面。史学方面的代表性论著有杨树达的《汉代婚丧礼俗考》（1933）、冯友兰的《儒家对于婚丧祭礼之理论》（1928）和郭昭文的《古今葬仪之比较研究》（1932）等。民俗学角度的研究，有顾颉刚等所记述的《苏粤的婚丧》（1928）以及其他见于《民俗》杂志的各地区民族丧俗的记述等。20世纪80年代以后，中国对死亡学的研究进入了一个各种学科协同研究的新时期。这一时期，不仅翻译了一些国外的关于生与死问题的文章与论著，中国学者还从医学、哲学、心理学、文化学、伦理学、民族学、宗教学等各方面对死亡进行了较为系统的研究。特别是90年代，对死亡问题的研究进入了高潮。这方面主要的研究成果有佘芹等著《飘向天国的驼铃——死亡学精华》(1990)、崔以泰等著《临终关怀学》(1992)、常人春著《红白喜事——旧京婚丧习俗》(1993)、赵远帆著《死亡的艺术表现》(1993)、陈兵著《生与死——佛教轮回说》(1994)、郑晓江著《中国死亡文化大观》(1995)、南川编著《死文化》(1995)、毕治国著《死亡艺术》(1996)、何兆雄著《自杀与人生》(1996)、段德智著《死亡哲学》(1996)、杨鸿台著《死亡社会学》(1997)、冯沪祥著《中西生死哲学》(2002)等。翻译的著作有《死亡心理奥秘》([美]库伯勒·罗斯著，余国亮等编译，1990)、《如何面对死亡》([英]葛培理著，余国亮译，1990)、《永生的信仰和对死者的崇拜》([英]詹·乔·弗雷泽著，李新萍等译，1992)、《向死而生》([德]弗兰茨·贝克勒等编著，张念东等译，1993)、《死论》([德]E. 云格尔著，林克译，1995)、《我们怎样死》([美]含温·纽兰著，褚律元译，1996)等。此外，许多有关死亡学、死亡教育的论文、译文也相继出现于中国的学术界，如《医学与哲学》杂志、《中国医学伦理学》杂志、《临终关怀》杂志等发表了许多有关安乐死、临终关怀、死亡伦理和死亡哲学等方面问题的文章。

1988年天津医科大学临终关怀研究中心成立后，在推行临终关怀的同时，提出了“死亡教育”这一课题，并在多次全国临终关怀学术会议上开展了死亡与死亡教育的专题讨论，从而揭开了当代死亡教育新的一页。

单纯依靠自然科学和医学不能解决生死问题，自然科学和医学有单面性、狭隘性的缺点。没有哲学、伦理学、人道主义思想的参与，重大的生死问题无法获得圆满的答案。例如，未来延长人的寿命的计划、生命的克隆复制等，都只属于生物学的狭隘范围，而人作为一种社会生物已经超越了生物存在的范围。要解答上述计划是否可行，首先应该从伦理哲学的角度寻求答案。再者，自然科学始终把生死两极对立起来，不能对永生的要求做出科学的解释，但在哲学思想中永生的要求可以得到相当的肯定，哲学把人的子孙繁衍看做他生物意义上的永生性，将其毕生的劳作看做他社会的永生性，将其艺术性的纪念物（文学创作、雕塑、绘画、戏剧等）看做一种文化的永生形式。

在文化上获得永生的俄国大作家列夫·托尔斯泰曾批评和他同时代的科学家不够明智，研究范围过于狭隘，忽略了道德方面的问题。在生物学获得重大发展，基因可以人工合成，遗传工程已经诞生，人对自身的生物过程可以直接施加影响的今天，我们重新思索托尔斯泰的话，深深感到这位思想家很有远见。我们不能把科学看成一切知识之源，对它盲目信仰，而落入“科学寻神派”的窠臼。只有把当代的科学和哲学、伦理学、人道主义等结合起来，才能解决生、死和永生的问题，当然，这也是一个不怎么轻松的任务。

历来人们对死亡问题采取回避的态度，死亡教育和性教育都是研究的禁区。美国文学家艾略特（T. S. Elliot）在 1995 年强调说：“死亡教育和性教育是同样重要的大事。”因为这两者都是人生的大事，性生活是人生大事，自不用说，而面对死亡，也同样是人生大事。对此两者避讳不谈，是不正确的态度。如果对性不了解，会影响性生活的品质，甚至会导致婚姻破裂。若对死亡问题避而不谈，但迟早都会面临，到时就会慌乱、手足无措、失去很多正确而且人道的处理机会。

死亡是什么？一生写过 20 部著作的美国生死学家、芝加哥大学库伯勒·罗斯教授（E. Ross，1926—2004）说：死如同生一样，是人类存在、成长及发展的一部分。死亡是我们生命整体的一部分，它赋予人类存在的意义，它给我们今生的时间规定界限，催迫我们在我们能够掌握的那段时间里，做一番创造性的事业。

很多人以为死亡是一种威胁（threat）；罗斯教授的看法不同，她认为死亡是一种挑战（challenge），而且是一种人人会碰到的挑战，你不可能让它不挑战你，因为每个人都会死，每个人一生中都会遇到亲人的死亡。人要如何面对这种挑战，如何有尊严地回应？这就是生死学的重要意义所在。

我们如何以正确的态度，高明地迎战死亡呢？罗斯教授说：应该把死亡看做你生命旅程中的一位无形而友好的伴侣，它温和地提醒你，不要等到明天才去做你认为更有意义的事，现在就去做吧，因为你正在走向坟墓，当你接到最后的通知时，你可能没有时间与精力了。

我们应每天想一想自己的死，这样，我们就会改变目前的无意义的生活方式，抓紧时间做些必须做的事情。

我们应想一想你所爱的一个人的死，想一想你要跟他说些什么，你应该如何跟他共度最后的光阴。

库伯勒·罗斯的著作终结了数百年来西方文化中对公开谈论和研究死亡的禁忌，使死亡学成为一门公认的医学必修课。被誉为生死学大师的她，在1997年的自传《生命之轮》（*The Wheel of Life*）中写道：“死亡可以成为最伟大的人生体验之一。如果你每一天都生机勃勃，那就会无所畏惧。”她还说：“死亡不过是肉体的脱落，就像蝴蝶蜕去茧壳。它是向更高级意识状态的演进，你可以在其中感受，理解，欢笑，并可继续成长。”1999年，美国《时代》周刊将她评为20世纪“百个大思想家之一”。

本书从全新的角度对生命和死亡问题进行全面的论述，旨在消除读者在这些问题上所感到的空虚、沮丧、悲观、绝望和恐惧，使人们能采取积极进取的人生观。鉴于生命和死亡的学问是一种跨学科的研究，本书内容涉及人生哲学、生命学、死亡学、老年学、文学、史学、社会学、医学、生物学、遗传学、达尔文进化论、科学学、养生学、佛教和基督教教理等多方面。本书绝不是一部单纯谈论死亡的书籍，而是一部告诉大家应该怎样做人，怎样完满充实地度过一生的著作。本书所引用的见解大都出自古今中外最伟大的哲学家、科学家、思想家、文学家之口，这些见解或是科学界已普遍公认的发现，或是影响极为深远、深入亿万人心的千古不易之论。凡是道听途说，报刊上大肆渲染而未经确证的，或个人未成熟的看法，本书概不收入。这样，读者诸君读到这些先哲圣贤的不朽之论，必有耳目一新之感，再与自己平时思索的心得相对照，必定大有收获。

死亡并不是专属于老年人的。死神的达摩克利斯之剑，始终悬在每个人的头上。生存乃是“如临深渊，如履薄冰”，随时可能跌落进去。怎样对待生、老、病、死，是每个人都应当学习、应当深思的。

死亡篇

生命是大自然的最美好的创造，而死亡是它的矫揉造作的手段，以便有众多的生命。

——E. V. 歌德

面对死亡

从遥远的古代起，人们就对死亡和永生问题进行道德—哲学的沉思，抒发感慨。这样的人道主义传统相沿至今，在当代的哲学中，这些问题又得到了种种不同的解释。在哲学对死亡和长生不老等“永恒性”问题寻求解答的过程中，有若干称得上里程碑的阶段。

在古埃及的宗教观念里，在神话里，在佛教、道教和其他东方观念里，以至于古希腊的哲学体系中，那些“阴间生活”和“灵魂不死”的说法也好，或者这些说法的否定，即基于对无限的宇宙物质循环的理解，把人当做其终端部分的看法也好，其基本要求都包含着从精神上克服死亡恐惧的企图。在上述历史范围里，举其有代表意义者，可分为两种对立的生死观，一派有唯心的倾向，一派有唯物的倾向。

唯心方面的源头是苏格拉底、柏拉图和亚里士多德提出的“不死的灵魂”说。柏拉图（Plato，前427—前347）强调，人生的目的在于追求真善美，但永恒的真善美，只有在死亡之后才能达到，他主张灵魂不死论。他的学生亚里士多德（Aristotle，前384—前322）虽然否定灵魂不死，但也肯定“神圣理性不死”，并强调“我们应尽力过理性生活，使自己不朽”。到了近代哲学家康德（I. Kant，1724—1804）那里，则采取折中，认为灵魂不死虽然“没有逻辑的确定性”，却有“道德的确定性和必要性”。

柏拉图的灵魂不死论源于比他更早的古希腊哲学家毕达哥拉斯（Pythagoras，前580—前520），毕氏主张“肉体—牢狱说”，认为肉体如同牢狱，束缚了灵魂。死亡是灵魂的暂时的解脱，因而并不需要任何恐惧。柏拉图的思想主要是“理型论”，这种理论将宇宙二分为“理型界”和“现实界”，也就是上界和下界，这两界相互断绝。只有“理型界”才是永恒存在的世界，死亡是不朽的灵魂离开肉体牢狱，而获得释放，重新进入理型界。相反，灵魂如果形成人的肉体，就降入到会生灭变化的现实界。人生在现实界，如同住在地窖之中，所见所求只是幻象。他还认为，死亡之后，激情与欲望都随肉身而毁灭，但灵魂中理性、纯净的部分仍能重回到理型界。因此，人应多提升灵魂，发挥其中的圣洁面，向光明与理性迈进。

柏拉图曾提出灵魂二分说，把灵魂分成理性部分和非理性部分，认为灵魂的理性部分能够不死，但亚里士多德认为灵魂的理性部分应该再二分为“能动理性”和“被动理性”。只有“能动理性”或“神圣理性”才会不死，因为“能动理性”的“能动心灵”具有原创性，是自由的，不受肉体感官的影响，是外部进入“人身灵魂的神圣精神之闪光”，是人身上的“神性”。它是不死的、永恒的，他更据此称为“神圣理性不死”。

唯物方面的鼻祖是古希腊伊壁鸠鲁（前341—前270）和古罗马卢克莱修（前99—前55），他们否认灵魂不死，试图劝人理智地对待死亡。按伊壁鸠鲁的观点，死亡对我们来说是无足轻重的，因为身体已经消散为原子，再也没有感觉的能力，也就是说，和我们没有任何关系了。伊壁鸠鲁师承古希腊唯物哲学家德谟克利特（Democritos，前460—前370）的原子论，他认为，人和万物相同，都由原子偶然聚合而成，当这些原子组合在一起，称为“生”；但当它们离散，就称为“死”。所以，死亡和人本身其实并不相干。这些基本的原子可能在人死后，又重新通过偶然的因素，形成另一个人或动物。卢克莱修根据同样的观点说明人的心灵同人一道死去，不可能知道“死后”将要发生的事情。他认为死是不可避免的、自然而然的、有进步意义的事情（老年人给青年人让位）；我们生下来之前，从未预计有永生的可能，为什么我们死后还要想它呢？我们常常想到死后将会遇到的痛苦，事实上这只是目前存在的痛苦。照卢克莱修的意见，种种真知灼见应当引导人理智地容忍死亡。

在思想史上，上述两种观点始终对立。

还有一种否定永生的倾向源自斯多葛主义的传统（爱比克泰德等）。根据这种传统，死亡毫无意义可言，因为死亡是一桩必将来临的事实，你对它无可奈何。爱比克泰德（121—180，古罗马新斯多葛主义者）认为希求长生不老是愚蠢的，人只应当做他力所能及的事。

西塞罗的许多格言郑重地道出了人在死亡面前所具有的精神力量，从他的著作《图斯库拉努斯的谈话》中找得到这种反映。该书第一章《蔑视死亡》中包括有对死亡是一个灾难和“永恒的不幸”这一论点的逻辑证明。在《长者卡赖或者关于衰老》这篇对话中，西塞罗写道：“总之我觉得，一个人把尘世间的各种乐事都享受够了时，他的生命也享受完了……死期也将近了。”灵魂不死的信仰使西塞罗坚信死人“还活着，并且只有死后所过的日子才真正配称生活”。但他又认为，“假使我在这方面产生了错觉，竟相信人的灵魂不死，那么我心甘情愿就此错下去，而不愿放弃我的谬见。在我有生之年，这种谬见给我带来安慰，假如我真该像某些渺小的哲学家所说的那样，死后一点知觉也没有，那么我也就用不着害怕死了的哲学家嘲笑我。既然我们没有永生的福气，那么对一个人来说，还是到时候就消逝为好：大自然给生命早就规定好了年限，正如别的事物各有年限一样，衰老不过是人生戏剧中的最后一幕，临了我们总逃不脱体力的衰竭和对生活的日益厌烦”。

斯多葛主义者也转向了这个“永恒的”主题，更加强调服从死亡的不可避免性，塞涅卡如此，马可·奥里略（121—181，罗马皇帝，著有《冥想录》）越发如此，他们对死亡既不表现出恐惧，也不憎恨和蔑视，认为这是大自然的职能之一。我们知道，斯多葛主义的一些基本原理对基督教的形成有重大影响。自然，基督教也吸收了许多古希腊哲学的有关人的死亡和灵魂不死的概念。

生者，行也；死者，归也

与古希腊罗马的唯物主义者伊壁鸠鲁和卢克莱修相对应，中国古代也有唯物主义者王充和范缜。

王充（27—96）是中国古代无神论学说的奠基人，他在其著作《论衡》中对生与死的问题做了唯物主义的解释。王充认为天地万物，包括人在内都是由“气”构成的，气是一种统一的物质元素。“万物自生，皆禀元气”（《言毒》）。气所凝成的人、物，有生必有死，而作为物质元素的“气”，无始无终，不生不死，永恒存在。“有血脉之类，无有不生，生无不死，以其生，故知其死也。天地不生，故不死；阴阳不生，故不死”（《道虚》）。王充把人看作自然的产物，“天地合气，人偶自生”（《物势》）。“人，物也，万物之中有智慧者也。其受命于天，禀气于元，与物无异”（《辨祟》）。因此，人的生死，好比“水凝为冰，冰释为水”，是一个毫不神秘的自然过程。

人死后，精神是否还独立存在呢？王充认为精神是依赖于躯体而存在的，精神现象的产生和消亡也是一个自然过程。他说：“人之所以生者，精气也；死而精气灭。”“形须气而成，气须形而知。天下无独燃之火，世间安得有无体独知之精？”

由此王充必然引出“人死不为鬼，无知，不能害人”的无神论的结论。他说：“人未生，无所知；其死，归无知之本，何能有知乎？”“人之死，犹火之灭也……火灭光消而烛在，人死精亡而形存。”（《论死》）

据此，王充极力反对一切鬼神迷信、占卜、祭祀，等等。他还分析、揭露了鬼神迷信产生的心理根源。认为所谓鬼，不过是人们在患病时因恐惧而造成的主观幻觉。

总之，王充对死亡问题的探讨，上接儒、道、墨诸家对生死的看法，牵涉汉代《淮南子》、桓谭等各种不同的形神观，下开南朝范缜的“神灭论”、明末熊伯龙的“无鬼论”等说法，在中国哲学史上具有承前启后的枢纽地位。

中国古人普遍相信人死后有灵魂存在，特别是佛教传入中国后，佛教徒坚信人生时形体和精神相合，死后则形体与精神分离，形体消失了，精神可独立存在，这种看法称作“神不灭论”。

范缜（约450—515），生于南北朝佛教发展炽盛时期，他著《神灭论》对佛教的理论基础“神不灭论”展开批判。范缜开宗明义地指出：“神即形也，形即神也。是以形存则神存，形谢则神灭也。”他进一步指出：形是神赖以产生的实体，神是形体的作用，二者不可分割。形者神之质，神者形之用，是以形称其质，神言其用，形之于神，不得相异。由此范缜得出形神“名殊而体一”的结论，即精神从属于形体，是由形体派生的。

范缜还继续以刀刃与利的关系，比喻精神和产生它的物质实体的关系，形体和它所产生的作用的关系，说明利乃刃所派生，精神由形体所派生，因而，离开了刀刃就无所谓锋利，同样，离开形体也无所谓精神。“神之于质，犹利之于刃；形之于用，犹刃之于利。利之名非刃也，刃之名非利也。然而舍利无刃，舍刃无利。未闻刃没而利存，岂容形亡而神在？”

佛教所宣扬的彼岸世界的佛国乐土、天堂地狱以及三世因果、轮回报应等，都是建立在“神不灭论”这块基石上的。因此，范缜的神灭论对佛教神学以及一切宗教鬼神迷信是一次沉重的打击。

宗教认为人死后可凭借灵魂存在而不朽。但自古以来就有一种唯物的不朽论，认为人可以在其创造品中求得不朽，古希腊的哲学家柏拉图和亚里士多德就是这么看的。法国启蒙学者孟德斯鸠说：“能将自己的生命寄托在他人记忆中，生命仿佛就加长了一些，光荣是我们获得的新生命，其可珍贵，实在不下于天赋的生命。”这是理性主义的不朽论。中国古人也有类似看法，杜甫诗云：“千秋万岁名，寂寞身后事。”叔孙豹说："太上有立德，其次有立功，其次有立言，虽久不废，此之谓不朽。"（《左传·襄公二十四年》）这是中国有名的不朽论。这种观念与灵魂信仰无关，也不含有任何宗教色彩，纯粹只就有功于国家社会而言，与西方启蒙学家的看法不谋而合。白居易诗云："龙门原上土，埋骨不埋名。"也是这个意思。

中国历史上继王充、范缜之后，在生死观上抱独特见解的有不少。北宋著名哲学家张载就是其一，他的"死而不亡"论让人联想到近代"物质不灭"等定律。

张载在《正蒙太和》篇中说："聚亦吾体，散亦吾体，知死而不亡者，可与言性矣。"他的意思是说，聚集是我的本体的聚集，离散是我的本体的离散，只有那些懂得死亡并不是寂灭的人，才配谈论人和人的本性。他所说的死亡并不等于寂灭，是从他一切皆"气"的基本观点推出来的。

张载认为，"气"是世界的实质，有形状可见的万物以及看来空虚无物的太虚都是气所构成的。这就是说，一切存在的东西都是气。空若无物的太虚，只是气散而未聚的状态，气集聚就成为万物，气散开则化为太虚。他还说，气的离散状态最能体现气的本来面貌，而气集聚而为万物的状态，则不过是气的外在形态而已。太虚与万物的关系只不过是同一种东西的两种基本状态（即离散状态和集聚状态）。气在太虚与万物间的转变往来，是一种不可改变的规律，气总要聚结为万物，又总要散开为太虚。由于通常以为无形无物的太虚也是由气构成的，所以真正的寂灭或虚无是没有的。

由于否定了虚无，因而人虽然死了，并没有灭亡，一切都是气，气是不会灭亡的。人为万物中的一物，人的生死不过是气的聚集和离散而已。有生必有死，有聚必有散，这是气化的必然规律。

这么一来，人的死亡就被看成为一种状态向另一种状态的转变，即由有形的状态向无形的状态转变，但并不存在本体的变化，转变的本体仍是气，气并没有实质性的生存与毁灭的变化。人的形体可以转化为

"太虚"，但人的实体则永远常在，不生不灭，所谓"死而不亡"就是这个意思。简言之，死而不亡意即：存在着死，因为人必然要由有形变为无形；但死并不等于"亡"，因为能变化者"气"本身是永恒不灭的。

张载的死而不亡论令人联想到近代科学"物质不灭"、"能量守恒"等定律，他所说的"气"，类似于物质、能量一类的东西。并且，他的观点更近似古希腊的原子论。按古希腊唯物哲学家的观点，死亡只是基本元素的聚散，个人的生死只不过是假象。死亡不是人的消灭而是元素的分解，表面上有死亡，其实只有不生不死的元素存在。这种理性的死亡观提供了永恒生命的证明，使人们可以在一种非宗教的形式下相信不朽。

"气聚则生，气散则死。"这本是道家老庄的观点。但道家老子认为太虚是空无一物的，气是从太虚中产生出来的。人死气散等于毁灭而返归太虚，也就是由有变为无。张载则认为太虚并非无物，其中有实体（气）的存在，因此人死返归太虚并不等于"灭亡"，只是变化成了"气"，而"气"是永恒不灭的，这是张载与道家不同的地方，这说明了他的唯物倾向。

清乾隆时期的杰出思想家洪亮吉（1746—1809），对生死问题持直观而朴素的无神论。他说："人之生，禀精气于父，禀形质于母，此其所以生也。及其死，归精气于天，归形质于地，此其所以死也。"这就是说，人的生死，是一种自然现象。洪亮吉反对万物有神论，他认为鬼神是人类对自然力无力抵抗、不能解释而产生的，是"敬畏"而生神，而祖先之灵则是出于人们的"爱慕"之心造出来的，是"爱慕"而生鬼。洪亮吉还认为："人之夭寿，秉于自然。""朝而作，夜而息，少而壮，老而死，皆理之常也。""生者，行也；死者，归也。人不可以久行而不归，则人亦不可以久生而不死。"这种视死如归的心态，用今天的眼光来看，仍是难能可贵的。

梁启超生死观八说

清末戊戌变法主将梁启超于 1902 年 9 月 15 日在《新民丛报》上发表文章，对从古至今的死亡学说做了一个概括性的总结。他说，古来宗教家、哲学家无人不研究“死”的问题。综论之，约有八说：一、儒家学说，认为一个人死了，却仍有一部分不会死亡，这不会死亡的部分就是他的名誉，因此儒家说：“君子疾没世而名不称焉。”以这种儒家学说教育后人，可以激发人的志气，引导人们向上。然而这只能引导中等水平以上的人进步，却不能对中等水平以下的人起作用。二、庄子和列子

在自然界的万物面前，人常常显得软弱和渺小。（《一千零一夜》插图，法国 凯撒·科隆比作）

的学说，认为生和死没有什么区别，一个人根本用不着把生或死的事放在心上。因此庄子说："物方生方死，方死方生。"（一个事物刚产生出来，也就是它通向死亡的过程；一个事物刚走向死亡，也正是它迈向新生和复活的过程）用庄子学说来教导人们，可以使人达观，心胸开阔，然而笃信庄子的人往往放任不羁，消极遁世。这种学说还使人在生活的道路上彷徨徘徊，无所依归。三、老子和杨朱的学说，认为一个人死了，便万事皆休，最好还是趁有生之年及时行乐。因此这一派的人说，一个人在世时即使像尧舜一样善良高尚，死后仍只是枯骨一具，另一个人在世时即使像桀纣一样穷凶极恶，死后同样是一具枯骨，面对两具腐朽的骨头，谁又知道他们在世时为人的品德有天渊之别呢？用这种学说教育人，会使人消极厌世，放任自流，不顾廉耻，伤风败俗。四、神仙派，认为人只要掌握了仙术，就可以不死，于是这一派的人就忙于炼仙丹和服食仙丹，然而仙丹的主要成分铅、汞都是剧毒之物，自古以来，服用仙丹而被毒死者，不知有多少人，真是愚不可及。五、埃及古代的宗教，人死之后，想方设法保其遗骸。于是盛行"木乃伊"术，其思想根源在于对死亡的恐惧，而希望肉体之不朽。六、印度婆罗门的宗教，以生为苦，以死为乐，于是有不食以求死之类者，厌世观极盛，而为人处世的正道反而被忽略了。七、基督教，虚构天国神话，注重灵魂，其教义有可取的地方。然而又宣扬"末日审判，死者复生"，模棱于灵魂与躯壳之间，令人无所适从。八、佛教，谓一切众生，本不生不灭，由妄生分别，故有我相，我相若留，则堕生死海，我相若去，则法身长存。死固非可畏，亦非可乐，无所挂碍，无所恐怖，无所贪恋，佛说其至矣。然而，天下众生的气质都没有成熟，能接受佛教教义的人是很少的。

梁启超把人类历史上各种关于死亡的观点分为八类，并一一予以简略的批判，至今对我们仍有启发性的意义。随后梁启超阐述自己的观点如下：

> 以上八家之宗旨虽各不同，却皆非科学家言（都不是唯物主义的）。其以科学谈死理，死也者，进化之母，而人生之一大事也，人人以死而利种族，现在之种族以死而利未来之种族，死之为用，不亦伟乎？使人知有生必有死，死为进化不可缺之一要具，人人必当为尽之一义务，其奚择哉？奚怖哉？奚馁哉？以此论与孔、佛、耶诸大宗教说并行，则人庶不为此问题所困，而世运可以日进。

梁启超这段话的意思是：死亡是进化的基础和进化不可缺少的要素之一，个体以自己的死亡促进种族的繁荣，如果人人都能由进化的高度认识死亡问题，就不会被这个问题困扰。梁氏的唯物主义死亡观与俄国科学哲学思想家施马尔豪森的死亡学说完全符合。

儒家：敬鬼神而远之

以孔子为代表的儒家文化，对死亡的认识是伦理性的。主张在传宗接代的过程中把有限的个体生命转化为族类生命的无限延续，从而超越死亡。

孔子绝不是日本学者今道友信所说的“没有关于死的言论”，他是从真理追求和道德人格实现这两方面来探讨死亡意义的。《论语·卫灵公》宣扬“杀身以成仁”，认为死亡并非无意义的肉体消亡，而有更大的价值存在，那就是“仁”；《里仁》说“朝闻道，夕死可矣”，将死亡的价值定位于对真理即“道”的追求之上。

与“五四”时期的“打倒孔家店”的口号相反，当代一些学者主张

孔子是儒家思想的鼻祖。（采自清初沈心友辑《芥子园画传》）

重新认识孔子学说，1995 年，香港学者胡国亨在其新著《独共南山守中国》（香港中文大学出版社）中提倡“大孔子学说”，“以孔子学说为基础，加上西方文化中的精粹”，去拓展一个大孔子学说。

他们认为，儒家的死亡学说可以弥补西方死亡哲学的诸多弊端和缺陷。当代学者总结儒家死亡思想的特性为：一、注重阐扬死亡的社会意义和伦理意义。二、从“天人合一”的高度来看待死亡问题。“诚者，天之道也；诚之者，人之道也”（《礼记・中庸》）。人以至诚，可以做到天人感应。三、注重由生去参究死。四、注意死的群体性和社会性。

另一些学者总结儒家的生死智慧如下：一、尊生重生，热爱生命，不把人生当成苦事。二、死而不朽。通过“舍生取义”等壮举，使自身声名不朽。三、存顺没宁。活的时候真诚爱别人，死了就得到了安宁。

四、慎终追远。谨慎地对待父母的死亡，追念远代祖先。五、天道性命一体。如以天下为己任，救民于水火等。

冯友兰曾比喻“希腊三子”——苏格拉底、柏拉图和亚里士多德，犹如“中国儒家的三子”——孔子、孟子和荀子。这两者的特色很相近，双方都肯定理性的重要，都可称为“健康的理性主义”。

但在生死大事上，孔子、孟子和荀子都倾向“生死有命”的看法。

《论语》中子夏说：“死生有命，富贵在天。”子夏在此认为，生死本身属于命定。

孔子曾明白地指出，“不知命，无以为君子”；《易经》中也讲“乐天知命”，这个“命”字包含有两层意思，一层意思是指义理的天命；另外一层意思就是指本身的性命；在这个性命中，“生死”有一定的定数。

孟子说：人的寿命，有一定的定数，全由上天所决定，人是无能为力的。所以，人平日只有修身养性，以等待时间的来临，也就是说，真正可以操之在我的，惟有修身，提高自己的人格，生命才有价值。

孔子和柏拉图一样，相信鬼神，所以他说：“祭神如神在。”意思是说，祭神时要端庄严肃。《论语》中经常提到孔子向上天祈祷。影响所及，中国历代皇帝都要祭天，并且祭地，因而北京才有“天坛”与“地坛”。儒家精神和宗教精神是相通的。

但孔子提倡的是健康的理性主义，所以他也说“敬鬼神而远之”，他认为，阴阳两界，各有分际，虽然崇拜鬼神，但不应越过界限，所以应当“敬而远之”。《论语》中还强调“子不语怪力、乱神”，这是说，孔子讲学时只谈论“正当的力量”和“正当的神”，而不涉及“邪恶的力量”和“邪恶的神”，很多邪教假借鬼神之名牟取私利，自然不在孔子讲学的范围内。

孟子对“神”有他独特的解释，这表现在他所说的“充实之谓美，充实而有光辉之谓大，大而化之之谓圣，圣而不可知之谓神”。按孟子的意见，人的精神修养，首先应该从心灵充实开始，一个心灵充实的人能达到美而有光辉的境界，一举一动都显得恢弘大度，然后再将这种大格局扩而充之，以人道主义精神去体察天下万物，就具有圣者气象了。圣者若能融入种种万象事物，臻于不可知的圆融境地，即可谓之“神”。

特别值得一提的是，孟子在两千多年前就具有深刻的民主素养，肯定“民为贵，社稷次之，君为轻”；他甚至主张，应该“说大人则藐之”，认为君子要能有风骨以抗衡权势，“勿视其巍巍然”，不要被大官排场所吓倒，这种以布衣傲视卿相的风骨，也形成中华民族知识分子的传统傲骨，经常监督制衡帝王的权势。

荀子在儒家的理性主义中，更增加了正面破除迷信的成分，尤其对于生死与鬼的看法，他认为很多都是心理作用。

根据荀子的看法，有些人恐惧天地异象，以为将有灾祸，实际上也均为迷信。他在《天论》中说：“星坠木鸣，国人皆恐。曰：‘是何也?’曰：‘无何也。是天地之变，阴阳之化，物之罕至者也。’”

所以荀子强调，对这些天地异象，“怪之，可也；而畏之，非也”。

荀子认为，所谓“天”，只是大自然的代名词，是中性的，没有感觉的，因此他强调说：“天能生物，不能辨物；地能载人，不能治人也。”在荀子看来，天地本身并无分辨善恶的能力，同时也并无统治人间的意志。因此，有人认为天地降福或降灾，其实都是迷信。

此外，根据荀子的看法，天地自有其常道，不因人间治乱而变幻其运行规律。所以荀子在《天论》中强调：“天行有常，不为尧存，不为桀亡，应之以治则吉，应之以乱则凶。”

而且，荀子更进一步指出，上天根本不会因为人间怕冷而不降冬，大地不会因为人间怕远而不广阔。此其所谓：“天不为人之恶寒也辍冬，地不为人之恶远也辍广……天有常道矣，地有常数矣，君子有常体也。”

荀子在《大始篇》曾假托孔子与曾子的对话指出：“大哉，死乎！君子息焉，小人休焉。”他的意思是说：君子永远以仁义自持，终身不怠，唯一能“安息”的地方，只有死亡；反之，小人放纵情欲，钻营私利，只有死亡才能令其休止。

南宋的朱熹（1130—1200）是理学的集大成者，凡事以“理”为主，以“理”衡量宗教信仰，自然格格不入，所以朱熹反对佛教的轮回说：“释氏却谓人死为鬼，鬼复为人。如此则天地间常只是许多人来来去去，更不由造化生生，必无是理。”

根据朱子所讲的“理”，佛教所称“轮回”，如果总是相同的人，“人死为鬼，鬼复为人”，那天地间看似万物茂生，其实只有特定的人“来来去去”，阻塞了造化生生不息的新机，所以必无是“理”。

朱子除了反对佛教轮回说，也反对道教神仙长生之说。他曾强调：“人言仙人不死，不是不死，但只是渐渐消融了不觉耳。盖他能炼其形气，使渣滓都消融了，惟有那些清虚之气，故能升腾变化。”朱子在此将“清虚之气”与“渣滓”对立起来，认为清虚形象可经修炼而成，但仍并非真能长生不死。

庄子：一死生

中国春秋战国时期产生的老庄哲学，跨越了几十个世纪，至今不仅对国内知识界有深刻影响，而且超越了国界，深受西方人赞赏。据说大作家列夫·托尔斯泰的书斋内，唯一的一本中国书就是老子的《道德经》。老庄哲学中有许多极其深刻、极为精辟的有关宇宙及人生的不朽之论，但是，其生死观带有浓厚的悲观色彩。

老子的《道德经》中专门谈论生死的不多。但其中有一段话很值得后人借鉴：“人之生也柔弱，其死也坚强。万物草木之生也柔脆，其死也枯槁。故坚强者死之徒，柔弱者生之徒。”这里认为“人”与“万物草木”初生虽然柔弱，但生机勃勃，可是一旦壮大或坚强了，便会逐渐走向衰老和死亡。

在人生意义问题上，道家的创始者老庄突破了孔子的视阈，不再限于宗族人类而达于天地自然，在自然运化中得到永生。

在老子看来，天下万物，万物并作，但是最后仍是回归它的根源。这就是他说的：“夫物芸芸，各复归其根。归根曰静，是谓复命。”落实在生死问题上，这就产生了中国文化特色“落叶归根”的传统。

人生的最后归宿是什么？基督教说是“天国”，佛教说是“涅槃”，道家则说是“天道”或“大道”。在老子的生死观中，强调大道是万物的最终点，也就是一切万物的终极归宿。在老子的学说中，“道”就是太初，是最高、最远的归宿，就是西方的上帝。后世的道家认为“道”就是“太虚”或“元气”。“太虚”的状态不是寂灭，而是处在永恒地运动变化之中。

根据老子的学说，“道”是最终极的归宿，但它同时也是最原始的起点。《老子》说：“道生一，一生二，二生三，三生万物。”因此，道家又称呼“道”为“天下母”，即“道”是天下一切之母，同时是创生一切万物的根源。

老子曾经说：“既知其母，以知其子，既知其子，复守其母，终身不殆。”他以最亲切的母子关系，来比喻大道与万物的关系；万物来自母亲，仍要回到母亲那里。

老子的这个学说和基督教的教义有共通之处。根据基督教的《圣经》，上帝创造万物，是万物的最起点，但万物最后仍要回归到上帝的怀抱里，所以上帝也是最终点。

老子也是相对论者。因此，老子强调：“祸兮，福之所倚；福兮，祸之所伏。孰知其极？其无正。”其意思是说，很多事情，眼前看似祸，但却可能隐藏福音，或者看似福，其实隐含祸因；事情最后会怎样，谁也说不准。

所以，老子曾进一步指出：“正复为奇，善复为妖。”意思是说：

“正”可能变成“邪”，“善”可能变成“恶”，此一时，彼一时。一件事对某人来说，可能是善事，但对另外的人来说，则可能是恶事，所以，为人处世，要能随机应变。

同样，生死如同福祸，也是相依相存的。在生命的每个阶段中，可能都隐藏着死的因素，但在死之中，同时也可能是生的最后机会。老子曾经指示我们，“置之死地而后生”，这就是说：怕死者更会死，不怕死反而能生。

庄子（前369—前286），姓庄名周，他对于生死观的议论较多，大致可分为下列几个方面：

一、认为人生短暂，来去匆匆，即使活着，也恍然如梦。庄子曾感叹说：“人生天地之间，若白驹之过隙，忽然而已。……已化而生，又化而死。”（《庄子·知北游》）著名的庄周梦蝶的故事，就是一个说明庄子人生观的鲜明例子。庄周梦见蝴蝶，梦醒后，他搞不清楚究竟是庄周梦蝴蝶，还是蝴蝶梦庄周，周耶？蝶耶？梦耶？醒耶？一切都是混沌。总之，人生不过是一场大梦。

二、认为死生是自然规律。人应当遵从自然规律保养自己的身体。庄子说：“死生，命也，其有夜旦之常，天也。人之有所不得与，皆物之情也。”（《大宗师》）其意思是说，死和生是自然规律，犹如永恒也有黑夜和白天一样，是自然的。许多事情都是人力所不能干预的，这也是万物的经常情况。庄子还说过：“知天之所为，知人之所为者，至矣……知人之所为者，以其知之所知，以养其知之所不知。终其天年而不中道夭者，是知之盛也。”其意思是说：认识到什么是天（即自然界）的作为，认识到什么是人的作为，这就是最高不过的功夫了……认识到什么是人的作为，就是用自己知识所能够认识的养生的道理去保养自己知识所不能够知的寿命，使自己能够享尽天然应有的寿命而不至于中途夭亡，这样的认识也就算很好的了。庄子的这些言论对当今世界很有借鉴意义，历来有许多当权者不重视自然和社会规律，劳民伤财，滥用民力，结果给国计民生带来极大的灾难。当今由于人类漫无节制的活动，

庄子哲学教导人们摆脱俗务的缠绕，与大自然融洽相处。（《芥子园画传》）

造成生态平衡的破坏，引来大自然的报复。在人类濒临生态危机的今天，对照庄子的上述言论，岂不令人三思？同时，庄子的这些话里还包含有“延长寿命的最佳方法是顺应自然规律，不要人为缩短寿命”的意思，这成了后世道家养生学说的主旨。

三、强调命运对人生的主宰作用。人对于命运只能“惟命是从”，把听天由命看做最高的道德。庄子说：“死生、存亡……是事之变，命之行也。”“知其不可奈何而安之若命，德之至也。”庄子生死观中的宿命论色彩在《大宗师》里描写的一个故事中表现得最明显：一个名叫子来的人生病将死，他的好友子犁不但不悲伤，反而对他说：伟大的造化啊！又将把你变成什么东西呢？把你送到哪里去呢？……子来说：儿子对于父母是“惟命是从”，人对于自然更应如此，它催我快死，若不服从，就会成为自然的逆子。“夫大块载我以形，劳我以生，佚我以老，息我以死。故善吾生者，乃所以善吾死也。”庄子哲学的宿命论色彩对后世产生很大的消极影响。

四、庄子要求人们在精神上超脱现实，取得绝对的精神自由。“独与天地精神往来……上与造物者游，而下与外死生、无终始者为友……”（《天下》）这里所说的外死生和无终始，就是超脱生和死的观点，达到永恒境界。这与后来传入中国的佛教观念是一致的。庄子学说在这方面的观念显得无比博大精深，超越时空，具有宇宙人的眼光，令人读后心胸开阔，引导人摆脱俗务的缠绕，面向不朽的功业。这是庄子学说中的可贵之处。

五、庄子认为，从永恒的角度来看生和死，则生和死是等同的，所以他主张“一死生”。他甚至陷入了极端，认为死比生还快乐，妻子死了，他却鼓盆而歌。

庄子在《逍遥游》中说，朝菌早晨出生，不到夜里就死去，所以它根本不知道什么是黑夜与黎明。寒蝉春生夏死，夏生秋死，所以它不知道春天和秋天的区别。冥灵、大椿以数百千年为春，以数百千年为秋，寿命最长，但若以无限之瞬间为短暂，则冥灵、大椿与朝菌、寒蝉等的寿命都相同。生物寿命的长短差异是相对的，这种相对性取决于观察者的角度，如果站在无限大的角度，这些差异就没有了。庄子的目光的确十分远大，后人可以从他这段话中汲取深刻的教益。任何人（尽管他是举世无匹的圣哲）一生的经历与历史长河相比，终究是短暂的，因而他一生的见识终究是有限的，如果以自己有限的见识去预言无限的未来世界，则是十分危险的。

然而，庄子进一步推论说：“天下莫大于秋毫之末，而泰山为小；莫寿乎殇子，而彭祖为夭。”这就是说，如果从无限小的角度来看，天下最大的东西是一根毛发的末端，假如换一个角度，从无限大的角度来观察，泰山也是一个很小的物体。同样，如果从无限小的时间角度来看，天下寿命最长的是生下不久就死了的孩子，但假若从无限大的时间角度来看，彭祖（传说中活了 800 岁的人）也是个短命鬼。庄子的这种观点是彻头彻尾的相对主义。但这种“一死生”、“等荣辱”的观念在中国失意的士大夫阶层中甚有影响力，成为他们政治斗争失败后用来自慰和麻醉自己的学说。

你整个的一生就是现在

受庄子影响最深的士大夫首推贾谊（前 200—前 168），他比庄子晚生一百多年，汉文帝时，曾任大中大夫，后来因受权贵排挤，被贬为长沙王太傅。政治上的失意使他创作了有名的《鹏鸟赋》，对庄子的“一死生”的观念作了发挥：“……千变万化兮，未始有极！忽然为人兮，何足控抟；化为异物兮，又何足患！小智自私兮，贱彼贵我；达人大观兮，物无不可……其生兮若浮，其死兮若休……不以生故自宝兮，养空而浮。”其大意说：万物的变化未必有终点，降生为人，不过是偶然之事。生命本无足贵，何必爱惜珍重。人死则化为异物，乃自然之理，不足为虑。眼光短浅的人，以外物为贱，以自己为贵；通达的人对万物一视同仁……活着好比浮游人世，死去等于长久休息……人不必因为活着就过分看重生命，最好还是听之任之。

贾谊后来担任梁怀王太傅，梁王堕马死，贾谊自伤没有尽到责任，常哭泣，因受庄子哲学感染太深，他任凭悲观消极思想来损害自己的身体，一年多就死了，年仅 33 岁，成为庄子哲学的第一个殉道者。

晋朝竹林七贤之一的阮籍（210—263），尤好老庄，嗜酒能啸。他作了 82 首对后世诗人影响很大的咏怀诗，清代王夫之叹为“旷代绝作”，其第一首为：

> 夜中不能寐，起坐弹鸣琴。薄帷鉴明月，清风吹我襟。孤鸿号外野，翔鸟鸣北林。徘徊将何见，忧思独伤心。

月白风清的夜间，听着鸿号鸟鸣，起坐弹琴以写忧思，他的几十首杰作就是在这样凄清的环境里写成的。纵观他的八十多首诗，其中心思想无非是哀叹宇宙间一切事物的“无常”。这包括友谊的无常、身家性命的无常、富贵的无常、名誉的无常。阮籍常常独自驾车出外漫游，走到哪里算哪里，不按正常的路径，如果车走到没有道路的地方，他常常痛哭而返。

屠格涅夫说：“乐观是养生的惟一秘诀，常常忧思和愤怒，足以使健康的身体变得衰弱而有病。”阮籍常常忧思和痛苦，且常常酣饮，用酒精来慢性自杀，因而也成为庄子哲学的殉道者之一。

另一位深受庄子哲学影响的竹林贤士——嵇康虽然也以身殉道，但却不是采取慢性自杀的途径，他的死极富诗意。

嵇康（223—263）是当时著名的思想家，有奇才，胸怀宽阔，博览群书，弹琴咏诗，无所不能，有《嵇中散集》10卷留传至今，且富有正义感和反抗性，由于得罪了司马昭的心腹钟会，被诬陷处死。史书上记载说：

> 康将刑东市，太学生三千人，请以为师，弗许。康顾视日影，索琴弹之，曰：“昔袁孝尼尝从吾学《广陵散》，吾每靳固之。《广陵散》于今绝矣！”时年四十。海内之士，莫不痛之。

嵇康生前善弹七弦琴。有一次他到洛西，住在华阳亭。夜晚，皓月当空，他趁月色焚香弹琴。忽然，一白衣男子走了进来，举止潇洒，嵇康向他求教琴艺，来人并不推辞，开始抚琴演奏。乐曲开始时是轻拨慢弹，以后节奏不断加快，琴声变得激越悲壮，嵇康听了，十分感动和佩服。来人告诉嵇康，刚才弹的琴曲名字叫《广陵散》，写的是聂政刺杀韩王为父报仇的故事，接着便将这首乐曲的弹奏方法传授给了嵇康，并告诉他不要再传给别人。后来，嵇康因得罪封建统治者，被处死刑，行

知足常乐，如果善于利用，短短的人生也是十分快乐的人生。（《芥子园画传》）

刑的那天，嵇康十分镇静，他要求在刑前再弹奏一次《广陵散》，借曲中的愤怒之情抒发心中的不平之气。他的演奏激昂慷慨，把周围的人感动得都掉下了眼泪。一曲弹完，他仰天长叹说：“《广陵散》从此失传了！”

另一位竹林贤士向秀在《思旧赋》中说：“悼嵇生之永辞兮，顾日影而弹琴。托运遇于领会兮，寄余命于寸阴。”这里说嵇康临刑之际，尚能欣赏自然（顾日影）和纵情娱乐（弹琴），这说明他已经领悟了自己必有此厄运，因而听天由命，将自己的余生寄托在弹琴的片刻之间。千古艰难惟一死，嵇康对于死亡能抱如此超然的态度，这固然与他熟读庄、老，超脱生死有关，但同时也表明嵇康是热爱生活的，生活即使只留下片刻时光，他也要让它过得有意义、过得美好。

当代法国诗人彼埃尔·塞盖斯说：“我是一个瞬息度过一生的人，

我只是一粒寿命难以把握的尘土。”每个人对于自己寿命的长短，的确难以把握，但每个人都应学会在瞬息间度过一生的本领。所谓瞬息间度过一生，就是紧紧抓住现在的时光，不让它虚度。海明威在长篇小说《丧钟为谁而鸣》中写道：“你整个的一生就是现在。除了现在再没有别的了，既没有昨天，当然也没有明天……只有现在。”海明威这部小说的主人公美国青年罗伯特·乔丹是懂得珍惜“现在”的，罗伯特在烽火连天的西班牙战场上与西班牙姑娘玛丽亚热恋，但罗伯特两天后就要去执行炸毁一座铁桥的任务，他极可能在炸桥中牺牲。这是爱与死的搏斗。罗伯特清楚地意识到这一点，但他并不悲观，而是充分利用这两天的时间享受人生。他认为：“70 小时跟 70 年一样，也可以充分享受生活。”他对自己说：“假如根本没有那种所谓的漫长岁月，只有现在，那么‘现在’就值得赞美。”“如果‘现在’只有两天的话，那么两天就是你的一生，而这一生中的一切都将相应地压缩，你就将这样在两天中度过一生。”

罗伯特对人生的思考使我们深受启发。美好的一生并不是用《圣经》上规定的 70 年来计量的。法国哲学家蒙台涅的名言甚有分量：“衡量生命的标准并不在于它的长短，而在于你怎样充分利用它。如果不会利用，人生就是一个漫长的苦役，如果善于利用，短短的两天也是十分快乐的人生。”俄罗斯著名作家契诃夫说过：“一个人，哪怕眼前没有一个钟头可活，马上就要受绞刑了，他也应重振生活的乐趣，提起坚定的希望和勇气来。”这正好是嵇康的写照。生要生得光明磊落，出人头地，死也要死得轰轰烈烈、出类拔萃。太史公司马迁说：人固有一死，但有的重如泰山，有的却轻如鸿毛。嵇康一生虽然短促，但是他活得豪迈、勇敢和坚强，死得重如泰山，永远让后人钦仰。

生不知爱，死不知恶

——陶渊明为自己写挽歌

陶渊明（365—427）又名陶潜，是中国中世纪最著名的田园诗人。陶渊明曾出任小官吏，为彭泽令时，因不为五斗米折腰，解绶去职，从此在家闲居二十余年，亲自参加农家劳作，流连于大自然的怀抱。

他对死亡问题做过深刻的探索，对人生的短促极为忧虑："一生复能几？倏如流电惊。"（《饮酒》）"天地赋命，生必有死。自古圣贤，谁能独免。"（《与子俨等疏》）他恐惧死亡的程度，超过同时代任何诗人："人生似幻化，终当归虚无。"（《归园田居》之四）"古人惜寸阴，念此使人惧。"（《杂诗》）"万化相寻绎，人生岂不劳。从古皆有没，念之中心焦。"（《己酉岁九月九日》）

陶渊明在《形影神》一诗中，对人的必然死亡发出叹息："天地长不没，山川无时改。草木得长理，霜露荣悴之。谓人最灵智，独复不如兹。"天地山川长存不没，没有改变，草木有它永恒存在的自然之理。秋霜使其憔悴，春露使其复荣。人是最有智慧的灵长，但唯独不如山川草木之长生。这怎能不令诗人伤感呢？但最后诗人从庄子哲学中找到了一条解脱之路："甚念伤吾生，正宜委运去。纵浪大化中，不喜亦不惧。应尽便须尽，无复独多虑！"诗人认识到，想得太多会伤神，应该顺应自然变化的规律，放浪在伟大的变化之中，无所喜也无所惧，不喜生，不恶死，只是随着生命的自然变化了此终生。这就是陶渊明生死观中的超然意识。庄子哲学使诗人选择了归隐躬耕的人生之路，在大自然的怀抱里，诗人的各种生的感叹、死的忧伤都得到了安息，他与大自然合而为一了。陶渊明临死前，给自己作了几首挽歌，说明他对死的重视，但在诗中已经没有对死亡的恐惧了："亲戚或余悲，他人亦已歌。死去何所道，托体同山阿。”亲戚可能还有一点悲哀，而别人则已欢歌，说明已无伤悼之意，既然已死，还有什么可说，不过托身于山陵就是了。总之，陶渊明临死前，能以平静的心情迎接死亡，他既不期望到达净土，也不相信来世，只是以极朴素的态度来对待死亡。“聊乘化以归尽，乐夫天命复奚疑。”

陶渊明死后一千余年，中国又出了一位对死亡有着深刻思考的学者——王阳明（守仁，1472—1529）。

王阳明生长于明朝，原在京城做官，受祖、父的庇荫。后因读书有成，立志学圣人，便上疏为被刘瑾逮捕的忠臣戴铣等辩护，结果此疏不幸落入刘瑾手中，刘瑾大为震怒，下令逮捕阳明入狱，阳明从此堕入死亡的危险中，从死神手中几度逃脱性命，后来到贵州龙场驿（1508年3月）。龙场虽是驿站，并无房舍可居，粮食不足，阳明栖居山洞，自己种植粮食，否则即可能暴尸荒野。阳明曾作《瘗旅文》祭一位南来赴任、经过龙场时倒毙于途的小官吏，文中说其父子仆三人俱死。于是，阳明从此看破了生死，自做石棺，随时做好死亡的准备，这与当代西方的存在主义的主张——唯有时刻体验自己的死亡，才能正确地对待自己的人生——十分相合。

当时，王阳明处境艰险，生死难卜，刘瑾追杀的威胁时刻未消。后来他在《年谱》中追记自己那时的窘境：“时瑾憾未已，自计得失荣辱皆能超脱，惟生死一念尚觉未化，乃为石墩，自誓曰：‘吾惟俟命而已。’日夜端居澄默，以求静一。久之，胸中洒洒，而从者皆病……”由此可见，王阳明自从对死亡有深刻的体验后，就能抛却一切尘世的杂念，集中自己的生命力，以对付目前的艰险处境。这么一来，虽然环境十分险恶，他的随从都得病了，而他自己却能安然无恙。他不但能看破一切得失荣辱，去人欲，而且能以彻悟的方法克服对死亡的恐惧（死亡的恐惧往往是许多人致死的主因）。克服了死亡的恐惧，人就能从精神上战胜死亡，超脱死亡。

这也就是王阳明处于如此艰险的危境中安然无恙的原因。唯有从精神上超脱死亡的人才能战胜各种物欲诱惑，才能面对各种艰难困苦，处之泰然，因为他懂得，人生降世，就是为了受苦受难的。古语云："生于忧患，死于安乐。"

王阳明在棺中终日端居，沉默，以求静一，如老子云："天得一以清，地得一以宁。"生死存亡全部超脱化解，因此，他能专心致志地从事哲学的研究，他一生在哲学上贡献甚大，创立了阳明学，使得中国传统哲学步入了另一个高峰。这说明了研究哲学就能研究死亡，只有穷通死亡的学问，才能对哲学有一个深刻的研究这个道理。

王阳明说："学问功夫，于一切声利嗜好俱能脱落殆尽，尚有一种生死念头毫发挂带，便于全体有未融释处。人于生死念头，本从生命根上带来，故不易去。若于此处见得破，透得过，此心全体方是流行无碍，方是尽性至命之学。"这一段话，说明了王阳明对待人求生存的最基本欲望的方法，认为这种欲望是与生俱来的（从生命根上带来），因而是一种最难祛除的欲念。蝼蚁尚且贪生，何况人乎。因此，生死之关被称作大限，这个大限最难跨越。"千古艰难惟一死"。王阳明以看破生死为宗旨，因而独居石棺的过程中，随时做好死亡的准备，这样便产生了一种廓然与天地同体的透悟感通，所有得失荣辱，名利轩冕，生死存亡全都超脱化解，欲望剥尽之后的人性本来面目，便十分真实且自然地展现出来。

儒家传统的"生死观"是孔子的"未知生，焉知死"，这种观点有鼓励人们积极入世的功能，但不能从哲学上解决死亡问题，也不能使人祛除死亡恐惧感，因为这种恐惧感是从生命根上带来，而又挥之不易去的。王阳明这个明代的大儒家，在龙场静坐石棺中，终于彻悟而破解生死，有了一个"未知死，焉知生"的体验过程，与今天的存在主义思想不谋而合，于是儒家传统的"生死观"，也因此得到突破而向前迈进了一大步。

王阳明思想的源头是陈白沙的江门心学，陈白沙名陈献章（1428—1500），字公甫，号石斋，广东新会人，后迁居广东江门郊区白沙乡，称岭南白沙子。陈白沙是一位思想家，创立了江门心学，有知名弟子百余人，其学说以自然为宗旨，以自得为归宿，突破超越了程朱理学，实现了明代文化由理学向心学的转向。黄宗羲在《明儒学案》中称誉他为“独开门户，超然不凡”。还说“有明之学，自白沙始入精微”。陈白沙为“遗腹子”，出世前一月父亡，自幼年便必须接受死亡的事实，所以超脱生死一念，异于常人。他曾说道：“则天地之始，吾之始也，而吾之道无所增；天地之终，吾之终也，而吾之道无所损。天地之大，且不我逃，而我不增损，则举天地间物既归于我，而不足增损于我矣。天下之物尽在我而不足以增损我，故卒然遇之而不惊，无故失之而不介。”由此可见，他坚持“天人合一”观念，认为自己是可以超脱死亡，与天地相终始的，而他的道（思想体系、人生观等）则比天地存在得更久。即使地球和太阳系等都毁灭了，“道”仍旧存在。总之“大道也，天小也，轩冕金玉，又小”，思想体系最重要，天地（指自然界）与思想比较起来，要小得多，功名利禄更加小得多。他还说：人如果有了觉悟，就明白“我大而物小，物尽而我无尽”，天地虽大，也只是一粒微尘，千古虽长，也只等于瞬息。而“我”比天地万物都大，比天地万物都长久。

对于生死，陈白沙写诗云：“生之谓来，逝之谓去；去来之间，奚得奚丧?”生死只是来到某个地方或离开某个地方，来来去去是很平常的事情，对人来说，既不是获得，也不是损失。因此，不必要恋生怕死(生不知爱，死不知恶)。

王阳明和陈白沙一样，采取唯心主义的“天人合一”的立场，认为，人是大自然的一部分，是与大自然同生同灭的，只要宇宙还存在，人就可以通过与大自然的结合达到永生。

陈白沙主张“天地无穷年，无穷吾亦在”，“会此则天地我立，万化我出，而宇宙在我矣”。所以，他把生命“永托山水间”，去达到永垂不朽的目的，像这样，把握住生命的无限扩张性与永恒性，“死亡”一念便完全被消解殆尽了。

王阳明主张，“心即理”、“心外无物”的理论，他所说的“理”，即“本心良知”。他说：“良知是造化的精灵，这些精灵，生天生地，成鬼成帝，皆从此出”，“良知妙用发动时，可见人心与天地一体”。人与宇宙万物息息相关，在阳明思想中表现得相当透彻，类如机体性的血肉连结，痛痒相关。而汇通人与宇宙万物的关键物，全在人心一点“灵明”。“盖天地万物与人原为一体，其发窍之最精处，是人心一点灵明”。阳明以本心主体性的实现去发现客观世界，成全主客交流，物我同心而天人合一，所以他写诗说：“闲观物态皆生意，静悟天机入苍冥。”

以上是王阳明的生死观概要，由此可见，王阳明在这方面的见解比陶渊明进了一大步，陶渊明主要是通过诗文来抒发自己对死亡的感受，对于生死问题还停留在一种感性认识阶段。而王阳明的思想已经上升到了理性认识，并且试图通过主观的努力克服死亡的恐惧。此外，陶渊明是一个文学家，对于哲学问题只有模糊、初浅的认识，虽然借老庄哲学以自慰，但并没有穷究其中的道理。王阳明不但穷通庄子的生死观，而且创立了“心外无物”，“天地我立，万化我出”的阳明哲学，把死亡的感受理论化了。

中国的生死哲学到了陈白沙和王阳明那里，有了一个质的飞跃，他们不但能主动地去迎接死亡，超越死亡，而且把人看得比天地万物都伟大，这在某种程度上接近了欧洲的文艺复兴思想。

生当作人杰，死亦为鬼雄

我国历史上有许多志士仁人，他们在事业上努力进取，百折不挠，在生死观上采取积极现实的态度。请看下面这首诗：

> 神龟虽寿，犹有竟时。腾蛇乘雾，终为土灰。老骥伏枥，志在千里。烈士暮年，壮心不已。盈缩之期，不但在天。养怡之福，可得永年。幸甚至哉，歌以咏志。

诗的大意为：尽管神龟长寿能活千年，神通广大的腾蛇能乘雾升天，但终究不免死亡，化为土灰。千里马虽然老了，终日伏在马棚之下，但其志向仍在驰骋千里；烈士即便到了晚年，他的壮志也不会消沉。人的寿命长短的期限，不只是由天来决定的，身心修养得法，也可以长寿。

曹操（155—220）是这首诗的作者，这是他写的《步出夏门行》一诗的第四章，全诗表现出了不甘衰老和人的寿命不全由天决定，主观努力也能起作用的积极奋发精神。这可以说是古人向死亡的宣战书，是一篇与庄子的听天由命的哲学唱反调的作品。

其后的另一篇与庄子哲学唱反调的作品是王羲之的《兰亭集序》。王羲之（321—379）官至右将军，但以书法闻名于世。他在《兰亭集序》一文中流露了对人生几何的感慨，同时也批判了庄子的“一死生”、“齐彭殇”的虚无主义思想。文中说：“况修短随化，终期于尽，古史云：‘死生亦大矣。’岂不痛哉！每览昔人兴感之由……固知一死生为虚诞，齐彭殇为妄作。后之视今，亦犹今之视昔。悲夫！”大意是寿命的长短是由造化摆布的，最后归结为无有。古人所云“死和生也算一件大事”，简直令人悲痛！而每逢考察古人引起感叹的原因，就坚信把长寿的彭祖和短命的人等量齐观是一种荒谬的想法。王羲之感叹地说，后世之人观察今天，正像今世之人观察古代，这是何等令人悲痛啊！

畏死乐生，是人人皆有的感受，庄子想用“一死生”的理论来掩盖这一点是办不到的。卢梭说过，“谁要是自称面对死亡无所畏惧，他仅是撒谎。人皆怕死，这是有感觉的生物的重要规律，没有这个规律，整个人类很快就会毁灭”。每个生物都有求生的愿望，最有理性的人听到亲人去世的消息，都会感到伤心。生命是大自然最美好的创造，不珍惜自己的生命，与不珍惜他人的生命同样是桩大罪过。英国小说家劳伦斯(1885—1930)说过："生命是惟一重要的，对于我来说，只有在活着的东西中才能看到生命。所有活着的东西都叫人惊叹不已，而所有死去的东西都从属于活着的。宁为活狗，不为死狮。"可见庄子说活着和死了没有区别，真是自欺欺人的荒谬见解。王羲之通过自身对生和死的感受，指出庄子说法的虚妄，并且敢于说出自己的真实感触，这在当时那个盛行老庄学说及佛教的时代里，是十分难能可贵的。

人活着，就要活得出类拔萃，有声有色；人死去，就要死得壮烈英勇，可歌可泣。南宋女词人李清照写道："生当作人杰，死亦为鬼雄。至今思项羽，不肯过江东!"项羽由于失败无颜见江东父老，毅然在乌江边拔剑自刎，死得何等慷慨。莎士比亚说："懦夫在未死以前，就已经死过好多次，勇士一生只死一次。"生死的意义可见一斑。

诗人陆游(1125—1210)一生报国信念不衰，生性乐观，活到85岁。他在病榻弥留之际，写下《示儿》诗一首："死去元知万事空，但悲不见九州同。王师北定中原日，家祭无忘告乃翁。"志士至死不忘收复国土，其中强烈的爱国主义精神，使得此诗永远为后人传诵。

灵鬼文学

历代诗文中，除了有许多论述生死的文字外，还有不少描写人死后生活的文学，我们不妨称之为灵鬼文学。

人类对于鬼魂的迷信是从原始社会里产生的。原始社会盛行"万物有灵论”，普遍相信每个人都有一个非物质的灵魂。灵魂依附在活人身上，人死后，灵魂就离开躯壳，前往由无形体的幽魂和鬼魂组成的冥国。

对灵魂不灭的信仰导致无数迷信观念的产生。人们形成了一种观念：死人的灵魂经常与活人杂处在一起，干预他们的生活。人们还产生了一种看法：善良的灵魂是可以交往的，而且应该与它们打交道，利用其超自然的力量为人们造福；至于那些邪恶的幽灵，则应竭尽全力与它们作斗争，使其不至于害人。

究竟有没有灵魂呢？当代学者鲍斯韦尔写道：“世界从产生到现在已经过去了五千年，但仍然无法找到任何一个人死后灵魂再现的例子，这真是不可思议的事！所有的论据都反对这种再现，而所有的信仰都倾向于再现。”

尽管科学一再否定灵魂的存在，但从古到今相信灵魂的仍大有人在。为了迎合人们的这种心理，描写鬼魂活动的文学也就应运而生。我国自晋朝起直到隋朝，特多鬼神志怪之书。据统计，至少有 35 种之多，最有名的有《列异传》，魏文帝撰；《甄异记》，戴祚撰；《灵鬼志》，荀氏撰；《搜神后记》，陶潜撰（以上四种以鬼小说为主要内容）；《搜神记》，干宝撰；《异苑》，刘敬叔撰；《集灵记》，颜之推撰；《幽明录》，刘义庆撰等。

这些志怪小说的作者，十之八九是士大夫，这说明当时人们普遍对死后的生活充满幻想。这些小说的作者都是肯定鬼的存在的，如撰《搜神记》的干宝，把亲眼看到的鬼（其父婢在墓中十余年不死，其兄死而复活）写在小说内。

在这些作家的笔下，鬼可以隐形，可以显形。它无处不在，没有体重。鬼也会饥饿、生病、死亡，也有七情六欲，鬼对活着的亲人依然关怀，鬼也有人情味，可以开后门，鬼也懂音乐（嵇康最拿手的琴曲《广陵散》，就是从鬼那里学来的），最有意思的是鬼也会恋爱。这与柏拉图的灵魂大相径庭，按柏拉图的说法，灵魂，只有理性，是没有欲望和激情的。六朝的鬼小说中，有不少爱情故事，这些故事的女主角一定是鬼，男主角一定是人，从来没有一篇男鬼与女人的爱情小说，或女鬼与男鬼的爱情小说。女鬼与男人的爱情故事有一定的发展方式，姑名之女鬼爱情三部曲。第一部曲女鬼毛遂自荐；第二部曲两情相好，遂同寝处；第三部曲结局，绝大多数是分离，但也有以团圆结尾的。如《搜神后记》有一篇故事云：广州太守冯孝的儿子名叫马子，年二十余，夜梦见一女子，年十八九，言："我是前广州太守徐元方的女儿，不幸早亡，至今已死四年，我的死是个冤案，生死簿上载明我能活八十多岁，现冥王已替我平反，许我更生，但只有依靠您的力量，嫁给您为妻，才能复活，您答应拯救我吗?"于是马子带人找到这少女的坟墓，掘棺得尸，体貌全然如故。一年以后，女子的脸色肌肤气力都恢复了正常。于是派人报告徐家，徐家老幼上下都来了。选吉日，下礼聘，结为夫妇，生两儿一女……这个故事讲的是人死而复活的经过，反映了古人希求战胜死亡的幻想。到明朝的时候，这个故事引起了大戏剧家汤显祖的注意，以它为素材编成了《牡丹亭》(《还魂记》)这部著名的传奇。

六朝小说中的鬼除了有隐形、变化、先知等伎俩与人类不同外，其性格行为有很多地方与世人没有两样，它使人们感到可亲的地方甚至多于使人们感到可怖的地方，因为鬼本是古人想象出来而后加以肯定的。古代作家把死后的生活描绘得和生前差不多，旨在消除自己和读者内心中对死亡的恐惧。

描写鬼神的志怪文学，除六朝外，以后历朝都有，但以《聊斋志异》最有名，其中的神仙狐鬼精魅故事，描写细腻曲折，叙事条理有序，使花妖狐魅，多见人情，和蔼可亲，读之忘为异类。书中大多是人与狐鬼的恋爱故事，而且鬼魅多能复活。如《聂小倩》写女鬼聂小倩闯入人间而终于回归人间，嫁与宁生为妻，幽明无隔，还替宁生生了一个小孩。《小谢》写两女鬼秋容和小谢与陶生恋爱，都能借助道法借尸还魂，复活为人，与陶生结为夫妇。

在《聊斋》作者蒲松龄的笔下，阴间的生活不仅和阳世一样，而且

深夜12点，鬼魂出现。西方的鬼小说多渲染恐怖气氛，没有《聊斋志异》的人情味。（爱伦·坡：《新述异集》插图，法国　罗贝尔·贝尔茨作）

许多鬼狐的情操比世人还要高尚。这说明古人对死后生活不断进行思索，他们把阴间的生活想象得越美好，他们心中对死亡的忧虑就越少。

西方也有鬼小说，但大多渲染恐怖气氛，缺少人情味。例如《斯特拉特福异象纪实》写的是美国康州的斯特拉特福镇的鬼魂聚在一起举行祷念活动的事。据说，美国康州的斯特拉特福镇是经常闹鬼的地方，有许多无人敢住的凶宅。德国的霍夫曼是写鬼怪小说的高手。名作家也写鬼怪小说，如普希金的《黑桃皇后》、巴尔扎克的《驴皮记》、果戈里的《鼻子》、凡尔纳的《卡尔巴特城堡》、爱伦·坡的《新述异集》、莫泊桑的《神怪故事》、莎士比亚的《仲夏夜之梦》等。欧洲早在中世纪就有许多鬼故事，康德在《灵魂窥探者之梦》中说："无知使我如此大胆，以致绝对否定各种鬼故事的真实性，然而我在怀疑它们中的每一个时，我还是做了尽管是奇特却是常识性的保留，我对他们作为整体而言仍是相信的。”

梦·死亡·招魂术

梦与死亡

梦境对灵魂的产生有很大的作用。古人不明白梦的本质，他们觉得梦境和现实之间简直没有什么区别。著名的庄周梦蝶的故事就是一个鲜明的例子。古人梦见他们自己在捕鱼、狩猎、跳舞、拜访亲戚朋友，梦醒后，发现自己仍在原来的地方没动，于是便产生了一种观念，认为灵魂在夜晚可以暂时摆脱肉体的束缚，到或远或近的地方飘荡一阵子，然后再回归到身体内。在藏族原始宗教观念中，灵魂可以在天界，也可以聚居于地面，它可以脱离物体远游，它是主宰人生死的核心元素。欧洲几百年前就存留着这种说法，有关贡特拉姆王的传说就是这方面的例子。根据传说，国王贡特拉姆有一次在森林中睡熟了，他的侍从武士忽然看见从国王的口中爬出一条蛇来，那蛇徐徐爬向一条小溪边，但无法越过小溪。这当儿，侍从把自己的剑横陈在小溪上，蛇便从剑上爬了过去，然后在山林中隐没不见了。过了许久，那蛇又爬了回来，并重新爬进熟睡的国王口中。国王醒来后说，他梦见自己从一座铁桥上越过一条河流，走进一座纯金铸成的山中。我国古典小说中“魏征丞相梦斩老龙”的故事也是这种观念的例子。泾河龙王被玉帝判处死刑，其监斩官

古人认为做梦是人的灵魂暂时摆脱肉体的束缚，到或远或近的地方飘荡游历。(法国作家左拉小说《梦》插图，英国　卡洛斯·施瓦布作)

为唐朝在位丞相魏征。老龙王得知天网难逃，连夜托梦给唐太宗乞求援救。唐太宗得梦后，翌晨急召魏征入宫，君臣二人对弈比赛，到午时三刻，魏征忽然俯伏在案边盹睡。唐皇心想，反正人未离视线，那龙王就有救了，就任由丞相睡着，更不呼唤。谁晓得魏丞相醒来，午门外有秦叔宝等，将一颗血淋淋的龙头带进宫来禀奏太宗道："十字街头，云端里落下这颗龙头。"唐太宗惊问左右："何也?"丞相起身叩首道："是臣适才一梦斩的。"太宗闻言大惊问："贤卿盹睡之时，又不曾见你动身动手，又无刀剑，如何却斩此龙?"丞相奏道："主公，臣的身子在君前，却梦离陛下，乘瑞云，精神抖擞。只见那条龙绑缚在屠龙台上，臣道：'汝犯天条合当死罪。'龙闻言哀告。臣抖擞精神，咔嚓一声刀过处，龙头因此落虚空。"

古人在梦中常常看见已逝世的亲人或朋友。美国著名民俗学家泰勒引述加拿大一位印第安老妇的故事说："她每晚都要梦见已死去的亲人，不得不请求巫医替她驱赶这些梦中的鬼魂。"另一位民俗学家威尔逊描述几内亚南部黑人的世界观说："他们做的一切梦都被解释为已死去的亲朋的来访，他们就是通过这种途径接受警告、建议和训示的，他们十分虔诚地采纳这些建议和训示，将其奉为行动的指南。"古人把这些在梦中或幻觉中出现死去的人的形象，看做这些死者依然活着的灵魂。

中国古代的士大夫也普遍存有这样的迷信。有些文学家在作品中把梦中与亲友相会的情景描绘得栩栩如生。例如，苏轼在《江城子》一词中写自己在梦中与死去多年的妻子相会："十年生死两茫茫，不思量，自难忘，千里孤坟，无处话凄凉……夜来幽梦忽还乡，小轩窗，正梳妆，相对无言，惟有泪千行……"杜甫在《梦李白》一诗中，写李白的灵魂在夜里托梦给他，诗云："故人入我梦，明我长相忆。君今在罗网，何以有羽翼？恐非平生魂，路远不可测。魂来枫林青，魂返关塞黑。"

梦与死亡是截然不同的事物。梦本是情感的宣泄，其幻象极短暂。弗洛伊德指出：一个人的梦幻世界可能显得奇怪而陌生，这是因为梦来自人的意识中一个特定的区域，对这个区域，人既不可能认出它，也不能加以控制，这个区域名叫潜意识区。潜意识好比是一口深井，其中充满了记忆和感觉，从我们出生的时刻起，这些记忆和感觉就开始堆积在那里，可我们的意识则早已把它们忘得一干二净了。我们并没有猜到它们的存在，直到某种不愉快和不平常的体验促使我们去回忆，去做梦。于是，我们突然梦见一张我们早已忘记了的脸，这个人也许死去多年了，只有在那些令人不安的梦中，长久消失在潜意识中的人和事才会立刻浮现。

弗洛伊德关于梦的解释揭示了梦的本质，否定了灵魂的存在。

招 魂 术

然而，即使有弗洛伊德等科学家的发现，当今世界上仍有许多人相信有灵魂存在，西藏民众认为灵魂有神力，它继续存在和生活在死后的人的肉体上；它能进入另一个人的肉体中去，能够进入动物体内甚至植物体内，支配它们，影响它们。于是有了人们热衷于与灵魂进行交往的方法——招魂术。

最古老的招魂术之一是萨满教的降神会。俄国民俗学家博戈拉兹—塔恩曾多次目睹这样的活动。全过程是在一团漆黑中进行的。萨满巫师敲打着铃鼓，嘴里哼唱巫歌，最初声响极细极轻，然后逐渐增大为一种野性的呼喊，巫师用这种凄厉的呼唤招徕鬼魂。时间一小时一小时地过去，巫师已疲惫不堪，观众们也昏昏欲睡。骤然间，鬼魂出现了，它们用各种不同的声音说话，叽叽喳喳，又喊又唱，厉声尖叫，宛如活人一般。最后巫师身子往地下一瘫，睡熟了，巫术表演就此结束，但人们还坐在那儿，等招魂者醒来，好向他探询鬼魂的意旨。

各种各样的降神会往往都是魔术表演。18 世纪初期一位在格陵兰岛传教的教士克兰奇记叙爱斯基摩人的降神会说，当地的巫师与鬼魂会面前，先要击一阵鼓，然后把自己的身子尽量扭曲，由他的一位徒弟用皮条把他牢牢捆绑起来，使他的头夹在两腿之间，双手反绑。屋内的一切灯火都要熄灭，门窗紧闭。人们都在室外屏声静气地守候，生怕惊走了鬼魂。临了，在一阵奇怪的沙沙声后，巫师打开门窗，与大家见面，他全身松脱了捆缚，手里拿着那根由身上解下来的皮条交给大家过目，据说是幽灵给他解开的。巫师十分兴奋，向大家讲述自己的奇遇。

原始巫术降神会的各种表演中，最惊心动魄的要数火焰所造成的幻象了。在这种表演中，要将一个青年女子活活烧死，然后令其复活，其实，这是一种魔术。例如，在北美，巫师专为这种特技表演用的器械中，有一口双层底的箱子，那里面预先藏有一副人的骨骼。印第安巫师的一个女助手好像钻进了这口箱子，实际上她躲在事先挖好的一个洞穴中。箱子被投进熊熊烈火中，由洞穴往火炉的中央有一条通道，参加表演的女助手在通道的一头唱歌。她的歌声直接由火焰中散发出来，给人一种似乎她对烧灼的痛楚全无感觉的印象。一俟箱子完全烧毁，巫师立即由其中夹出那副人骨，借此向观众证实，那个妇女已经烧死了。巫师把人骨庄严地陈放在一张鹿皮上，鹿皮下面就是那条通道的出口。巫师连续四昼夜朝着人骨唱歌，直到隐约传来被烧死的妇女的声音为止。然后，巫师小心翼翼地用毛皮把人骨盖好，那女助手则神不知、鬼不觉地经过地道爬到了毛皮下面。当巫师在一片鼓声中揭开毛皮时，里面露出来的是那个有血有肉、毛发无伤的“被烧死”的妇女。

世界各国都有招魂术，西藏民众认为，灵魂依附物与灵魂为对等关系，灵魂一旦离开，肉身就会出现不同程度的损伤或不适。灵魂是一切人和动物的核心，没有灵魂或灵魂脱离肉体，实际的人和动物就失去了存在的意义。英人弗雷泽曾记述缅甸克伦人招魂的风俗。克伦人经常为他们的灵魂而焦虑，唯恐灵魂远离人身而陷入危险，如果有人猜疑自己的灵魂将要离开了，于是便举行留住它或召回它的仪式。

这种召回活人的灵魂的仪式，中国古代称作“召生魂”。杜甫曾在

在原始巫术降神会的各种表演中，最常见的是招魂。（法国格里安：《女巫》）

诗中记述这种风俗。诗云："早行石上水，暮宿天边烟……故人有孙宰，高义薄层云。延客已曛黑，张灯启家门。暖汤濯我足，剪纸招我魂。"

中国古代除了为生人招魂外，对病亡者与战死者同样要举行招魂仪式。古代丧礼，上至天子，下至庶人，入殓安葬前先要举行招魂典礼。楚辞《招魂》就是屈原根据沅、湘一带民间巫师通用的招魂词加工改编后，交给巫师演唱的。

在藏族民众那里，某家的孩子受惊吓，昏迷不醒，即被认为是灵魂吓散了，于是请召魂人将孩子喜欢吃的东西放在家里，从孩子出事地点开始，嘴里喊着："某某回来吧！某某回来吧！"接着将食物放在孩子枕边，孩子醒来，吃了这些食物，被认为是丢失的灵魂找回来了，孩子的病也就会很快好的。

藏族民众认为灵魂如同人一样有思想和情感，他们在召魂之中，将美食佳肴摆满堆积，将家里诉说得其乐融融，使其游移的灵魂速归故里。

中国还有一种与鬼神进行书面交往的方法——扶乩。方法是在桌上放置一个盛干沙的长方形托盘，沙盘上摆着一件"书写工具"——一段有两个手柄的削尖的木棒。请神时，这件"工具"由两个人握着，每人握住一个手柄，其尖端则留在沙上。扶乩师口念咒语，祈求鬼神使"书写工具"插在沙上的一端运动，以显示鬼神降临。顷刻间，"书写工具"在沙上飞舞起来，写下许多字符，作为鬼神对人们疑难的答复。

西方与鬼魂交往的方法五花八门，最流行的方法叫"桌子招魂术"，这是古罗马时代传下来的。据说鬼魂能附在桌上，以桌子的倾斜度表达其意旨。这个方法很麻烦，要想从鬼魂那里收到一封信，必须背出整个字母表。如果念到某一个字母桌子发生倾斜，这就是所需要的第一个字母，然后再把字母表背一遍，桌子重新倾斜以指出第二个字母，如此再三，最后方能凑成一个词或一个句子。现在西方已发明了更简便最完善的招魂"工具"——招魂图板和"乌依呀板"。科学家解释说："乌依呀板"的运动原理和自动倾斜的桌子、招魂图板以及中国的扶乩工具一样，都在于手指尖、手、脚的有意识或无意识的压力。这种无意识的压力是由所谓意想性运动和行为（不由自主的动作）造成的。首先，人的意识中产生一种关于运动的明显概念，同时在肌肉中激发起下意识的信号脉冲，因而引起肌肉收缩。手指等的意想性运动就是这样的脉冲和肌肉不由自主地收缩的结果。

西方著名作家弗勒梅森对“桌子招魂术”有详细描写：

一天晚上，我们聚集在房子里一张小小的三脚圆桌边，我们把桌子放在房子的正中间，周围仅仅摆了四把椅子……

我们相互约好对任何可能出现的情况，既不要去帮忙，也不要去妨碍它，然后坐下，把手平放在桌上，用手指结成一个连续的链。

十分钟过去了，没有任何事情发生，我们正襟危坐，颇感不舒服……

突然，一声尖锐的敲击声响起，好像是桌子的木头中发出来的。不久，另一声尖利的敲击声响起，桌子升起了两只脚，接着又响了一声，这响声格外清晰。桌子在移动，并且用一只脚击打着地板……

我们决定使用字母表，用不同的字母记录敲击次数。除此之外，我们还约定敲一下表示“否”，两下表示“是”，然后我们重新坐好。

不久桌子再次翘起。

我问：

“桌子在移动吗？”

“是的。”

“我可以知道是谁移动的吗？”

“幽灵。”

“幽灵？谁的幽灵？——我们中的一个人？”

“不。”

“你有名字吗？”

“有，波德莱尔。”

敲击声清晰地响着。字母准确无误地记录着，桌子回答了一些死后灵魂存在的问题和一些道德、宗教问题，它讲了我们每个人的主要缺点，并告诫道：“读《恶之花》吧。”

《恶之花》：死亡旅行

《恶之花》是法国名诗人波德莱尔（1821—1887）最有名的诗集，出版于1857年。从题材上看，《恶之花》歌唱醇酒、美人，表现诗人对现实生活采取厌倦和逃避的态度。历来评论家对《恶之花》褒贬不一，但他们不能不承认《恶之花》的艺术特色。

《恶之花》的一个特色是从各方面探讨了死亡问题。中国古代诗人都无可奈何地哀叹死亡，渲染死亡的晦暗和幻灭。如陶渊明在《挽歌诗》中说：“严霜九月中，送我出远郊……幽室一已闭，千年不复朝。”陆机在《挽歌诗》中哀叹说：“昔为七尺躯，今成灰与尘”（堂堂七尺之躯的威武男儿，一下子就化成了灰飞烟灭的尘埃），“丰肌飨蝼蚁，妍姿永夷泯”（人死后埋在荒郊野外的泥土底下，让尸骨缓慢地腐烂）。仿佛诗人的眼光能透过地层，瞧见虫豸在吞噬刚刚去世的友人似的。何等阴暗和可怕的图景！但波德莱尔则反其道而行之，他在《快活的死者》一诗中也描写死者埋在泥土下被蛆虫吞食的情景，诗人以玩世不恭的游戏笔墨，对死神采取明显的嘲弄态度，表现出西方人的积极的人生观。诗的后两段为：

哦，蛆虫！无耳目的黝黑的良朋，
瞧，自由快活的死者走向你们；
你们，享乐的哲士，腐朽的后代。
钻进我的遗体，尽可满不在乎，
告诉我，这个失去灵魂而死在
死者中间的老身可还有痛苦。

除了上面这首诗外，作者还写有《死后的悔恨》、《情侣的死亡》、《穷人们的死亡》、《旅行》等诗。这些诗都以死亡为主题，后三首合为《死亡》组诗。《死后的悔恨》写一个美女，生前风流一时，压倒群芳，死后却只能以“空洞的窀穸”作为住宅，被墓石压住胸房、纤腰和双

所有的花朵都是生命的象征，都很可爱，即使《恶之花》也不例外。（凡·高：《蓝蝴蝶花》）

腿，不能再“驰骋情场”。这首诗与我国辛弃疾的词句“君莫舞，君不见玉环飞燕皆尘土”，有异曲同工之妙。在《穷人们的死亡》一诗中，他将死亡看成是个天使，将饥寒交迫的穷人从现世的痛苦中解放而导入天国。死是穷人“人生的目的”，是唯一的希望，它是“透过严霜和雪、透过暴风雨，在黑暗的地平线上颤动的光明”。这首诗道出了一个残酷的真实。《情侣的死亡》中作者歌颂殉情的情侣：两颗心竞相把余热耗尽，变成了两个巨大的火炬，两个灵魂合成一对明镜。最后，天使让殉情的情侣复活，升入天国。死亡并非都是可怕的，殉情对于难以结合的情侣来说，倒是一个壮丽的结局。

《旅行》一诗是总结性的作品。诗人在诗篇中流露出对死亡的向往。诗人为了逃避忧郁，到遥远的异国去旅行，但仍不能获得安慰，于是认识到只有死亡才能治愈他的厌倦无聊。诗人写道：“啊，死亡，啊，老船长，时间到了！快起锚！我们已倦于此邦。啊，死亡！开始航行！管他天和海黑得像墨汁，你也知道，在我们内心之中却是充满了光明！……趁我们头脑发热，我们要不顾一切，跳进深渊的深处，管他天堂和地狱，跳进未知之国的深部去猎获新奇！”

这首诗在心理学上是可以解释的。这个世界上的确有不少人对生已十分厌倦，认为尘世充满了冷漠、欺诈、自私、痛苦和悲惨，因而产生了一种死亡幻觉，认为死后世界像天堂一样的美好，在那儿可以获得无限的温馨和欢乐。这样的死亡幻觉有时导致人选择自杀。

死亡的幻觉是多种多样的。有人认为死亡会导致自己在另一个更好的世界上降生；也有人认为死亡会使自己重新找回失去的东西，或者会见到死去了的亲人，与相爱的人重新团聚。

很多人把死亡想象成长久的安静的睡眠，当然，睡眠与死亡并没有必然关系，然而将死亡视为永久的睡眠，却是古老又普遍的传统。古希腊人就相信掌管睡眠的神海普纳斯和掌管死亡的神赛纳斯是一对孪生兄弟，文艺作品中也都充斥着这种喻义。

有些人把死亡看做一次旅行。弗洛伊德曾提醒人们注意这样一个事实：孩子们通常将死看做是一次“回家”的旅行。日耳曼和希腊神话曾描述过死亡的灵魂的队伍。哈姆雷特把死亡描述成“没有一个旅行者愿意返回”。

波德莱尔的诗篇《旅行》就是把死亡看成一次未知的旅行。他写道：“怀着一个年轻的旅人的快乐的心，我们将登舟出发，驶向冥国的海上”，那里有“迷惑人的阴郁的声音唱道：‘到这里来吧！你们想要来尝尝香喷喷的忘忧果的人！这儿的午后充满奇妙的宁静，永无尽头，请你们来这里尽情享受！’”

死亡——文学的永恒主题

死亡是古今中外文学作品的永恒主题，许多名著都有描写死亡的篇章。以欧洲三大古典诗人——但丁、莎士比亚和歌德为例，他们的作品的主题都有死亡。但丁（1265—1321）是意大利最伟大的诗人，其代表作《神曲》所描述的就是死后的世界。根据《圣经》，死后的世界有“地狱”、“炼狱”、“天堂”三部分，《神曲》也就以这三部分为题。诗中描写但丁在维吉尔引领下遨游地狱和炼狱，见到许多早已谢世的名人的鬼魂。后又得到青年时代的情人贝雅特里齐的引导，得见天堂的美景。歌德的《浮士德》写正直的浮士德博士一生受魔鬼的跟踪，在生与死之间徘徊，魔鬼希望他死，而他却努力求生，最后100岁的浮士德虽然倒地死亡，但魔鬼始终没有得到他的心。莎士比亚的著名悲剧都以死亡为情节的主线。《奥赛罗》的主人公受到阴谋家的摆布，杀死了心爱的妻子。《李尔王》叙述英格兰国王年老昏庸，刚愎自用，造成自己爱女的死亡，而他自己也心碎而死。《麦克白》的主人公是苏格兰的大将，由于野心的驱使，他杀死了慈祥的国王，最后导致自己灭亡。《罗密欧与朱丽叶》写两个不幸的恋人，因为双方父母有世仇，先后以死殉情。《哈姆雷特》是一出人文主义者的悲剧。丹麦王子哈姆雷特的父王被叔父杀害，父王的亡魂要求他报仇，但他单枪匹马与黑暗势力较量，寡不敌众，最后失败。剧中人，包括丹麦王子的母亲、情人、叔父、情人的父兄以及王子本人全部死亡。是一出地道的死亡悲剧。

中国古典作品的主题大都离不开死亡。《三国演义》的开卷诗，即可看出这本书包含着人生如梦，死亡是一切的终结这个主题："滚滚长江东逝水，浪花淘尽英雄。是非成败转头空。青山依旧在，几度夕阳红。白发渔樵江渚上，惯看秋月春风。一壶浊酒喜相逢。古今多少事，都付笑谈中。"一个人在世上的成就无论多么伟大辉煌，但死神迟早会夺去他的生命，一死则万事皆空。这首诗渗透着浓厚的佛教观点，总的倾向不可取，但《三国演义》的确是一部悲剧性的小说，写的是失败的英雄的故事。全篇由刘备、关羽、张飞桃园三结义开始，三人立志扫平群雄，匡扶汉室，他们达到了部分目标——建立了蜀汉政权，三分天下有其一，但不待他们达到最终目标，死神先后夺去了他们的生命。"出师未捷身先死，长使英雄泪满襟。"所以爱看《三国演义》的读者，每读到关羽走麦城、刘备白帝城托孤时，往往掩卷叹息，不忍再看以后的内容。有的最多也只读到诸葛亮死亡为止，以后的内容实在没有多少看头了。

《封神演义》中哪吒的故事，也是以死亡为主题的。哪吒打死龙王太子，玉帝批准龙王拿哪吒父母问罪。哪吒为了表示自己所做的事与父母无关，毅然剖腹、剜肠、剥骨肉，还与双亲而死。哪吒这种勇于承担责任，敢于牺牲自己的举动引起人们的深深同情，于是，太乙真人用法术使其魂魄变为身长一丈六尺的莲花化身，后来，复活的哪吒帮助姜子牙兴周灭商，屡立战功。复活使哪吒的故事平添了许多意义，复活是对无意义的死亡的补偿，使读者在心理上得到了满足。

唐诗是中世纪中国文学的丰碑，李白所作的《忆秦娥》，结尾两句最为人称道："西风残照，汉家陵阙。"寥寥八字，写尽世事沧桑，人生悲凉。唐诗中直接描写死亡的也不少，写得最好的是沈佺期的《北邙》："北邙山上列坟茔，万古千秋对洛城。城中日夕歌钟起，山上唯闻松柏声。"还有宋之问的《伤曹娘》："可怜冥漠去何之？独立丰茸无见期。君看水上芙蓉色，恰似生前歌舞时。"唐诗中描写战争和死亡的名句也不少，如："可怜无定河边骨，犹是春闺梦里人"；"年年战骨埋荒外，空见蒲桃入汉家"。令人读后，心惊肉跳，感慨万千。

唐朝诗人喜欢以马嵬坡为题写诗，这是因为马嵬坡与一件著名死难事件有关：唐玄宗在兵败逃亡之际，为了安定军心，让手下人在马嵬坡绞杀了他最心爱的杨贵妃。可是他从此失去了心理平衡，缠绵的情思使他无法解脱："行宫望月伤心色，夜雨闻铃肠断声。"安史之乱平定后，"玄宗回马杨妃死，云雨难忘日月新"。唐玄宗想找回他失落的东西，可是，"马嵬坡下泥土中，不见玉颜空死处"。玄宗仍不甘心，"上天入地求之遍，两处茫茫皆不见"。唐玄宗的遗憾是永远无法弥补的："天长地久有时尽，此恨绵绵无绝期。"

杜秋娘的《金缕衣》是一首尽人皆知的唐诗。诗云："劝君莫惜金缕衣，劝君惜取少年时。花开堪折直须折，莫待无花空折枝！"过去论此诗者认为金缕衣为富贵的象征，瞬息得之，终有破旧之日，不足深惜，真正值得爱惜的是青春时光，应及时行乐。现海外学人杨牧先生对此诗有新见解，认为这首诗包含着深刻的哲理——死亡和生命的返照。杨牧说，根据最新的考古发现，金缕衣并不是一般解诗者所谓的"衣之华贵者"，它绝非活人无端穿着的锦衣，而是死人穿着的寿衣！人死以后才把金缕衣贴身穿在尸体上，以为可以保存尸体之不朽。1968 年河北满城发掘西汉中山靖王刘胜及其妻子窦绾的两座古墓，始见两套完整的金缕衣出土。由于金缕衣是死亡的象征，我们知道杜秋娘所说的并不是富贵和青春的对比，而是死亡和生命的返照。"劝君莫惜金缕衣"，金缕衣虽华美灿烂，须就死方可得之，以不可预测的黑茫茫的死，换取一件贴身紧扎的金缕衣，杜秋娘以为不可，故有“劝君莫惜”之词。事实上，金缕玉衣是一切财富的结晶，一切愚妄的结合。死灭之日，犹汲汲于尸骨之长存，正是愚妄的极致——明知死亡不可避免，退而求肉身之不朽，裹之以华美的金玉之衣，这种本末倒置的价值判断，正是腐朽的统治阶级的精神状态的具体表征。“劝君惜取少年时”，此句所强调的是死生之间的对照，不但讽谏以生命换取财富的虚幻，更指出死的必然和生的偶然。“花开堪折直须折，莫待无花空折枝!”花开是短暂的，花落委地，消灭，却是可以预期的，人应该由花落花开中得到启示，及时把握青春时光。

《金瓶梅》与《红楼梦》

《金瓶梅词话》是一部描写市侩、商人、暴发户西门庆与一群妻妾寻欢作乐的小说。其中色情的描写很多，被公认为一部色情作品。这本书写于明朝，在当时那种淫荡成风的时代，这本书的产生是可以理解的。作者的本意在于针砭淫荡的世风，向沉迷酒色的世人提出警告，指出纵欲的结局必定是死亡。例如该书第一回的回前诗云：“二八佳人体似酥，腰间仗剑斩愚夫。虽然不见人头落，暗里教君骨髓枯。”该书共100回，每一回前都有警醒世人的诗词和格言，而这些诗词无异乎是每一回的主题歌。其中有三十多首直接宣扬“功名盖世，无非大梦一场”的虚无思想。如第97回的回前诗云：“在世为人保七旬，何劳日夜弄精神。世事到头终有悔，浮华过眼恐非真。贫穷富贵天之命，得失荣枯隙里尘。不如且放开怀乐，莫待无常鬼使侵。”诗的意境十分悲观消极，思想也很陈腐，但从另一方面来说，此诗也说明这本书的真正主题是死亡。《金瓶梅》表面上是描写“色”（情欲），实质上是写“空”（死亡）。色是因，空是果，二者紧密联系，密不可分。所以书中写到西门庆因纵欲得病时，作者插嘴说：“乐极悲生，否极泰来，自然之理。西门庆但知争名夺利，纵意奢淫。殊不知天道恶淫，鬼录来追，死限临头。”作者的用意在于说明“生于忧患，死于安乐”这条规律。这本书的死亡主题至此昭然若揭。此外，该书第 51 回的恭姑子演唱的金刚科词，第 65 回的吴道官迎殡悬真词，第 66 回的黄真人炼度荐词以及第 88 回五台山行脚僧的念词中，都阐明了该书的死亡主题。如恭姑子演唱金刚科中说：“落花无返树之期，逝水绝归源之路。画堂绣阁，命尽有若长空；极品高官，禄绝犹如做梦……一朝枕上，命掩黄泉，青史扬虚假之名，黄土埋不坚之骨……青春未半，而白发来侵。贺者才闻，而吊者随至……”句句离不了死亡。吴道官悬真词叹息说：“……正宜享福百年，可惜春光三九。呜呼！明月易缺，好物难合。善类无常，修短有数……”黄真人炼度荐词警告世人说：“……切以人处尘凡，日萦俗务。不知有死，惟欲贪生，鲜能种于善根，多随入于恶趣。昏迷弗省，恣欲贪嗔。将谓自己常存，岂信无常易到！一朝倾逝，万事皆空。”以上唱词都历数人世的种种荣辱悲欢，宣扬人生无常，万境归空的悲观思想。

中国台湾学者孙述宇认为“写死是《金瓶梅》的特色，一般人道听途说，以为这本书的特色是床笫间的事，不知床笫是晚明文学的家常，死亡才是《金瓶梅》作者独特关心的事”。《金瓶梅》写了许多人和事，而这些人和事又大都抹上了死亡的阴影。其中包括：一、性死意识。西门庆和庞春梅都因性而丧命。西门庆因“灯尽油干肾水枯”，死于潘金莲的床上。庞春梅先后与西门庆、陈经济、周义发生关系，最后死在周义身上，亡年 29 岁。二、爱死意识。爱情不仅仅只与幸福相连，在一定的条件下，爱在很多人那里便同死亡连接了起来。李瓶儿和潘金莲都想独占西门庆，因争宠而明争暗斗，结果李瓶儿不如潘金莲心狠，因而先赴黄泉。潘金莲为了寻求情爱满足，毒死亲夫，这就把她的性爱追求与死亡联系在一起，结果她本人死于武松的刀下。宋惠莲想攀高枝，嫁西门庆成为他的第七个老婆，遭到潘金莲的整治，只好含羞自缢下地狱了。三、泛死意识。整个社会经济中，布满陷阱，稍有不慎，小到坐牢，大到身亡。

《红楼梦》是中国古典小说发展的顶峰，被誉为中国封建社会的百科全书。关于这本书的主题，历来说法不一。辛亥革命志士从其中看出了排满的思想，儒家认为全书在于阐扬“礼义道德”。新中国成立后，在极“左”思想影响下，这本书又被蒙上了反封建和阶级斗争的色彩。其实这本小说的作者在第一回就开宗明义地做了说明：“此回中凡用‘梦’用‘幻’等字，是提醒阅者眼目，亦是此书立意本旨。”接着又提出那著名的“因空见色，由色生情，传情入色，自色悟空”16 字的“色空”观念。俞平伯先生是个老老实实做学问的人，他根据作者提供的线索，得出结论说：“《石头记》本演色空（见第一回），由梦中人说，色是正，空是反，由梦后人说，空是正，色是反，所以道士给贾瑞的风月宝鉴，有正反两面，其实骷髅才是镜子的真的正面，作者做书时当时自居为梦醒的人，故《石头记》名为《风月宝鉴》，正是这个意思。”

《红楼梦》出现了一系列的矛盾和对立：色与空的对立；太虚幻境同现实世界的对立；叛道者和卫道者的对立；“天地间灵淑之气”的女儿们同“渣滓浊物”的男子们的对立；风月宝鉴的背面与正面的对立。但全书最根本的是生与死的对立。

《红楼梦》每隔几回就有一个人物死去，而且到接近全书高潮部分，死亡就更为密集地出现。在章回目录中反映出来的就有 17 人死亡，他们是：贾瑞、秦可卿、秦钟、金钏儿、鲍二媳妇、贾敬、尤三姐、尤二姐、晴雯、元春、黛玉、金桂、迎春、贾母、鸳鸯、赵姨娘、凤姐，此外，还有一些次要人物的死亡。

由此可见，《红楼梦》也和《金瓶梅》一样，表面上是写“色”（色情），而其题意和主旨是写“空”（人生的空虚，人生以死亡终结）。“风月宝鉴”反面的骷髅是死神的象征，代表该书的主题，而其正面的色情幻象只是主题的陪衬和引子而已。表面上写尽了繁华靡丽，可有心人读之，则发现全书皆缕缕血痕也。缠绵悱恻于始，涕泪悲歌于后。作者计划详尽描述红楼十二钗中每一个的死亡情形，一直写道："欠命的命已还，欠泪的泪已尽！……看破的，遁入空门；痴迷的，枉送了性命。好一似，食尽鸟投林；落了片白茫茫大地真干净！"方告终止。

可是作者只写到80回，便"泪尽而亡"。因此，俞平伯先生感叹说："《红楼梦》只有八十回真是大不幸，因为极精彩动人的地方都在后面半部，我们要领略哀思，非纵读全书不可，但现在只好寄在我们的想象上。但是作者的不幸，读者所感到的缺憾更为深切了。"由于该书只写了一半，所以许多人错误认为该书是一部专写色情的"淫书"。由于缺了后半部，本书的死亡主题没有得到充分的显示和发挥。

在阅读该书中十二钗欢乐聚会的场面时，读者往往忘记了潜在的死亡的阴影，但是，《红楼梦》也和《金瓶梅》一样，在描写爱情的同时，不断用诗词来点明主题，这样的诗词有《好了歌》、《好了歌注》、《葬花

斜倚熏笼到天明。(《芥子园画传》)

词》、《芙蓉诔》（此文名为诔晴雯，实诔黛玉）等。例如《好了歌注》说："说什么脂正浓，粉正香，如何两鬓又成霜？昨日黄土垄头送白骨，今宵红灯帐底卧鸳鸯……正叹他人命不长，哪知自己归来丧！"句句离不开死亡，令梦中人警醒。

曹雪芹开卷不久，就花很多笔墨描写秦可卿之死（作者把秦可卿看做"色空"的象征，败家之根本），后又以写"晴雯之死"辍笔，写完"晴雯之死"不久，他自己也泪尽而亡了。

《红楼梦》的续书人高鹗是深刻理解作者原意的。因此他补续的后四十回虽数量上只有初本的一半，而大故迭起，破败死亡相继。黛玉知与宝玉成婚无望，咯血病日益加剧，至宝玉与宝钗成婚之日遂亡。后元妃先薨，贾府被查抄，贾母不久又死亡，王熙凤既失势，亦郁郁而死。宝玉病亦加剧，几至死亡，后为僧道挟去。所以后四十回是死亡的记录，发挥了原书的死亡（"空"）主旨。

俞平伯也称赞高鹗说："高鹗续书，竭力揣摩作者的意思，他敢使黛玉平白地死去，使宝玉娶宝钗，使宁、荣抄家，使宝玉做了和尚……我因此想到高鹗补书的动机，确是《红楼梦》的知音，无可厚非的。他亦因为前八十回全是纷华靡丽的文字，恐读者误认为诲淫教奢之书，如贾瑞正照'风月宝鉴'一段，所以续了四十回，以照传作者的原意。"

但俞平伯认为高鹗还没有充分发挥作者的原意和主旨："若依作者原意做下去，其悲惨凄凉必十倍于高作……依我的眼光，现在八十回只是《石头记》的一小半，至多也不过一半，真要补完全书，至少也得八十回，像现在所有的四十回决不够的，因《石头记》以梦幻为本旨，必始于荣华，终于憔悴，然后梦境乃显。现存的八十回正是荣华未谢之时，说不到穷愁潦倒，更说不到自色悟空。以前八十回行文格局推之，以后情事即极粗略写去，亦必八十回方可。就事实论，截至现存八十回看，十二钗已结局者只一可卿，将尽者有迎春，巧姐则尚未正式登场。副册中将下世者有香菱，已死者有晴雯、金钏、尤二姐、尤三姐，其余大观园人物均尚无恙，知其结局虽极匆匆，亦绝非四十回所能了……观高君续作末数回，匆促忙乱之象，不是行文，大类写账，可见原作绝不止百二十回之数。”

因此，按俞平伯先生的意见，《红楼梦》未完成的后半部（至少有八十回）应该是一幅幅极为凄惨的死亡图画。作品中的有血有肉、栩栩如生的人物（红楼十二钗等）将一个个受尽折磨，痛苦死去。作品的死亡主题将得到淋漓尽致的发挥。高鹗对黛玉之死的描写够凄惨的了，使千万读者洒下同情的眼泪。可如果由原作者来写，其情节也许会凄切十倍，更加上把十二钗的死情一个个这么写来，其中情况更非后人的想象所能企及。惟有原作者重新复活，才可将其全盘写就。真正的不朽之作是无法模仿的。希腊的维纳斯女神像，缺了一双手，就谁也补不上。这正是《红楼梦》的许多续书人失败的原因。俞平伯先生的感叹是有道理的。

佛教与死亡

在佛教或基督教的宗教书籍中，生死问题占据了中心地位，并由此而引出信仰问题。

佛教认为，宇宙人生都不过是刹那生灭的现象。一事一物无不时刻都在流动变化当中，绝无常住，是谓“无常”。因此，对于人生的最大痛苦——生老病死乃至自然万象都应视为暂存（无常住），只有这样，才能摆脱人生的苦痛。佛教强调“无我”，认为心中无爱欲，无贪求，便无痛苦，从而进入一种不生不死不变不易大休大息的永恒境界，是谓之解脱。佛陀思想的最高理想或最终目的是“涅槃”，涅槃是生死的尽际，无上的宝岛。佛教认为修行达到涅槃的地步，可以认为是真正达到了完全自由自在的彼岸世界，达到了高度的内在的和谐。因此也就不再为生死所束缚，不再感觉还有什么痛苦。总之，佛教教义的目的在于减轻人们精神上的痛苦，特别是消除人们对于死亡的恐惧。斯里兰卡当代佛学博士郭兆明说："你想悟道，首先要超越一切恐惧，尤其是对死亡的恐惧。无惧是觉悟的重要条件之一，更要知道恐惧是自己幻想出来的。""人类只是存在宇宙某一层面，假如你能努力去了解其他层面，便可减轻你生命中的痛苦。"

自从佛教传入中国后，中国古典文学作品受佛教影响很深，在涉及生死和人生等问题时往往带有佛家的观念。例如，唐代大诗人李白就曾参过禅。他在《庐山东林寺夜怀》诗中说："宴坐寂不动，大千入毫发。湛然冥真心，旷劫断出没。"诗人说自己坐禅已能寂然入定，周围大千世界已倏没于毫发之中，而古往今来的时间也在心中停止了流动。这就是说，他坐禅已达到了时空都已不觉得存在的地步，心中万念俱寂，法

观音菩萨坐莲台。现代科学发现，静坐冥思的人是最快乐的。(《芥子园画传》)

相皆空，已进入了佛家所谓的无我胜境。相传李白着宫锦袍，游采石江中，因醉入水中，捉月而死。可以想见，李白当时已超越了死亡，对死亡毫无恐惧，因为他对宗教的虔信已到了入迷发狂的程度。

宋代诗人苏轼十分推崇超脱尘世的陶渊明，曾作诗和陶渊明的《形影神诗三首》，探讨生死问题。苏轼精研佛理，仰慕佛家的超脱生死的境界。他在诗中云："乃知至人外生死，此身变化浮云随。""大士何曾有生死，小儒底处觅穷通。"苏轼有许多脍炙人口的名句，其中包含着生死无常的佛理，如"人生到处知何似，应似飞鸿踏雪泥。泥上偶然留指爪，鸿飞哪复计东西"；"人似秋鸿来有信，事如春梦了无痕"，等等。

白居易也写过《和陶诗》，探讨生死哲理。他有一首诗云："泰山不要欺毫末，颜子无心羡老彭。松树千年终是朽，槿花一日自为荣。何须恋世常忧死，亦莫嫌身漫厌生。"由此可见他对死亡的超脱意识。

佛教传入中国后，中国产生了一个佛教宗派——禅宗，因主张用禅概括佛教的全部修习而得名。所谓"禅"，是梵语 Chan-na 的译音，或称"禅那"，含有静虑、智慧、禅定等意。所谓禅定，即安静的沉思。王维的诗，受禅宗影响很深，常用"空"、"净"、"静"、"明月"、"白云"等语，表达禅寂、空灵等意。他的诗云："薄暮空潭曲，安禅制毒龙。"薄暮时分，面对落日，坐在一片平静的潭水边，安静地沉思，控制各种有害的欲望和杂念（毒龙）。可是，诗人在摒除了自己对生机勃勃的世界的各种杂念后，他心里所想的是什么呢？《观无量佛经》上说："有目之徒，皆见日没，当起想念，正坐西向，谛观于日，令心坚住，专想不移。"王维这时面对日没的景象，一定产生种种联想，特别是联想到死亡。这从他的诗句中可以找到证明。王维特别爱描写夕阳、返景、斜日、落晖。如："返景入深林，复照青苔上"、"秋山敛余照，飞鸟逐前侣"、"渡头余落日，墟里上孤烟"、"苍茫对落晖"、"大漠孤烟直，长河落日圆"，等等。李商隐诗云："夕阳无限好，只是近黄昏。"落日总是与人生的晚景和死亡联系在一起的，由此可见，王维一定对死亡进行过深刻的思考，所思考的详细内容，他没有明白写出来，但表现在他所描写落日的诗句里。

佛教有小乘、大乘的分别，小乘的目的，在自利，自了脱，其中心思想是无常、苦、无我、不净。大乘是令一切众生转迷成悟，离苦得乐。正如《心经》所说：

渡吧，渡吧，
渡到彼岸，
大家一起渡到彼岸，
自己一个人渡过彼岸，得罗汉果，是小乘；
能回头普度众生，大家一起渡过彼岸，是菩萨心肠，
是大乘。

渡到彼岸，彼岸是什么？在希腊神话中，彼岸是和死亡联系在一起的。据说有一条冥河是阴阳世界的分界，冥河的岸边有一个瘦弱、愁闷的老头在等着，这个老头名叫卡隆，是引渡亡灵的冥府之神，他引领众生渡到彼岸，一去不回。

渡到彼岸也就是死亡的代称。泰戈尔有一组诗叫做“渡”，包括 78 首诗，在这组诗里，泰戈尔对人生，特别是对生和死的问题，做了苦思冥想。他幻想着将有一条船，一个神祇渡他经过大海到达彼岸，让他找到安宁和曙光。这是另一种“视死如归”的精神状态。很明显，泰戈尔这组诗反映了东方的佛教对他的影响。其第 1 首写道：

我必须走的那一天，太阳破云而出了……
我的心是悲伤的，因为它不知道召唤来自何方，
和煦的风，可吹来我留在身后的世界的低声细语？
…………

第 19 首写道：

你在春天任性的时刻里，带着花朵和长笛之歌
来到我这里。

你摇晃着爱情的红莲，扰乱我的心，使心上的
涟漪变为波涛。
你要求我跟你出去，一起进入人生的秘密，
可是我在五月绿叶簌簌声中沉沉睡去了。
我醒来时天空阴云密集，枯叶在风中飘零。
我透过潺潺雨声听到了你走上来的脚步声和呼唤声，
你呼唤我跟你出去，一起进入死亡的秘密。
…………

不言自明，这首诗讲的是人生如梦，死亡是人生的归宿这个主题。

这是真正描述死亡的诗篇，可作者把死亡写得这样美，这样自然，这样富有诗意……

基督教与死亡

基督教相信灵魂不灭与世界末日，认为人的肉体是短暂的，而灵魂则长存。现实世界有限，死后生活永存。世界末日迟早会到来，人死后灵魂将根据生前的表现受到不同的审判，善者升天堂，恶者下地狱。所以，基督教是关于死的宗教，而几乎所有的多神教（如道教）同是关于生的宗教。

基督教的教义与耶稣的死亡和复活密切相关，耶稣是个犹太的宗教导师，约在公元 28—30 年间被罗马总督钉死在十字架上。耶稣死后两天，三个追随耶稣的女子来到耶稣的墓穴，发现耶稣已经复活升天。由于群众普遍相信耶稣复活的传说，结果产生了一个新的宗教——基督

教。基督教宣称，耶稣的死和复活是上帝在历史上的特殊的自我启示，是对人类罪孽的救赎，因此，凡是相信上帝及其儿子主耶稣基督的，便可以在上帝之国里得到永生。基督教的中心教义是“耶稣救世人”，正如保罗所说的：“……如果基督没有从死中复活，那么福音书就是无价值和不存在的了。”

据后人考证，耶稣在历史上确有其人，但关于他复活的说法在生理学上是无法解释的。历史上有许多著名人物，人们总是认为他们还活着，他们人格的力量强大得使许多人无法接受他们的死讯，耶稣就是这一类的人。但如果耶稣没有在耶路撒冷被钉在十字架上而死，他的教诫很可能早已被人遗忘。基督教的崛起是因为耶稣被处死，也因为他的信徒相信他死后的再度复活。因此，死亡在基督教的产生和传播中具有十分重要的意义。十字架代表死亡和苦难，成了基督教的象征。凡是有基督教存在的地方，就有十字架竖立在教堂顶上。教堂内挂满耶稣被钉在十字架上的受难像，基督教告诫说：世界和人都应有自己的十字架。

基督教的圣餐礼也与死亡有关。圣餐礼象征着教徒分享耶稣的肉体和鲜血。《福音书》上说，耶稣清楚地知道自己将被捕处死，于是主持一个由他的12个门徒组成的晚餐（最后的晚餐），在这次晚餐上他建立了分享饼和酒的仪式，象征信徒从分享他的肉体和血中获得永生。罗马教廷的神学家们认为，基督徒的全部生活就在于分享基督的这种死亡。路德派新教的牧师告诫信徒说，从他们信教的第一天起，他们原有的生命就已经死了，他们现有的生命是基督的生命。基督教徒不畏惧死亡，因为死亡是他们的信仰、希望和爱的最后成功。

耶稣被罗马人杀死，这本是一个毫无意义的事件，但关于耶稣复活的信仰却给这种无意义的死亡增添了重大的意义，这说明上帝始终与耶稣同在，只有这种上帝的光芒照耀下的新生，才能说明这种死毕竟不是徒劳的。上帝并没有遗弃耶稣，直到他被处死都在支持他，并使他重新复活。因此，每个虔敬的基督徒临死时都感到自己没有被遗弃，上帝就在自己的身边，天使在迎候他的灵魂升入天国。

基督教和上帝观是西方文化价值系统中的基石，西方的文学艺术受基督教影响极深。从古代、中世纪直到当代，大多数欧洲思想家和艺术家常以各种方式描绘基督教的信仰（包括认真描述死亡），最有名的有但丁的《神曲》、巴赫的《圣马太受难曲》以及欧洲的宗教绘画等。

基督教徒深信，耶稣是上帝的儿子，上帝并没有遗弃耶稣。（拉斐尔：《西斯廷的圣母》）

英国的清教徒除了读《圣经》外，最爱读的书籍首推约翰·班扬（卒于1688年）写的《天路历程》，这是一部梦境寓言式的文学作品，叙述一个基督徒的生死存亡的惊险故事，他朝着“天国的城市”前进，途经“名利场”，爬过“困难山”，越过“安逸”平原，来到流着黑水的“死亡河”畔，“天国的城市”就在河的彼岸。书中描述耶稣预言的最后审判的情景时说：

我在梦中向上一看……看见一个人驾着云，周围侍立着无数的天使，他们都发出火焰，天空里也布满熊熊的火焰。接着我听见一个声音说：“起来，你们死了的人，来受审判!”这句话一说完，岩石都裂了开来，坟墓都敞开了，里面的死人全都走了出来。他们有的非常欣喜，抬头仰望，有的却要把自己藏在山岩之下，然后我看见坐在云端的人打开一本书，吩咐所有的人都走近一些……我听见一个声音对那些侍者宣布说：“把稗子、糠和残梗集拢来，扔到火湖里去烧。”这话一说完，就在我站的地方附近，有一个无底深坑张开来，从它的裂口喷出浓厚的烟雾和无数燃烧的火炭，同时还发出可怕的声音。又有声音对这些人说：“把我的麦子收到谷仓里。”接着，我看见许多人被提到云里去，但我却留下了。

另一位在英国文坛地位仅次于莎士比亚的大诗人弥尔顿（1608—1670），他最有名的长诗《失乐园》，就是借用《圣经·旧约·创世记》中的神话故事作为题材的。这则神话解释了死亡的起源：上帝用泥土创造了人类的始祖亚当、夏娃，把他们安置在伊甸园过着无忧无虑的生活，园中有一棵生命树，吃了生命树上的果子可以长生不老。蛇（魔鬼化身）引诱夏娃偷吃伊甸园的禁果，上帝惩罚亚当、夏娃，把他们逐出了伊甸园，死亡和灾难开始降临到人类身上。上帝对亚当、夏娃说，你们源于泥土，死后仍旧回归泥土。耐人寻味的是，《圣经》上对于死亡的解释与当代遗传学家魏斯曼的老年学说（原生动物具有永生性，死亡是进化中的获得物）暗暗相合。

俄国作家陀思妥耶夫斯基（1821—1881）的作品富有宗教神秘色彩。例如，《死屋手记》展示了形形色色的苦役犯的恐怖处境和精神状态，可以比作但丁《神曲》中的《地狱篇》和米开朗基罗的《最后的审判》。

陀思妥耶夫斯基对死亡的感触可谓深矣！因为他早年曾和死神擦身而过。1849 年年初，陀思妥耶夫斯基因参加一革命小组的活动，与该小组其他成员一起被沙皇政府拘捕。1849 年 12 月 22 日，该小组成员被执行死刑，陀氏也身列其中。天寒地冻，他们穿着死刑犯的单薄的囚衣，等候被处决。第一批处死的三个犯人已被牢牢地捆绑在柱子上，眼看就要开枪了，余下的生命只能以分秒来计算了。他多么想活啊！如果

基督之死。（德国　马提亚斯·格伦奈华特作）

他能活下去，还能做许多好事和贡献。正当千钧一发之际，死刑判决撤回了！宣读了新的判决——10年苦役，这是他一生中最幸福的一天。由于有临刑的切身体会，陀氏在作品中多次描述被判死刑的犯人的心理。如他在《白痴》中写道：肉刑虽然使皮肉痛苦，身体受伤，但这样会转移受刑者的注意力，使他至死也不会感到精神上的痛苦。“其实，最主要、最剧烈的痛苦也许不在于身体的创伤，而在于明明白白地知道，再过一小时，再过十分钟，再过半分钟，现在，马上——灵魂就要飞出躯壳，你再也不是人了……当你把脑袋放在断头台的铡刀下面，听见铡刀从头上滑下来时，这四分之一秒钟才是最可怕不过的……根据判决杀人，比强盗杀人不知要可怕多少倍。夜里在树林中被强盗割脖子杀死的人，一定直到最后一刹那还抱着得救的希望，抱着这点希望死去本来可以减轻十分之九的痛苦。可是，对于被处决的人来说，这最后一点希望都毫无疑问被剥夺了，死刑可怕的痛苦就在于此”。

医学家为陀氏的上述描写提供了佐证。医学家们说：犯人闻法官宣判死刑，立刻会全身毛细血管紧张收缩，全身皮肤惨白冰冷，呼吸急促，浑身战栗，这时全身血液都集聚于内部的大血管里。大动脉因而循环不畅，心脏跳动也反常，消化功能亦失常，情况严重的可能出现痉挛、大小便失禁以至晕倒等症状。由此可见死刑的极不人道性。正因为如此，目前有许多国家废除了死刑。

由于早年心灵的创伤，陀思妥耶夫斯基一生中每次看到描绘死刑的艺术作品都会十分激动，心有余悸。1867年，陀思妥耶夫斯基在瑞士巴塞尔看到宗教画家小贺尔拜因1521年创作的《基督之死》，这幅画描写从十字架上放下来的耶稣；他的身体已经开始腐烂，血淋淋的伤口十分吓人。据其夫人回忆，陀思妥耶夫斯基当时在这幅画前一动不动地站了20分钟，他的脸因激动而抽搐变形，她担心他的癫痫病马上就要发作了。

后来，陀思妥耶夫斯基在自己的长篇小说《白痴》中一再描写这幅画，并把它当做这部小说的主题：“这是一个人的尸体的全貌，他在被钉死之前就已饱受无限的苦楚……可最后被钉在十字架上忍受剧痛估计至少达六小时之久……死者的脸上甚至流露出他此刻还感觉到的痛楚……基督所受的苦难不是象征性的，而是实实在在的……那幅画上，他的脸被打得青一块紫一块，血肉模糊，惨不忍睹。”

陀思妥耶夫斯基接着就死亡问题发表看法：“既然死这样可怕，自然规律的威力这样大，那又怎么能战胜它们？……看了这幅画，会感到自然依稀化为一只无情而又无声的巨兽……它无谓地攫夺、麻木不仁地捣碎和吞噬伟大的无价生物——这样的生物一个就比得上整个自然界及其全部规律的价值，比得上整个世界的价值……”

陀氏在书中对死亡问题大发感慨，固然与他早年被判过死刑有关，但更主要的是有感于他的第一个女儿索尼娅的死亡。1868 年 2 月，陀思妥耶夫斯基夫妇的第一个孩子——女儿索尼娅降生了，女儿的降生使作家尝到了人生最大的快乐，他视其如掌上明珠。可万不料小索尼娅生下刚三个月就患伤风去世了。女儿的死使他濒于绝望，痛苦万分。他写信给友人倾诉自己的不幸说：“这是个才活了三个月的小生命，她是多么可怜，多么细小……可对我来说，她已是一个有血有肉有理性的人了。她已开始认识我和爱我了。当我走近时，她向我微笑，当我用可笑的腔调向她唱歌时，她挺喜欢听这样的歌声。当我吻她时，她不笑，也不皱眉头；当我靠近她时，她便停止啼笑。眼下人们劝我说，别忧伤了，日后我还可以生孩子。可索尼娅在哪儿？这个小小的生命在哪儿？我敢说，为了她，我可以忍受被钉上十字架的痛苦，只要她还活着。”

女儿的死使陀氏对宗教产生了怀疑，他与上帝进行争论，他斥责上帝的世界不公正，怀疑上帝的明智。他认为“全世界的福音”都不能抵补一个人的损失，随便什么“人间天堂”都不能平缓一个丧失了幼女的父亲的心。三个月的女儿索尼娅的脸蛋是独一无二、无法复制和永恒的。作家个人生活的悲痛使他在《卡拉马佐夫兄弟》一书中创造了伊凡·卡拉马佐夫这个反叛上帝的形象，并且在长篇小说《白痴》中描写娜斯塔霞·菲立波夫娜的牺牲和灵魂复活，暗喻女儿的死和复活。

伊斯兰教与死亡

伊斯兰教文学的代表作是纪伯伦（Gibron）所写的《先知》。

纪伯伦在《先知》一书中，以诗歌体裁展现其哲学观，其中对于死亡的看法，特别可看出其文学才华与哲学智慧。

对于死亡，纪伯伦简单明了地说，“死亡不足为虑”，因为“死亡只不过是人类和真主及大自然建立更为完美的新关系的开端而已”。

在他看来，生与死是合一的，生犹如死，死犹如生。

他打个比方说，淡水河的水，流了一段时间之后，就注入大海了，在河流尽头、快入海的阶段，就如同生命的尽头，快到死亡的阶段，看似没有生命了，其实是进入更大的生命、进入更大的海洋。就纪伯伦《先知》全书精神来说，死亡乃是人类与真主建立更完美新关系的契机，也是人类回归大自然、回归更完美关系的分水岭。

伊斯兰世界曾在历史上有过不亚于罗马帝国的辉煌，公元 8 世纪阿拉伯人在中亚塔什干的会战中曾击败东方强大的唐帝国。15 世纪中叶穆罕默德二世攻占君士坦丁堡，一举灭掉东罗马帝国，令欧洲基督教世界战战兢兢。以后伊斯兰强劲的锋芒向西抵达西班牙境内。

现代国际政治学家亨廷顿（Huntington）有个新的理论主张，认为今后世界将是三种文明的较劲时代。首先是以基督教为主的西方国家，也就是以英美盎格鲁-撒克逊民族为主的国家；其次是东方以儒家文化为主的国家；最后是中东以伊斯兰教为主的国家。在亨廷顿等人看来，美国在阿富汗和伊拉克的胜利也是西方文明对伊斯兰文明的胜利；但对一些伊斯兰原教旨主义者而言，美国等西方国家的占领是中世纪十字军东征的继续。

中世纪，欧洲天主教徒曾举行过十次十字军东征，征讨中东伊斯兰教徒，要夺回圣地。可是最后都失败了。

阿拉伯民族的“历史情结”和宗教特点，决定了这个民族不会轻易屈服于任何强暴的势力，他们可以在战争中失败，但不会在精神上失败。

任何国家在同阿拉伯民族打交道时，如果忽视伊斯兰民族的宗教特点，就会陷于困境，并消耗其所有的精力。

伊斯兰教民族的强悍性，自成重要的天地，而且一直与基督教国家，形成分庭抗礼的局面；因此，对伊斯兰教基本教义的认识，也是实际的需要。

印度婆罗门教以生为苦，但伊斯兰教则重视人生。（波斯　细密作：《君王与情侣饮酒》）

伊斯兰教的代表性人物——穆罕默德出生于麦加，他本身并不是神，而是从人转化成代表神的使者，真正的神是安拉（Allah）。真主透过穆罕默德的口，宣告自己的圣谕，真主的圣谕，最后被集结成《古兰经》。在《古兰经》里，耶稣和摩西都占有很高的地位。

伊斯兰教认为，生命源于真主，作为个体的生命是应真主之命才得以存在的。首先，人类是真主创造的，真主是人类生命的赋予者。

《古兰经》第三章第 139 节写道：“生命的期限是真主规定的，所以死亡是皈依于真主的意旨，他的到来，也必须经过真主的允许。”由此可见，伊斯兰教认为，真主不但是生命的创造者，也是生命的主宰者。死是真主的意欲，是不可避免的“定制”。

在穆斯林看来，死是真主的召唤，是必然要发生的，所以面对死亡要坦然自若。

其次，死意味着今世生活的结束，后世生活的开始。这对于坚持正信和行善的穆斯林而言，是由今世幸福到后世幸福的转折点，因而毫无畏惧可言。

《古兰经》第二章第151节写道：“当信徒受到灾难折磨时，要说，我们属于安拉，我们将回到他那里。”伊斯兰战士作战时视死如归，十分勇敢，和死亡即回到安拉那里的信念有关。

在穆斯林看来，死只是意味着今世生活的结束，对于真正的穆斯林而言，更意味着后世生活的开始，是真正幸福的开端。

死在穆斯林看来，是必然的，是合情合理的，是人达到最好归宿的必然之路。因此面对死亡，穆斯林的内心是最平静的，最坦然的。生死——这个人类最为困惑和烦恼的问题，在穆斯林的眼中却再简单、再明白不过了，那就是：生来死复，人道完成，复命归真，两世吉庆。所以伊斯兰教也是关于死的宗教。

根据伊斯兰教的教义，人的生命期，就是真主对人的考验期、对人的观察期；所以死亡并不是一种惩罚，而是迈向最后审判中某一阶段的终结。

伊斯兰教认为，死亡就像是一扇门，一个入口，如果跨进那个入口，便无法折返，也就是没有基督徒意义的“复活”。《古兰经》还说，生前不信教，死后就要进入地狱，受到惩罚。

伊斯兰教相信：在最后的审判日，每个人将依自身的确切评价，而获得报偿。《古兰经》一再强调，每个人行为的好坏，真主都有一本账。在最后审判日，人们将被筛选，并且分成种类，以审查他们的行为，行善者将被善待，而恶行者将受报应。

伊斯兰教徒相信，促使一个行为完成，其动机与意图非常重要。一个人如果真心相信安拉，动机很好，可是行为上做出相反的效果，或者做了错的事，但只要他相信安拉，他仍能获得赦免。伊斯兰教认为，一个人即使没有做过好事，但只要他心中有神，敬畏神，一样能得到赦免，这也是某些原教旨主义者做事不顾后果的原因。

伊斯兰教认为，安拉接受那些因无知而犯罪的人，或者是犯罪之后马上忏悔的人。

《古兰经》第四章指出，那些继续犯罪，一直等到死亡降临时，才说要忏悔的人是无法得到宽恕的。《古兰经》第三章也说："那些不信和至死不信的人，即使他们以全部地上的黄金作为救赎之用，也不会被接受。"所以，《古兰经》中没有"赎罪"的观念，伊斯兰教并不承认耶稣到人间被钉在十字架上，可以帮人救赎。

根据基督教的解释，耶稣靠着自己的死亡，来洗刷众人的罪恶，但伊斯兰教徒认为，耶稣根本就没有死，真主直接让耶稣进入天堂，没有经过死的阶段。伊斯兰教认为，是真主造了一个假人，替代耶稣基督被钉在十字架上受死，这就是有名的"基督幻影说"，所以伊斯兰教徒不相信复活这一说法。

自唐永徽二年（651）伊斯兰教传入中国始，中国穆斯林就开始了自己的形成和发展史。中国穆斯林的生死观是在伊斯兰文化和中国传统文化的共同洗礼和熏陶下形成的，因此，带有更为鲜明的特色。

中国穆斯林吸收和容纳了中国传统文化对生的体悟和价值评判。"天行健，君子以自强不息"（《周易·乾卦·象传》），"君子终日乾乾，夕惕若，厉无咎……君子进德修业"，"终日乾乾，与时偕行"（《周易·乾卦·文言》），这些中国传统文化中蕴含着的对生的论述的精华，与伊斯兰文化对生的理解的精神是一致的。这使得中国穆斯林的生命观更为强化，更为鲜明。

其次，中国穆斯林在与祖国同呼吸、共命运的发展历程中，升华了对死的认识。中国传统文化认为，生死是自然之道，故不应当怨死、惧死。而且，主张要死得其所，死得有意义。中国穆斯林从“爱国爱教”的原则和立场出发，升华了对死的认识，在对死的理解和把握上，加进了新的内容。这就是与祖国人民生死与共，在祖国人民需要的时候，可以牺牲自己的一切，包括生命。这就将穆斯林的生死观提升到了一个全新的层次和境界，使生死获得了更为完美的诠释。

纯理性与非理性观念的死亡与永生

永生意味着什么

欧洲文艺复兴运动以后，纯理性的人文主义倾向便有所抬头，因而从本质上动摇了关于死亡、人的永生和“复活”奇迹的正统基督教教义。

德国古典哲学的代表人物黑格尔、费希特（1762—1814）等人的哲学思想带有明显的纯理性倾向，因而在他们的哲学体系中，干脆把人生存的有限性问题（这本来是一个独立问题）抹掉了。另一方面，康德专门讨论了人的个体存在的有限性这个问题。他在《万物的死亡》这篇论文中指出：对一个正在死去的人，人常说他正由“短暂进入永恒”，但如果把永恒理解为无限的时间的话，这种说法是没有意义的。康德强调说，假如把永恒理解为无限的时间，人便永远不会脱离时间界限，人死去只是由一种时间进入了另一种时间。

康德这番话是针对唯物主义而言的。唯物主义者认为时间是无限的，用时间的无限性表示物质世界持续存在，并且表示物质世界的运动的无始无终，因而把永恒定义为无限的时间。当然，唯物主义者同时指出，存在于真实世界中的一切客体和现象都是有限的、短暂的，不具有无限的持续过程。

唯心主义先验论哲学家们（康德就是其中之一）把时间和永恒区分开来，这主要是因为，他们把永恒看做是一种状态，在这种状态中，不存在连续性，任何事情都同时发生。

如果人们接受这样的观点——永恒存在于时间之外，用美国哲学家麦克塔格特（Mctaggart）的说法，“永恒是时间的终结”，那么永恒就不是肯定而纯粹是一个否定的概念，这只能是否定时间及其所有的性质。正如阿尔基埃所说的：“永恒的思想出自否定将来存在的心理态度，它产生于对时间的否定。”

康德就持这样的看法。他继续阐明永恒的意义说：“首先应当是各种时间都终结了，惟有在这种状态下，人的生命才是永恒的。而且，在我们心目中，这种生命的永恒（假使把人的生存看做一种量的话）同时间的量（Duratio noumenon）是完全不能比的，我们对它只能有负的概念。”

奥地利哲学家路德维希·维特根斯坦也同意康德的看法。他在《逻辑哲学论》一文中说这个物质世界不存在藉以达到生命永恒的任何手段。人类灵魂在时间上的永恒是不可能，人对灵魂不朽的假定本身是一种谬误。但是，维特根斯坦又难以公然接受生命终归灭亡的客观事实，他在否定了一处假定之后，又建立起一种自己的假定：“如果把永恒不是理解为无限的时间的持续，而是理解为无时间性（Timelessness），则现在生活着的人，就永恒地活着。”他又进一步推论说：“我们的生命是无止境的，正如我们的视野是没有界限的一样。”

依靠时间的终结或停顿，以求得永生，这也是佛家的观念。中国当代美学家李泽厚说：“佛教禅宗的秘密之一在于对时间的某种顿时的神秘的领悟。即所谓‘永恒在瞬刻’或‘瞬刻即可永恒’这一直觉感受。

在某种特定的条件、情况、境地下，你突然感觉到在这一瞬间似乎超越了一切时空、因果。过去、未来、现在似乎融在一起，不可分辨，也不去分辨，不再知道自己身心在何处（时空）和何所由来（因果），这当然也就超越了一切物我人己界限，与对象世界（例如与自然界）完全合为一体，凝成永恒的存在。所以禅宗所追求的和达到的是‘瞬刻永恒’，这个‘永恒’又是那个常住不灭的本体佛性。在这里，时间停止了。禅寻求某种达到永恒本体的心灵道路。这条道路是‘妙悟’，并且也只有通过‘妙悟’，才能得到永恒。”

佛教哲学中对时间的理解的确如此。大乘佛教把人的生命经验依轮回的圈套顺流，顺流之后，晓得这段时间束缚的构造，然后再反过来，使时间逆流，把时间的流变系统引导到永恒系统。如此一来，大乘佛学将轮回圈套彻底了解后，另外找出一条相反的道路，在时间生灭变化中指引到永恒境界。因此，大乘涅槃经中从不诅咒世界的变化无常，而将涅经中的世界描绘成永恒的境界。

由此可见，康德和佛教对永恒的解释有相类似的地方。康德解释了永恒的含义后，继续指出，万物皆有死亡这个思想的本身并非源自对肉体方面的思虑，而是从事物的道德和精神方面进行深思，并且只有这样的道德方面的深思，才能同从道德范畴领悟到的超感情的思想相媲美，也就是说，同永恒不朽的思想相媲美。康德写道：“以这样的思想认识作为出发点，明智地做人处世，仿佛我们在无条件地等待着另一种生活似的，一旦大限来时，将把心思放在道德状况上，抱着这样的想法，我们将圆满结束今生。”

这种偏重人的死亡和永生问题的道德方面的倾向，在许多场合下直接或间接地同正统的宗教观念相对立，并得到了相当深远的发展。不过，在一些唯物主义哲学概念中，死亡和不朽的问题依然居次要地位，这里值得一提的是包含有相当唯物主义思想的实证主义流派。以英国哲学家斯宾塞（1820—1903）为例，他就试图把死亡问题的解答同生物学上的进化观念联系起来，这里的进化指适应的过程和促进“总的幸福”

的过程。斯宾塞认为，善就是个人在生物的生存方面的幸福，而道德的规范则是由生存竞争决定的。凡对人类的进化有利的就是“善”，反之就是“恶”。进化是从不太一致的能量形式变为更一致的能量形式，是从不确定到确定，从混沌到有序，是伴随着热消耗的分子运动的集中。总之，进化是物质的整合和随之而来的运动消耗。进化只是过程的一个方面，与之相应的是它的对立面——分解。“任何生物之死，都是经历了分解的”最后平衡，是进化中产生的一切显著的整合运动的总结。器官的衰退过程同样是分解，当更一般的体系仍处于整合状态时，特殊的体系便开始衰退。

生存空虚说

与上述纯理性的观点对照鲜明的是，对人的生死的某些非理性观念的产生。这在德国的悲观主义唯心哲学家叔本华和哈特曼那里得到了极端的表现，而尼采更甚。这些观念的主旨（当然，它们各自也有根本分歧）是悲观地声称生命是一种“无止境的重复”，假如根本没有这些重复，也许还好些，生命的目的不在于幸福，而在于受苦，这么一来，死亡对一个人来说，倒是一生中唯一可以预见和盼望到的最重要的真实。叔本华否认肉体的复活和灵魂的不死，主张种类或种族的永生是一项“不朽的原则”，通过非理性的不确定的生命本源来实现，他把这种本源称为意志。

叔本华所说的意志是超越空间、时间之外的独立的本体，它无所不在。人的身体未受理智指导的活动，全是意志的活动。叔本华所说的意志，实际上是一种欲望，它和弗洛伊德的“潜意识”和荀子《性恶》篇所说的本性是同一个东西。欲望是永远不能满足的，因而意志的世界便面临着无穷尽的烦恼和痛苦。人的意志主要是生存意志和生殖意志两种。叔本华认为，生存意志是最基本的。意志活动的结果是人一步步走向死亡。什么方法能克服人的种属的死亡呢？那就是生殖。但生殖活动中依然包含着死亡的因素。叔本华说：性欲冲动之所以比食欲冲动更强烈，实乃大自然的一种巧计，大自然诱使会死的生命去繁殖以便维持种族的不死。在繁殖以后，大自然所求于个体的已达到了它的目的，对于个体的生死也就完全不关心了。叔本华还指出，人的每一次呼吸都在抵御死亡，每一秒钟都在为抗拒死亡而战斗，但是，死亡必然取得胜利，人的努力注定要失败，死亡不过是在吞噬它的捕获物之前，玩弄他一下而已。

叔本华的人生哲学是一种悲观主义的哲学，凡是追求上进、积极进取的人都不会同意叔本华的观点。叔本华只看到人生痛苦的阴暗面，没有看到人生丰富多彩的光明面，因而把人生描绘得十分晦暗。如果真的像叔本华所说的那样，世界大多数的人都会厌烦人生，自杀身亡了，为什么绝大多数人仍然热爱生活呢？这就说明叔本华的生存空虚论是错误的。

叔本华的哲学在东方的悲观论哲学中可以找到知音，例如佛教哲学和庄子哲学。佛教认为，一切事物无不时刻都在流动变化当中，绝无常住；叔本华也认为，世上没有“常驻”的东西，一切都在不停地流动，时间以它的力量，使所有的东西在我们手中化为乌有，万物为此而丧失了真价值。佛教认为心中无爱欲，便无痛苦，便可获解脱；叔本华也认为，人生是一种迷误，因为人是欲望的复合物，是很不容易满足的。即使得到满足，在一旁窥视已久的无聊寂寞之感又迅速乘虚而入。因此，任何人生都是在痛苦和空虚无聊之间抛来抛去的。这种看法与庄子哲学有共同之处。庄子曾说过：“今世俗之君子，多危身弃生以殉物，岂不悲哀。”“终身役役而不见其成功，苶然疲役而不知其所归，可不哀邪?”庄子把人生比作梦幻，叔本华也说人生好比一场短梦，是无穷的自然精神的短梦，持久的生命意志的短梦。

叔本华夸大了人生的痛苦和空虚。但是那些贪心不足的野心家应该读读叔本华的著作，一个人如果一味追求名利、权位和美色，肯定会陷入重重痛苦之中而不能自拔。古语云：“人为财死，鸟为食亡。”贪得无厌绝不会有好结果。贪欲的确是痛苦的根源。

人类怎样摆脱悲观痛苦呢？叔本华开了药方：从事艺术活动，信仰宗教和禁欲主义。叔本华虽然言过其实，但他开的药方对我们仍有借鉴意义。就拿艺术欣赏来说吧，真正懂得欣赏美的人在审查一件艺术品时，会忘记了他的个体，忘记了他的意志，而仅仅是作为客体的镜子而存在。这时我们和审美的对象融为一体，达到“物我相忘”的境界。这时，还在内心骚动不安的各种世俗的欲求、烦恼、痛苦顿时消失得无影无踪。叔本华说，正是在这种艺术审美中获得的这种天人合一的境界里，我们的认识才彻底挣脱了为意志（情欲）服务的枷锁，而终于把我们从无穷无尽的横流人欲中超脱出来，我们终于获得了休息，获得了宁静和毫无欲念的喜悦。一个为情欲，或为贫困和忧患所折磨的人，只要放怀一览大自然的无限壮丽的景色，就会突然获得一种力量，又鼓舞起勇气，挺直脊梁。这时我们好比进入了另一个世界。这种没有痛苦的心境，即是最高的善。

叔本华上面这番话有一定的道理。例如，中世纪的大诗人陶渊明中年痛悔自己过去的“心为形役”的生活，迷途知返，弃官不做，远离你争我斗的名利场，归隐山林，在大自然的怀抱里，诗人的种种痛苦都得到了安息。自然景色成为这位诗人生活、兴趣的一部分，因而有了许多描写自然风景的名篇，如：“采菊东篱下，悠然见南山”；“暧暧远人村，依依墟里烟。犬吠深巷中，鸡鸣桑树巅……久在樊笼里，复得返自然”等。这些诗篇使他成为中国中世纪最伟大的诗人。可和他同时代的另一位大诗人谢灵运，由于不能远离欲海，花巨资兴建楼台亭阁，以供自己享受，甚至兴兵反叛朝廷，以致招来杀身之祸。古人提倡“急流勇退”。其中的“退”字就指退出欲海，求得宁静和平安。李白诗云：“吾观自古贤达人，功成不退皆殒身。子胥既弃吴江上，屈原终投湘水滨。陆机雄才岂自保，李斯税驾苦不早。华亭鹤唳讵可闻，上蔡苍鹰何足道……”诗中历数伍子胥、屈原、李斯、陆机等军事家、政治家和文学家因不能及时从名利场中引退，以致或自杀，或被杀。李白和王维等大诗人是深深懂得鉴赏大自然的美以陶冶自身的，他们的诗篇中充满自然的美的景色。许多大诗人、画家、音乐家、书法家之所以长寿，正是由于他们在艺术中得到了安慰，解脱了欲望造成的痛苦的缘故。

叔本华认为解除人生痛苦的最好药方是信仰宗教，特别是信仰佛教的涅槃思想和“灵魂转生的神话”，他指出，这个神话“使人觉得有重生的希望”，能够“达到一种境界，在这个境界里，生、老、病、死不再存在了”。他还说：“所有的宗教和哲学体系，都能作为死亡观念的解毒剂，它们的确远较其他方面更能给予人本能地面对死亡的力量。”

我们不能说叔本华的话完全没有道理。宗教学说固然虚妄，但是它的确是人们抵御、驱散心灵所笼罩着的恐惧、焦虑、惶然等阴影的最古老的武器。宗教晓谕众生死亡的根源，晓谕死后世界的一切。依附于宗教旗帜之下的人，无论死后是升天堂，还是下地狱，他毕竟“知道”了死后的归宿，惶惑不安的心总算平静了下来。人们也毕竟“知道”了人死后还存在着另外一个世界——一个永恒不死的世界。这在心理学上是可以解释的。精神分析学大师荣格在《探索心灵奥秘的现代人》中这样写道：“在一位心理治疗的医生看来……相信宗教的来生之说是最合乎心理卫生的。当我住在一间我知道两个星期后就会倒塌的房子里面时，我的一切重要的生理机能都会受到这种观念的影响而遭到破坏。可是，相反地，如果我自己觉得自己很安全，我便能很正常、很舒适地住在里面。因此从心理疗法的观点来讲，人最好还是把死亡只看做是个过渡而已，只是生命过程的一部分，生命范围的持久性超出了我们的认识领域。”于是，人们一旦发现自己已走到生命的尽头，又会戏剧性地幻想着死亡只是通向另一个极乐世界的大门。

叔本华所说的禁欲主义，无疑是一种极端，是一种慢性自杀。但是中医的养生学也提倡清心寡欲，过一种有节制的生活。许多人用斋戒、素食、节制性生活以期达到长寿，这说明适当的禁欲还是可取的。

上帝死了

包括人类在内的一切生物都会死，可是凌驾于众生之上的上帝会不会死呢？现代许多哲学家和激进神学家为这个问题提供了答案。他们认为，上帝不但会死，而且已经死了。主张上帝已死的理由是，从古至今，地球上就充满了苦难和罪恶，整个世界历史就是人类的受难史。上帝为什么不制止这些无意义的苦难和罪恶呢？上帝既然是世界上一切意义的来源，那么它也是人间无数苦难和罪恶的来源。因此，有人骂上帝是暴君、骗子、赌徒、刽子手。正由于上帝对全人类的苦难无动于衷，这说明他早已死了。另一个理由是，由于现代科学技术的力量越来越大，出现了一种“技术统治”的局面，人类采取了自恃己力、不靠上帝的生活态度。于是，上帝可以“退隐”了。“上帝死了”这个口号可以说是以上帝为基础的基督教传统哲学在西方的终结，以及基督教最高理

最先认为上帝死了的哲学家——尼采。

想的幻影在西方民众（首先是知识界）心中的幻灭。

哥白尼和达尔文在科学领域宣布上帝死了，黑格尔在理性上宣布上帝死了，但从道德方面最先认为上帝死了的哲学家是尼采。尼采说上帝是不存在的。基督教发明“上帝”这一概念的唯一作用，是敌视人类的生命，“一切有害的、有毒的、恶意的东西，所有生命的死敌，一举而容纳在这一可怕的概念里了”。几千年来，人们徒然耗费大量的精力，企图证明上帝的存在，但“上帝存在的最大理由就是他的不存在”。尼采称基督教传教士是死亡的说教者，他们乐于死，把死看做上帝的胜利，还劝别人也厌弃生命，这实在比食肉兽还可怕，他们除了自我毁弃之外不做别的选择。他们还捏造“永生”的故事以诱人解脱自我。传教士们赞美灵魂，贬抑肉体。但是灵魂只是肉体的一部分，人们必须更多地赞美整体，而不是赞美部分。赞美灵魂而排斥肉体，乃是放弃生活，只能使人变得萎靡和病弱。基督教奉劝世人为了“来世”的酬报而做一个有道德的人。但尼采认为，根本没有什么酬报，宣扬得救不在现世而在来世只会毒害人们的心灵，“来世”、“天堂”这些概念是传教士们编造出来的，其目的在于贬低活人和现实世界的价值，不让任何有意义的事业留在现实世界上。在尼采看来，基督教的整套道德戒令的核心是摒弃“人的生命和本能”，反对独立而杰出的人类个体，消解人类天性中的激情和狂热。

基督教产生于古代希腊罗马文化行将没落之时，导致强大的罗马帝国瓦解。在漫长黑暗的中世纪，基督教的势力达到了顶峰，教皇的权力比国王还大，神学的绝对统治使整个欧洲文明在一千年内黯淡无光。文艺复兴运动开始后不久，路德推行宗教改革，创立了基督教新教，新教比较宽松，对人的能动性束缚较少，有利于资本主义在欧洲的发展。但尼采仍然认为，基督教束缚了人的生命力，使人不能超越自己，因而他对基督教进行了重重的诅咒，并宣称上帝死了。

上帝死了，取代上帝的是什么呢？尼采说是超人。超人是现在还不存在的人，一种只是在将来才有可能出现的更高的类型。因此，超人是尼采的一种假想。但尼采认为，超人比上帝要有意义得多，上帝的假想毫无意义，因为上帝难以想象，超人的假想却在人类心灵的范围内。只要人们首先能纠正错误，就可超越自己，成为超人。人们应怎样纠正错误呢？这就是重新估价一切价值，扫荡原有的使人类病弱颓废的价值观念，重新为人类制作一张新的价值表。这张新价值表的主要原则是："凡来源于力量的都是善，凡来源于虚弱的都是恶。"按这一原则所制定的新的价值体系有可能培养出一种健康的、强大的、有活力的和有勇气的新类型。总之，如果现代的人能接受新的价值而实现他们全部精神和肉体的力量的话，超人的出现是可能的。

超人会不会死呢？尼采对这个问题没有明白交代。宗教改革家路德说：人的死是起源于上帝的愤怒和失宠，的确，人是上帝要他去死的。人的死，是由于上帝那颗极度自我中心之心对人类初祖（亚当和夏娃）强烈的嫉妒所致。上帝原先创造的亚当和夏娃是没有智慧的人。后来由于这两位人类初祖偷吃了智慧果，能够分辨善恶，上帝便感到惶恐不安，他不能容忍人也像他一样拥有智慧，他想到如果亚当他们再吃了生命果，长生不死，那几乎就可以与他平起平坐了！惊恐万分的上帝于是便把亚当和夏娃逐出了伊甸园。因此，是上帝残暴地剥夺了人的不死属

超人像狮子一样勇猛。（荷兰　伦勃朗作）

性，是上帝这个充满嫉妒的生命舞台的经纪人直接规定了人的死亡归宿。除了上帝之外，没有任何原因可以置人于死地。可现在上帝死了，超人应该是长生不死的了。的确，当今电影和文艺作品中出现的超人都是钢筋铁骨、力大无穷、神通广大，能上天入地的人，这样的人怎么会衰老和死亡呢？不过，由于超人族至今还未产生，这个问题应留待未来解答。

健康比永生更有价值

叔本华、哈特曼和尼采都认为人生和世界是没有意义的，他们的哲学都带有浓厚的悲观主义色彩。他们都把死亡当做通向千篇一律的永恒归宿的途径。

把无意义当做生命和死亡的主要内容，这种看法日后在存在主义哲学中得到了相当的表现和发展，其代表者是萨特和阿·加缪（1913—1960）。

可以说，上述哲学家（从康德到萨特）的学说多半是对人的生死问题的形而上学的抽象的哲学解释，丧失了同个人的社会生物“尺度”的必要联系。

有一些学者试着突破这种运用纯理性或非理性的解释，从抽象的哲学角度看待人的生、死和永生问题的框框，于是，随之产生的人生观是把人看做生物本质和精神本质统一的个性和个体，并且在许多场合下，生物本质占优先地位。费尔巴哈的哲学充分反映了这样的观点，他的哲学对人的生死的思索主要是在纯粹的人本学范畴里进行的。个人的肉体

宁为太平犬，勿做乱世人。人们应珍惜今日的和平环境，理智地享用今日的安定与和平。（格鲁吉亚作家顿巴泽《永恒的规律》插图）

方面（生理学方面）甚至成了哲学和“新宗教”的主要目标，因此，在费尔巴哈那里，生和死的问题本身的解决方法是相当固定的，甚至到了简单片面的程度，虽然其学说中亦不乏外在的光辉和机智。费尔巴哈写道：“与其要不朽的个人智慧，宁肯要精神和肉体都健美的强有力的人。对新的宗教而言，健康比永生更有价值。”更激烈的观点是：“别忘了永生的信仰是妇道人家的信念，女人信它理所当然，如果男人也信，那就太没有大丈夫气概了。”费尔巴哈认为只有爱才能揭破永生的谜，尽管原则上“永不应该把未来当做自己思索和关心的直接对象，理智的享用今日及是对未来的唯一明智考虑”。

不用说，这样的观点立场基本上抛开了人生含义中的社会和个人的、精神和道德的制约，无法揭示本书仔细探讨的人的死亡和永生的本质。持这种观点对基督教教义进行哲学批判不能不显得软弱无力，费尔巴哈本人也开展过这样的批评，这特别表现在《用人本学观点看待永生问题》这部著作中。他在这本书中批判矛头主要针对一种看法：人生下来就有永生的信念。费尔巴哈力图证明这种信念绝非人的天性的直接反应，而只是通过反省建立在天性中的，并构成了对天性的错误判断。他认为死人对活人来说并不会变成什么。“人失去了其肉体上的存在，并未丧失其在精神上、记忆中和活人心里的存在”。费尔巴哈强调指出，这对“未受教育的人”来说乃是信仰永生的根源，宗教就是建立在这种信仰的基础上。

但是费尔巴哈认为，头脑中对“另一种生活”的信仰，正是对今生今世的信仰。人留恋这个世界，想象不出它的对立物来，不能理解“死亡是绝对必然的归宿”。按他的看法，神灵的产生也和永生类似，人根据自己的本质造出了神灵的概念。

费尔巴哈认为，个人信仰永生的必然性源于对作为无穷不灭的生命的不断延续的想象，和这联系在一起的并非是对尽善尽美的追求，而是自存自保的期望。在这里，费尔巴哈虽没有把这种立场有理有据地加以发挥，但还是把死亡和永生问题提高到了理解其社会意义的水平，因此，他认为“只有那些空想家和无所事事的人才为永生的事瞎操心。整天忙于生活事务的人没有时间考虑死，因而对永生没什么要求。即使他偶尔想到死亡，也只是把它当成一种催逼，促使他更明智地利用注定归他享有的生命年华，不把宝贵的光阴虚掷在无谓的事情上，而应该把它用于完成他给自己提出来的人生任务”。

不用说，费尔巴哈行文至此时，首先应确定人生任务究竟是什么。可是，费尔巴哈对之只做了笼统的表述，注意到了人在世间的事务，却又十分抽象地理解它。他感叹道：“尝尝生活中各种美好的东西吧，并尽自己所能把其中的灾祸降到最低程度！首先要相信世界上的事物将会比现有的状况更好，这么一来，世界就会真正地好起来。不要把更好的希望寄托在死后，而要寄托在自己身上！这个世界里该排除的不是死亡，而是祸殃，那些根源于人们的懒惰、卑怯和不道德的祸殃应当排除，正是这样的祸殃最可怕。死亡是自然而然的事，那种符合生命发展规律的死亡不是灾祸；可是由于贫穷、恶习、罪孽、不道德、愚昧而造成的死亡——当然是坏事。这样的死亡应该从这个世界排除，或者将其肆虐的范围尽可能压缩!”可以说，这里明显反映出来的是费尔巴哈的信条，他认为这就是“向人提出与基督教相对立的理智”。基督教为了消除想象中的不幸，却把生活中的不幸原封不动地保留了下来。然而费尔巴哈紧接着就把这些思想转入了纯人本学的范畴，尽管他也强调人的特殊使命，说人“只是作为道德上的生物，也就是社会、世俗、政治的生物，才具有这种使命”。有人指责他的关于死亡和永生的观点是一味否定，并说这样的观念抹杀了个体和个性。他不同意这些指责，当然，他的概念中的主要不足之处并非于此，而在于解释个性和个体时完全割断了它们的社会联系，解决死亡和永生的问题时也同样。

未知生，焉知死

费尔巴哈奉劝世人不要为永生的事瞎操心，应该理智地享用今日，在这方面，他的思想与中国正统儒家的死亡观念有些相近，二者都体现了实用理性与自然主义的风格。

从根本上说，儒家文化是一种乐生文化，而不是乐死文化。儒家和费尔巴哈一样，关注人的现世生活，而不是人死后的世界，二者都体现了实用理性与自然主义的风格。在儒家那里没有宗教那种对死后世界的追根刨底的精神。在儒家看来，人生最重要的是专注于现实的感性生活，“乐天知命”，而不必为死后的归宿操心费神。

《论语》上说：季路问事鬼神。子曰："未能事人，焉能事鬼?"敢问死。曰："未知生，焉知死。"以上的问答集中地体现了儒家对死亡和死后生活的基本态度。

儒家把生与死都视作生命发展的自然过程。汉代扬雄说："有生者必有死，有始者必有终，自然之道也。"因此，人生的基本态度应当是生则重生，死则安死。正如张载所说的："存，吾顺兮；殁，吾宁也。"王夫之也说："盖其生也，异于禽兽之生；则其死也，异于禽兽之死。全健顺太和之理以还造化，存顺而没亦宁。"其意思是说，生的时候，尽心尽力，穷尽为人之道，乐天知命而不虚此生，到死时便自然安息，安然无怨地接受死亡。

人类曾产生过不少为正义而献身的女性，如法国的贞德和中国的张志新。（美国 塞耶：《圣女》）

儒家哲学没有浓郁的宗教氛围，没有把希望寄托在死后世界，这无疑更进一步激发了儒家对生的价值的极度关切。人生只有一次，唯有在此生此世努力奋进，充分发掘人生的内在价值，才是真正明智的人生态度。正如司马迁所言，“凡人所生者神也，所托者形也。神大用则竭，形大劳则敝。形神离则死。死者不可复生，离者不可复合，故圣人重之”。一切对于死亡的恐惧、紧张、焦虑，一切对于死亡的自欺欺人的美化，在儒家看来都是非理智、非现实和徒劳无益的。为了现世生活的充实与幸福，明智的态度应当是不奇、不惧、不求。不管死后如何，人们都应该把死亡当做一种自然宁息来承受，而对死后的一切完全可以采取“存而不论”、“敬而远之”的方式加以回避、搁置。

由于儒家重视今世的现实态度，深受儒家学说熏陶的中华民族才具有勤劳和务实的精神，中华文化才能绵延数千年不至于灭亡。但是由于儒家过分强调忠孝仁义，甚至号召“舍身取义”、“杀身成仁”，因而使人的个性得不到充分发挥，甚至使许多有为之士成了封建制度的殉葬品。儒家大力提倡“温良恭俭让”，这严重阻碍了个人主观能动性的发挥。儒家强调祖先崇拜，对丧、祭的讲究更是到了繁文缛节，甚至不近人情的地步。历代有关丧葬之礼的阐释论著，汗牛充栋，对孝子贤孙在丧、祭中表现出来的惊人的对孝道的推崇，更是史不绝书。这使得社会趋向于遵守旧制，难于革新。这也是中国社会数千年发展缓慢，近于僵化的原因之一。

儒家的生死观的缺点还在于，这种学说和费尔巴哈的观点一样，并没有真正解决死亡问题，而是对这个问题采取回避的态度。因而历代许多士大夫在宦途失意之后，只能到庄子哲学和佛教教义中寻求答案。

在生死观上，与中国儒家相近的西方哲学家还有 17 世纪荷兰的唯物主义哲学家斯宾诺莎（1632—1677），斯宾诺莎认为人应该对死抱一种冷漠的态度。他说：“一个自由的人很少考虑死，他的英明在于不考虑死而考虑生。”

费尔巴哈在生死观上的主要缺陷是西方一切人本主义者的通病，然

光阴似箭，日月如梭，人们深感生命的短暂。（英国作家赫·乔·威尔斯的科幻小说《时间机器》插图）

而，费尔巴哈的人本学不仅反对基督教提出来的死亡和永生的概念，而且反对许多批判的纯理性的唯心主义哲学流派，可后来的哲学人本学则完全成了唯心主义的派别（以 M. 舍累尔为代表），其存在主义变种尤甚（以海德格尔、雅斯贝尔斯、萨特、加缪为代表），这些哲学家陷入复杂烦琐的思辨概念中不能自拔，什么人在死亡面前的“实在的”和“非实在的”存在啦，什么死亡的荒谬性啦，等等。在这些流派中，还流行着种种把死亡同情欲联系在一起的解释，这上承自尼采，又从弗洛伊德的学说里得到了新的推动力，还有些学者（马尔库塞、弗洛姆等）把弗洛伊德学说同马克思主义勉强“联系”起来，其实这两种学说没有任何相似之处。

M. 舍累尔是现代唯心论人本主义哲学的创建人之一，他的著作《人在宇宙中的地位》（1928）为人本主义的唯心派别提出了最完整的论据。这部著作的中心思想是论述人和动物在生存方式上有什么特别不同。舍累尔指出，这种不同之点在于人能够摆脱生理上的需要和压迫，可以和周围环境保持“一定距离”。舍累尔认为人的生存原则是生命之外还有一种“精神”，这种“精神”能抑制本性的欲望，并使这种欲望升华。

可是，正由于人有精神生活，人才是唯一意识到自己“存在”的生物。存在主义哲学就是专门研究人的这种存在意识的哲学派别。只有人才有“存在”和“非存在”的概念，只有人才有死亡焦虑。伏尔泰也说过：“只有人明白他不免一死，而他是通过自身的经验才懂得这个道理的。设若一个小孩子在与世隔绝的环境中长大，并且被放逐到荒无人烟的沙漠，那么，他对死的认识将会无异于猫和植物。”

永恒的恐惧——存在主义论死亡

她选择了哭泣，我选择了“死亡”

存在主义哲学是现代西方哲学中专门研究人的生存（存在）和死亡（非存在）的哲学派别。就总体而言，存在主义哲学绝不是追求肉体生命的毁灭，绝不是要怂恿人们去追求死亡和虚无。

在介绍20世纪存在主义的哲学之前，本篇首先讲述存在主义的鼻祖——19世纪哲学家克尔凯郭尔（1813—1855）。此人与叔本华、尼采一道，在20世纪初期被尊为哲学先知。1907年，鲁迅在《文化偏至论》一文中，把克尔凯郭尔与尼采、易卜生、托尔斯泰等人并列在一起，作为现代反传统、反流俗、张个性的新思潮代表而推荐给中国沉闷的思想界。

克尔凯郭尔一生都封闭在“个人”的天地里，在孤独、忧郁、恐怖和痛苦中挣扎，并过早地耗尽了他的生命。

克尔凯郭尔终生被一个谁也不知道的恐惧所困扰，有人说这一缠绕他一生的恐惧是他所敬畏的父亲传递给他的。他的父亲马可虽是一个富有的人，但长期处在不可名状的忧郁之中。有人认为克尔凯郭尔的恐惧可能源自于他知道父亲曾与人通奸（即他父亲与第二任妻子婚前有暧昧关系，这是违背基督教教规的）。

从1832年9月到1834年12月的两年多时间里，死神频频光顾克尔凯郭尔一家，克尔凯郭尔的母亲、他的一个25岁的哥哥和两个33岁的姐姐先后去世，加上早年夭折的两个孩子，他的父亲老马可的7个子女只剩下长子彼得和幼子克尔凯郭尔，这对于一位老人无疑是莫大的打击。老马可感到自己的财富和高龄，都是上帝借以惩罚他的有意安排，就是要让他眼看着妻子儿女一个个地先他而死去，落得孤零零一个人留在世界上。他感到自己是盛怒的上帝心中的罪人，并预感到还活着的两个儿子也将夭折早死。母亲和哥哥姐姐们的死亡对克尔凯郭尔同样是一种严酷的打击，使他对生与死的问题进行深刻的思考。他怀疑父亲一定是犯了什么罪，否则死神不会缠绕他的家庭不去。他相信他父亲的预言，就是所有的子女至多活到33岁，他自己也不例外。从此，死神的幽灵一直困扰着他的心，对死亡的焦虑一直伴着他走向生命的终点。

对每一个降临人世的幼小生命来说，死亡的终局是必然的。（古罗马作家阿普列尤斯《金驴记》插图，俄罗斯捷赫杰·列夫作）

1855年，克尔凯郭尔因病被送到医院时，他说："我是来这里死的。"他已意识到自己末日的来临，他对唯一的青年时代的朋友说："我愿意死，我相信我已完成了任务。"他说："……我问候所有的人，我的生活是一个巨大的痛苦。"

克尔凯郭尔的爱情经历也是十分奇特的。1837年7月的一天，24岁的大学生克尔凯郭尔在一位朋友家里见到一位漂亮的少女，这位少女叫雷金娜，是一位国会议员的女儿，当时只有14岁。自打那天邂逅之后，克尔凯郭尔便深深地迷恋上了她。几年以后，雷金娜长成为一个漂亮动人的大姑娘，克尔凯郭尔对她爱得更深了，克尔凯郭尔的才华也令雷金娜钦仰。一天，克尔凯郭尔决定向雷金娜求婚。经过两次求婚后，他们顺利地订了婚。

但是，刚一订婚，克尔凯郭尔便后悔不已。他内心里经受着巨大的折磨，折磨他的就是他那无法克服的忧郁感和孤独感。克尔凯郭尔最后宣布解除婚约，但这短命而不幸的恋爱对双方都是沉重的打击。正如他自己所说："她选择了哭泣，我选择了'死亡'。"雷金娜以后另嫁他人，而克尔凯郭尔则终身未娶，一生从事对存在和死亡的研究，但他对雷金娜一直不能忘怀。

死亡是一种日益迫近的不确定性

克尔凯郭尔和叔本华、尼采一样，属于非理性主义哲学家。要理解什么叫非理性主义哲学，首先要知道什么叫理性主义哲学，这也得从生命和死亡的问题说起。

从苏格拉底开始，历来的哲学家都把生死问题当做哲学研究的中心。一个人的生命存在是有限的、短暂的、不可重复的。一个幼小的生命降临人世，不管他的未来前途多么地难以预测，多么地漂浮不定，但死亡的结局则是必然的，有死的终局将使人的一生的全部希望、热情、追求、奋斗、事业、功名都化为一缕青烟，那么人生的意义在哪儿呢？连苏格拉底也不能给予回答，他临终时说：“我去死，而你们去活，哪一个更好，唯有神才知了。”

但在理性主义的哲学家眼中，短暂而流动的生命个体存在的最高意义不在于人自身，而在于宇宙之中，于是他们用理性和概念建立了一个又一个的哲学体系，自以为找到了宇宙的最终本质。理性主义哲学家包括泰勒斯、毕达哥拉斯、赫拉克利特、巴门尼德、德谟克利特、柏拉图、亚里士多德、笛卡儿、莱布尼茨、康德，直到黑格尔。黑格尔建立起一个庞大的客观唯心主义的哲学体系。他相信，有一种宇宙的精神或普遍的理性，是世界的普遍本质，这一个本质并不是固定不变的，而是在不断地向前运动中逐步地展现自己的全部面貌。绝对精神首先在纯逻辑中演变，然后外化成自然和人类。一个民族、一个国家之所以有意义，只是绝对精神在演进过程中的一个阶段，我们每个人的事业之所以有意义，只是在于它们充当了世界理性实现自己目的的一个工具，一旦普遍的理性实现了自己的目的，它就毫不留情地把整个民族和整批的个人，都像药渣一样倒掉。理性主义思想家就是这样解释民族的衰亡和个人的死亡的。在他们眼中，千百万人的生命只不过是推动历史的火车头前进的燃料。为了历史的车轮转动，即使牺牲千百万人也是值得的。可是这千百万个人在受尽种种折磨和痛苦，终至于死亡的过程中，内心中的感受究竟如何，理性主义的哲学家们是漠不关心的。

克尔凯郭尔所要大加反驳的，正是这种理性的、绝对的、冷酷无情的哲学体系，他指责他们把最重要的东西——人——忘记了。人，这个独一无二的、必死的、不可重复的生命个体，应成为哲学关注的中心。哲学应该研究的是人的各种主观感受，包括恐惧、忧郁、灰心、失望、痛苦、绝望等，这些情感是人存在的真实表现，也是人生的最基本的内容。哲学必须转向这些人生的最基本的内容，转向研究人的内心世界，特别要研究人对死亡的感受，因为人是必死的，死亡是作为个体的人所无法规避的一项人生任务。

人生的遭际是千变万化的（即佛家所说的“无常”），客观处境的变化是难以确定、不可捉摸的。克尔凯郭尔奉劝大家不要去探究客观的规律，把客观世界撇在一边，专注于研究人的主观感受，并将其当做最后的目的。人唯有把客观世界视为虚无，才可能取得绝对的行动自由。人一生下来就面临死亡的威胁，并始终处于忧郁和绝望的状态中。人只有勇敢地面对自己的死亡（这就是海德格尔所说的“趋向死亡”），主观上始终感受到死的可能性，才能抓紧生活中的每一分秒，不让其白白流逝，唯有死亡才能使人意识到人生的紧迫性。

克尔凯郭尔认为黑格尔主义所造成的时代谬误之一就在于把个人降低为客观世界的袖手旁观的消极的观察者。实际上客观世界是没有感觉的，只有个人才感觉到自己的存在，是存在的唯一的例证。他写道：“我们时代的邪恶是对个人的一种放荡的泛神论式的蔑视，没有人愿意成为一个个人，因为害怕如果成为个别存在的人，他们就会消失得无影

人的存在只有亲身经历才能领会。（法国　杜米埃作）

无踪。”在理性主义哲学家的眼中，个人只是沧海一粟，无关轻重。他们只承认普遍规律的价值。克尔凯郭尔大声疾呼要求提高个人的地位，为保卫个人而斗争。

生活中真正存在的东西是什么？克尔凯郭尔认为，真实存在的东西只能是存在于个人内心中的东西，是人的个性。人是世界唯一的实在，是万物的尺度。克尔凯郭尔还认为，存在是人的一种主观体验，只有作为主体的个人亲身经历才能领会。存在不能用语言来表达，不能为理性所说明，不能为思维所掌握，从而不是观念体系的组成部分。所有的体系都是封闭的，都是远远地脱离存在和真正的生活的，而存在则永远是开放的。存在不能用概念来表达，并不是因为它过于一般和模糊，相反地是因为它过于具体和内容丰富。

人的主观体验的存在归根结底就是“我”的存在，因为每一个人的

他看到的是别人的死亡，对自己必然要死亡这一事实却视而不见。(英国　阿瑟·柯南道尔《福尔摩斯探案》插图，俄罗斯乌沙科夫作)

存在都带有它的特殊性和唯一性，只能由这个人自己去体验，只对他有意义，其他任何人都无法告诉他。这是只能意会不能言传的。例如说，一个人不管他具有多少关于爱情的理论知识，也不能算是一个情人，除非他真在谈恋爱。对于死亡也是这样，虽然我知道人们关于死亡问题一般所知道的知识，我知道如果我吞服硫酸，或者跳河，或者在充满煤气的空气中睡觉，我就会死亡；我知道拿破仑总是带着毒药，知道莎士比亚剧中的朱丽叶服毒自尽；我知道斯多葛派把自杀看做勇敢的行动，而另一些人则认为自杀是怯懦的行为，等等，尽管如此，我还是不能认为我已经理解了死亡。对于我来说，死亡仍然是那样一种不确定的东西，始终是一个谜，唯有一个人亲身经历了死亡的过程，才能说得上对死亡有了真正的深刻的了解。

但是死亡不是一种经历。路德维希·维特根斯坦说："死是不能体验的。死亡不是生命中的事件，我们并不活着去经历死。"因此，克尔凯郭尔说，人只能主观地体验到死亡是一种迫切的可能性。但是，一个人如果能主观地体验到死亡，他也比一般人要高明得多。一般人只用客观反映论的观点看待死亡这一事实，因此实用地把它改变为一般的某种事情。客观地看，死亡只是一件会普遍降临到所有生命身上的事情，不值得日夜记挂在心头；主观地看，死亡是一种日益迫近的不确定性，它从属于我的个体存在，影响我个人作出的各种选择，使我的个人决定显现得与众不同。因此对主观思想者来说，死亡不是一般化的经验事实，而是一项任务或一项行动，它时刻为存在的个人所体验和拥有，甚至转变为人的生活的全部，一旦死亡为存在着的个人所拥有，他所做的每个决定都获得了特殊的重要性。由于死的迫近，每一选择就都有无限的价值，每一瞬间对选择行为都是唯一的机会。因此克尔凯郭尔说，死亡使生命显现出不同的面貌。若要深刻了解克尔凯郭尔的死亡观，首先得探究一下他的所谓"主观"或"主观性"是什么意思。克尔凯郭尔一再强调自己是"主观思想家"，但他的所谓"主观"或"主观性"具有不同于一般的含义。通常在哲学上所说的"主观性"往往指的是个人在观察上所发生的误差，克尔凯郭尔说的主观性不是这个意思。他所说的“主观的思维”关心的不是客体，而把注意力转向主体。他说：“主观的问题并不是关于一个客观的结果的某种东西，而就是主观性本身，因为议论中的问题要求作出决定，而一切决心都属于主观性。”在进行“客观的思维”时，当客观性一旦成为存在，主观性便消失了，可在进行“主观的思维”时，主体的主观性便成为最后的阶段，而客观性则成为消失的因素。“客观的思维”与个人的存在无关，而“主观的思维”则相反，它与个人的存在密切相关。

在过去的哲学史上，真理一般被理解为概念、观念和对象的一致，克尔凯郭尔则反其道而行之，在真理问题上完全撇开客体，把真理纯粹归结为主观性。克尔凯郭尔一再强调，人生的真理是主观的，他要求人们不要蔑视自己有限的生命存在，而要无限地关怀自己本身和自己的命运。他的世界是仅属于他的，他就是他的世界，这个世界是由他来选择的，由他来创造的。

克尔凯郭尔给真理下定义说：“最富于激情的心灵紧紧把握住的客观不确定性”就是真理。客观永远是变化莫测的，主体在客观上拥有的仅仅是不确定性，但如果主体具有“无限的激情”，心灵达到相当的紧张程度，又紧紧把握住客观的话，他就掌握了真理。以死亡为例，据克尔凯郭尔的意见，死亡是最具有伦理意义的生活的不确定性之一。一个人如果冷眼观察别人的死，或以探讨一般的自然现象的态度去研究死亡，即使他精通死亡理论，阐述得条条是道，他也根本没有掌握死亡的真理。因为他看到的是别人或别的生物的死亡，对自己必然要死亡这一事实视而不见，或把这种可能性掩盖起来。但是主体如果能以十分激动和紧张的心情去体验死亡，他也许会接近死亡的真理。这时他把死亡理解为人的一种最突出的可能性，这时他会意识到死亡是一种唯一的可能，是只有我，仅我自己必须面对的死亡。

恐惧来源于虚无的意识

克尔凯郭尔在其《恐惧与战栗》、《致死的痛苦》等著作中，独特地提出“孤独的个性”、“存在”、“死亡的恐惧”等范畴。克尔凯郭尔认为，恐怖、畏惧以及恐怖所表现的具体形式——厌烦、忧郁、绝望和死亡是“孤独个体”的存在状态。

克尔凯郭尔认为，在人生旅途中，人永远不得安宁，人生充满恐怖、厌烦、忧郁、绝望以及冒险和死亡。人在世俗的生活中丧失了个性，它往往意识不到自己的存在。人，只有经过激烈的苦闷的震动，面临死亡的威胁，才意识到“自我”，从内心深处体验到“存在”。

在克尔凯郭尔的哲学中，选择和决定这两个概念具有头等重要的意义，每一个决定都是一种冒险，因为存在者觉得他四周和内心充满着不能确实知道的东西，尽管如此，他要独自作出决定，没有什么可以得到启示和咨询。这样，孤独的个体在冒险决定的过程中，尤其当他面对巨大的灾祸，面临死亡的威胁时，他的最内在、最隐蔽的生存状态就开始显露出来，他开始经验到痛苦、厌烦、忧郁、恐惧、绝望等生存情态。

恐惧不同于畏惧和害怕，因为畏惧和害怕总是针对一个什么东西而言的，它有确定的对象。但恐惧却不同，它没有明确的恐怖对象，它似乎来自四面八方，人无法防卫，也无法躲避，事实上，它是潜藏在人的内心的一种最原始、最基本、最重要的生存状态。克尔凯郭尔认为，正是这种恐惧的意识，有时将人从无意识或麻木的冬眠中惊醒，从而使人意识到自己的真实存在。这时，人与外部世界和谐一致的关系消失了，人被异己的力量所包围，于是人感到彻底的孤立无援。世界在他看来成了虚无。事实上，恐惧就是来源于虚无的意识。当然世界的虚无意味着人的彻底自由。这就是说，你可以自由地去选择和决定一个属于你的世界。

但自由的人必须独立地作出决定，因此当人对着虚无的世界而必须

在人生旅途中，人永远不得安宁。（歌德《少年维特之烦恼》插图，柯多威基作）

随时作出自由的选择时，他就会感到厌烦，一种对自己的厌烦。

当厌烦达到心烦意乱，以至无法排遣的程度，厌烦成了忧郁。当人被恐怖、厌烦、忧郁等情绪所主宰时，人实际上处于绝望状态。

绝望有两种，一是不愿做他自己而绝望；二是因要做他自己而绝望。所谓不愿做他自己而绝望，通俗地说，是他对自己目前处境的不满而又无法摆脱时产生的绝望。例如失恋或高考落榜时产生的那种心情，这样的不满容易导致自杀。所谓要做自己的绝望，意思是说，一个有限必死的人想超越自己的有限而达到与无限的上帝融合为一的那种强烈欲望，因永远不可能得到实现而产生的绝望。他把这种绝望叫做“致死的痼疾”。这并不是说，绝望导致人的肉体死亡，而是说，一个深切地意识到自己生命存在的短暂和必死，同时又意识到世界的空虚和人生无意义的人，他眼睁睁地看着自己一天天走向死亡而又做徒然无益的挣扎时所体验到的最令人焦虑的苦闷和绝望。

克尔凯郭尔还认为，人对生活有三种不同的选择，也可以说人生道路有三个阶段。第一个阶段是审美阶段。审美的人是由感觉、冲动和情感所支配的，处于这个阶段的人追求及时行乐，最大限度地满足感官享受。但是，无论当前的良辰美景如何令人迷醉，到头来它都必然会土崩瓦解，而使人陷于失望。最美的诗歌也总是被忧伤所纠缠着，鲜花后面是龇着牙齿的骷髅。审美的人希望生活在此时此刻，就把他的全部生活化为“无”，因为此时此刻作为时间的一个原子是不断地消失的。他的生活必然是不幸，他追求片刻的欢娱，最后得到的只有永恒的痛苦。这使他终于意识到，转瞬即逝的东西就是他毁灭的原因。对于这

人只有面临死亡的威胁，才会意识到“自我”。（法国　杜米埃作）

样的人来说，自杀似乎是解脱的唯一途径，因为，每个审美的人最终都渴望死亡。第二个阶段是道德阶段，这时他不再从苦乐的角度去看待和选择生活，而是从善恶的角度去看待和选择生活。第三个阶段是宗教阶段，在这一阶段，人摆脱了一切世俗的、物质的束缚，也摆脱了一切道德原则的束缚，成为一个真正的基督徒，才能达到人生完满的境界。

克尔凯郭尔生前的影响从来没有超出丹麦的边界，但第一次世界大战后，随着存在主义的兴起和发展，人们又“重新发现了”这个丹麦人，他的著作被译成各种语言大量出版，在西方各国不胫而走。克尔凯郭尔也俨然成为西方哲学史上的重要人物，甚至有人把他和黑格尔、马克思相提并论，称他们三人是改变了文明发展方向的大哲学家。

1927 年，海德格尔发表了《存在与时间》，对现代人的精神状态作

许多人一辈子虚度，每天得过且过，他们没有意识到人生的紧迫性，等到死亡来临的那一天，才感到无比悔恨。（法国　安托万·瓦托：《闲暇中的贵族》）

出哲学诊断，标志着存在主义哲学正式诞生，1943 年萨特发表了《存在与虚无》，试图给世人指出一条行动的道路，于是，存在主义成为一种国际现象。然而，无论海德格尔或萨特的影响有多大，他们理论的很多方面都可以在克尔凯郭尔的著作中找到根源。

卡尔·雅斯贝尔斯（1883—1969）是当代与海德格尔、萨特鼎足而立的存在主义哲学家，他在 1949 年作的一次报告中，分析了“由技术、由政治和由西方共同精神之瓦解”所造成的现代西方人的困境。（1）技术在改善人类物质生活的同时使人类的发展片面化，人每天不得不重复进行同一种单调的劳动，人成了机器的一个功能。（2）技术时代的政治是官僚政治，一切人都有在这样的官僚政治机器下被碾碎的危险，没有办法可以逃脱。由于现代西方人与历史和精神传统割断了联系，于是人丧失了信念而感到彷徨苦闷。人们意识到，我们枉费心机，把自己一次又一次地抛到一个火山口上，这个火山行将爆发是肯定的，只是不确定在什么时候什么地方怎样地爆发。

雅斯贝尔斯说：我们正在走向将来，仿佛是处于死刑缓期执行时期的人，要求采取高傲的人生态度，这种态度虽然并不盼望死亡，但把死亡当做一种一直渗透到当前现在里来的努力，死亡是生存得以实现的条件，也是哲学上最深刻的根源，死亡引导我们懂得生存哲学，从事哲学研究就是学习死亡。

雅斯贝尔斯对死亡恐惧做过理性的分析与判断，他认为死亡恐惧实际上包含了两种恐惧，一是对垂死的恐惧，也就是对肉体痛苦的恐惧；二是对死的恐惧，其实也就是对虚无的恐惧，也就是对死后来生的恐惧，并且认为这两种恐惧——对虚无的恐惧与对死亡状态的恐惧都是没有根据的。

海德格尔“向死而在”与贾瑞照风月宝鉴

海德格尔的哲学与克尔凯郭尔的思想是一脉相承的，可以说，海德格尔的哲学是克尔凯郭尔哲学的进一步发挥。海德格尔竭力主张哲学应以研究人为目的。世界万物只有人才真正存在着。但人存在的真正意义是“趋向死亡”。由此可见，死亡是海德格尔学说的关键。

海德格尔的死亡理论

在海德格尔看来，“存在”并不像古代哲学家所说的那样，是静态的，是对各种“存在者”的抽象。恰恰相反，“存在”是动态的，是使“存在者”成为“有”，是从“无”到“有”。

存在有各种形态，有外部世界的存在，有人造的工具的存在，有人发明的各种精神产品（数学、物理学）的存在。这些不同的事物都存在着，但它们都不晓得自己的存在。因此，它们的存在是无意义的，实质上处于“无”的状态。在世界万物中，只有一种存在物，他不仅意识到自己的存在，而且还意识到世界万物的存在，这种特殊的存在物就是人，因此严格地说来，只有人是真正存在着。人是存在的发现者和看护者。世上有了人，万物便从混沌一片（“无”）中“澄明”出来，从“无”到“有”，各种存在物才有了意义，才成为“万有”。

海德格尔把人的存在称为亲在或实存，把一般的存在物称为在者。他认为亲在比其他一切在者有三层优先地位。其一，人存在着，但本质尚未确定，这叫做人的存在对本质的优先地位。其二，万物的存在只有依靠人的存在才能得到说明，只有人的意识才使得其他一切无意识的存在物明亮透彻起来。其三，其他一切存在物，只有借着人的意识才能获得自身的历史和未来发展的各种可能性。例如，天体演化史、动植物发展史及其未来可能的发展是人给编写的，而天体、动植物本身则茫然无知。由于只有人的存在才是真正的存在，因此只有从研究人的存在入手，才能说明万物的本质。

海德格尔认为人的存在或亲在有两种基本的特征：其一是存在对本质的优先地位，也就是存在先于本质。他认为，对于桌子、房子、树木，我们可以说本质先于存在，或本质与存在共存，但对人却万万不可，人的存在状态的一个根本规定，就是他的存在。人的本质是人通过自己的自由选择而获得的，这就大大地高扬了人创造自己历史的主动性、能动性。其二是人的存在总是单个人的具体的存在，这个有限的、短暂的生存对于具体的生命所有者来说是“性命攸关”的东西。

在海德格尔的哲学用语中，还有一种比亲在更为本质的存在，海德格尔把人的最内在、最深层的存在叫做“在”，“在”的含义相当于“思”或“自我”。他一再强调，一个人只有返回到这个最内在、最深层，也是最隐蔽的在或自我，才能获得自己的真实的存在。但海德格尔认为，人们这条“返回”道路由于受到严重阻碍而变得异常困难。

那么，这一阻止人们返回真实存在的严重阻碍到底来自何方呢？海德格尔认为，它们来自亲在的另一本质规定，即“亲在的本质就是共在”，所谓共在就是由普通人组成的大众化社会。人一经卷入这个喧闹不息的大众化社会，在追逐外物和舆论声浪的沉浮中，人把自己最真实的“在”或“自我”忘得一干二净。

海德格尔对现代大众社会中的人的存在状态做了诊断：首先在大众社会中，人的个性消灭了；其次在大众社会中，公众意见主宰一切，而任何优秀的状态都被一声不响地压住了。

许多人都愿意成为普通人，因为普通人对社会上的各种事情，成有功败无责。正因为“普通人”具有如此重大的功能，故虚弱的个人都乐于躲藏到“普通人”中去。于是，无责任感或不负责任，成了现代大众社会的一个痼疾。

由于我们自己的懒惰和社会压力，我们停留在这样一个日常的俗世间，在那里我们并不同我们最内在、最深层、最重要的自我相接触。海德格尔用“沉沦”一词来描述亲在的这种存在状态，沉沦是对亲在的一种诱惑，因为沉沦到众人中去，与众人取得一致，可以得到一种“安宁”。

但人“沉沦”于世，等于失去了选择自己个性的诸种可能性，等于不敢正视、直面人生。

在这种丧失自我的沉沦中，人们表面上意见一致，实质上进行着一场没完没了的相互算计与倾轧。人们在这种充满计谋和倾轧的生存状况中所能体验到的一种主要情绪就是烦心。烦心是人的基本的存在状态。海德格尔认为，人沉沦于其中的世界处于一种“深闭的状态”。人陷于计谋倾轧物欲横流之中感到烦心，然而仍不知退步抽身。只有当人受到了重大事件的震动，并体验到剧烈的苦闷时，这种“深闭状态”才能冲破，这时人的内在的自我，或者说人的最真实的存在才开始向自己的意识显示出来。

这就是说，当我们遇到了人生重大的灾祸，如严重的疾病，丧亲之痛，甚至直接地面临着死亡，我们就会被深沉的悲痛和苦闷所包围，在这样的时刻，人就会意识到以往在这烦心世界中的一切追求和努力都是徒劳无益的。

这时，我们或许会给自己提出这样一个重大的人生问题，生命对于我还有什么意义？功、名、利、禄、事业、不朽、人类的福利，这些对于一个终有一死的生命来说，有无终极的意义呢？你感到你的这条生命的获得是偶然的，你存在着，但找不到可以为之而生为之而死的人生意义，人的这种状态，海德格尔把它称为“无家可归状态”，他说：“无家可归状态乃是存在被遗忘的标志。”

人从烦心的世界返回到自己最内在的自我，这时他发现自己被“畏”和“惧”包围着，海德格尔把“畏”和“惧”称为“亲在的鲜明的开展状态”。海德格尔所谓的畏惧，是人感到被抛到这个世界而又找不到意义和归宿时所感到的惊恐，畏惧的最终根源是生活意义的丧失。人生的这种畏惧，是人类之所以创立宗教、建立哲学体系的最终根源；也是大部分人躲到习俗、风尚、政党、大众、舆论中去的根本原因。要不然，就一头栽到物欲的洪流中去，醉生梦死。但对于一个智力高度发达的知识分子来说，如果他看穿了上帝、天国、未来、习俗、风尚、大众、舆论、功名、物质都不足为人生最后的根据；如果他遍索天上、人间、历史、未来而找不到人生的终极意义，找不到可以为之生、为之死的最后目的，那么余下这“无可排除”的惧怕外，还能体验到什么呢?

当然，他还看到了一个确定无疑的可能性，即他的生命正走向尽头。他手里可能还握有几十年的时间。时间在身边流逝，死亡日益逼近，而他因找不到意义而一无可为，海德格尔分析至此时，指出，原来，人是走向死亡的存在，人的存在的真正意义是“趋向死亡”。海德格尔将其简称为“向死而在”。尽管死是可怕的，但真正的人的现实趋向着死亡，以死为自然的终点。

由此可见，海德格尔对人的存在进行详尽分析后，最后归结到死亡这个主题，把死亡当做他的理论的中心和目的，从而得出了“向死而在”这一石破天惊的结论，向人们展示了存在主义哲学的基本态度。

海德格尔认为人的存在有两种模式：“本真的存在”和“非本真的存在”。非本真的存在方式不是先行到死亡之中，而是逃避死亡，沉沦在世。死亡被理解为自身之外的可能事件。本真的存在方式则是先行到死亡中，把死亡作为可能性无遮蔽地展开来，成为自由的自身。

海德格尔说，只有明白了人是要死的，才是从本体论上领会了人的存在的具体结构。对本真的死亡的领会筑起了一座由非本真的存在通往本真的存在的桥梁。亲在天生地逃避其本真的存在，要做一个非本真的存在者，但一个非本真的存在者会因为担心死亡、逃避死亡、遗忘死亡这种最本己的可能性而遗忘了自身。用马克思的话来说，就是异化。据海德格尔看来，超越死亡的有效方式似乎就是竭力抓取眼前可资证明自我存在、显示自我尚有生命力的东西。其特征是占有外物。然而，当死亡来临之时，占有者终于发现，占有与死亡是一对无法调和的矛盾，死亡使占有与其结果成为悖论。回避死亡的最终结局是取消生命的真实性，这种生存假象在死亡降临时暴露无遗。他上天入地，但终归逃不脱人生的大限——死。因此一个要成为“强者”的人，就是要正视“死”，果断地心甘情愿地去选择死亡，这是人存在的至高无上的目标。

人面向死亡，不是消极地“等死”，而是积极地“生活”。“向死而在”，不是“归向”死亡而存在，而是“直面”死亡而积极地生活，就是直面危机而勇于克服危机，就是直面自身的不完满而超越那种不完满。

在海氏看来，人的不完满性并非人的绝对局限性，而恰恰是人的那种不能穷尽的可能性。“我”的死亡当然是不完满的，留下了许多遗憾；但是死了的“我”却仍可以受到生者的“缅怀”。生者的缅怀并不单纯是对去者的一种情感上的追思；去者已逝，留下的不完满性则必将由生者去克服。由此，人类的无限发展的可能性，便在人们的生活中生生不息地展开来。人也有生物学意义上的“丧亡”，在“丧亡”的意义上，人只是一种“物”。物之不在，一了百了。这反而是一种物的完满性，不再能展开任何可能性。因此，人的不完满性，恰恰是对自身“物性”的一种超越。同样，人也不是“神”。全知全能的神也是一种“完满性”，它用“神意”消灭了世间的一切“可能性”。“神性”只是从“物性”中异化出来的另一个极端。因此，“人”只能以人的方式去把握。这样，海氏便通过对“向死而在”的哲学领悟，达到了对人生的深刻把握。“向死而在”是海氏死亡观的核心内容。

死亡的特有性质

海德格尔在其主要哲学著作《存在与时间》第二部分《亲在与时间性》的第二章“整体存在的亲在的可能性和向死而在”中，用65页的篇幅专门讨论了死亡问题。

海德格尔在哲学分析中研究的死亡并不是“临终”的死亡，不是指一个人“去实现死”，也不是指某个“死亡事件”，他没有把死亡理解成现实生活中的作为生理结局的死亡，这样看死亡是一种客体化的看法，它只能经由人的观察而领会，但绝不能被必然要死的人在内心中深刻理解。海德格尔所说的“趋向死亡”是一种贯穿于人的主观性之中的死亡体验，这是一种只能由人在他生活中的忧愁烦恼中理解和接近的死亡，这是“亲在”一旦出现就已承受的存在模式。

人一生下来就面临死亡的威胁。人刚一出生，就是走向死亡的开始。人从懂事的第一天起就有死亡的恐惧，海德格尔说，“人生下来就到了老死的时候”，死亡是一种包容整个人生以及对人生负责任的现象。因而，海德格尔关于死亡的概念是指“先行到死中去”。“先行到死”是海德格尔哲学的专门术语。要理解“先行到死”，首先应探讨海德格尔关于“亲在”（人的存在）的理论。他认为，要研究人的存在，就应当从整体性把握“亲在”，如何才能从整体性把握亲在呢？海德格尔主张用“先行”的方法。先行的方法即人现在就要先行到将来的可行性中去，以整个亲在都看得见的可能性来把握亲在。而人的最终的可能性就是死亡，人要体会自身存在的整体性，就要从思想上先行步入死的境界，对死做预先的内心体验，这就叫“先行到死”。海德格尔强调指出：人只有预先步入死的境界，才能把人的一生从开始到结束自我显示出来，才能获得真正的人生。

海德格尔认为，死亡作为“亲在”的一个基本因素，一种本质现象，有着自己特有的性质。首先死亡是超验的（不可经验的），不可以完美实现的；其次，海德格尔所说的死亡不是生物学、心理学或神学意义上的死亡。

为什么死亡是超验的呢？因为，“亲在”不可以经验自己的死亡，也不可以经验别人的死亡。海德格尔说，死亡的确呈现为损失，但只是活着的人经验到的一种损失，死去的人是感觉不到的。我们在遭受这种损失时，无论何时都无法进入死的人所“遭受到的”丧失生命的过程本身。从真正的意义上来说，我们感受到的是别人的死亡，死亡的过程不是我们经验得到的东西，至多也只能说我们总是在“旁边”。

为什么死亡不是人生完美的实现呢？从形式上说，果子成熟的“终结”和人的死亡的“终结”是相同的，果子趋向成熟和人趋向死亡都是同一个过程。但作为本体论而言，果子的成熟是达到自我完美的实现，而人的死亡则不能达到自我完美的实现。正因为如此，在当代美国文化中，死亡问题似乎成为禁忌话题，中国古代也忌讳死亡。天子皇帝之死叫“崩”或“宫车晏驾”，诸侯之死叫“薨”，大夫之死叫“卒”，士之死叫“不禄”，庶人之死才叫“死”。还有一些死亡的同义词，如“气散”、“数尽”、“物故”、“夭折”、“殒身”、“殂”等，从词义上来理解，也说明死亡绝不是人生的完美实现。

为什么说海德格尔所说的死亡不是生物学、心理学或神学意义上的呢？因为存在主义对死亡的分析，是超越于生物学、心理学、神学分析的。生物学意义上的死亡在海德格尔词汇中叫“丧亡”；而心理学意义上的死亡，远非生命本身的死亡，它指的是人活着，但心却是死的。海德格尔所说的死亡是一种可能性，指的是“亲在”最内在和最终的可能性。海德格尔是把死作为一种可能性来把握的。

人们在日常生活中总是处于“烦心”状态，庸庸碌碌、狗苟蝇营，以致把死忘记，对自己必然要死亡视而不见。见到别人的死，认为与己无关，见到濒死的人，则常安慰说，你不会死的，使自己从死的观念中逃开，这种情况，在海德格尔看来，也是“沉沦”的具体表现。

海德格尔说，人如果不愿正视死亡，就在一种非真实的趋向死亡的存在中失落了自身，于是死亡被客体化，外化为一种与己无关的事实，它成了一般的人的死亡而不是个体的人的死亡，更不是自己本人的死亡。

大多数人从 8—10 岁起就知道自己也会死，但他们觉得自己难以真正地相信这一点，难以严肃地对待自己的死亡这个问题，这是一种奇怪的心理现象。它在一定程度上说明了青少年们不可能天真无邪地想象出亲身出席自己的葬礼这个事实。

无法相信自己会死的人显然大有人在，这种情况或许可以说明绝望的不幸者为什么要用自杀来惩罚别人。他们仿佛觉得自己可以干扰别人欣赏他们的报复行为。每天抽两三包烟有损于人的健康，这一点已得到公认并得到广泛的宣传，但仍然有神志正常的人这样干，这个事实或许能由上述情况而得到解释：他们会死，当我们想象到自己的死时我们把自己想象成了他人。

旁人的死是真确而不容置疑的事，在这极为频繁的事实面前，为什么会有如此众多的人公然否认自己也终有一死呢？情况可能是这样：他们意识到自己会死，否认自己终有一死不过是消除这种意识的一个办法

“我吃饱了，其余的事与我无关。”有些人听到别人死亡时，甚至抱着一种幸灾乐祸的态度，他们无法相信自己会死，但拒不相信熟知的现实事实上是一种坏的信念，是不诚实的态度。（法国　杜米埃作）

而已。然而，许多现代思想家认为，拒不相信熟知的现实事实上是一种坏的信念，是人类的一种靠不住的、不诚实的态度。

海德格尔告诫世人说：人不敢正视自己的死亡，但事实上死亡是掩盖不了的，它时刻逼迫着人的存在。有些人听到别人死亡时，甚至抱一种幸灾乐祸的态度。因为死亡的不是自己而是别人。早在三百多年前，英国玄学派诗人约翰·堂恩（1571—1631）就对这种不真诚的态度进行了指责。他在《祈祷集》中说：

> “谁都不是一座岛屿/自成一体/每个人都是那广袤大陆的一部分/如果海浪冲刷掉一个土块/欧洲就少了一点/如果你朋友或你自己的庄园被冲掉/也是如此/任何人的死亡使我受到损失/因为我包孕在人类之中/所以别去打听丧钟为谁而鸣/它为你敲响。”

人，应该把任何人的死都当做自己的死的先声和预告。人应该明白自己的死是终不可免的，从别人的死亡中人应该领会到人生的有限性和紧迫性，人的各种成功的机会都受最终的结局的限制。人只有看清自己的有限的时间的终点，才能把这个终点作为组织全部生活可能性的统一点。

所以，海德格尔说，人对自己将来的各种可能性的领会与筹划，从根本来说，就是对先行到死中的领会与筹划。人只有“先行到死中去”，在主观心理上对死有所体验，以敬畏的心情面对自己的死亡，自己的寿限，思想上预先步入死的境界而作出领会与筹划，这才是真正的向死而在。只有做到这一点，人才能真正达到超凡脱俗的境界，人才真正可能对自己负责，不再沉溺于日常琐事之中。但他认为不是人人都能达到此境界的。上文说过，海德格尔认为人的存在有两种模式：“真正的存在”和“非真正的存在”。“非真正的存在”就是“沉沦”于世的在。按世俗意识思考，这就失去了个人的独立性，剥夺了个人的自由，就陷入了“非真正的存在”，而人如能超越世俗的限制，摆脱“他人”的羁绊，按自己本身的内在的可能性自由地存在，这就是个人的“真正的存在”。

海德格尔认为人若能“真正的向死而在”，就可以由“非真正的存在”进到“真正的存在”。为什么唯有真正的向死而在才有人的“真正的存在”呢?

首先，海德格尔认为，“死亡是亲在的最本己的无关涉的可能性”，因为，“死总只是自己的死”，别人不能代替，当然，某人可以“为了别人而走向死亡”，为了别人而牺牲自己，但并不会因而将他人的死亡拿过来。京剧《一捧雪》中的莫怀古被坏人诬害，行将押赴刑场斩首，其义仆莫成托人打通关节，代替他去临刑受死，救了莫怀古一命。但莫怀古虽然逃过了刀斧之祸，最后还是死于病榻之上。莫成的无辜牺牲并不能使其主子永远地逃脱死神。从本质上来说，死亡在任何情况下都是自己的东西，很多责任都可以转移，可以由他人代理，但死亡的任务却没有转移的可能。每一个“亲在”都必须经历自己的死。所谓“真正的向死而在”，就是意识到死亡是最本己的事情，是只有我，仅我自己必须面对的死亡，死，要求“亲在”作为个别的“亲在”。死际方知万事空，方知人生在世原本无依无托，固有一死。死启示着空，澄明着无，犹如暮鼓晨钟，将消融于日常浑噩烦扰之中的亲在自身从“异化”的安宁状态中唤醒，从“普通人”那里夺回。这样，一个人就能超凡脱俗，单凭自己的意愿去存在，这就是把自己独立的个性高高举起，从而有一个真实的人生。

其次，海德格尔指出死是“不可超过的可能性”，任何人都不能逃脱。人一生下来，就承担了死亡的任务。为什么呢? 海德格尔把人定义为时间性的存在，从而将时间与存在联系起来。这也就意味着，人不是神，不能超越时间，人的存在自身必以时间为前提。时间是人的存在的时间，人的存在是时间的存在，任何时间只能是具体的时间，任何人的存在只能是具体的存在。作为时间有限的此在(海德格尔用“此在”来说明“人的存在”)，死亡于他并非外在事件，而是作为此在最本真的可能性存在而展开的。真正的生命存在是活着，同时也在不断死亡，没有死亡的生命本质上不是生命。而真正的向死而在，就是使自身自由地朝向死亡境界先行，通过先行到死而获得自由。其所以如此，海德格尔说，因为人领会到必有一死，就要以死为“终界”来限制自己，对面临的各种可能性进行领会和选择。当认识到死来临时，已达到的存在要被中断，因此在有生之年不要泛泛于各种可能性之中，不要错失时机，“莫等闲，白了少年头，空悲切”，应该利用有限的人生创造出有意义的功业。这样，人就得到了自由，就有了自己的真实的存在。

再次，死亡这种可能性既是确实的，又是不确定的，这种既确实而又不确定的性质告诉我们，“死随时随地都是可能的，何时死的不确定性与死的确定可知是同行的”。因此，一个真正向死而在的人必定经常感到死亡的威胁，海德格尔把这种情绪状态名之曰“畏”。“向死而在，其基础就是畏”。畏启示着虚无，畏的意识将人从麻木的冬眠中惊醒，人在死亡面前，感到孤立无援。世界在他看来成了虚无。世界的虚无，意味着人的彻底自由，人面向虚无就能反衬出个人的真正存在。

综上所述，海德格尔认为，死亡作为人的存在的最终可能性，其基本结构就是：死亡是亲在的最本己的、无关涉的、不可超过而又确实的可能性。人如能把握死亡作为可能性的这几种基本结构，就是“真正的向死而在”，就能“自死而得自由”，而有真正的人的存在。海德格尔关于死亡的论述无疑有着浓厚的悲观主义色彩。这种悲观主义又有独特之处，这是一种带有实力因素的悲观主义，是一种以死求生的人生哲学。它要人“面向死”而得解脱，立足于死以求生，立足于虚无而衬托出存在，这就是海德格尔死亡观的实质。

贾瑞照风月宝鉴

我们读《红楼梦》第十二回“王熙凤毒设相思局，贾天祥正照风月鉴”时，往往感到迷惑莫解。这无疑是个寓意很深的故事，但对于其中所蕴涵的哲理，历来众说纷纭，莫衷一是。“风月宝鉴”究竟代表什么？为什么它有正反两个面？为什么照反面（骷髅面）会得救，照正面会丧命？《红楼梦》的作者是个具有哲学头脑的文学天才。他的故事引人入胜，含义深刻，令人百读不厌，但对其中蕴含的道理作者故意不予道破，迫使聪明的读者去做索隐的文章。对贾瑞照风月宝鉴一节，我们过去也没有满意的解释，现在我们运用海德格尔的哲学，《红楼梦》的这段故事的含义即可迎刃而解，豁然明朗。这段故事情节如下：

宁国府有一个平庸的小人物贾瑞，他不安本分，竟然觊觎荣国府一位炙手可热的大红人凤姐的美貌，对这位家政大权在握的美人儿产生了非分之念，在凤姐面前表露出若干失礼的举动。难怪平儿骂他“癞蛤蟆想吃天鹅肉”。凤辣子岂是好惹的。于是凤姐决意“叫他死在我的手里，他才知道我的手段!”凤姐两次假意约他在夹道中幽会，实际上设下了陷阱，将他拿获，贾瑞只得告罪求饶，结果倒赔了100两银子不算，还在夹道中冻了两个通宵，黎明时分又被粪水淋成了落汤鸡。贾瑞又羞又恼，自知受了凤姐愚弄，夹杂感了风寒，回家后得了重病。一日有个跛足道人来化斋，口称专治冤孽之症。贾瑞请那道士给他治病，那道士叹道：“你这病非药可医，我有个宝贝与你，你天天看时，此命可保矣。”说毕，从褡裢中取出一面镜子来——两面皆可照人，镜把上面錾着“风月宝鉴”四字——递与贾瑞道：“这物出自太虚幻境空灵殿上，警幻仙子所制，专治邪思妄动之症，有济世保生之功，所以带他到世上，单与那聪明杰俊、风雅王孙等看瞧，千万不可照正面，只照他的背面，要紧，要紧！三日后吾来收取，管叫你好了……”贾瑞收了镜子……向反面一照，只见一个骷髅立在里面，唬得贾瑞连忙掩了，骂道：“这道士混账，如何吓我！——我倒再照照正面是什么。”想着，又将正面一瞧，只见凤姐站在里面招手叫他。贾瑞心中一喜，荡悠悠地觉得进了镜子，与凤姐云雨一番，凤姐仍送他出来。到了府上，嗳哟了一声，一睁眼，镜子从手上掉过来，仍是反面立着一个骷髅。贾瑞自觉汗津津的……心中到底不足，又翻过正面来，只见凤姐还招手叫，他又进去。如此三四次，到了这次，刚要出镜子来，只见两个人走来，拿铁锁把他套住，拉了就走。贾瑞叫道："让我拿了镜子再走。"——只说了这句，就再不能说话了……众人上来看时，已没了气……其祖父贾代儒大骂道士："是何妖镜！若不早毁此物，遗害于世不小。"遂命架火来烧，只听镜内哭道："谁叫你们瞧正面了！你们自己以假为真，何苦来烧我？"正哭着，只见那跛足道人从外面跑来，喊道："谁毁'风月鉴'，吾来救也！"说着，直入中堂，抱入手内，飘然去了……

"利剑不可近，美人不可亲。利剑近伤手，美人近伤身"。《红楼梦》中的贾瑞由色生情，由情入色，结果"失落了"自身。（《芥子园画传》摹唐寅《虎色图》）

贾瑞的沉沦可谓深矣！他走火入魔，由色生情，由情入色，迷上了凤姐，凤姐成了他人生追逐的唯一目标，为了凤姐这个尤物，完全忘记了自身的存在。用海德格尔的话来说，就是"失落了"自身，陷入了"非真正的存在"。照书中道士的话来说，就是"邪思妄动"、"以假为真"。对迷途的贾瑞来说，唯一自我拯救之途就是从昏迷中觉醒，回复到自己"真正的存在"。怎样才能回复到"真正的存在"呢？海德格尔开的药方是"真正的向死而在"，即在思想上预先步入死的境界，以敬畏的心情面对自己的死亡，自己的寿限。《红楼梦》

的道士的药方是专心致志地面对风月宝鉴反面上的骷髅（死亡的象征），从而领会到人生的有限性和紧迫性，重新安排余下的年华，使之过得充实，过得美满。由此可见，两个人开的药方完全相同。海德格尔和《红楼梦》的作者曹雪芹虽然处在不同的时代，出自不同的文化背景，可他们用来医治沉迷浊世而不醒的人的是同一种法宝：先行到死。唯有先行到死，才能感到死亡的威胁，才能感到畏惧。人在死亡面前，感到彻底孤立无援，世界在他看来成了虚无，于是，凤姐也好，平儿也好，红楼十二钗也好，大观园潇湘馆、怡红院也好，都是虚无的幻影。世界的虚无，意味着人的彻底自由，人面向虚无就能反衬出个人的真正存在，就能立于死地而后生。贾瑞如能依照道士的话去做，敢于正视风月宝鉴反面的骷髅形象，也就是敢于正视自己的死亡，他就会大死一场，死而复苏，从此脱胎换骨，重新做人。可惜贾瑞沉湎浊世，执迷不醒，不能从“异化”中赶紧抽身，反而越陷越深，终至于不可救药，白白断送了年轻的生命，岂不痛哉。

谁自觉走向死亡，谁就是自由

自古以来，许多哲学家（包括中国儒家在内）都要求人们不考虑死，而只考虑生。可存在主义把“死”置于哲学思考的极重要的位置上，其中是否有什么积极意义呢？

赞成存在主义哲学的人在西方遍及社会科学、自然科学、医学、心理学、文学等领域。他们认为，把人的存在说成是“向死而在”，不是对死亡这种人生的必经阶段的逃避，不是把这种可能性弄得晦暗不明或者掩盖起来，而是把死亡理解为人的一种最突出的可能性。“向死而在”也就是在人的早年、死神远远还没有来临时就“先行到死”。普通人往往要到弥留之际，才认识到死亡的意义，因而对一生虚度痛悔莫及（如

雅斯贝尔斯认为只有在死亡面前，人才会背水一战，开辟出真正的生存之路。

托尔斯泰笔下的伊凡·伊里奇）。学会“先行到死”的人在人生很早的阶段就深刻地意识到死亡，进而从对死亡的大彻大悟中反跳回来，真正对自己的有限的人生负责。

“先行到死”首先就是把死亡作为一种确定无疑的可能性来体验和认识。这样就会在死亡的意识当中感受到一切皆空，唯有自己是真实的，进而把自己与他人、社会区别开来，使自己不至于麻醉、沉沦于充满着异化的浊世之中，重新发现自我，重新塑造一个本真的人格。

其次，“先行到死”的死亡态度把死亡视作为实现人生不可缺少的阶段，真正形成了对死的“自由”“自觉”，它使人们不再因为死而陷入极度的恐惧、焦虑之中，而是去正视死亡、把死亡自觉地承受下来（最初的反应可能是“畏”，然而，唯大勇者能本真地直接面对死亡，勇敢地走向死亡。在这个意义上，大畏转而成为大无畏），从而自由地展现出人生的各种可能性，自由地选择自己富有价值的人生。

在西方，许多大、中、小学都有优死教育。这样的教育多少受了存在主义哲学的影响。西方教育家们认为，人刚一出生，就是走向死亡的开始，假使一个人的寿命是70年，就是25550天，如果此人已到中年，那么他就很容易计算出自己还有多少时间。这种倒计数的方法，使人能够科学地面对人生，珍惜每一天时间，提高自己的生存质量。

有个医务工作者说，对于一些格外怕死的人，就要不忌讳谈死，就是要进行优死教育，让他们明确知道死的可能，免得他们怀抱恐惧，孤独地向死亡旋涡滑去。曾经有一个患晚期直肠癌的老人，他固执地认为自己没得肿瘤，也不可能死。有一天，他知道自己确实的病情后，就上吊自杀了。这个事例说明，死亡教育是多么重要。

最重要的一点是，“先行到死”是从死的角度来指导生的意义。人与其从生去看死，还不如从死去看生，因为人生只有从死的角度才能更突出有限生存的最高意义，才能照亮你的有限的人生征途，这是对孔子“未知生，焉知死”的死亡态度的反其道而行之：“未知死，焉知生”的人生风格。诚如雅斯贝尔斯所认为的那样，只有死亡才是使生存得以实现的条件，只有在死亡这一人生的最高点上才能真正领悟世界、人生的本质，才能选择、创造出真正本己的人生。雅斯贝尔斯在《生存哲学》中指出：“如果从事哲学活动就是意味着学会死亡，那么这不是说我因想到死亡而恐惧，因恐惧而丧失当前存在，而是说，我按照超越存在的尺度永不停息地从事实践，从而使当前存在对我来说更为鲜明。”在死亡面前，人们感到了走投无路，只能背水一战，才能开辟出真正的生存之路。

存在主义哲学家说：“谁自觉地走向死亡，谁就是自由。”只有死才能排除任何偶然和暂时的抉择，只有自由地就死，才能赋予存在以至上的目标，唯有自觉地走向死亡，人才真正获得了在死亡面前的自由。因而，也“唯有人才能死”，而且，只要人们羁留在大地上，栖居于斯，就将继续不断地死。

海德格尔认为，人若能真正地“向死而在”，就能从“非真正的存在”中提升出来，达于“真正的存在”，达于“自由”。因此，人是“自死而得自由”的。其理由如下：第一，“死亡是最本己的可能性”，是最具有“个性”、“独立性”的东西。所以，人一旦意识到死是“最本己”的事情，他就开始远离世俗意识，就开始觉醒，就开始把自己独立的个性高高举起，从而有一段真实的人生。这就是“自死而得自由”的真实意义。第二，自“死”而得的“自由”，是人生的一种“境界”。死了的人的确自己什么都没有了，但是我们时时对他的缅怀，却时时使我们感受着他的“存在”，感受着他对“死”的“超越”。因此，哲学上说的对

“死”的超越，不是医学上说的用药物延长几年寿命的意思，也不是体育锻炼意义上的“生命在于运动”，而恰恰是一种比较超拔的人生境界。具有此种境界的人生，是不断超越自身“物性”的人生，也是不断克服自己“时代局限性”的人生，因而是不断赢得“自由”的人生。正如海德格尔所说，“死”，虽然任何人都不能逃脱，但是真正的“向死而在”，就是“使自身自由地去为此境界而先行”。

人对死亡的反抗

自古以来，不管什么人，不管境况如何，总是抗拒着死亡的到来，求生的本能和意志总是试图避开种种生命障碍，“知其不可为而为之”地为生命的延续而苦苦地挣扎、奋斗。

“宁可世上挨，不愿土里埋。”中国人的人生哲学是“好死不如赖活着”。希腊神话的女主人公伊菲革妮也说：“悲惨的生也比高贵的死更好。”希腊神话的另一位伟大的英雄阿喀琉斯死后被封为冥王，可是他对向他表示祝贺的朋友说：“我宁愿在世上做一个帮工，跟随没有土地、没有什么财产的穷人干活，也不愿在所有的死者中享有大权。”俄国著名农艺师马尔采夫院士在他85岁寿辰那天说：“我从来就没有产生过死的念头……实际上，我根本就没有想到死，从来就没有这种想法。”

列夫·托尔斯泰有一则富有哲理的寓言——《老人与死亡》：一个老人背着一大捆草，柴禾压得他有点喘不出气，于是他哀求道：“我的死神，你在哪里！你快点来吧！”死神真的出现在他的眼前：“老头，是你叫我吗？有什么事？”老头顿时清醒过来，他回答说：“是我叫你来的？我想请你帮我把这捆柴拉回去。”这个寓言描写了人类怕死的天性。

许多人最担心的是一旦身死，万事皆休。叔本华说：“我们所以怕死，事实上是怕个体的毁灭。死也毫无隐讳地把自己表现为这种毁灭。但个体既是在个别客体化中的生命意志自身，所以个体的全部存在都要起而抗拒死亡。”

古埃及金字塔中的经文是人类最早反抗死亡的记录。“死亡”这个词在金字塔经文中从未出现过，除非是用在否定的意义上或者在一个敌人身上。我们一遍一遍地听到的是这种不屈不挠的信念：死人活着。古代埃及人相信人死后灵魂不灭，进入下界，遭到种种劫难，最终复归上界，重见天日，回到遗体之中而得到再生。为了这个想法，古埃及人对保存尸体特别重视，精心修建金字塔，用上等香料使木乃伊不腐，待魂灵再度归来。

但是，任何人对死亡的反抗都是以失败告终的，人对死亡的抗拒是一种悲剧性的抗拒，无论人们怎么否定死亡，无论采取什么有效的办法来延续生命，但人类所能做到的充其量不外乎是暂时地维持罢了。人类在死神面前不停地抗争着，同时人们自己也可以清醒地意识到，抗争是徒劳无益、无济于事的。人们所要趋向的永远将是死亡毁灭。因此，从古至今许多诗人和文学家都发出这样的哀叹：人生是个最大的悲剧。法国哲学家查·累鲁维（1815—1903）在他 88 岁的时候写道：“所有的人在他离开人世的时候，都来不及完成自己的使命，这是我一生所遇到的种种悲剧中最惨痛的一幕……哲学家不相信死的存在。但是，哲学家到了老年也仍然害怕死。老年人是不会同死妥协的，但他又不能不向死低头。”

叔本华把生命本身比作满布暗礁和旋涡的海岸。人们小心翼翼、千方百计地避开这些暗礁和旋涡，尽管他们知道自己即使历尽艰苦，使出全身解数，而有幸成功地绕过去了，他们也正是由此一步一步接近那最后的整个的不可避免的、不可挽救的船沉海底的结局。

死亡是人生最大的悲剧。人降生尘世，为了谋生存，抚育子女，冒寒犯暑，栉风沐雨，含辛茹苦，受尽九磨十难，可临到最后呢，不是以庄严的凯旋告终，而是以痛苦的死亡结束。正因为如此，许多人埋怨苍天没长眼睛，无视人间的苦难。许多哲学家认为人生是无意义的，世界是荒谬的。佛教教义也好，庄子哲学也好，叔本华学说也好，都如是说。这些悲观主义哲学甚至认为，人根本用不着抗拒死亡，死了也许比活着还要好，因为死后善人能进入天堂享福，永远脱离尘世轮回的苦海。故佛家向众生指点迷津说：苦海无边，回头是岸。

法国存在主义哲学家加缪（1913—1960）和庄子以及叔本华一样，认为世界是荒谬的，但他和以往的哲学家不同的是，他渴求幸福和希望，憎恶痛苦和死亡，他揭露世界的荒诞，但面对荒诞他不逃避退让。他赞美人类与荒诞的世界不妥协的精神，特别是歌颂人类与死亡的抗争。总之，他明知世界的虚无和人类的无终极意义，仍努力为人的生存确立行动的激情和希望。正因为如此，1957年加缪荣获诺贝尔奖，主要贡献是因他“解答了我们这一代人类良心的难题”。

加缪第一部有名的哲理小说是1942年出版的《局外人》，小说的主人公克尔索是个内心空虚、孤独的“局外人”。他生活刻板，始终有一种自我失落的感觉，经常不知所措。事业、爱情都不能引起他的兴趣，他一生对荒谬的世界、荒谬的生活感到茫然。后来他因杀人罪被判死刑。在牢房里，克尔索对生和死的问题进行深思。他从生的这头望去，在生的尽头有一个“死”。那么从“死”的那一头望回来，有限的生之意义在哪里？这个同人类同样古老的问题，历来有不同的回答，中国的一部分道教徒认为，自然界既然有死人之药，也必有生人之药，所以他们采药炼丹，但吞食仙丹者无一个长生。聪明的人想出灵魂转世以及天堂、上帝等，但更聪明的现代人认为这是一套自欺欺人的把戏。现实一点的志士仁人（如中国的儒家）认为大丈夫当建功立业，留芳名于后世，因为他们认为民族和人类的生命比个体生命更为久远，但现代人认为民族和人类连同他们居住的地球总有一天要消亡，那时在茫茫宇宙中又有谁来记取你留存在人类中的功业？所以在“局外人”看来，人生必死的这一事实注定了生之无意义。死即使生失去意义，那么，对生命存在的长短就不必耿耿于怀、斤斤计较了，30 岁死或 70 岁死关系并不大，反正总是会死，现在也好，20 年以后也好。

局外人既然从“死”的那一头“看破”了“生”的意义，认为人生在本质上是无意义的，那么他的每一个行为必然是无意义的。因此，他没有了林中迷路时的焦虑，因为他确信人生本无什么出路，只是在林中盲目地漂游。在他看来，人生就在于“走”，如果他愿意走的话，而不在于走什么路，因为任何路都是一样的，更不在乎什么“出路”，因为出路是被确定了的，那就是死亡。所以局外人走到哪里算哪里，随遇而安，不管是好是坏，他都漠然处之，无动于衷。他被法庭以社会法律和正义的名义判处死刑，他认为只是把稍后几年的死刑（大自然已经给每个人判处了死刑）提前执行，至于死的方法完全可以不必计较。

然而，临到最后，在死亡的门槛上，这个麻木不仁的局外人忽然对生活感到十分依恋。在死亡巨大的阴影的笼罩下，他才猛然意识到生活本身是多么可爱。原来，热爱生活，抗拒死亡——这是每个人的自然本性。可生活又是十分荒谬的，这不是个矛盾吗？加缪在另一篇重要的哲学著作《反抗者》中答复了这个问题：人生的意义在于对不幸的命运的不断反抗。人的反抗即使终归总要失败，但人通过保持反抗的姿态而给他自己的生命以一定的尊严和意义。一个正直的人，是按照他的信仰来行动的，假使他认定这个世界是毫无意义的，他就必定会自杀，因为继续活下去就是欺骗，可绝大多数的人为什么没有自杀呢？这是因为，人感受到自己身上有一股与命运抗争的活力，这种抗争的活力（反抗精神）是人的本质属性之一。人以自己的反抗性实现自己存在的价值。加缪着重指出：“我反抗，故我存在。”

加缪所主张的反抗即是适度的革命。为此他主张正午思想——地中海思想。加缪对人类是充满希望的，对人类更是充满无限热爱的，他所表述的地中海思想就是拥抱生活，热爱生活，享受生活，获得自由与意义，反抗者就是在这种精神指引下充满激情地去生活，去爱。

希腊神话中的西西弗斯每天反复推石上山，并不抱怨人生的重负，他从对命运的蔑视和反抗中取得自我宽解，他的内心是充实和幸福的。（但丁《神曲》插图，美国　巴利·莫塞作）

加缪对严肃的人生作出了回答："要对生活回答'是'，要对未来回答'不'。"

对生活说"是"，就是不否认客观世界的存在，客观世界虽然是荒谬的，是无法度量的，但是我们可以触及这一切，断定这一切，明察这一切。这实际上就是反抗，就是在赋予荒诞世界以意义。

对未来回答"不"，即反对寄希望于来世或后世，反对用来世摆脱现实。

面对死亡，克尔凯郭尔把上帝认作拯救的希望，加缪则认为坐等上帝无异于自杀，出路只有一条，奋起抗争。

在《局外人》出版的同时，加缪发表了哲学著作《西西弗斯的神话》，在这部著作中，他对人与命运抗争的精神从理论上进行了论述。根据希腊神话，西西弗斯死后得到冥王的允诺，从地狱返回到人间来惩罚他的不忠的妻子，但一回到地上，重新领略了流水、阳光的抚爱，重新触摸那温暖的石头、宽阔的大海之后，西西弗斯却执著地迷恋着这不一般的生活和生机盎然的地上世界，他再也不愿回到那阴森的地狱中去了。冥王的召唤、气愤、警告都无济于事，他又在人间里活了许多年。最后诸神愤怒了，对他进行了严厉的惩罚，他必须永恒地没完没了地将一块巨石推向山顶。对生活充满了爱而极度憎恨死亡的西西弗斯，艰难卓绝地把巨石推到了山顶，然而就在他还没来得及直起腰来舒一口气的时候，这块该死的巨石按照诸神的旨意又滚下了山谷。西西弗斯还得重新把巨石推上来，他也清楚地知道，再推上来也是徒劳。但是面对这残酷的命运，西西弗斯却还是毫不犹豫、精神抖擞地向山下走去，去重复那永恒的徒劳。西西弗斯是因为眷恋生活、热爱生活而遭受惩罚的，他对诸神给他设定的命运的抗争便是人类对死亡命运抗争的一个特写镜头。

人类与死亡命运的抗争，和西西弗斯推石上山一样，每次都以惨败而告终，但活着的人们还是毫不犹豫地重蹈着前人的抗争。于是便有了人类在死亡命运面前的毁灭，抗争，再毁灭，再抗争……直到永远的历史。

人生并不是因为有了某种先验的意义才值得，而是人自己对其生存的环境的挑战和反抗才具有了某种意义。人生的伟大，首先在于“反抗贯穿着人生的始终”。同时，反抗还伴随着激情和自由。

加缪在这篇论著中，对西西弗斯的反抗精神表示肯定和赞扬。他写道：西西弗斯对诸神的蔑视，对死亡的仇恨以及对生命的热爱，使他得到这无法比拟的惩罚。这惩罚使他用尽全力得不到成功，这就是对尘世的热爱所必然付出的代价。他虽然反复推石上山，但这并不是对命运的屈服，而是用对惩罚的蔑视来改变自己的命运。西西弗斯每次开始推石上山时，就意味着超越了自己的命运，这种蔑视和超越就是一种“反抗”——一种自我宽解、自我胜利的内心反抗。接着，加缪把人类反抗命运的精神与西西弗斯推石上山进行了类比，并指出人生的意义和幸福就在于敢于反抗。缺乏反抗精神的人活着也等于死了。真正的人宁愿站着死，不愿跪着生。加缪着重指出：“当一个人回顾自己生命的一瞬间，他正像西西弗斯回过身来看着滚下去的大石头，并把它再一次努力地推上坡去的时候一样，他默默地凝思着，他一生完成了无数没有联系的动作，这虽然是他的命定劫数，可这些动作也正是他自己一生的创造啊。现在这一切都在他的记忆中重现出来，并联系起来。但当他一死，这一切也就会立即消失。当一个人心中真诚地相信人生的一切都是人自己创造出来的时候，他也就像一个明知漫漫长夜永无尽头而又急于想看到一切的盲人，他继续推动着石头，哪怕石头仍要从坡上滚下来……有些人会抱怨人生的重负，但西西弗斯这一榜样教导我们应全心全意地推动石头。他还认为这一切都安排得再好也没有了。对他来说，宇宙虽然没有主宰，但它既不是无益的，也不是无用的。石头的每一个原子，隐现在暮霭的山岭上的每一片岩石，它们本身就构成了一个世界。努力把石头推上顶峰，已足以使人心里充实。我们应当认为西西弗斯是幸福的。”

我们由西方的西西弗斯联想起中国的夸父。《山海经》上记载说：“夸父与日逐走，入日，渴，欲得饮，饮于河、渭，河、渭不足，北饮大泽。未至，道渴而死。弃其杖，化为邓林。”夸父追逐太阳，要与太阳比高低，这肯定要失败的。但夸父不怕失败，坚持到底，直至死亡，雄心壮志丝毫未减。人类求生存和抗拒险恶命运，就需要这样的精神。

人类数千年的历史已表明，人在历史过程中的苦难和所见到的不义最终还要在历史发展过程中获得解决，我们不能生活于历史之外；我们唯一能够做到的就是反叛，从我做起，自我拯救，然后再拯救人类历史。

人类与西西弗斯和夸父不同的是，他们与死亡的抗争不是孤军奋战，而是互相帮助，互相支持的。加缪在小说《鼠疫》中描述了人们团结一心与死亡奋战的经过。这篇小说写的是，在 20 世纪 40 年代的一天，北非的奥兰城发现了死老鼠，鼠疫开始流行了起来。被传染的人不断死亡，城市被封锁，全城处于紧张、悲哀和死亡中，在灾祸面前觉醒了的人们组织了起来，积极同鼠疫展开斗争。10 个月后，鼠疫开始消灭，威胁结束，被隔绝的亲人们团聚了，全城沉浸在欢乐中。这部小说暗示世界是个鼠疫窝，但死亡的危险使人们振作起来，团结起来，强者帮助弱者，争取把尽可能多的人从死亡中拯救出来。死亡的危险成了激励人们奋起抗争的动力，而且是促使人们紧密团结的催化剂。坏事可以变成好事。如果没有死亡的威胁，人们也许会得过且过，甚至窝里斗，不会如此奋发有为，不会友爱在一起，吃苦在一起，放逐在一起。扑灭鼠疫的带头人里厄医生说：“扑灭鼠疫是全城人们的唯一的共同信念，

鼠疫流行，全城处于紧张、悲哀和死亡之中，在灾祸面前，人们开始觉醒。（加缪《鼠疫》插图，法国埃迪·勒格朗作）

我分担了人们的一切忧思，而且他们的境遇也就是我的境遇。”

这里所说的爱不是去爱上帝，而是爱世界，爱人，爱生活，爱生命。

在灾恶面前，在死亡面前，人们应肩并肩站在一起奋力搏斗，使正义在这个似乎没有正义的世界上实现，用同情心和爱心来重建这个世界。

加缪认为，人对命运的反抗中充满了爱、美和人性。人类对死亡的反抗并非徒劳无功。目前，人类的寿命已经从原始社会的 20 岁提高到了 70 多岁。科学家最近估计，到 2050 年，人的寿命可延长到 200 多岁，这就是人与死神抗争的伟大成就。

死的价值

有些人因为生命会完结而认为生命没有价值，他们没有料到也可以提出与此相反的论点，如果生命不会完结，生命就会有价值吗？正是因为随时都可能会失去生命，我们才认识到生命的价值。

孙子说："置之死地而后生。"这句话形象地肯定了死的价值。上文说过，奥兰城面临死神的威胁，于是，全城人民团结起来，万众一心，与瘟疫作斗争，终于取得了胜利。死亡成了激励人们奋起抗争的动力。海德格尔说，人如果想不到自己有一天会死，也许会得过且过，不思进取，把宝贵的年华白白浪费掉。所以古人用"莫等闲，白了少年头，空悲切"这样的警语来勉励青少年，也就是提醒世人人生有限，死亡迟早会到来。唯有面向死亡，才能感到人生的紧迫性，才会快马加鞭，与时间赛跑。"老牛自知夕阳晚，不用扬鞭自奋蹄"。死亡对人生有一个无形的压力，驱使人们抓紧时间，多做贡献并有所建树。而丰富多彩的世界正是千百万人的贡献和努力的结晶。

试设想，如果没有大气压力和地心引力，世界将成个什么样子？那时候，万物将飘向空中，世界将不成其为世界。同样，人生如果没有死亡的压力，人生将不成其为人生，生活将成为寂寞单调的、无所建树的、十分可畏的死水一潭，人们将感到度日如年，十分难熬，人们空虚的心灵永远得不到充实。久而久之，人类就会陷入求生不能、求死不得的十分痛苦的处境。

俄国流亡作家别尔嘉耶夫说过："人生在世所以会有意义，就是因为有死亡这件事，假如人间没有死，人生的意义就没有了。"

法国存在主义作家波伏瓦的小说《人都是要死的》就说了这么一个故事。故事的主人公福斯卡于 1279 年 5 月 17 日生在意大利卡尔莫那的一座宫殿里，他在32岁那年喝下了一瓶神奇的药水，自此便再也没有死亡的威胁了。他没有死，没有生命的终结，因此至今还活着。

他目睹过卡尔莫那宫廷接连不断的弑君闹剧，协助过查理王征战欧洲，周游过新大陆印第安村落，也经历过震惊世界的法国大革命。数百年的风风雨雨，无处不闪现着他的身影，他像一个永恒的使者，奔忙着，奋争着。

他永远不会倒下。他战胜了饥饿和瘟疫，战胜了君王与世界，战胜了生命和死亡。他几乎战胜了一切，他真可称得上长生不老，甚至“万寿无疆”了。

自古以来，长生不老这个幻想不知迷惑过多少人。许多人为了求得长生，上山修道，结果一事无成。而历代统治者为了一己的长生幻想，不知浪费了多少民脂民膏，断送了多少无辜老百姓的生命。埃及的金字塔，秦始皇的兵马俑，徐福的入海采药的大船，汉宫的高达数丈的承玉露的铜柱，都是帝王妄想长生不老的可笑的见证。

可如今福斯卡真的做到长生不老了。可是他得到了幸福吗？没有。最终他还是陷入了孤寂和痛苦之中。他永远失去了丑陋的人类的尊严，不能再获得容易腐烂的爱情，虽然他有过妻儿，满足过情欲，虽然他腰缠万贯，能买下整个世界……

原来，人不能死亡就无法正常地生活。福斯卡自从失去了死亡的机会后，他的生活中再也没有了过去，也没有了将来，没有了回忆，也没有了希望。因为他就是永恒！可这样的永恒与死亡同样可怕，他眼看着人类一代一代地历尽艰辛，然后徒然地死去。后辈忘记了前辈，自己又被后辈忘记。这样的永恒又有什么趣味呢？永恒的忧虑，倒不如一死更为崇高。

于是，福斯卡梦寐以求的不是长生，而是死亡。他每次看到老年人安详地死去，就感到无比羡慕。世人都不能长生，唯有他能长生，可现在他对长生一点也不感到稀罕。世人拥有的东西他差不多都有了，可是唯有一件事物，世上人人都有，而他没有，这就是死亡。因此他现在奋力追求的是死亡。可是他刀剁不死，水淹不死，火烧不死，药毒不死，他永远失去了死亡的能力，成为世人眼中的妖怪。他是一个求生不能，求死不得的永恒痛苦的妖魔。

是的，只有死亡才是拦截价值和意义的堤岸，才是个体生命和生活的最终确定。正是死亡这一结局，才使得生活丰富多彩，变幻万千。正是死亡才造成了人生无数个悲喜剧。正是死亡才使得人生有意义。福斯卡失去了死亡的机会和能力，所以他不再成为一个“活人”，而是一个妖怪。他不能像人那样去为生命的短暂而忧虑，不能感受生活的失败、伤痛和牺牲，不能像常人那样去爱女人、爱子孙……他“从来没有朋友”，他处于“永远的孤独之中”。于是他四处寻找，寻找那失落的死亡，因为死亡是人的权利和尊严的担保物，是生命之为生命，爱情之为爱情的源泉。

这就是死的价值所在。生命、爱情、价值正是由于死亡才显得珍贵。没有死亡，真可谓是一种最为残酷的“活受罪”啊！

因此，俄罗斯作家，散文家 M. M. 普里什文（1873—1954）面对这个问题很有感慨地说：“让他死吧，可在他的躯壳上依然保留一个朝向永生之路的成功的努力……他永远留下了一些不同凡响的东西，他活在他的言论、事业和思想里，活在他的一挥手、一点头的神态中，或者仅仅是某个发出的微笑里。”

只有妖怪才不死

儿时在乡下，看见村民用铁链把一棵大树五花大绑起来，据说，这是棵千年古树，已经成精，因而到处作祟，闹得村民鸡犬不宁，故而对它采取惩治手段。乡下人有这样的朴素观念：凡是秉受天地灵气生长繁殖的动植物，在享尽天年后，都应退隐死亡。如果某个生物逾期不死，就成了精怪，这不但不是好事，反而是当地的隐患和不祥之兆，是各种灾变的根源，因而必须尽力驱除之，方保一方安宁。因此，法海和尚要把修炼千年的白蛇精罩在雷峰塔下；如来佛也要把千年猴精孙悟空压在五指山下，5 万年不得翻身，后来之所以把它释放出来，是要借助它的力量降伏唐僧取经路上的各种妖魔鬼怪，如白骨精、牛魔王、老虎精、驴子精，等等。总之，中国古人的观念认为，生物界的新陈代谢应当持续不断，寿命过长在生物界并非有益的现象，这不但抢占了新生一代的食物，而且成为精怪，作祟一方，对良民百姓的太平生活构成威胁。

中国古人的上述观点未必没有正确的一面。可是，古人又认为人是万物之灵，在生物界享有长寿的特权。故而古人把长寿的人称为仙人，民间传说对仙人大加美化，八仙的传说中描述张果老、铁拐李、吕洞宾等仙人能腾云驾雾，能知过去未来，会七十二变，可谓神通广大。仙人的传说不仅迷惑了东方人，甚至吸引了不少西方人。例如在希特勒统治下的德国，曾产生了一个名为“阿尼内尔”的巫术团体，团体的宗旨是借助超自然的力量促使第三帝国繁荣富强，它曾派出一个规模庞大的代表团前往喜马拉雅山的楠加帕巴峰，查访古代神仙的行踪。其结果就不用说了，因为第三帝国不久就崩溃了。

西方神智学（以超自然现象为研究对象的学问）的创始人叶莲娜·布拉瓦茨卡娅（1831—1881）在发迹之前，曾在欧洲、亚洲、美洲各国流浪。据她说，她在印度旅行时，在喜马拉雅山上遇见了一些神仙。这些神仙长生不老，起码生存了成千上万年，住在人类攀援不到的崇山峻岭之中，过着圣洁的生活，潜心探究宇宙的奥秘，能知过去未来之事，并且具有超自然的力量（也就是近人所谓的特异功能）。布拉瓦茨卡娅自称与这些神仙共同生活了七年（1863—1870），因而她自己也受到点化，成为秉受神仙真传的女弟子和仙姑。神仙派她重返尘世引渡众生。

她依靠这一类神话，纠集了大群信徒，在 1875 年成立了世界上第一个神智学团体，其宗旨是探究宇宙的奥秘，研究人的心理力量和特异功能，研究东方哲学、气功、瑜伽功、坐禅等，寻找长生秘诀。布拉瓦茨卡娅还在美国波士顿出版了自己的著作《神仙劝世真言》，自称这是神仙亲授的天书。她创设的神智学团体在西方流传至今，当代西方的神秘学学者们仍热衷于描述东方的神仙，并把发现神仙的光荣归于布拉瓦茨卡娅。

可是，1881 年布拉瓦茨卡娅在伦敦身患重病时，对前来探访的俄国著名哲学家索洛维约夫和盘托出了自己的内心世界："所谓神仙全是我想象中的产物……我全凭臆想……我愚弄了人们……现在我忏悔。"索洛维约夫把她的话写在自己的回忆录中，因而揭穿了有关布拉瓦茨卡娅的神话。

人在世上漂游不定，西方神智学创始人就曾在欧洲、亚洲、美洲各国流浪，最后洞悉宇宙的奥秘。(汉森：《旅游者》)

18世纪英国的讽刺作家斯威夫特于1726年出版了一本世界名著《格列佛游记》，这本书以其趣味盎然的大人国和小人国的故事而家喻户晓。作者在第三卷的飞岛游记中叙述他在离日本不远的太平洋中发现了“神仙”，也就是长生不老的人，当地人称其为“斯特鲁布鲁格”。不过，斯威夫特对这些“神仙”的描述令大多数人寒心和齿冷，特别是使热衷于长生不老的人兴趣锐减。但是，别忘了斯威夫特是个讽刺作家，与其说斯威夫特在自己的描写中讥讽老年人，倒不如说他这是想给那些梦想长生不老者以当头棒喝，令其清醒，下面就是斯威夫特的描述：

> 有一天，我跟许多朋友在一起，一个贵族问我是否见过他们的“斯特鲁布鲁格”（意思是“长生不老的人”）。我说还没有……他告诉我，有时候，尽管很罕见，一户人家生下了一个孩子，前额左眉上方有一个红色圆点，这个记号就表明这个孩子永远不死……他说，这种孩子生的很少，他相信在全国内，男女“斯特鲁布鲁格”不会超过1100人……这一类的产儿并不是哪一家的特产，只不过是偶然凑巧罢了。就是“斯特鲁布鲁格”自己的孩子也跟别的人一样有生有死……他说，他们在30岁以前，一般说来，跟凡人并没有什么两样，但是30岁以后他们渐渐忧郁、沮丧起来，一天天加深，一直到80岁……他们活到80岁的时候（在这个国家活到这个岁数就算到了极点了），他们不但具备了一般老年人所有的缺点和荒唐，并且还有许多别的缺点，因为他们对于自己永远不死感到恐怖。他们不但性情顽固、暴躁、贪婪、沮丧、虚荣、多嘴，而且丝毫不讲友谊和情爱，即使有，顶多也只是对儿孙还有些感情。嫉妒和妄想是他们的主要情欲。但是引起他们嫉妒的主要是年轻人的不道德行为和老年人的死亡。他们嫉妒年轻人，因为他们察觉自己已经没有寻欢作乐的可能，同时当他们看到送葬的行列时，他们又惋惜、抱怨只有别人才能得到安息，而他们自己

却永远无望得到。他们除了在青年和中年时期得到的一些经验和知识以外，就什么也不记得，而这一点点东西也是很不完全的……在他们中间，最幸福的人倒是那些年老昏聩，记忆全失的人。因为他们不像别人那样有许许多多恶习，所以他们还比较能受人怜悯和帮助。

他们年满 80 岁，法律就认为他们已经死亡。他们的后嗣马上就可以继承他们的产业，只留给他们少量的金钱来维持生活，贫苦的则由公众来供养。此后，大家就认为他们不能再担任任何工作，他们既不能为公众谋福利，也不能令人信任……他们活到 90 岁，头发、牙齿全部脱落，这时他们已经不能辨味，有什么就吃什么、喝什么，胃口不好，吃什么也不香。他们每次患病都经久不愈，病情不会加重也不会好转。他们谈话时连一般事物的名称、人们的姓名都忘掉了，即使是至亲好友的姓名，他们也记不起来。由于同样的原因，他们再也不能读书自娱，他们已经不能看完一个句子，看了后面忘了前面，这种缺陷使他们失去了唯一还可能有的乐趣。国家的语言总是在不断地变动着……他们活到 200 岁以后也就不能跟邻近的凡人谈话了。因此他们虽住在本国却像外国人一样感到生活上有许多不便……人人都轻视他们，痛恨他们。生下一个“斯特鲁布鲁格”来，大家都认为是不吉之兆……他们是我平生所见最令人痛心的人，而女人比男人更来得可怕……那可怕的程度和她们的年龄成正比，实在令人难以形容。

读者不难相信，自从我亲自听到，亲眼看到这种人以后，我的长生不老的欲望为之大减。我想起自己过去有过的那些更好的幻想，不免深深感到羞愧。我想，与其这样活着真不如死去，不管哪一位暴君发明哪一种可怕的死法，我都乐于接受。

我不得不同意该国制定关于“斯特鲁布鲁格”的法律具有强有力的根据，因为贪婪是老年的必然结果，这些长生不老的人终究会成为全国财产的业主，掌握了社会的权力，但是他们却没有能力经营管理，结果一定会使整个社会毁灭。

在斯威夫特的笔下，长生不老的人都成了妖怪，与中国民间传说中描写的动物精怪无异，乃是不吉祥和灾变的象征，为众人所嫌恶。新陈代谢是自然规律，违反这个规律就是不自然的，就是怪异现象。的确，即使未来的科学能使人长生不老，可由此而引起的伦理学问题以及“代沟”也足以使许多人把“长生不老”视为畏途。至少我个人认为，与其做一个这样的妖怪，倒不如做一个有生有死、顺应自然规律的正常人。

论自由地死

生与死之间的墙难以闯过，死亡恐惧难以克服，但正是这种恐惧束缚了人的自由。现代存在主义大师萨特曾写过一篇有关穿越生死之墙的小说《墙》，希望读者能看透人生，克服掉这些不必要的恐惧，从而达到完全的自由。

但是，我们也不能不看到，我们个人的意愿在现实生活所能行使的范围是相当狭窄的。比如，我们无法使自己长生不死，无论我们做怎样的努力，建立怎样的功业，也无法不叫世人忘却我们。这就是说，客观事实给我们的自由选择带来了限制。然而，萨特告诉我们说：客观事实存在着，我们无法改变。但我们对“事实”的态度，仍然是自由的。人不能改变世界，但人可以改变自己对世界的态度。因而人无论在皇宫，还是在锁链中都是自由的。

老庄哲学主张通过淡泊无为、与世无争来取得个人自由，带有消极遁世的色彩。萨特思想的可贵之处在于强调行动。他认为，自由不仅是对世界的态度，而且是要坚决地把自己的态度、目标、价值、意义注入世界中去。人就是他的行动，人实现自己有多少，他就有多少的存在。人只是他的行动的总结。

按萨特的学说，人不但应自由地生，而且应自由地死。这就是说，人应该学会迎接自己的死亡，彻底克服死亡的恐惧，敢于赴死，并且死得其时，死得其所。大丈夫为人一世，坦坦荡荡，绝不苟且偷生，该献出生命之时，就果断地献出生命，临难毋苟活，让自己的死亡为后人树立榜样，万古流芳。马援说男儿应当战死疆场，马革裹尸还。匈牙利大诗人裴多菲说自己最害怕的死亡是病死于床上，男儿应该在战斗中捐躯。结果他身体力行，在抵抗侵略中献出了年轻的生命。人如果被自己的本能束缚住，贪生怕死，这等于做了本能的奴隶，也就失去了自由。所以蒙田说得好："学会怎样去死的人便会忘记怎样去做奴隶，认识死的方法可以解除我们的一切奴役和束缚。"

尼采在《论自由的死》中告诫世人说："许多人死得太晚，有些人又死得太早，人应该死得其时，才能称得上自由的死和死中得自由。"尼采写道："我的死，我向你赞颂，这是自由的死，因为我要它时，它便向我走来。""凡是愿享名誉的人，必须及时从光荣中离去，学习如何在适当的时候离去。"尼采主张死要死得伟大，应重如泰山："在你们的死亡中，你们的精神和美德如夕阳照耀大地，否则你们的死亡便无意义。"

苏格拉底在谈笑自若中饮鸩而死，就是自由的死。

在《红楼梦》中，贾赦逼鸳鸯做妾，软硬兼施，最后穷凶极恶，大施淫威，鸳鸯丝毫不为所动，因为她"心中明白，还有一死"，这也是自由的死。

古往今来无数仁人志士的视死如归，都是自由的死的典型。从这些典型中都能得出一个结论：人能自由地生，就能自由地死。或者反过来说，人若不怕死，他便自由了。

尼采讽刺那些苟且偷生的人说：“酸苹果当然是有的，它们的命运要它们等待到秋天的末日：那时将同时地变为成熟，金黄，而干皱。有人心先衰老，有人精神先萎靡不振，有人在青年时就已老迈……有些人，生命趋于败坏，毒虫啮食着心灵。让他们明白，死对于他们倒是好的。有些人永远不会变得甜美，他们在暑天已经腐烂，那是懦弱使他们仍团结在枝头上。愿一阵暴风雨来摇落这般由虫蛀腐烂的东西。”

汪精卫是死得太晚的典型。他少年参加反满革命，因在北京埋炸弹谋刺清摄政王载沣，不遂，被捕，自度必死，在狱中咏诗言志：“慷慨歌燕市，从容作楚囚。引刀成一快，不负少年头。”何等激昂慷慨，其气魄可与谭嗣同的绝笔诗“我自横刀向天笑”相媲美。如果汪精卫当时成仁就义，当会留个“革命志士”的美名，令后人景仰。可惜命运拿他开了个玩笑，他竟被赦免，结果又活了许多年头，在中国政治界翻云覆雨，最后成了头号大汉奸，被骂名千古。汪精卫的确死得太晚了，因而让自己的死“亵渎了人类和大地”。白居易诗云：“因公恐惧流言日，王莽谦恭下士时。向使当初身便死，一生真伪有谁知?”这首诗从另一方面说明，人只有掌握自己的生命，死得其时，才能获得一个圆满的结局。

超越死亡

“超越死亡”是个新名词，自古以来，人类都在试图超越死亡，并且这方面的努力已成为人类文化创造的根本动力之一。

人是一种生物，生物有生必有死。任何人都不能真正超越死亡，达到不朽。但人可以把追求不朽当成一种信仰，在思想上超越死亡。

人在思想上超越死亡，有形形色色的表现形式，有宗教式的，有世俗式的，有原始的，有文明的。

古人往往对死亡持否定态度，他们没有我们现代人的自然死亡观念。著名人类学家弗雷泽指出，对某些古人来说，“死亡从来不是自然的”，他们以为任何死亡的发生必能找到神秘的致死原因（如神灵在恶意作怪，巫师用巫术破坏等）。诸如此类的外部原因导致了死亡的发生，他们坚信，如果没有这些因素，人本来是可以永远活着的。德国著名哲学家恩斯特·卡西尔在其《人论》中说：“像自然死亡这样的事从未被

长沙马王堆汉墓出土的帛画，属旌幡一类的东西，出殡时擎在行列前面，落葬后覆在棺上。它被称作“非衣”，有导引灵魂升天之意。画面分天朝、人间、地府三界。天界有扶桑树、九个太阳、嫦娥、新月，以及象征长寿的蟾蜍、玉兔，日月同辉，令人神往。人间墓主人拄杖而立，前有两人捧盘跪迎，后有三女随身伺候，显示荣华富贵。地下大力神双手托着大地，孔武有力。此画反映了我国古代人死后灵魂升天的观念。

原始土著人认识到，死亡不是不可避免的。那种认为人按其本性和本质而言终有一死的概念，看来是与神话思维和原始宗教思想完全相斥的，它们断然否定死亡的真实可能性。”

原始人不仅绝对不相信自然死亡，而且坚决相信“死人活着”。他们没有活人与死人的清楚明晰的界限观念。法国人类学家列维·布留尔在《原始思维》一书中说：“对原始思维来说，人尽管死了，也以某种方式活着。死人与活人的生命互渗。”古人把死亡看成是一个人从阳间转入阴间，此后两方面还可以通过巫术手段相互来往。死亡在这里被看成是人从一个世界转入另一个世界的过程。古人坚信，死者没有死，只是“活”在另一个世界上。原始人通过这种信仰摆脱了对死亡的恐惧，在思想上超越了死亡。

基督教认为灵魂比肉体更高贵，但许多基督教画家仍注重肉体的描绘。（杜勒《亚当和夏娃》中的夏娃）

中国民间宗教信仰在很大程度上也是否定实质上有死亡存在而相信永恒生命的。它的特点也非常类似于古人的死亡观念。人死变鬼，从阳间转入阴间，这是从远古到今天中国民间流行的基本死亡信仰。正因为如此，中国人“事亡如存，事死如事生”，自古以来就有厚葬的传统。他们往往把非常贵重的实物（从金银财宝乃至活人）埋到地下以陪葬。这种厚葬不仅仅是情感表达的需要，而且有着“实用”的考虑，这就是他们坚决相信死人在地底下也可以享用这些物品。

中国最朴素最原始的哲学观念是阴阳五行学说。民间信仰最重视的就是由活人构成的阳世和由死人构成的阴世。阴阳两界的分立是他们信仰的基本因素，在这种两个世界的信仰中，中国老百姓非常自然地摆脱了死亡对人的干扰。受过科学教育的人们总以为民间信鬼是迷信，他们不知道信鬼实际是一般民众超越死亡、安然面对死亡的基本方式。

文明社会的各大宗教，包括基督教、伊斯兰教和佛教在内，都是德国社会学家马克斯·韦伯所说的“理性化宗教”。但这些宗教的目的仍旧是让其信徒超脱死亡，摆脱死亡的恐惧。在这一点上，它们与原始宗教并没有什么两样。所以尼采称这些宗教为不朽的宗教（The religion of immortality），其主旨在于宣扬灵魂的不朽（The immortality of the soul），其教义可用一句话概括之：A man's body dies，but his soul may be immortal（一个人的肉体死去，但其灵魂可能不死）。

关于基督教和佛教的教义，本书在前面已说了许多，这里要补充的是，基督教的灵魂和原始宗教的魂灵很不相同。中国民众心目中的魂灵是像幻梦一样，到处漂浮的“活物”，在藏族民间文化中，灵魂以多种形式展附于物象，大多依附于鸟类、树木、宝物和牛类。所以金圣叹临刑时作诗说：“千里黄泉无客店，不知魂魄落谁家。”古希腊荷马写的《奥德修斯记》有这么一段叙述：奥德修斯说，我真想拥抱我死去的母亲的魂灵，我三次向她跑去，心想要抱住她，但是三次都像影子和幻梦一样，她从我手中溜走了。荷马诗中所说的魂灵正是原始宗教的鬼魂，虚无缥缈，没有定形。在藏族文化中，“灵魂是不可捉摸的虚幻的人的影像，按其本质来说虚无得像蒸气、薄雾或阴影，它是赋予个体以生气的生命和思想之源；它独立地支配着肉体并从一个地方迅速地转移到另一个地方；它大部分是摸不着看不到的。而基督教的灵魂则是实在的物体，有硬度，有定形，人生前灵魂寄居于肉体，人死后灵魂脱离肉体，升入天国。”

不但如此，基督教还认为，灵魂比肉体更高贵，更神圣，在道德上更纯洁。肉体有七情六欲，导致灵魂去犯罪。把灵魂这种神圣的实体放逐于低级的肉体之中，实在是对灵魂的贬辱和禁锢。唯有等人死了，肉体进入坟墓之后，灵魂才获得解脱和自由，才回复到它本真的神圣面貌。因此，按照基督教教义，死亡并非人的终结，而是灵魂的获释，脱离禁锢它的坟墓——肉体。而灵魂本身是不死的。基督教就是用这样的教义使信徒超脱死亡的。

基督教关于灵魂不死的信仰源自古希腊毕达哥拉斯学派的神秘观念和柏拉图的灵魂肉体概念。公元前6世纪的毕达哥拉斯学派认为，灵魂是个不朽的东西，身体是灵魂的坟墓或囚笼。当人在世的时候，灵魂被束缚在身体里面，当人死后，灵魂就轮回转世，它可以转变为别的人，也可以转变为别种生物。为了使灵魂净化，使死后灵魂脱离轮回之苦，得以超生，他们就定出了许多清规戒律，如不食肉，不朝太阳小便等。公元前5—前4世纪的哲学家柏拉图进一步认为，人的灵魂和理念一样是先于肉体而存在的，而且是永存不朽的。灵魂在进入肉体之前，居于理念世界之中，对理念早已有了认识。所以知识是在人尚未出世之前灵魂早就具有了的。但是，当灵魂投生到人体以后，由于受肉体的玷污，就把它原有的理念知识暂时忘记了。为了重新获得那些原有的知识，必须经过一段时间的“学习”。柏拉图还认为，只有当灵魂摆脱肉体，不与肉体接触，既不为听觉也不为视觉所干扰时，才能思维得很好；因为心灵利用感官时，就会陷入混乱迷惑状态，只有凭借其自身，才能摆脱迷惑，才能有智慧。据此，柏拉图甚至认为，只有在死后才能获得真知识。柏拉图的灵魂肉体说为基督教全盘接受，中世纪的欧洲神学利用他的学说阐发基督教教义，以解释死去的基督徒（尤其是殉教者）在死后即可进入永恒的生命，而肉体则仍留在坟墓中的原因。

325年，基督教的尼西亚公会议在法律上正式确定灵魂不朽的思想作为基督教的信条，同时列入的还有永生的教义。

近代的基督教宗教改革在传统的肉体与灵魂学说方面并没有作出重大变革。不仅如此，像笛卡儿、莱布尼茨等大哲学家又用心身二元论哲学观念，重新论证肉体因具物质性而死亡，而灵魂因是非物质而具不死性的传统基督教观念，灵魂不死的学说成了“启蒙运动”的首要信条而被肯定下来。

然而，基督教神学家虽然继承了古希腊人的灵魂肉体说，可他们在一个基本点上做了修改，他们宣称，灵魂本身并不是因为自身是某种神圣物而不死，而是由于上帝要它不死。这样就把基督教的上帝引入了上古的灵魂肉体说中。原来，照基督教的说法，人类灵魂之不死乃上帝的恩赐，没有上帝就没有永恒生命，上帝是永恒生命的唯一保障，世人若想使自己的灵魂得救，达到永恒不死的境界，只有信仰上帝。

童贞女玛利亚在巴勒斯坦生下上帝的独生子耶稣。（西班牙 慕里欧：《圣母与圣婴》）

基督教还把超越死亡的方式与相信耶稣基督死而复活的传说联系起来，现代某些新教神学家甚至认为，基督教真正的永恒信仰与原始宗教的灵魂肉体二分法无关，永恒只来自于对耶稣基督死而复活的信仰。

现代科学证明了原始的灵魂肉体说的荒谬，所以现代新教神学家力图弥补基督教原有教义的缺陷，根据耶稣基督死而复活的传说大加发挥，进一步阐明基督教超越死亡、达到永恒生命的意义。

《圣经》上说：公元1世纪初，耶稣降生于巴勒斯坦的伯利恒，他的母亲是童贞女玛利亚。耶稣长大后，知道自己是上帝的独生子、人类的救世主，他发展门徒，到处传教。他所传的教义教规与传统犹太教既有很多相同点，又有很大改进。他要人们信仰犹太教的上帝耶和华是宇宙间唯一的真神，其他的神灵崇拜都是偶像崇拜，都应该摒弃。他不再把犹太教所说的上帝的"选民"限于犹太人，宣扬不分民族，只要信仰基督，都可以得到上帝的赐福与赦罪。他的说教和改革触怒了上层犹太祭司，他们把耶稣出卖给了罗马人，罗马皇帝派在巴勒斯坦的总督彼拉多把耶稣与两个小偷（一左一右）一起钉死在十字架上。耶稣临死前，预言自己三天之后复活。耶稣被钉死的第二天，犹太祭司长和罗马总督害怕耶稣的门徒盗取他的尸首，派罗马士兵把耶稣墓用石头封住，并严密把守。下面这段是《马太福音》记载的耶稣复活的经过：

> （耶稣死后第三天，天快亮的时候，三个追随耶稣信教的女子来到耶稣的墓穴。）忽然，地大震动；因为有主的使者从天上下来，把石头滚开，坐在上面。他的相貌如同闪电，衣服洁白如雪。看守的人就因他吓得浑身乱战，甚至和死人一样。天使对妇女说："不要害怕！我知道你们是寻找那钉在十字架的耶稣。他不在这里，照他所说的，已经复活了。你们来看安放主的地方。快去告诉他的门徒，说他从死里复活了……"妇女们就急忙离开坟墓，又害怕，又大大地欢喜，跑去要报给他的门徒。忽然，耶稣遇见她们，说："愿你们平安。"她们就上

前抱住他的脚拜他。耶稣对她们说："不要害怕！你们去告诉我的弟兄，叫他们往加利利去，在那里必然见到我。"

圣徒们将基督抬下十字架。(尼德兰委登作)

《马太福音》最后记述11个门徒见到复活了的耶稣，门徒们参拜他，但有的门徒仍心存疑惑。耶稣走到他们跟前，对他们说："天上地下所有的权柄都赐给我了。所以，你们要去使万民作我的门徒，奉父子圣灵的名，给他们施洗，凡我吩咐你们的，都教训他们遵守。我就常与你们同在，直到世界的末了。"

对于上述耶稣基督死而复活的事件，德国宾根大学新教神学教授云格尔在《死论》一书中加以阐释说：

> 上帝与死亡是针锋相对的死敌。上帝必然战胜死亡。耶稣基督死而复活的历史，就是上帝与死亡相遇，进行斗争的历

史。这场斗争的结果是上帝制伏了死亡。

耶稣基督的生来自死，他的生超越了死亡，与世界上所有人的生有本质的区别，因为所有人的生都通向死，而耶稣基督的生是超越了死亡的生，他的生是“永生”。

凡是虔诚信仰耶稣基督的人，耶稣愿意与他们分享他拥有的这种“永生”，因为在《约翰福音》中耶稣说：“复活在我，生命也在我。信我的人，虽然死了，也必复活。凡活着信我的人，也必永远不死。”

那么，信仰基督教的人是否不会死亡呢？

云格尔回答说：基督教徒和耶稣一样，他们的永生也来自死，他们仍须死去，但是，他们仍然面临的死与人生必然的死有天壤之别，它不再是生的劲敌。

云格尔这句话说得有点晦涩难懂，随后，他用许多文字对此进行解释。

云格尔说，人世间，有两种死亡，第一种是无信仰者的死亡，他称这种死亡为灾难性死亡。第二种死亡是信仰者的死亡，这样的死亡不是灾难，也没有痛苦。

云格尔分析第一种死亡时说，无信仰者的死亡是生存的断灭，是上帝对人所犯罪过的惩罚。正如上帝所说的：这些人“本是尘土，仍要归于尘土”。至于他们所犯的罪过，并不等同于普通所说的“道德错误”或恶行，而是指他们不尊重他人，不尊重自然界，不尊重社会，不敬畏上帝，随心所欲，自以为是，自己招致了这种灾难性的死亡。

对于第二种死亡，云格尔分析说，虽然基督徒也终有一死，但是基督徒的死是有上帝参与的死，因此这种死并不意味着断灭，并不意味着破灭为虚无，因为上帝造成了这种死，上帝在这里拯救了信徒们。

云格尔说：基督徒的死不是灾难性的死亡，只是人生的终结，基督徒可以被动地接受这种终结，他们不会有痛苦。因为终结的彼岸不是虚无，而是与天地同在的上帝。终结只是永生的一个必要环节，而不是短暂一生的彻底中断。信仰使基督徒的死亡摆脱了虚无，正因为如此，基督徒在接受死亡时不会有痛苦。

在今天科学昌明的世纪，随着大脑神经活动研究的发展，有知识的人不再相信灵魂肉体二分法，因此，新教神学家们阐发了许多新的教义，使基督教能适应当代。正因为如此，西方不少科学家和学者仍然信基督教，甚至通过宗教信仰使自己在思想上超越死亡。

例如，本书前面已论及的丹麦的著名哲学家克尔凯郭尔就是一个这样的学者。他对死亡恐惧体验至深，对上帝信仰也至为虔诚，他处于虚无深渊的边缘上，热切渴求上帝的拯救，他声称对人来说是不可能的东西，对上帝来说未必不可能。他相信，对上帝来说，一切都是可能的。人不能战胜作为断灭的死亡获得永生，但上帝却一定能，而且耶稣死而复活已经验证了上帝对虚无的胜利。人在这里只需要一个东西：对上帝的无限信赖。

基督教把希望寄托在上帝的身上，认为上帝能拯救人的灵魂，使之超越死亡。佛教的超越死亡的方法不是诉诸超人力量的帮助，而是最终诉诸个人，通过个人艰巨的努力去达成。

佛教领袖释迦牟尼在公元前565年出生于北印度的一个国王家里，父亲名叫净饭王。“释迦牟尼”这个名称，意为释迦族的圣人，“释迦”是他所出生的部落的名称。他的真名叫乔答摩·悉达多。释迦牟尼出生时，就曾有预兆，说他将会成为伟大的宗教领袖。他长大后，被立为王子，但他不染世俗浮华风习，不欲袭位为王。其父闻其不愿为王，不爱荣华，十分担忧，竭力用女色来引诱他，并且用其他一切可以想象到的世间享乐来动摇他的决心。但每次这样的尝试，都是徒劳无益的，王子没有任何欲望。他的父王另外没有儿子承袭王位，心中十分忧伤。于是国王兴建了一座大宫殿，让儿子居住其中，让许多美丽侍女侍候他，命令诸美女日夜与他游乐歌舞，尽量让他沾染世俗浮华之习，然而这一切没有任何结果。

王子好学，从未出宫，从未遇见过死人及残废之人；每次客人来觐见国王，如果客人略有残疾，国王则不让其进门，免得王子看见。有一天，王子骑马出游，见一死人，心中十分诧异，询问侍从，才知道所见者是死人。王子就问道："每个人都会死吗？"凡被问到者都给予了肯定的答复。王子就不再问了，低头沉思，继续前行，走了一段路后，见一老人，口中牙齿尽落，不能举步。王子又问道，这是什么人，为什么不能走路？侍者回答说，这人老朽齿落，不能行走。王子回宫后，沉思默想，觉得这个世界有生、老、病、死四大痛苦，太可恶了，不能在这样的俗世再居留下去，应当寻求永远不死的造化。

于是，他毅然离家出走，先是做苦行僧，后来发现苦行不是解脱之道，最后在一棵菩提树下大彻大悟，成了佛。

这个故事告诉我们，引发佛祖创立佛教的动机，是因死亡问题在他心中无法解决，他在菩提树下思索的中心问题也是死亡怎么解脱的问题。所谓生、老、病、死四大痛苦，都是与死亡有关的，老、病是死亡的原因，而生之所以是一大痛苦，主要是其中包含着死亡。佛祖要创立佛教，是想让世界芸芸众生解脱死亡的痛苦，至少从思想上超脱死亡。

佛家认为，如果前生犯下了什么罪孽，来生就会变成畜生，甚至下地狱。（意大利　古图索：《地狱》，西方的地狱别有一番景象）

可佛祖创立的佛教是通过什么途径点醒沉

醉在世间名利场上的众生的呢?

佛教门派众多，经典浩繁，至少可分为原始佛教、小乘佛教和大乘佛教三种。但其教义有许多共通的地方。佛教把死亡解释为转化，依照佛教的观点，人死了以后，灵魂脱离肉体，这是与基督教相同的。但不同之点是，佛教认为灵魂的去处不是天堂，而是在另一个地方附在一个胎儿身上重新出生，佛教称这样的重新出生为轮回。轮是指车的轮盘，回指车的转动。轮回是一个比喻，指人（佛教的术语叫众生）处于生与死的无穷循环中，犹如车轮旋转不停一样，人死以后，又可转世投胎做人，每个人都有前生、前生的前生，每个人也有来世，来世的来世。这么说来，佛教否定了人的必死性，肯定了人的永恒性，也算得上使其信徒超脱了死亡。

但佛教的超脱死亡并非做到这一步为止，佛祖认为，生死轮回虽避免了断灭性的死亡，但仍旧是件苦事，仍没有脱离苦海，因为，人死了虽然可以重新投生做人，但来生仍有许多苦难，必须去经受，如此生死循环不已，岂不是苦难无了时。特别是，根据佛家的观点，这样的轮回还得遭受业报，如果前生犯下了什么过失或罪孽，来生就会变成畜生或植物，甚至下地狱，或变成鬼，不得超生。只有前生积了功德，做了许多善事，来生才能变人。

佛教的这种观点称作业报轮回说。“业”是行动或作为的意思，众生的行为和决定行为的意志，本质上就是业力。释迦牟尼宣称：众生有“三业”：身业、口业、意业。做一件事先有心理活动，为意业；发之于口，为口业；表现于身体上的行动，为身业。“业”体现着力量和作用，功德和过失。佛祖认为，众生所造的善业和恶业都会引起相应的果报。由于业的性质不同，所得的报应才不相同，死后来生就会在不同的境界中轮回。

佛教宣称根据众生生前善恶行为的不同而有六道轮回，“道”指众生轮回往来的确定途径。所谓六道轮回，从下往上为地狱、鬼、畜生、阿修罗（指恶神)、人和天。佛教认为，这六道就是“众生”（由此可见，众生不只指人，而且指“六道”中的任何一类“生物”)，超出这六

佛家说：只有达到圆寂的境界，才能断绝一切烦恼，彻底解脱，也就是成了佛。(采自中国现代画家任戎《圆寂的召唤》)

道就是“佛”。六道是佛教对众生的分类，其中前三道地狱、鬼、畜生称为三恶道，后三道阿修罗、人、天称为三善道。佛家宣传说，众生在善恶因果的严密关系中，修善的随福业而上升，作恶的随罪业而下堕。如此上升下堕，在这道上死去，转生那道，那道死去，又转生另一道，在轮回中流转，永无尽期。

佛教认为，真正的解脱痛苦就应当从这作为痛苦根源的生死轮回中超脱出来，脱离众生，成为佛。佛是不生不死的最高理想境界，达到这个境界后，可以断除一切烦恼痛苦而处于纯粹“快乐”状态。佛教称这种状态为“涅槃寂静”。“涅槃”又译为“灭度”或“圆寂”。“灭度”意谓灭烦恼，灭生死因果。“圆寂”之“圆”指圆满，不可增减；“寂”指寂静，不可变坏。

怎样才能成为佛呢？佛教认为，首先应该弃恶从善，所以有“放下屠刀，立地成佛”之说。然后遵循佛门成规，修炼佛家的禅定功夫，获得佛教的智慧，最后就可达到断除贪欲、断绝烦恼，超凡入圣、彻底解脱、不生不死、没有轮回的涅槃境界，也就是成了佛。由此可见，佛教不把希望全部寄托在超越人间的上帝的救助上面，而更强调人的自我拯救。解脱不能靠佛的恩赐，每个人，甚至每个生物，如果能不断地努力，其本身就可成为佛。同时，我们也可发现，佛教不像传统基督教那样津津乐道于"不死"。在佛教看来，关键在于从痛苦烦恼中获得解脱，一种不死的东西如果是处于苦海之中的，不死不仅不是一件大好事，反倒是一件人们避之唯恐不及的大坏事。因为在这种条件下，不死是使痛苦烦恼永远存在的东西。所以，轮回所导致的"自我"永恒并不是佛教所肯定赞美的东西，而是佛教所否定贬责的东西，轮回使自杀这一痛苦的解脱方式变成了不可能的事，轮回使人的处境更为悲惨。佛教肯定死亡也是一种痛苦之因，但轮回却也使这种痛苦仿佛变得不可消除。所以佛教的最终解脱之路是脱出轮回，从生和死两方面获得解脱。

笔者认为，佛教的教义与基督教一样，也是要解除信徒对死亡的恐惧。但是，其创建者并不想给信徒们提供不死的担保，而是大力渲染现世的虚妄。按佛教的教义，人最容易把自身执著认为实有，也就是说，每个人总认为自身是真实存在的。其实这是个极大的错误，佛教要破除的就是这种错误观念，佛家一再告诫世人说，真实的"我"是不存在的，"我"是由色、受、想、行、识五种基本元素（五蕴）聚合而成的，只是假名为人，其实虚妄不实，本来无我。人的死亡就是色、受、想、行、识五种元素的解散，并非"我"的死亡。这样一来，死亡也就没有什么可怕的了；由于本来就没有我，死或不死也无关紧要了。

对死亡的恐惧，往往出自对现今世界的美好事物（如权力、金钱、名声、爱情和子女，等等）的留恋。佛教却告诉众生说：世界上一切美好的事物，都是如梦幻一样不可靠的影子似的东西，这些东西实质上只能是人生烦恼和痛苦的起因，而不可能是安宁和快乐的源泉。

《金刚经》说："一切有为法，如梦幻泡影，如露亦如电，应作如是观。"佛教称世界上各种迁流变化不断的现象为"有为法"，而这些现象和事物都是因缘和合而生的，不具有永恒不变的性质，世界上没有湛然常住、永恒不变的事物。而且，人的生、老、病、死，事物的产生、停留、变异和毁灭，世界的形成、持续、衰败和毁灭都是一刹那间的事。而这些过程，又是周而复始，无始无终的。

总而言之，佛教奉劝世人，这世界是虚幻的，一点也不值得留恋；寻求不死的方法，更是不智之举。

与佛教的这种教义相反，道教不但肯定生命可以不死，而且相信肉体可以不死，并且为了保住肉身，加以认真实践。所以道教是真正的生的宗教。

本书在前面已经对道家寻求长生不老的方法（炼丹，服用仙丹，上山寻仙，等等）加以批判性的叙述，认为不智之举，但道家追求肉身不朽的思路在宗教史上却有标新立异的作用，因而得到英国著名汉学家李约瑟的热情赞扬。李约瑟说，道家学说代表人对此世生活所作出的响应，道家留恋当前的世界，不认为它是虚妄的，因此希望自己永远活在这世界上，长生不老。各种大宗教，无论是基督教、伊斯兰教，还是佛教，都不否认人的肉体将要死亡，唯有道教认为肉身可以不死，而且将追求肉身不死当做道教的最终目标。

道教这种奇想是有一套完整的理论的。万物都有一个产生、发展和消亡的不可逆过程，这是人类早就观察到了的。但道教认为，从新变旧再变坏的这个过程并不是不可逆的，关键在于人自己在其中采取什么态度。顺之则“死”，逆之则“生”。道教追求长生不死，追求由人成仙，就是相信只要不“顺”着宇宙由“无”到“有”的生化秩序，而“逆”着进行从“有”返还“无”的努力，即“归根返元”，就可以摆脱死亡的“命运”。元代著名道士陈致虚注《周易参同契》说：“世人惟顺行后天之道，故一生一死而轮转不息。圣人善逆用先天之道，故致知格物正心修身乃长存而不泯。”又说：“顺行阴阳，生人生物；逆用阴阳，必成金丹，此原理也。”还说：“故顺而生物者，人也；逆而生丹者，圣也。”这就是说，人要长生不死，不是要遵循生物学的发展规律，而是要违反生物学的发展规律，与自然进程对抗，逆着回到婴儿初生时的状态。

道家坚信，如果人选择不死之路，只要加以不懈的努力，一定能达到长生成仙的目的。对于道家成仙得道的方法，本书后面还要批判，现在先做系统的介绍。

道教的精神领袖是黄帝和老子，合称黄老。原始道教至少可追溯到传说中的赤松子、黄石公和真实的历史人物张良（辟谷修道），最先正式授徒传教的是张道陵，他是东汉沛国丰（今江苏丰县）人，曾任江州令，先沉湎于官场，后改习长生之道。他率弟子来到四川鹤鸣山住下，作道书24篇。传说顺帝年间，元宵之夜，有天神太上大道君（即老子）降临当地，授张道陵“天师”称号，由此他能以符水禁咒为人治病，弟子多达数万。历代皇帝都封他的子孙为“天师”。张道陵乃道教符箓派之祖，崇拜多神，与后期道家思想不合。

道教传至晋代，产生了一个道教理论家葛洪，他是著名道家葛玄的从孙，丹阳句容人，自号抱朴子，所著《抱朴子》一书言“神仙方药、鬼怪变化、养生延年之事”，全面总结了晋以前的各种神仙方术，包括守一、行气、辟谷、导引、房中、医药、炼丹，等等，尤其对炼丹术的贡献最为卓越，记录了许多实际的炼丹操作方法，所以葛洪被后人认为是道教金丹派之祖。

什么叫炼丹术呢？炼丹家们最早使用的基本烧炼材料是红色的硫化汞，他们称作丹砂，他们用炉鼎把丹砂（和各种矿石药物相配合）烧炼成长生不死之药，所以叫做炼丹术。他们称炼好的丹砂为仙丹，坚信服食仙丹可长生不死。他们也用这种方法烧炼黄金、白银，称炼好的金银为金丹，也是长生不死之药。为什么服食仙丹（或金丹）可长生呢？葛洪说：“夫金丹之为物，烧之愈久，变化愈妙。黄金入火，百炼不消，埋之，毕天不朽。服此二物，炼人身体，故能令人不老不死。此盖假求外物以自坚固……”“假求外物以自坚固”正是道士们汲汲于求取和烧炼金丹的基本原因。古代人们已认识到金是最稳定的金属，因而进一步认为服食金玉和无机盐做成的“药物”可以使肉身不坏，长生不死。葛洪说：“服金者寿如金，服玉者寿如玉也。”

可是，实践证明葛洪等的理论是错误的。丹药的主要成分是汞，汞是剧毒之物，历代服食汞烧炼成的丹砂而被毒死者，不知有多少人。晋代贾太后、晋哀帝，北魏道武帝及他的儿子明元帝，都因服食丹药中毒而死。据说，南北朝时期，死于丹毒的皇帝就有 6 人，大臣们死于丹毒的更是不计其数。道士们还有一种仙药，称作五石散，是用丹砂、雄黄、白垩、曾青、慈石等毒物混合而成，魏晋南北朝士大夫以服五石散为时尚，死者累累，晋代名医皇甫谧受当时流行风尚的影响，也服食五石散中毒而死。唐朝的皇帝服丹药中毒而死的就有太宗、宪宗、穆宗、敬宗、武宗、宣宗等。如唐武宗服了这种金丹后，性情变了，喜怒无常，神经错乱，连朝会也不能举行了。武宗也觉得神不守舍，必是中了金丹的毒，但是道士们则说这是换骨必有的现象，谁知骨尚未换，武宗不久就驾崩了。

服丹致死的人多起来，人们对这种成仙方式也逐渐产生了怀疑。唐以后服食丹药的风气渐趋衰落，南宋以后外丹术衰亡了，代之而起的是内丹术。

内丹术起源于上古方士中盛行的导引、行气、服气、存神、守一、坐忘等炼养之术，当时称炼养派。唐末五代时，炼养派脱颖而出，出现了汉钟离、吕洞宾、陈抟、张伯端等著名代表。金元时期产生的全真道(道教的一支)，是贯彻实施内丹术的代表。全真道的创始人为金朝道士王重阳，陕西咸阳人。王重阳出身豪门，抛妻离子，在终南山苦行修道。后来到山东传教，从王受教的弟子甚多，最著名的有丘处机等 7 位，称“全真七子”。后来丘处机正式建立全真道，尊王重阳为教主。

全真道的教义有许多创新。首先，全真之意为“全其本真”，即保全作为人性命之根本的精、气、神三要素，使不亏损玷污。在修持方法上反对传统的外丹烧炼和符箓驱鬼之术，大力提倡内丹术。内丹术以人体自身为炼丹炉鼎，以体内的精、气、神为药物，通过意念导引使药物在体内循环烹炼，最后在人体丹田中凝结成金丹，即可长生不老。

内丹派道士把人体看做是一个与整个宇宙对应的“小宇宙”。他们追求的是逆着宇宙本身的发展秩序，由后天返回先天的永恒虚无状态，从而长生成仙。他们认为，只有通过长期修炼，使交感之精不泄，呼吸之气微弱，思虑之神安静才能炼出先天的元气和元精，从而返回胎儿的先天状态。

道教追求返回胎儿的先天状态。按当今的分子生物学观点，是否能返回单细胞（或受精卵）状态呢？当前基因工程学的发展，已能利用原个体的基因延续另一段生命过程（即复制人），这种生命延续的完成，是否就是道教的长生不老的理想的实现呢？

道家的内丹法包括吐纳气功、按摩、导引及静坐法，这些方法经证实对身体有好处，发展成近代的气功疗病法。

气功疗病原理是借着吐纳按摩导引等法，通过对神经系统的良性刺激，产生一种调整作用，以克服和调节机体原来不能协调的病态，从而获得治疗效能。

气功疗法还可使习功者获得深度休息，来消除个人累积的压力，开发个体心灵深处的智慧潜能，使个体不受内外在压力的影响，而成为一个完美、安详、自然而有高度工作效能的人。

气功疗法虽不能取代药物，但可以减轻各种含有心理因素的疾病，如高血压、胃肠溃疡、哮喘及一些过敏性病症。

所以，道教的内丹术还是有一定的积极意义的。

总之，学者们普遍认为道教是一种极端重视自然生命的宗教。

以上谈的是以信仰的方式获得的超越死亡，但是，信仰并不是人类唯一的超越死亡的方式，有时人类还可以通过理智的认识来超越死亡。例如，现代科学的分子原子学说（还有物质不灭定律）认为生死只是基本元素的聚散，个人的生死不过是假象。死亡不是人的消灭而是元素的分散。表面上有死亡，其实只有不生不死的元素存在。这种理性的死亡以某种很有说服力的形式提供了永恒生命的证明，让人们可以在一种非宗教的形式下相信不朽，相信死亡超越。

另一种世俗超越死亡的方式就是“雁过留声，人过留名”的青史留名式的超越方式。按我国现代哲学家冯友兰在所著《中国哲学史》中的说法，儒者看待生死问题时，并不认为人死后灵魂会继续存在。但是，虽然没有灵魂不死，但人的死亡也不等于完全断灭。人所生的子孙后代，作为其身体的一部分仍继续存在，所以人如果有后代就是部分地不死，这也是儒家重视传宗接代的原因之一。再则，某个人在某段时间曾经生活于某个地方是事实，无论如何不能磨灭，因为“已有之事，无论何人，不能使之再为无有”。就这种意义来说，孔子同时代的普通人和孔子本人一样是不朽的，他们没有断灭。他们与孔子的差别只是闻名与不闻名。

按冯友兰的观点，人人都可以成为不朽。大多数人是小人物，并无特异之处，不能使社会知道他并记住他。但人人都可以活在他的子孙的

约瑟芬原是一个军官的遗孀，因帮助拿破仑成功而使自己的声名不朽。（法国　普吕东：《约瑟芬皇后像》）

记忆中，因受到后人的传颂而获得不朽。修族谱，建祠堂，都是人们为了自己能长期活在子孙心中而采用的方法。

其实，长辈之所以长期活在幼辈的心中，是由于他们的爱和奉献。母亲爱孩子，自己临死的时候仍不忘祈求孩子的幸福，把孩子的生命看得比自己的生命还重要，这时候，母亲本身的死并不是一切的终了。所以日本小说家武者小路实笃（1885—1976）说：只有爱能克服死，只有爱具有从死亡中解放出来的力量。

武者小路实笃还认为，如果活着只为自己的事情打算，觉得为别人效劳是傻瓜，这种人的死就是他的结束，死后什么也不会留下了。“自私的人其最后下场就是绝灭”。

武者小路实笃还说：我们之所以恐惧死亡，是因为我们活得太消

日本人是活得十分认真的人。（日本　黑田清辉：《湖畔》）

沉，太没有意义了。如果我们能活得认真，把该做的事做完，死亡便不会显得那么可怕，我们便可以超越死亡了。

日本人是活得十分认真的人，他们正像武者小路实笃所说的那样，力求在有限的生命时光里，把该做的事做完。人们普遍认为，日本人过于勤勉，不分白天黑夜，不论假日还是圣诞节，都在劳动、劳动，赚钱、赚钱！日本人的这种生活态度，是不是为了要超越死亡呢?

人们在以生存反抗死亡的心态的驱使下，才无休无止地辛勤劳动。无论古代的还是文明社会经济的发展，最终驱动力都是对死亡的逃避，有人主张应该把劳作和愉快的努力区别开来，劳作应定义为反抗死亡的努力。

苦 行 僧

不仅应把人们的劳作看作对死亡的反抗，对人类的苦行也应如此看。

中世纪的基督教圣徒的苦行，一定会令今天生活在优裕的物质生活中的人们大为惊讶。

据说，亚力山大的苦行僧圣・马卡利斯（St. Macarius of Alexander）裸身睡在沼泽里，任虫蛇刺咬，达 6 个月之久。他身上总携带着重 8 磅的铁块。他的门徒，圣・尤西伯斯（St. Eusebius）带着 150 磅的铁块独居干井三年。圣・沙必尼斯（St. Sabinus）只吃浸水一个月的烂玉米。圣・比萨利翁（St. Besarion）花了 40 昼夜滞留在长满荆棘的灌木丛中，而且有 40 年站着睡觉。有些圣徒如圣・马西安（St. Macian）

每天只吃少量食物，终日忍受饥饿之苦。圣·耶洛姆（St. Jerome）以钦佩的口吻说，他见过一个苦行僧，每天以一小块大麦面包和污泥水过了 30 年生活。另一位以 5 个无花果度一日。另外一位叫约翰（John）的圣徒，依大石祈祷三年，这期间他一直没有躺下睡觉。有些圣徒则鄙弃衣服，散发披身如野兽在地上爬行。

这是宗教的禁欲主义和殉道行为。宗教历来是崇尚苦行的。

研究自杀的学者认为禁欲主义是一种慢性的自杀，并说这是一种理想的“慢死”形式，其中有各种奇怪的样式与精妙的措施，旨在拉长痛苦的时间。尼采说过，基督教义只允许两种形式的自杀——殉道和禁欲的慢性自杀，把它们冠饰以无上的神圣与庄严，指责其他方式为异端。

禁欲是凭借自制力使肉体屈服于精神，以达到精神上的解脱，因此苦行僧时时刻刻要战胜各种物欲的诱惑。（智利 布拉沃：《圣安东尼的诱惑》）

墨西哥有一类鞭笞修行士，常在会众面前鞭笞自己。俄国也有这类鞭笞教派，他们反对家庭生活，倡导绝对禁欲。有时，属于这一教派的全家或全村，均会因饿致死。值得强调的是，除基督教外，其他教派也有同样的现象。禁欲在伊斯兰教、佛教、婆罗门教等均有。印度苦行僧保持着不动的姿势，脸、手一直向上，直到消缩、硬化。印度有些伊斯兰教托钵僧也有身带枷锁，拖拉炮弹或数年爬行于地者。其他，有的以铁钉铺床，有的置身艳阳下酷晒。

据说，这些苦行主义者并不感到痛苦，反而感到很快乐，这种由苦取乐的诡论至今仍是心理学的谜题，对这种现象有种种不同的解释和哲学分析。精神分析学家从其中看出性的本质，认为这是“受虐淫”的表现。但最新的潜意识的研究成果不支持这种看法。

其实，禁欲是凭借自制力使肉体屈服于精神，为了达到精神上的解脱，他们不惜让自己的肉体承受普通人难以承受的苦刑，在极端的肉体的苦难中，他们在精神上则解脱了对死亡的恐惧。既然尘世中有这么多苦难（尽管有许多苦难是他们自己有意寻来的），那么死亡对他们来说，就算不上什么了。当人生的大限到来时，他们可以轻易地走向死亡。死亡的恐惧是他们永远领略不到的。对死亡的“麻木”是苦行主义者解脱死亡的基本特征。

与宗教的苦行僧不同，世上还有许多世俗的苦行主义者和殉道者，他们是甘愿忍受意外的危险、富有英雄气概的科学家，甘愿以生命换取自由的烈士，为社会的改革献出生命的人，为情人而牺牲的人，等等。这些行为通常不被认为是自杀，因为有其社会价值。

人类历史上，这样的人物很多，数不胜数，就拿美洲英雄约翰·布朗来说吧，他领导了有名的反黑奴制度的战斗，20年奔波，历经穷困，劝导人们，鼓动人们去战斗，最后被捕，以谋杀罪和背叛罪被判处绞刑。他有殉道者的气概，在被处死前多次宣称：“绞刑比其他死法更有价值。”他的律师描述说：“他说，纵使囚牢敞开，他也不愿离去……是的！我相信放弃解救老友的希望更好。他真正需要的是绞刑。天呀！救他的灵魂吧！他需要的是绞刑。”当布朗在全国奔波，以勇猛和热诚来追求理想时，他那有耐心的太太在荒凉的阿隆塔克农场与寒冷、饥饿、可怜的穷困抗争。房子破烂不堪，漫长的冬天中没有钱，没有食物，时刻面临死亡的威胁。13个孩子死了9个。幸存的孩子长大后，父亲仍然命令他们献身于神圣的解放战争。做母亲的苦苦哀求，要让孩子们留在家中。但无情的父亲自称对孩子们有绝对的使用权。他的一个儿子早已以纤弱的双肩承担起养家的责任，写信向父亲声明，他和兄弟们在家忙于农事，不能再为这血腥、无望的原因战斗。但布朗丝毫不为所动，一意孤行，强迫儿子们全部参战。结果他剩下的4个孩子中，1个疯了，2个在围城中惨死，最后1个被布朗派去与敌人谈判，在其父亲眼前被射倒，带着致命的伤，被拖回阵地，在兵工厂中慢慢死去。可布朗老头仍不屈服，最后他本人也被强大的敌人抓捕，因而被杀。

另一个美洲的英雄格瓦拉，他曾是古巴革命领袖卡斯特罗的亲密战友，古巴革命胜利后，他在新生的革命政权中掌管财政大权，照一般庸众的观点，这时他完全可以运用手中的权力，大捞一把，安享荣华了。但他在出任古巴中央银行行长期间，除了菲薄的工资外，从不多拿国家一分钱，也不让子女们享受特殊待遇。他还亲自参加体力劳动，有时在甘蔗园中，一干就是一个多月。更令世界公众惊奇的是，他担任古巴国家领导数年后，毅然放弃已有的名誉地位，离开古巴，到非洲刚果的热带丛林中，组织黑人游击武装，旨在推翻亲西方的蒙博托政权。他亲手创建的这支黑人武装，历经30年的丛林苦战，终于推翻蒙博托，取得刚果政权。可格瓦拉待刚果游击队稍具规模后，立即离开该地，复转入南美洲的玻利维亚组织武装斗争，玻利维亚当时的政权力量十分强大，又得到美国中央情报局的支持，将格瓦拉的游击队包围在崇山峻岭之中，使他的根据地日益缩小，格瓦拉的处境越来越艰难，他的战友相继战死，但格瓦拉仍不改初衷，继续战斗，直到被捕随即被处死的那天为止。

上述这些英雄人物的生活都十分艰苦，他们卧薪尝胆，与苦行僧差不多。

有些人只看到他们冷酷无情的一面，称他们为“事业奴”，但他们的牺牲精神是令人敬仰的。

他们的全部注意力都集中在一件事情上，他们心目中永远只装着同一样东西，他们愿意为这一目标“鞠躬尽瘁，死而后已”。在他们看来，与自己追求的事业目标相比，无数群众的牺牲，自己亲人的死亡，以及他们本人的死亡，都算不了什么。

当他们自己面临死亡时，毫无恐惧的心理，甚至写诗明志：“砍头不要紧，只要主义真”（夏明瀚语），“我自横刀向天笑”（谭嗣同语），“鼎镬甘如饴，求之不可得”（文天祥语）。

由此看来，殉道者，由于他们执著于事业，是超越了生死大关的。

死亡和永生问题是一个最隐秘、最复杂的难题，曾经引起古今无数哲人的深沉思考。（罗丹：《思想者》）

法国作家马尔罗（1901—1976）在其名著《王家大道》中，试图探讨这些不顾个人生死安危的事业家的潜在动机。这部小说的主人公是两个法国人——佩尔肯和克洛德（事实上都是作者本人的化身），两人都不安于待在自己欧洲的文明社会里，漂洋过海，来到印度支那的蛮荒地区，在那儿，他们遇到的是连绵不断的大林莽、阴暗的丛薮、遍布着野草荆棘与危险池沼的小道、厉毒的烈日、难以忍受的酷热、致命的毒虫，还有饥饿的威胁、野人群令人毛骨悚然的习性与原始部落的陷阱、竹桩、弓箭、长矛……在这样一个危险四伏的环境里，随时随地都有死亡的危险。

他们为什么要离开巴黎的安乐窝，来到这个可怕的地方，自讨苦吃呢？作者告诉我们，两个人都有自己的事业追求，佩尔肯要在野蛮的原始部落中建立起自己的权威与统治；克洛德要到密林中去找寻几乎被野草的海洋淹没了的古寺遗迹。但是作者又告诉我们说：他们还有一个潜在的目的，要到这样一个环境里接近死亡，迎击死亡。

原来，这两人都是存在主义哲学家帕斯卡的信徒。帕斯卡道出了人必有一死的常识性的哲理，指出死亡是任何人都无法逃避的命运。因此，他们深信生命本身没有任何意义，人生本就是荒诞的。可他们又不甘心接受这一荒谬的现实，希望自己永存和不朽。可人应如何才能永存？才能不朽呢？他们认为，只有跟死亡对抗而生存，生命才有意义；只有与必死的命运作抗争，才可能达到不朽。用书中佩尔肯的话来说就是："正因为我只能无所选择地死去，我就要选择自己的生。"也就是说，人不可能在死与不死两者之中作选择，但可以选择自己的生存方式。他们要成为生活的强者。什么是死，人的衰弱才是人真正的死。这就是小说中两个主人公所理解的生死之真谛。正因为如此，他们才敢于单刀匹马深入蛮荒地带去冒险。

他们对欧洲社会的那种凡俗的生活方式深恶痛绝，认为那是逃避死亡的苟且度日，他们敢于迎接痛苦，敢于触犯死亡，对抗死亡，超越死亡。两人之中的佩尔肯只身来到蛮荒地区土著人的部落之中，而在他以前来到这里的异族人无一不惨遭杀害。他在那儿立定了脚跟，赢得了土人对他的信任与崇拜，成为这个地区的主宰，并且长达 15 年之久。在这个漫长的过程中，他不知有多少次迎着死亡走去而竟然使死神从他面前退却。两人中另一个人克洛德冒着生命危险来到莽莽林海之中寻找一些雕刻，这些雕刻很值钱，这固然是引诱他去的一个理由，但促使他探险的更重要的原因还是他的对抗死亡、超越死亡的理想。他决心要以艰难的条件下获得这些艺术品的行为来实现自己生命的意义，显示自己存在的价值，追求自己存在的永恒。

克洛德的故事是作家马尔罗本人经历的写照。1922 年，22 岁的马尔罗远涉重洋，到印度支那的丛林中寻找一座湮没已久的古寺，从其遗址中发掘古代的石刻浮雕。随同他进入危险丛林地区的，还有他的妻子克拉拉，克拉拉在自己的戒指里藏着必要时准备用来自杀的氰化钾，他们此行肯定是十分危险的。

他们终于找到了 4 个漂亮的浮雕，准备运出柬埔寨，然而当时的印度支那当局没收了马尔罗的劳动成果，还判处他三年徒刑，后经法国文化界名人援救，方才得释。马尔罗把这次印度支那之行几乎原封不动地写进了《王家大道》。后来他又写了许多作品，因而成为法国 20 世纪著名小说家、艺术史家。但马尔罗不吃老本，又立了不少奇功。他的一生都是在积极进取和抗争中度过的，他参加了西班牙战争，担任一个飞行中队的指挥官，英勇善战，功绩赫然。第二次世界大战中，他任旅长，指挥了解放阿尔萨斯的战役。战后，他又成为一个卓越的政治家，戴高乐的左右臂，曾出任新闻部长、文化部长和国务部长，政绩卓著。他一生为什么这样成功和辉煌呢？这是因为，他和自己小说的主人公一样，无时无刻不对死亡进行认真的思考，他所写的小说中，无一页不提到死亡，死亡是他的作品的真正主题。他是一个真正面向死亡而生存的人。他时刻感觉到死亡的迫近，他写道："压抑着我的，是我作为人的命运，我一天天衰老下去，时间这惨无人道的东西，像癌细胞一样在我身上不可挽救地蔓延开来。"因此，他不断勉励和鞭策自己，应与死神抢时间，在死神到来之前，赶紧建功立业，使自己达到不朽。在马尔罗的哲学上，人生本身就是人超越死亡的战场，在这个战场上，各种形式的拼搏与战斗，将使人获得永存的、不朽的价值，取得一种对命运加以报复，对死亡予以否定的胜利。

各种殉道者和苦行主义者，是否与马尔罗和他小说的主人公有相同的思考呢？我看的确如此。

死亡给人的感受

诗人的心

过去人们谈到生死问题时，常常说什么一个人虽然死了，但他在人类种族中，在后代那里，在人类的创造性的遗产和精神、物质文明中获得了永生。法国哲学家狄德罗就这么说过，他说："宗教徒在另一个世界得到永生，哲学家则在后代那里得到永生。"俄国作家普里什温也曾富有诗意地表述过这样的意思。他写道："即使我将在某一天死去，但任何人都可以代替我在这个美丽如画的山谷里享受人生的乐趣。"这些先贤的话都说得不错，但不够全面。

其实，死亡和永生问题还有个体的一面，这给个人以强烈的感受。其中包含的悲剧成分，任何哲学都不能取代，即使最乐观的哲学也罢。海涅逝世前一年，在死神的催促声中，发现生活是这么美好：

乐器从我的手里落下。
那只酒杯，
我曾经愉快地放在骄傲的唇边，
如今它打碎了，碎成了许多碎片。
神啊！死亡是多么丑恶可悲！
神啊！在这甜美亲切的人间，
生活有多么亲切，有多么甜美。

1924年，俄国著名诗人叶赛宁听到好友希里亚维茨突然去世时，惊呼道："天哪，多么可怕！也要轮到我上路了！"他写诗道：

海涅的诗作说明他热爱生活，憎恨死亡。

我太爱这个世界上的一切，
使心灵化为血肉的物品。
祝福白杨，它展开枝叶，
朝绯红的水面望得出神。
…………
我知道那边密林不丛生，
黑麦不发天鹅脖颈的声息。
即使在即将辞世的人面前，
我总是感到不由自主的战栗。

诗人是人类中最敏感的一群，他们对死亡的恐惧和预感也比其他人更真切，更鲜明：

陶渊明在《挽歌诗》中给自己作挽歌说：

……昨暮同为人，今旦在鬼录。魂气散何之？枯形寄空木。娇儿索父啼，良友抚我哭。得失不复知，是非安能觉！千秋万岁后，谁知荣与辱？……

孟浩然在诗中哀悼逝世的先贤说：

人事有代谢，往来成古今。江山留胜迹，我辈复登临。水落鱼梁浅，天寒梦泽深。羊公碑尚在，读罢泪沾襟。

俄国诗人普希金写道：

到时候了，我的朋友，到时候了！
心儿在请求停止跳动——
岁月如飞，每一天都带走
一部分生命光阴，我们俩
本想在一起好好过活，可倏忽之间——

死期已近

然而，普希金对生死问题有自己的看法：

人生处处
都有死亡的危险，
可必死的人
仍在一味追求享乐，
真让人难以理解！
也许凡人的心中
都对永生暗暗怀有希望，
这是他安心享乐的担保物。
可是，在熙熙攘攘的人生中，
谁如果真的理解和获得了永生，
那他就是幸运儿。

这首诗说明诗人对于生死问题十分达观。可是与此同时，普希金还有一些诗，其意境初看起来和上面那首是相矛盾的，然而，我们不应忘记，诗人也和任何人一样，个性中思维和情绪是糅杂在一起的：

朋友啊，我可不想死；
我想活，以便受苦和思索。

从生活中可得到思维的精神享乐，同时又把生活当成是受苦，诗人多次把这两个相矛盾的观念意义深远地联系在一起。

但是，在死亡问题上，令我们感兴趣的不是个人的悲痛，而是另一方面：死亡是为了给别人让开道路，死亡是为了使生命成为不朽，因此，死亡是必不可少和公平的。我们意识到一个人的个体虽然死亡，但他的个性（包括品德、人格等）并未完全死亡，它活在他的事业和后人的记忆里，正好像海涅、普希金、陶渊明等大诗人活在我们心中，并将永远活下去一样，这样的意识使我们可以从精神道德上容忍死亡，尽管具有伟大个性的生命对所有的人都是唯一的不可复现的典范，尽管死神总爱提前光顾好人，但好人死得其所，虽死犹生。

问世间情是何物，直教生死相许

1997年，土耳其东南部城镇宾戈一户人家亲情如胶似漆……可惜在老妇人病逝后，她的丈夫、亲儿和媳妇因悲伤过度，在不足一周内也先后赴黄泉，这是一种悲伤过度而产生的万念俱灰的念头因而造成无法解释的“自然死亡”。

死者已已，生者凄凄。(中国现代画家汤沐黎：《霸王别姬》)

死亡是生者的悲痛，因为死者已不知人事、撒手尘寰了。正如古诗中所说的：“呼子子不应，泣子子不知”(陆机)，“潜寐黄泉下，千载永不寤”(《古诗十九首》)。英国历史学家汤因比在《人与死亡的关系》中说：“死者感受到的死亡的刺痛远比丧失亲人的生者感受到的要少……经受死亡打击的苦难有两个方面，而生者经受了正面的打击。”

作家诸联在《红楼评梦》中说：“人至于死，无不一矣，如可卿之死也使人思，金钏之死也使人惜，晴雯之死也使人惨，尤三姐之死也使人愤，二姐之死也使人恨，司棋之死也使人骇，黛玉之死也使人伤，金桂之死也使人爽，迎春之死也使人恼，贾母之死也使人羡（指羡其生而富贵，死而荣华），鸳鸯之死也使人敬（指敬其以身殉主，节操卓异），赵姨娘之死也使人快，凤姐之死也使人叹，妙玉之死也使人疑，非死者之不同，乃生者之笔不同也。”这里列析了13位女性之死引起的思考和心理震撼，像“思”、“惜”、“惨”、“愤”、“恨”、“伤”、“恼”、“叹”、“疑”这些字眼角度不同却概括了死亡引起的悲怆意识。

与挚爱的人生离死别，从此永隔着幽冥与霄壤，怎么能不伤痛欲绝呢？正如陆机所说的“拊心痛荼毒，永叹莫为陈”。因亲人逝世的悲痛可以令人发疯，甚或自杀，特别是情侣的死亡，更是如此。中国金代诗人元好问曾有词曰：“问世间情是何物，直教生死相许。”莎士比亚的名剧《罗密欧与朱丽叶》就是一对情侣殉情的故事。配偶的死亡也可以使生者持久悲伤。潘岳在悼念自己的亡妻时所吟咏的“望庐思其人，入室想所历”，“孤魂独茕茕，安知灵与无”（《悼亡诗》），将这种痛彻肺腑的哀伤表达得淋漓尽致。苏轼和元稹在妻子死后多年写的悼亡诗还很有感情。元稹的《遣悲怀》最后一首为：

> 闲坐悲君亦自悲，百年多是几多时。邓攸无子寻知命，潘岳悼亡犹费词。同穴窅冥何所望？他生缘会更难期。惟将终夜长开眼，报答平生未展眉！

从诗中，我们看到他独坐之时，思绪万端，悲恨无限。悲妻子早逝，悲自己孤独，悲不能同穴，悲来生难期，悲没有子女，悲写悼亡诗也属徒然。结语概括了回肠九转、惟有以终夜思念来报答她一生共受贫贱的爱情。

人们视子女是自己生命的继续，如果子女夭折，白发人哀悼黑发人，当然是十分悲伤的。陀思妥耶夫斯基在《卡拉马佐夫兄弟》一书中描写一位失去了儿子的妇女向神甫的央诉：

> 舍不得小儿子，老爷子。他快三岁了，三岁只差两个月。

> 我想念儿子想得真苦啊，神父，想念儿子。这是最后一个儿子，同尼基图什卡生了四个孩子，可孩子老留不住，老留不住，好人，老留不住。我埋了头三个并不很可惜。把最后的一个埋了，却让我忘不掉。好像他就在我面前站着，不走开，把我的心都撕碎了。看着他的小衣裳，小衬衫，小靴子，就哭一场。我把他死后遗留下的一切东西全摆了出来，一面看，一面哭……哪怕只让我看他一眼，只让我再看他一眼也好，我可以不走近他的身边，在一边躲着不吭一声，只要能有一分钟再看看他，听听他怎样在院子里玩，有时走进来细声细气地喊："妈，你在哪儿?"只要让我再听到一次他怎样在屋里迈着小腿走路，只要再听到一次小腿噔噔走路的声音就好了。我常常，常常记得，他跑到我的面前，又喊又笑。我只要听到他的小腿走路的声音，只要一听到就能认出来的！

母爱似乎使死去的孩子复活了，从其中我们可以听到陀思妥耶夫斯基内心的声音，因为作家写这段文字时，他自己的三岁的幼子阿廖沙刚刚患羊癫风死去。

朋友的死亡也可以使人十分悲痛，人们常把朋友当成自己的影子，"形影不离"。朋友死了，一个人当然会兔死狐悲，物伤其类。圣·奥古斯丁在《忏悔录》中记述一个早年朋友逝世后他自己的悲痛：

> 面对这个痛苦，我的心情极为阴郁。我无论看到什么东西都是死亡……我的眼睛到处搜寻他，可是一无所见。我恨一切地方，因为那些地方没有他的影子……我爱他愈甚，就愈憎恨而且害怕死亡，死亡使我失去了他……我觉得我的灵魂和他的灵魂是"两个身体内的同一个灵魂"。因此，我的生活对我说来是一种恐怖，因为我不会分成两半地活着。

兄弟有同胞手足之情，兄弟姐妹的夭折也是很令人悲伤的事情。袁枚的《祭妹文》写得十分凄婉，乃发自肺腑之言。韩愈的《祭十二郎文》字字皆血泪。十二郎虽然是韩愈的侄儿，但他们在一块儿长大，情同手足，故韩愈悲痛至深。其文曰："呜呼，吾少孤，及长，不省所怙，惟兄嫂是依。中年，兄殁南方，吾与汝俱幼……零丁孤苦，未尝一日相离也。吾上有三兄，皆不幸早逝，承先人后者，在孙惟汝，在子惟吾，两世一身，形单影只……嫂尝抚汝指吾而言曰：'韩氏两世，惟此而已'……"以上韩愈回忆幼年的苦辛，他从小失去父母，依靠哥嫂为生，后来他哥哥也死了，寡嫂独自抚育自己的儿子十二郎和韩愈，所以韩愈与十二郎从小形影不离。韩愈回忆最近的事说："去年……吾书与汝曰：'吾年未四十，而视茫茫，而发苍苍，而齿牙动摇……恐旦暮死，而汝抱无涯之戚！'孰谓少者殁而长者存，强者夭而病者全乎！呜呼！其信然耶？其梦耶？其传之非其真耶……"以上说韩愈近年来感到自己日渐衰老，担心自己死后会使得十二郎伤悲。谁知年轻强壮的十二郎比年老体衰的韩愈先死，因此韩愈得知这一消息，不敢相信，以为自己在梦中。可是，报告十二郎死讯的家书就在韩愈的手边，因此，韩愈叹息说："呜呼，其信然矣！吾兄之盛德而夭其嗣矣！汝之纯明宜业其家者，不克蒙其泽矣！所谓天者诚难测，而神者诚难明矣！所谓理者不可推，而寿者不可知矣！"十二郎的死是确凿无疑的了。这就是说，好人命不长，苍天不长眼睛，人间没有公理，人的寿年是无法预测的。以上都是韩愈的痛苦的哀怨。接着他又说到自己："吾自今年来，苍苍者，或化为白矣，动摇者，或脱而落矣，毛血日益衰，志气日益微，几何不从汝而死也？死而有知，其几何离，其无知，悲不几时，而不悲者无穷期矣。"韩愈感到自己身体日渐衰弱，说不定不久就会步十二郎的后尘，撒手归天。如果死后有知，则他很快就可与十二郎在地下相聚；如果死后无知，则他悲伤的日子也不会很多了，人一死，就永远用不着悲痛了。这里又归结到死亡是生者的悲哀这层意思，死者没有知觉，是不懂得悲哀的。

祭文对死者也是没有作用的，因为死者已无知觉。祭文是生者的一种宣泄手段。人的哀思得不到解脱，那结果只会是痛苦的。哀悼者不感窘迫、没有限制地表达他们的哀思是合乎需要的。一些哀悼者在丧失亲

死亡是生者的悲哀。(采自中国画家高莽作《罗密欧与朱丽叶》插图)

人之后的几个星期会经受一些生理变化，就像一场重病之后发生的那样。

听到亲人亡故的消息，最初的表现是强烈的震惊，在短期内变得目瞪口呆，神智不清，或昏厥过去。渐渐恢复了常态，但是悲痛愈益加剧。亲友们不得不清点死者的遗物，因为对遗物撇开不管，同样令人痛苦不堪。但清点遗物免不了会触景生情，倍加伤感。特别是死者最近作的笔记和写的书信，最容易勾起对死者的怀念。克利斯朵夫·李奇在清点不久前去世的小儿子的小房间时，发现一本练习本，本子里有一页纸注了一个月以前的日期，上面歪歪斜斜地写着：我一生中的最好节日。参观伦敦：看赛马，瞧动物园，观赏恐龙。她赶紧把这张纸放在一个抽屉的最里面。她最怕看见这张纸，因为它会勾起对最近的快乐日子的回忆。

有些哀悼者会痛不欲生，希望自己早点死去，追随死者于地下。袁枚在《祭妹文》中就表述了这种感受："除吾死外，当无见期。吾又不知何日死，可以见汝。而死后之有知无知，与得见不得见，又卒难明也。"这种迫切希望与死者相见的心情可以导致哀悼者轻生。社会应当创造一些世俗哀悼仪式，使失去亲人、朋友和邻居的人可以公开发泄自己的哀思，减轻心理上或生理上的痛苦。

西方人每逢星期天上公墓去，在坟墓之间徘徊，一边唱美丽的圣歌，一边撒些芬芳的香料。这使人内心舒泰，减轻心中的哀思。我国每逢清明节祭扫祖墓，也是一个很好的风俗，留传至今。但中国传统的丧葬仪式，程序繁杂，甚至到了不近人情的地步，今天已不可取。

哀悼仪式是生者发泄悲痛的手段，应适可而止，过于烦琐反而给生者造成负担，失却原先的意义。19世纪英国女诗人罗赛蒂写道：

> 在我死了以后，亲爱的，
> 不要为我唱哀歌，
> 不要在我头上栽种玫瑰，
> 也不要栽种成阴的松柏，
> 但愿你成为雨露滋润的绿草，
> 铺盖着我坟墓上的山坡。
> 如你愿意就怀念我，
> 如你愿意就忘记我。

现代人如何回应死亡的挑战

历史学家汤因比（Toynbee）强调死亡的哀苦是一种双人的感受，双人的事件。如果不知道如何面对死亡，就会不知道如何正确地照顾患绝症的配偶，如果父母面临死亡，没有死亡学的知识，就不知如何温馨地安慰父母，使他们能安心地过世。

汤因比有一个著名的理论：挑战与回应（Challenge and response），如何回应死亡的挑战，是人生的大事。

芝加哥大学教授罗斯（E. Ross）的名著《生死学》已经成为这方面的经典之作，罗斯教授认为，很多人错误地以为死亡是一种威胁，其实不然，死亡是一种挑战，这是一种人人会碰到的挑战。重要的是如何有力、有效地回应。每个人在死亡面前是平等的，无论多大权位、多少财富，都只成为空虚，这才算真正的平等。死亡证明一切名利权位都是空虚的。

罗斯说，死亡是人类发展的最后阶段。面对死亡，可以使每天活得有价值。死亡为我们的生命提供一个环境，生命的意义就在于死亡。

死亡是你生命旅程中的一位无形而友好的伴侣，它温和地提醒你，不要等到明天才做你想做的事。现在就去做吧，因为生命是短促的。

1. 帮助临终者精神平复。罗斯教授发现，濒死病人经过五个连续阶段的反应，即否定（deny）、愤怒（anger）、磋商（bargaining）、忧郁（depression）、接受（acceptance）。人生的任何重大挫折，都可能经过这五个阶段。如丧偶、父母亲过世、离婚等，最初不相信，加以否认，接着就是愤怒、忧郁，最后才接受事实。

否定期最常听到的言语是：病人本人："为什么这种病发生在我的身上?"

愤怒期最常听到的言语是：病人本人："这不是真的，我会很快好起来的。"

磋商期最常听到的言语是：病人本人："我不愿意这种病在我的身上得逞。"家属："还有希望，现在不要放弃。医生正想办法帮助你。"

忧郁期最常听到的言语是：病人本人："不要一直给我打电话了，否则的话我要改变我的电话号码。"

接受期最常听到的言语是：家属："再见，愿上帝祝福你。我是多么爱你。”

辅导者应根据病人在不同阶段的表现，开导病人。例如，对处于愤怒阶段的病人，要用很大的同情心，设身处地地为他着想，甚至有时要用些幽默感，使愤怒期尽快过去。

医生用什么方式把病的真相告诉病人，这是十分重要的，最好的方法是当面告诉病人，而不要在电话里告诉。要用充满同情、体谅、支持的态度，缓缓告知，不是以冷冰冰、很突兀的态度。最重要的，应让病人知道，他不是孤独的、不是被遗弃的。考虑到人性的弱点，有时不用全部讲明，只用笼统的暗示即可，最后一句话不必由你来讲，由他来问即可。当他询问时，你没有明确地否认，他自己就很清楚了。与此同时，应该把希望之门打开，也就是说，以新的药品为核心的治疗方法，新的医疗技术和研究成果，要让病人知道，并非一切都完了。

2. 帮助家属心灵重建。人的死亡可分为自然死亡和意外死亡两种。长期卧病的自然死亡，对病人非常痛苦，家属虽然难过，但痛苦较轻。意外死亡对死者来说，没有经过太大的痛苦，就获得了解脱。但对家属来说，却要蒙受最大的痛苦。面对意外死亡，家属的反应通常会两极化：一种就是还能强忍、克制，外人看起来，好像还很勇敢、平静，可他们的内心是十分痛苦的。另外一种就是完全崩溃，成为歇斯底里，放声痛哭。

家属的心路历程，通常有四个阶段：第一阶段是因为忙着办后事，十分忙碌和劳累，因而思想麻木。第二个阶段，就是因为回忆而悲痛。丧事办完，所有关心的人都离开了，没什么人陪他了，一个人独处一室，种种回忆涌上心头，经常会突然之间悲从中来，万念俱灰。这段时间是最严重的，很容易导致自杀。第三个阶段：退隐期，当事者开始自我调整，此时不想跟外界打交道，一回想起来，就十分难过。第四个阶段，是调适期。在这个阶段，可能还有八种表现形态，妨碍正常的恢复：（1）心理上不正常的否认，即不甘心。（2）麻木，呆滞。（3）没有理由的恐惧，亲人若因意外去世，则生怕又发生意外。（4）强迫性记忆，即无法克制的回忆。(5) 无法排遣的忧伤。(6) 迟来的悲痛，也就是越想越不甘心。(7) 极端的绝望。(8) 幻想与幻觉。对上述家属的不正常悲伤形态，辅导者应注意下列六个方面：(1) 让家属将悲伤表现于外，旁人只要做一个很好的倾听者，让家属尽量去诉说。(2) 让家属实现死者生前的承诺。(3) 让家属求新求变，如：换一个环境，出去旅行。(4) 让家属为别人帮忙，如：参加福利事业或公益团体。(5) 提醒家属，在伤心期间，不要做任何重大的决定。(6) 让家属化小爱为大爱，化悲痛为力量，从悲痛的泥沼中重新站起来，看到更多人的悲痛，用更大的毅力和爱心，去关心社会，献身社会。

3. 帮助儿童了解生死。父母在教导儿童正确的死亡知识时，应注意下面几点：(1) 让孩子知道死亡是一种神秘的事情，你并不完全知道。(2) 避免用过度专业化的解释。最好是以讲故事的方式，告诉儿童什么是死亡，并在故事中带出死亡的情节。(3) 别讲吓人的细节，小孩听了会害怕的。如只宜说：人来自自然，又回归到自然。(4) 对孩子特别关心的问题，要细细说明。(5) 对小孩的教导，要敏锐而带感情，但不要感伤。

儿童有至亲死亡，应该对他进行心理辅导，但也应注意下列几点：(1) 最好先了解他可能的心理，才能知道如何正确的辅导。(2) 最好在他家里告诉他，或在他熟悉的环境里告诉他。(3) 最好是由平常最亲的长辈或同辈来告诉，不要由外人来说。(4) 讲的方式要简单，但要很仁慈、温厚，不要兜圈子，要能明白、简单的说明。(5) 要能让小孩参与办后事。(6) 对于至亲的死亡，不要故意加以美化，或太理想化。(7) 自己不相信的事，不要告诉小孩。(8) 不要阻止孩子表现悲伤。(9) 不要拖延很久才告诉孩子。

“俄罗斯的良心”与《伊凡·伊里奇之死》

死亡对不相干的旁人的影响

研究死亡不但要考虑到你的死亡在你个人的感受和思考中是关系到你本人的一种现象，而且要考虑到这种现象在不相干的旁人那里引起的反应。对他们来说，你的死是纯粹的意识和激情的反思。

列夫·托尔斯泰在中篇小说《伊凡·伊里奇之死》中写道：“熟悉的人物的死亡这件事的本身在一切听到消息的人那里往往引起一种暗自庆幸的心情，因为死的是他，不是我。”（托尔斯泰的观点被海德格尔和萨特引用并大肆发挥，因而，存在主义认为你的死与旁人的死在哲学上是有根本区别的）

列夫·托尔斯泰的生死观

列夫·托尔斯泰是俄国最伟大的文学家，不朽杰作《战争与和平》、《安娜·卡列尼娜》、《复活》的作者，他同时也是最伟大的思想家、道德家，被誉为“俄罗斯的良心”。

虽然他的思想基础同样是宗教—唯心主义的，但事实上，他的思想里蕴含着（特别在他的文艺作品中）深刻的生活内容，因而与正统的基督教教义以及其他的关于死亡和“复活”的观念相对立。所以时至今日，托尔斯泰的思想仍有巨大的影响，而影响最大的是他对人的道德世界以及死亡和永生问题的解释。今天俄罗斯的各种哲学体系流派（包括唯物主义哲学在内）的代表人物都非常注意他的这些思想，这证明托翁的思想影响的确深远。

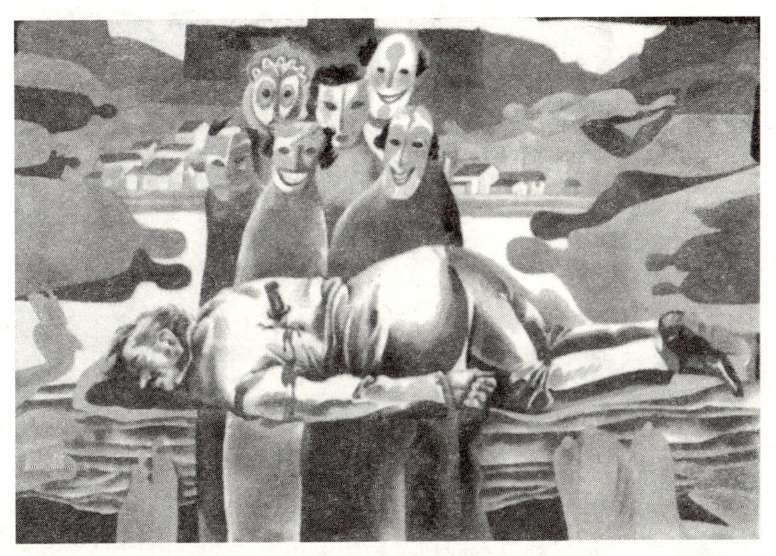

托尔斯泰认为，人们听到熟悉的人物的死亡，往往有一种暗自庆幸的心情，因为死的是他，而不是我。（绘画作者待查）

托尔斯泰是19世纪的人，为什么他的生死观对现代人仍有吸引力呢？现代人的头脑里都塞满了当前科技革命中产生的各种概念和表达方式，一提到生命和死亡问题，他们开口闭口就是什么老年学和青春学呀，人的自然天性的重建呀，无限延长人的寿命呀，长生不死呀，甚至使古人又“复活”呀，等等。现代理论家很多都是赶时髦的人物，对新奇的概念趋之若鹜，可为什么他们对托尔斯泰的“老古董”也分外欣赏呢？回答这个问题并不难，我们只需要几个字就可以简明扼要地予以概括：这是由于托翁的观点里包含着最崇高的人性。这就是说，托翁能够把思维活动同带有无限扩张自身倾向的独特的个人感情，有机地统一在自己同他人及全人类的联系之中，由此孕育出对生和死的意义的痛苦沉思，并从中找到即使是暂时的满足，而且能意识到生死问题的最后答案是没有的，也是不可能找到的，它的答案就在生活之中，就在永恒的运动中。

在人的死亡和永生问题上，托尔斯泰的思想和许多立论荒谬、毫无价值、贬低人生的意义和任务的观点是相对立的。在托翁所处的沙俄时代，这些荒谬观点都是以“圣父、圣子、圣灵三位一体存在”的基督教概念为基础的。托尔斯泰并不否定“关于基督的教义”，也就是说，他能化腐朽为神奇，从那里面发掘出适用的东西，他大胆论证说，即使在宗教教义里，也包含着人活着就有自身价值的人道主义梦想，这种想法不单只给予他“慰藉”并因而“抹去了”对死亡的恐惧，而且使他真正明智地意识到，人的生命一旦成为一个社会的道德的个体，便获得了不朽的意义。在托尔斯泰的观念里，基督的形象并非宗教仪式的象征，而是一种道德标准。顺便提到的是，另一位俄国文学巨人陀思妥耶夫斯基也是这样看待基督的。在托翁的教义中，基督并无本体论的意义，而只有规范—调节的作用，人生的任何理想物都可产生这种作用。托尔斯泰认为，“真正的宗教乃是与人的理性和知识相符合的、由他创造出来的、与他周围的无穷的生命的一种关系，这种关系把人与这种无穷性联系在一起，并指导他的行动”。正因为如此，列夫·托尔斯泰对生命、死亡和永生等道德哲学问题的许多论证，能够引起我们这些连“真正的宗教”也不信的人的深刻共鸣和极大的兴趣，迫使我们为寻找答案而去思考和感受。

列夫·托尔斯泰还以其天才巨子的魄力向我们指出一个人由生到死的过程在生物学上、精神上的隐含意义。他把这表述在《论生命》这篇文章中，跟往常一样，他使用的是非常尖锐的、乍看起来有点古怪的、可又特别明快的表达方式：“人之死只是由于这世界上他该享的生命福祉已不能再增加了，而不是由于他得了肺痨，或得了癌症，或中了枪弹，或挨了炸弹。”

托尔斯泰在这篇文章里阐述的见解是，人的生物性死亡是不可避免的。然而，在他的这种见解中，社会伦理和道道主义因素起着本质作用。事实上，这样的见解是贯穿托尔斯泰全部创作的一根主要线索，并且是与人的道德—精神不死的思想紧密联系在一起的。托尔斯泰的全部哲学和艺术作品都充满了人的道德和精神永远不朽的思想，根据这种思想，“我们对死后的情况不能说那时将有什么，永生不是将来的事，也不是过去的事，而是现在的事情”。“永生在于生活本身，在组成生活基础的东西之中，在生命与每个生物世界的特殊关系中”。死亡对某种人来说的确是可怕的，因为他“没有觉悟到他个人单独的生命是毫无意义的和注定要完结的，他总是认为自己不会死……（我们应当认识到），我个人和一切人一样会死……但我的生死对我和一切人都有意义”。

人生中总有许多矛盾，应以宽容、理解、平和的心态来对待。（俄罗斯作家阿·伊万诺夫《永恒的召唤》插图，俄罗斯宾基谢维奇作）

这么一来，列夫·托尔斯泰把人生的道德意义扩展到了死亡，所以，他认为"一个人虽然死了，但他同世界的关系继续对人们起作用，而且比他在世时还要强烈若干倍，这种作用随同理智与爱俱增，和万物生灵一样，永无止息，永不绝灭。"

托尔斯泰在《致马德辛的公开信》(1894）中，在《论自杀》(1900）这篇文章中，最后在《绿棒》(1905）一文中，都清晰地表述了这样的对待人的生死和永生问题的立场。这几篇文章对托尔斯泰的生平来说具有丰富的象征性意义，其中涉及生死观的段落也是如此。他的立场可以归结为："一个人只要还活着，他就能使自己益臻完美，并为世界服务。而且只有在不断改善自己的同时，才能服务于世界。"所以，"如果一个人活着，为了他人的福利而放弃了个性的要求，那么他在这一生中已经踏入了一种对世界的新关系，就这种关系而言，无所谓死亡，这种关系的规约就是今生的事业为了一切人"。

托尔斯泰得出的关于人的死亡和永生的哲学结论都是他就这些问题进行艺术构思的结果。他天才地把这些构思在其作品中打下了印记——首先在《战争与和平》中，后来在《伊凡·伊里奇之死》里更有集中的表现。我们记得，他所描绘的安德烈·保尔康斯基，在阿斯厄拉里兹附近的战争中受重伤后由生到死的过程，那时"在他头上什么别的也没有，只有天，崇高的天，虽不明朗，然而是高不可测的"，无边无际的。这样的天空他从前没有看见过。认识了它，找到了安宁是多么幸福啊，和"那崇高的、公正的、仁慈的天空比较起来"一切都是无关重要的：伟大也好，生命本身也好，"生命的意义是人所不能了解的"，死亡是更不足道了，"死亡的意义是活人不能了解，不能说明的"。

托尔斯泰的主人公经常就"生活和人的使命"进行思考（"我的一生并非为我一个人而度过"，"个人的生命影响到所有的人，他们大家都和我在一起生活"），这样的思考使他们把死亡本身主要当成一种精神—道德现象，伴随着一些只有个体的人才有的复杂的过程，这特别深刻地反映在对安德烈·保尔康斯基的真实死亡的描写中……那是他在保罗沃诺再次负重伤以后。列夫·托尔斯泰和往常一样，把一切和医疗有关的情节统统以讽刺而鄙夷的口吻一笔带过，把笔墨集中用在安德烈·保尔康斯基之死的精神—道德迹象上面："忽然这个发生了"，出现了"与世间一切的疏远感，这对活人来说是十分可怕的，他显然是在努力理解生灵万物；但同时又仿佛一点也不理解他们，这不是因为他失去了理解力，而是因为他理解了别的东西，那东西是活人不了解并且不能了解的，那东西吸去了他全部注意力"。安德烈公爵静静地期待"那个严厉的、永恒的、不可知的、遥远的东西"——这就是死亡。对托尔斯泰来说，同死亡携手而来的是对一切东西、一切人的"永恒之爱的原则"的展示，为了这样的爱而牺牲自己的愿望。但是，安德烈·保尔康斯基一旦体会到这种爱，他就"离生命愈远，愈彻底消灭了那个在没有爱的时候，在生死之间所存在的可怕的障碍"。进行着"生死之间的最后的精神斗争。在这场斗争中，死亡得到了胜利……它进来了，它是死。于是安德烈公爵死了"。但与此同时，托尔斯泰却认为这是"从生命中苏醒过来"，"这是合情合理的"，"这是对的"。

《伊凡·伊里奇之死》

托尔斯泰到了晚年，经常就人的死亡的精神—道德的解释进行探索，随之备加注意个人的经历和感受。高尔基形容晚年的托尔斯泰说："他离开他们，远远的一个人隐居在荒原上，用了他全部的精神力量，孤独地，一心一意地探究那个'最主要的东西'——死亡。"

托尔斯泰在晚年经历了思想的激变，这导致他在82岁的高龄，一个寒冷的秋夜里，离开生活优裕的贵族家庭，出走西伯利亚，结果病逝于路途。在精神危机的日子里，托尔斯泰在一张纸头上写着："我为什么要活着……我该怎样生活？死是什么——我怎样才能拯救自己？"托尔斯泰在《伊凡·伊里奇之死》和《复活》等伟大作品中试图回答这个问题，他的回答也许不能令人完全满意，但是它却激发每个人去继续寻求答案。

托尔斯泰的中篇小说《伊凡·伊里奇之死》写的是一个俄国普通官吏死亡的故事。死亡是文艺的永恒主题，大多数文艺作品都涉及死亡。以中国的名著为例，《红楼梦》写了晴雯、黛玉等的死；《金瓶梅》写了西门庆、潘金莲、李瓶儿、春梅的死；鲁迅在《阿Q正传》中以讽刺的笔调描写阿Q的死亡；巴金在《家》中沉痛地描写鸣凤等善良少女的死亡；田汉的《名优之死》和吴祖光的《风雪夜归人》都是描写艺人的死亡悲剧，但以上作家都是以超然的态度描写他人的死亡，也就是所谓“跳出三界外，不在五行中”，以冷眼旁观的态度理智地描述死亡。托尔斯泰则不同，他在这部小说中写的是自己心灵深处对死亡的恐惧感。文献告诉我们，托尔斯泰在18世纪60年代初经历了他所谓的对死亡的恐惧，以后他无时无刻不感觉到“死亡恐惧”萦绕着他的灵魂。因此，《伊凡·伊里奇之死》在某种程度上是托尔斯泰自身的写照，是他一生面对死亡恐惧的呼喊。由于《伊凡·伊里奇之死》无比真切地刻画了一个人面对死亡而产生的巨大恐惧和痛苦，这部小说一问世就震动了世界，欧洲心理学家认为，每一个医生都应当认真学习这部作品。法国名作家莫泊桑承认，与《伊凡·伊里奇之死》相比，他自己的全部创作活动都“分文不值”。西方有些学者认为，《伊凡·伊里奇之死》是一篇存在主义的文献，著名存在主义哲学家海德格尔的洋洋数十万言巨著《存在与时间》只是给这篇小说作解释而已。

从这部小说中我们可以看到一个人逐步走向死亡的历程。伊凡·伊里奇这个享年不长（45岁）的生命是“最简单、最平庸无奇的，但也是非常糟糕的”，即使他的日子不但过得“轻松、愉快、体面，甚至官运亨通”（这篇小说的主人公死前任检察长）。但突然他生了疾病，这是桩“既可怕又新奇的事，而又非常了不得，伊凡·伊里奇一生中还没有遇到过比这更了不得的大事”。得病的头一个月，伊凡·伊里奇还在上班，但现在他最关心的是疾病和健康。对他只有一个问题最重要：病有没有危险？问自己，不知道；问医生，医生只以理性的态度讨论是盲肠还是肾脏出了毛病，而对这个“不合时宜”的问题置之不理。妻子只是忙于请大夫，督促他吃药，埋怨他不遵医嘱，只有他自己明白，他身上出现了一种情况：他处在生死边缘上。“周围的人谁也不知道，或者不想知道。他们总以为天下太平，一切如旧”。没有一个人了解他，没有一个人可怜他。他觉得格外难受，只有独自一人默默忍受。

第二个月，他消瘦得怕人了，疼痛已使他干什么都力不从心。“他根据医生的建议细心审察着自己身上发生的解剖学和生理学上的微妙变化，他终于明白了”，他明白自己“患的不是盲肠炎，不是肾炎，而是攸关生死的不治之症”。死神如影随形地跟着他，站在他面前，打量他。他怎么也摆脱不了死的念头。但对这个念头却不习惯、不理解：“原来有过光明，现在却变成一片黑暗。我此刻在这个世界，但不久就要离开！到哪儿去?”伊凡·伊里奇原先也曾见过死亡现象，并且从三段论法的推理也知道：凡人都要死，盖尤斯是人，因此盖尤斯也要死。盖尤斯是个普通人，不是他这个活生生的，有着独特的生活经历、思想感情的伊凡·伊里奇。可是怎么今天死亡偏偏落到他自己的头上?！周围的人哪能知道他的困惑？他与死神面面相觑，而对它束手无策。“他只能瞧着它，浑身发抖”。他处在对死亡的恐惧中。

第三个月，伊凡·伊里奇的生活已经完全不能自理。他周围的人——妻子、女儿、儿子、朋友、仆人、医生，都知道他快要死了。但亲人们还是照样礼貌周全地探问病情，医生照样一本正经地诊脉处方。大家的样子都像是在安慰他：他只是病了，并不会死。只要安心治疗，一定会好的。“他感到他不久于人世这样严肃可怕的事，被周围的人看成只是一件不愉快的或不体面的事。还要勉强维持他一辈子辛苦撑住的体面”。他看到：大家都在讳言真相而撒谎，还要迫使他自己一起撒谎。除了侍候他的农民出身的仆人盖拉西姆，谁也不可怜他，谁也不想了解真实情况。“周围是一片谎言”，这不仅使他愤怒，更使他极度痛苦。

伊凡·伊里奇痛苦得像孩子那样痛哭，但又没有爱怜孩子的人。等安静下来，他倾听灵魂的呼声。他想活下去，但不知怎么活。他回忆过去的岁月，以前有过美好的时光，可是不久就消失了。一年又一年，死气沉沉地办公，不择手段地捞钱，生命却在脚下溜掉。“如今瞧吧，末日到了”。他不明白这究竟是怎么回事，心中冒出大问号：“是不是我的生活有些什么地方不对头?”这些精神上的痛苦比肉体痛苦更可怕，他主要的痛苦就在这上面。

在以后的两个礼拜中，伊凡·伊里奇已完全卧床不起，生命加速向着死亡的深渊掉下去。他感到异常孤寂，“那是一种处身在闹市和许多亲友中间都没人理睬他而感到的孤寂，即使跑遍天涯海角都找不到的孤寂”。他在这孤寂中回首往事，灵魂在死的绝望和生的希望中徘徊，不断地问着为什么要有折磨和死亡。

这样又过了两个礼拜，他精神上的痛苦更加厉害。那是因为有一夜，他望着朴素的庄稼汉、勤勤恳恳服侍他的仆人盖拉西姆善良的脸，忽然想道：“我这一辈子说不定真过得不对头。”第二天，他从周围人的一言一行、一举一动中更加证实了他夜间发现的可怕真理：一切都不对头。他过去和现在所赖以生活的一切都是谎言，都是掩盖生死大事的可怕的骗局。他的精神上的痛苦达到了高峰。

列夫·托尔斯泰以天才的艺术大师和心理学家的十分准确的笔触，把伊凡·伊里奇的死亡过程，作为一种个体“精神痛苦”的征象刻画出来。痛苦终有尽头，这时他“看见了光明，他发现他的生活并非理当如此，它本来还可以变得好一些”。当儿子把住他的手贴在嘴唇上哭泣的时候，当妻子满面泪水绝望地瞧着他的时候，他恍然大悟了：“应该使他们不再受罪。应该使他们，也使自己摆脱这种痛苦。”于是，这种人类怜悯亲人的质朴感情这时使他获得了解脱：“他心里豁然一亮。那些困扰着他，使他无法摆脱的东西一下子烟消云散了。两个方面，四面八方，一切方面都给他敞开了出路。他想道：怜悯他们，不应让他们伤心落泪，从这些痛苦中解脱他们和解脱自己，这是多么美好和多么轻易啊!”这种意识制伏了痛苦和对死亡的习惯性的恐惧，而且制伏了死亡本身。取代它的是光明、欢乐和……

“那么死呢？它在哪里?”

他寻找往常折磨他的死的恐惧，可是没有找到。它在哪里？什么样的死啊？他一点也不觉得恐惧，因为根本没有死。

“没有死，只有光。”

以上就是托尔斯泰笔下的伊凡·伊里奇生命将尽时追究生死之谜的苦难历程。

托尔斯泰对死亡的观点是和个人生命本身的意义以及个人在人类漫长历史中的永生等紧密联系在一起的。这样的观点具有十分深远的社会—伦理和道德—人道主义意义。因此，托翁的观点对后世有关生命和死亡的道德—哲学思想的发展影响甚大。

超越时空——两个巨人的对话

列夫·托尔斯泰和海德格尔是两位思想巨人，两人分属于不同的时代，不同的国度。托尔斯泰逝世时，海德格尔正在弗赖堡大学攻读哲学。两人生前从未谋面，更没打过交道。但这两位巨人对生命和死亡的见解十分相近，仿佛他们生前曾有过思想交流似的。于是，我们大胆地假想，有一场对话：

时间：1910 年 10 月 28 日夜晚

地点：雅斯纳雅·波良纳庄园和弗赖堡大学

（托尔斯泰住在雅斯纳雅·波良纳庄园里思潮起伏，他走到无线电

托尔斯泰说，许多人争名夺利，耗尽自己的宝贵精力，过早辞世，这是十分可悲的。

传真机旁，拨通数千公里外的弗赖堡大学，与海德格尔通话。）

托尔斯泰：海德格尔先生，听说您在大学里攻读哲学，潜心研究生死问题。我预见您日后将有大成就。近来，我感到死神日益临近。请问，死是什么？

海德格尔：托翁，您是全欧洲首屈一指的思想巨人，学生十分景仰。但您的问题的确十分重要，学生不揣鄙陋，陈述几点浅见：

死是属于我的生存中的事实，它总是我的。如果说世界上有最私有的东西的话，那就是死。人生的发展有无限的可能性，但死是人的内在可能性，和他人他物毫无关涉。死将使人生的一切可能性均成为不可能。死是不可克服，不可逃脱的，人生一定会走到它的终点——死是确实的。但是我们不能说死与我还有一段距离，死就在人生旅程的脚下，生存乃是“如临深渊，如履薄冰”，随时可能跌落进去。——死是确实的，死又是不确定的。死不在生存之外，而贯穿在生存之中。人的存在就是“向死而在”。

托尔斯泰：您的见解有点危言耸听，十分悲观，但仔细想起来，事情的确是这样的。人生自古谁无死？这个道理是显而易见的。奇怪的是，日常生活中的普通人都不承认这一点。就拿我的小说《伊凡·伊里奇之死》来说吧，这篇小说的主人公生病以前，从未想到自己也会死，这是什么缘故呢？

海德格尔： 其实，一般人都确信死亡的确实性，这是因为死亡这个“经验事实”随时可见，不可否认。但人们对自己确实要死却视而不见，不能真正领会。死好像总是别人的，似乎关系到所有的人，而恰恰与我无关。不是我在死，而是他人在死。一句话，人总是企图掩盖死亡每时每刻都可能向自己袭来这一事实。

托尔斯泰： 我的小说《伊凡·伊里奇之死》正好揭示了这一情况。小说中说：法院办公室里的同僚们听到“伊凡·伊里奇死了”这个消息，人人都这样想：“他死了，可我没有死。”

海德格尔： 日常生活中人对待“他人之死”的态度，正是这样。

托尔斯泰： 我的小说中还有一段这样的描写：彼得是伊凡·伊里奇的知交，他像例行公事那样参加了丧礼，在丧礼中，他念念不忘的是当晚例行的牌局。他耳闻目睹死者临终前的痛苦，也曾感到伤感和恐惧。但他对死的观念仍然是：“这种事只有伊凡·伊里奇会碰上，我可绝不会碰上，这种事不应该也不可能落在我的头上。”仿佛死是他的局外之事。彼得这样的心理是如何产生的呢？您能从理论上予以说明吗？

海德格尔： 彼得这种心态十分普遍，这说明人们对本属于自己的死亡采取逃避的态度。一个人如果在世俗的生活中丧失了个性，他往往意识不到自己的存在。他忘了自己是个必死的生物，一直要等到临死时才恍然大悟，正如伊凡·伊里奇那样。在日常生活中，人们忌讳谈到死亡，对于濒死的人，他们也安慰他说，他并不会死，将会重返工作岗位等，他们明知自己在说谎，但他们又认为这样做是通情达理的。

托尔斯泰： 伊凡·伊里奇在病床上感到气愤的正是这一点，把它痛斥为“谎言”。

海德格尔： 这是以谎言来抚慰将死者。但不仅是对将死的人的抚慰，更是对抚慰者本人自己的抚慰，这说明伊凡·伊里奇的妻子、儿子、医生、仆人们，都在以隐蔽的形式逃避着死亡，处于“懦弱的怕死”状态，而他们自己并不自觉。这一不自觉，表明他们并非把握死的真正意义，从而也就没有把握生之真正意义，不知该怎么生。

托尔斯泰：人生在世，不能把握自己的生死，许多人临死还在贪图享乐，许多人争名夺利，耗尽了自己的宝贵精力，结果过早地辞世，这是十分可悲的。这一现象应该怎样拯救呢？

海德格尔：拯救之法不难。首先要端正对死亡这个词的意义的认识。一般人都把死认为是一种“公共的”现象，“有人死”不是我死，也不是你死，而只是亿万人中有一个人死去，轮到我的可能性只有亿万分之一，因而可以优哉游哉，暂不管它。死还离我远着呢。这种想法对人能起抚慰的作用，使人的心灵处于麻木不仁的“平静”之中，因而继续醉生梦死地过日子。要想摆脱这种麻木不仁的状态，就必须确实把握死的真正意义，领会到死亡的“私有性”，懂得死就是指我自己的死，与他人他物毫无关涉。死亡是不可逃脱的，我随时随地都有死亡的可能。您笔下的伊凡·伊里奇临死时就认识到了这一点，于是他在死的问题上得到了超脱，这是双重的超脱。他由此领悟到过去生活得“不对头”，在生的问题上也获得了超脱，最终领悟了生的意义。

托尔斯泰：那么，海德格尔先生，据您的意见，生又是怎么回事呢？

海德格尔：人降生世间，他的存在完全属于他自己，并且能领会他自己的存在，他不断地按自身的可能谋划自己、选择自己。一言以蔽之，人是自由的。人是一自转之轮，是自己生活的主宰。

但是，人一旦呱呱坠地，他必然生在某一家庭，某一民族，某一国家，某一时代，因此，他只能按自身的可能性设计自己的存在，而这种设计，又必须面对其命定的周围环境，把这个世界作为自己活动的舞台。

不幸的是，多数人不懂得“天地者，万物之逆旅；光阴者，百代之过客”，他们把这个世界当成自己的家，因而把自己的全部身心都投入世俗事务之中，成天忙于与各种人和各种物打交道，我把这种状况称作“沉沦”。世人多半处于沉沦之中，把自己失落了，异化了。

托尔斯泰： 啊，“沉沦”、“异化”，这是些新名词，在我生活的这个时代里，从未听说过这些名词，您能具体说明一下吗？

海德格尔： 这是指一个人的言论行动、思想感情完全被一种无名的力量所支配和控制。原来的自己在日常生活中成了“普通人自己”。这个“普通人”不是张三、李四……不是抽象意义上的人或一切人的总和，而是匿名的、中性的，是“无此人”。“普通人”夺走了独立个人的自主性，压制一切独创的思想，把大家拉齐到一个平均水平面上，“普通人”怎样享乐，我们就怎样享乐；“普通人”对文艺作品怎样阅读和评论，我们就怎样阅读和评论；“普通人”怎样从“大众”中退步抽身，我们也怎样退步抽身；“普通人”对什么东西“愤怒”，我们就对什么东西“愤怒”……这种失落了自身的状况就叫做异化。

托尔斯泰： 哦，我明白了。伊凡·伊里奇一生的状况正是异化，他生前正是按照“普通人”的方式生活的。

伊凡·伊里奇“从青年时代起就像飞蛾扑火那样追随上层人士，模仿他们的一举一动，接受他们的人生观”。

他决定结婚，除了感到娶那样的太太会幸福，还由于达官贵人们“都称赞这门亲事”。

高升司法部法官之后，他花费了一番工夫布置新房子，洋洋自得，以为典雅华贵。“其实，房子里的摆设无非是那种不太富裕，却一味模仿富人家的小康之家的气派”。

最突出的是，伊凡·伊里奇一生的唯一生活准则就是像上层人士那样生活得“欢快而又得体”。

我过去只知道他这种生活不对头，现在经您点醒，我明白了，他这种情况是异化。

海德格尔： 临死之前对死亡真正意义的把握使伊凡·伊里奇摆脱了“普通人”的控制，找回失落了的自我，回到本真状态，但已为时太晚了。

托尔斯泰： “听君一席话，胜读十年书。”您今晚的谈话令我有“大梦初觉”的感觉。您的话句句都是针对我来说的，我已经完全被异化了，我深深沉沦在这个浊世之中，忘记了自己真正的存在。我成天被一大群崇拜者包围；我与妻子陷入了长年累月的口舌之争；我写小说《复活》触怒了教会，被开除教籍。我因日俄战争写信谴责沙皇，引起了轩然大波。我深深卷入俄国社会的各种矛盾之中，不能自拔。有成千上万的人崇拜我，但也有成千上万的人辱骂我。显赫的声名成了我的累赘。我决意立刻出走，离开自己的庄园，远离这纷扰繁杂的世界，到西伯利亚去，隐姓埋名，当一名自食其力的农民。

（通话完毕，托尔斯泰就决定离开雅斯纳雅·波良纳庄园，撇下妻子儿女，独自出走，到西伯利亚的穷乡僻壤，隐名埋姓，当一个自食其力的农民。）

陀思妥耶夫斯基与俄狄浦斯情结

在俄国文学巨人陀思妥耶夫斯基笔下，有关生与死的思考采取别具一格的形式，这在他的长篇小说《罪与罚》和《卡拉马佐夫兄弟》以及他的有关道德哲学和政治的论文中，有明显的表露。虽然陀氏对死亡和永生问题的理解方法有许多与众不同的地方，但是他的思想的确有承前启后的作用。一方面他继承和发展了历史上的人道主义哲学传统；另一方面，他促进了当代对生死问题的哲学沉思和精神—道德感受。德国哲学家尼采承认曾受惠于他。法国小说家马尔罗断言，陀氏曾对他那一代人的智力发展产生过深刻影响。萨特称赞他对理性的专横的谴责有助于鼓舞他本人的存在主义信念。

陀思妥耶夫斯基的小说促进了当代人对生死问题的哲学沉思。

陀思妥耶夫斯基的小说《罪与罚》和《卡拉马佐夫兄弟》都以死亡为主题。《罪与罚》写一位大学生拉斯柯尼科夫杀害了一个放高利贷的老太婆。起初他觉得“杀死这百无一用、像虱子一般的老太婆”算不了犯罪，后来受到良心谴责，陷于半疯狂的痛苦中，他遇见醉汉马美拉多夫的女儿索尼娅，得知她为了维持一家人的生活，竟走上街头卖淫。她那种以自我牺牲来解救亲人苦难的思想，感动了拉斯柯尼科夫，于是他去官府自首，并走向新生。作者在这部小说中表述的思想是，人是万物之灵，是大自然最美好的创造物，杀人者不管动机如何，总是一种罪恶，都应当受到惩罚。要解救人类苦难，不能靠流血，只能靠自我牺牲。杀害自己的同类等于戕杀自己，双手沾有同类鲜血的人将永远受到良心的谴责。

《卡拉马佐夫兄弟》写的是一桩弑父案件，主人公卡拉马佐夫老头是个贪财好色的恶棍，被家中一个恶奴（事实上是他的私生子）杀死，但上法庭受审的却是他的大儿子米卡。米卡曾与父亲争夺一个情妇，因而有弑父的嫌疑。而次子伊凡也认为自己是思想上的杀父者，过分引咎自责而神经失常。真正的凶手恶奴斯麦尔佳科夫也畏罪自杀。米卡在这场灾难中灵魂受到震撼，他自愿背负起十字架，在法庭上承认自己有罪，决心通过火海奔赴新生之岸。

《卡拉马佐夫兄弟》是陀思妥耶夫斯基的最后一部长篇小说，为什么陀氏在自己的生命行将告终之时（这部小说他来不及写完），写一部以弑父为题材的小说呢？据弗洛伊德的说法，陀氏之所以用弑父案件作为这部洋洋 80 万字的长篇小说的主线，是由于俄狄浦斯情结（Oedipus

俄狄浦斯王杀父娶母的悲剧通过索福克勒斯巨匠之笔久传于世，动人心魄。(《俄狄浦斯王》插图，俄国冈察洛夫作)

Complex）作祟的缘故。什么叫做俄狄浦斯情结呢？这个典故源自古希腊悲剧作家索福克勒斯的著名悲剧《俄狄浦斯王》，剧情为：古希腊有一只人面狮身怪兽，名字叫斯芬克司。它一度盘踞在通向底比斯王国的道路上，截住每一个过往的行人，执拗地要求他们解答这样一个谜语："请问此何物？晨四足，午二足，晚三足。"这不祥的谜给底比斯王国带来了灾难，人们都惶惶不安而又不知所措。有一天，一位名叫俄狄浦斯的青年远足来到这里，轻而易举地揭穿了斯芬克司之谜，他说：这不是人么？于是，怪兽逃遁了，灾难消除了，俄狄浦斯被底比斯人民拥戴为王，并且娶了前国王的王后为妻。聪明的俄狄浦斯哪里知道，他自己原是底比斯的王子！当其方生之际，神谕示他将来必会杀父娶母，因此被他的生父——底比斯国王弃置郊野。不料邻国的国王却收养了他，而且一直待如亲子。至其长成之日，他知道了那个可怕的神谕。为逃避厄运，他悄悄地离开了养父养母（他以为他们是自己的亲生父母）而出走他乡。路途中他与底比斯国王邂逅相遇，很偶然的冲突使他杀死了自己的亲父。这之后又娶了自己的亲母，且与之生下了子女。这样，神所预言的一切都在无意中实现了！俄狄浦斯终于得知了全部实情，他无法饶恕自己无意的罪恶，便戳瞎了自己的双眼，将自己永远放逐，再也没有回归故里。这就是俄狄浦斯的悲剧，这个悲剧通过索福克勒斯巨匠之笔久传于世，动人心魄。但是这个荒谬的故事包含何种意义呢？历来不得一解。数千年后，奥地利精神病学专家弗洛伊德终其一生对这个悲剧进行探索，终于破解这个千古之谜。弗洛伊德指出，俄狄浦斯的悲剧之所以流传久远，乃是因为我们每个人内心深处（潜意识里）都藏有与俄狄

中世纪的骑士十分尊重妇女，常常为了捍卫妇女的名誉尊严而决斗，这与仇父恋母的俄狄浦斯情结有关。（绘画作者待查）

浦斯相同的愿望或冲动：仇父恋母或杀父娶母。弗洛伊德给这种潜意识的仇父恋母倾向取名为俄狄浦斯情结。

作家陀思妥耶夫斯基自己的父亲与他笔下的放浪淫荡的卡拉马佐夫老头有雷同之处，陀思妥耶夫斯基幼年在家里时，父亲对他教管极严，性格粗暴，在他的内心中留下了病根。父亲退休回自己的庄园后，生活放荡，蓄有情妇，后因事触怒家奴，被他们打死。父亲的死在陀思妥耶夫斯基心中留下了难以愈合的创伤。陀氏在自己的潜意识中，常常认为自己是杀父者，因而在《卡拉马佐夫兄弟》这部书中，借描写一桩弑父案，寄寓自己的忏悔之情。

爱与死的冲突

弗洛伊德在潜意识和梦境的研究方面，功绩卓著，影响深远，但他把人的性欲概念无限扩大，把人的所有不是自保本能的倾向都归结于性本能，受到后人的批评。晚年他提出死本能学说，以弥补性本能说的不足。

弗洛伊德认为，自我保护的本能是生命的本能，这不言自明，但在一切有生命的物体中有一种更原始的本能，其目的与生命本能截然相反，它就是死亡本能，即生命返回到死亡的冲动，死亡本能是和生命本身一起产生的。生命显然有一种回归到子宫和受孕之前（即回归到无机自然界）的倾向，这是一种生命的弹性或惯性。弗洛伊德解释说：“一切活着的东西都必然回归到无机界，因此我们可以说，全部生活的目的就是死亡。由于无生命的东西存在于有生命的东西之前，死亡被理解为一种回归。死亡虽作为生活的目的，但与生命的进程逆向，不是趋于宁静而是趋于疯狂。这种种表现无非是企图切断生命的历程，重视生命早期（一直到生命产生之前）的景象，或许可举一例来帮助理解，战争似乎使人倒退向野蛮时代。”

弗洛伊德用人的爱本能（性本能）与死本能作对比。他说，爱是一种趋向于结合的本能，死本能则刚好相反，在机体内部沉默地起着肢解机体的作用。爱与死之间形成对抗，由于爱的力量，人足以与死亡对抗。生殖可理解为爱对于死的第一个反应。人与自然的抗争已移入我们的体内。爱与人结盟，死与自然联盟；爱鼓动我们返回失去的“伊甸乐园”，死却教导我们“你来自尘土，必归于尘土”。爱与死的冲突变成了两种古老回归说的冲突。然而，拥有爱的力量作为自身独特力量的人或自我，不再会以归于尘土作为自己的目的，死亡不再是人所追求的“回

人与现实世界即爱与死的永恒战斗。爱促成文明，死破坏文明，而爱与死的冲突也就是善与恶的斗争。（歌德《浮士德》插图）

归”。另一方面，由于死亡的存在，“重返乐园”也绝无可能。所以两种回归说都必须放弃，剩下的只有人与现实世界——也即爱与死的永恒战斗。

弗洛伊德认为，这场战斗从人的内部再度投射至外，将文明当做战场，爱促成文明的建设，死亡却时时处处破坏文明的进程，企图阻碍人的事业。

是什么动机驱使弗洛伊德提出死本能的呢?

其中的一个因素，就是第一次世界大战的影响。为了解释他所经历的第一次世界大战的残杀暴行，弗洛伊德以为人性有一种本能冲动要将生命回复到无生命或死的境界，这个冲动如果遇到外界阻力无法实现，便回过头来杀害自己。

马尔库塞（1898—1979）是一位对弗洛伊德心理学有深刻研究的哲学家，他在1954年出版的最精彩的一部著作《爱欲与文明》就是以“对弗洛伊德的哲学探讨”为副标题的。马尔库塞早年信仰马克思主义，但他认为，马克思把他的毕生精力贡献于对资本主义社会经济结构的分析，而无暇顾及个人的心理活动，因而，他未能详尽阐述个人心理活动与物质活动之间的关系。而马克思主义所忽略的内容，正是弗洛伊德所充分阐述的。马尔库塞认为，弗洛伊德主义是唯一能填补马克思主义在心理分析方面的不足的最有效的“革命理论”，只有把马克思主义与弗洛伊德主义结合起来，才能实现革命者的乌托邦主义的理想。马尔库塞把这一发现最集中地反映在他的《爱欲与文明》一书中。他认为，性的解放就是人的全面解放的标志。资本主义社会的不平衡性，透过其政治、经济和文化的压抑，归根结底，其本质就是压抑人的天然要求，尤其是性的要求。所谓自由，就是提出和实现人的本能要求的自由，人的本能要求，在任何时候，都不应受到压抑。

根据弗洛伊德的理论，爱欲是一种“生活的本能”，这是一种最原始的反对攻击性和破坏性的本能冲动（即死亡本能冲动）的对抗力量。爱欲是一种最基本的、人的本能动力，是人的一切活动的基本动力，但爱欲的作用和实现过程并非直接的和单纯的，而是在复杂的矛盾展开中完成的，这是因为爱欲本身也是一个矛盾——它激发人的各种活动，又潜含着同一切受死亡本能支配的破坏性的活动相对抗的因素。在资本主义社会中，由于异化的原因，爱欲非但不能尽其所欲地表现出来，也不能实现对破坏性活动的自由的斗争，爱欲实际上被支配、被统治和被毒化，这就是资本主义制度下的不自由的本质，在资本主义制度下，所谓个人自由是虚假的——因为这种自由是被升华的、被歪曲的。

马尔库塞在书中对弗洛伊德的本能理论的形成过程进行了追溯。马尔库塞指出，在弗洛伊德理论发展的最早阶段，其核心是性本能（力比多）与自我（自我保存）本能之间的对抗，而在其发展的最后阶段，则是生命本能（爱欲）与死亡本能之间的冲突。

在早期阶段中，弗洛伊德认为，性本能不过是和自我（或自我保存）本能并驾齐驱的一种特定的本能。在他的后期学说中，自我保存本能被废弃了，这时自我保存的活动成了附属于性本能的活动，或者成了破坏本能的活动。于是爱欲和死亡本能便成了两个基本的本能。

弗洛伊德认为，所有本能生命中都有一种根本的倒退趋向或保守倾向。这是一种“有机生命固有的惰性”。所有生命体的最普遍的努力，就是回复到无机世界的沉寂中去。于是，在后期的弗洛伊德学说中，本能实际上被纳入了死亡的轨道，生命被看成是向死亡的不断堕落。

但是，弗洛伊德同时主张，不管有机生命的倒退惯性多么普遍，本能生命中始终包含着两种相对抗的本能，其中生命本能（爱欲）压倒了死亡本能，生命本能不断地反抗和推迟“向死亡的堕落”。

生命本能把胚胎细胞从有机体中分离出来，把两个这样的细胞体结合起来，并同时着手建立和保存生命的“更大的统一体”。生命本能是这样来履行其生命繁殖功能的，“并且战胜了死亡，获得了生命体的潜在的不朽性”。

如上所述，弗洛伊德的初期理论是性欲一元论，这种理论认为在主要的本能结构中不可能发现任何非爱欲的东西。但是，在他提出死亡本能论以后，这种性欲一元论的观点，变成了死亡一元论，在主要的本能结构中，死亡本能自动地变成了爱欲的对手，它们的永恒斗争变成了主要的原动力。

弗洛伊德指出，性欲与文明本来就是有冲突的。一方面，性爱只是两个人之间的关系；另一方面，文明的基础是一大群人之间的关系。当爱情关系达到顶点时，它将毫不顾及周围世界的利害关系。并且，一个人行使性功能时，不像从事其他活动那样，总会给自己带来益处，相反，为了达到某种特别高级的快乐之效，性功能会使人陷入危险，甚至常常夺取其生命。

因此，在性行为中，特别是在性反常行为中，显示出死亡本能中的性欲成分，性本能中的死亡成分，性反常行为意味着爱欲本能和死亡本能的最终同一，或者说意味着爱欲将屈从于死亡本能。

弗洛伊德进一步指出，文明的主要领域都表现为得到升华的领域，而升华又意味着非性欲化，升华过程改变了本能结构中的平衡。生命是爱欲与死亡本能的融合，在此融合中，爱欲占据了文化的地位。但是在升华以后，性欲成分不能再束缚先前与之结合在一起的破坏成分了，于是这些破坏成分便将以破坏倾向和攻击倾向的形式释放出来。

文化要求不断地升华，从而削弱了爱欲这个文化的建设者。由于爱欲的削弱而导致的非性欲化解放了破坏性的冲动，因而文明又受到了本能分化的威胁。在本能的分化中，死亡本能力图压倒生命本能。克制产生了文明，克制的加强又发展了文明，这样的文明势将导致自我毁灭。

因此，根据弗洛伊德的上述观点，文明的高度发展并非人类的福祉，因为随之产生的是破坏能力的大量释放。这表现为环境遭到大量破坏，地球家园有毁灭之虞。文明带来的科技进步使得杀人的手段也日益进步，大规模杀人的工具（原子弹、奥斯威辛集中营的毒气室等）不断产生。第一、第二次世界大战是有史以来破坏力最大的战争，但都是建立在欧洲的高度发展的文明的基础之上的。

弗洛姆回忆说："第一次世界大战爆发的时候，我只有十四岁……

人与人之间常常兵戈相见，这是人的破坏本能的释放。（果戈里《塔拉斯·布尔巴》插图，法国　凯撒·哥伦比作）

在那些日子里，使我感到震惊的是，整个德国都在疯狂地仇恨英国。”这种“举国上下的歇斯底里大发作”就是人的破坏本能的大释放。

但是，也有不少人对文明势将导致自我毁灭这个观点表示异议。他们认为，首先，并非所有工作都会导致非性欲化，都是克制性的。其次，文化推行的种种抑制也影响来自死亡本能的攻击性和破坏性冲动。至少在这一方面，文化的抑制会加强爱欲的力量，而且文明中的工作本身多半就是对攻击性冲动的社会利用，因此是有助于爱欲的工作。根据这样的意见，可以区分两种主要的本能组织形式：（1）对性欲的抑制，它将导致集体关系的稳定和发展。(2) 对破坏本能的抑制，这将产生对人和自然的控制，产生个体道德和社会道德。当这两种力量的结合更有效地维持了更大集体的生命时，爱欲就压倒了它的对手，社会则迫使死亡本能服务于生命本能。

然而，支持弗洛伊德的学者仍然认为，正是文明的进步扩大了升华的范围，扩大了控制攻击的范围，由于这两方面的原因，爱欲被削弱了，而破坏性则得到了释放，这一点表明，所谓文明的进步仍然隶属于本能结构中的一种倒退趋向，归根结底，隶属于死亡本能。

综上所述，在弗洛伊德的后期本能理论中，两种主要本能，即爱欲和死亡本能，共有一种固存于有机生命的迫切性，即要恢复一种早期的状态，这种回归趋向表现了有机生命中的“惰性”，其根源在于：当生命从无生命物中产生时，出现了一种强烈的“张力”，年轻的有机体想努力回到那种无生命状况，以消除这种张力。在有机生命的早期，通向先前的无机生存状态之路，也许很短，死亡也许很容易，但外部的影响逐渐延长了这条道路，并迫使有机体走一条更漫长、更复杂的“死亡之路”。这条“死亡之路”越漫长，越复杂，有机体就越有特色，越有力量，最后甚至可以征服全球，将世界作为自己的领地。然而，回到无机生命，变成“死的”事物，这种本能的原有目标却依然存在。这就是说，人不管多么伟大，但终究也要死亡。

因此，马尔库塞告诫人们说：“想在时间中保存时间，阻止时间，征服死亡，似乎无论如何是不合理的，而且（根据我们接受的死亡本能假设）是完全不可能的。”“快乐无论如何不能持久，任何快乐都是短命的，一切有限物的出生之日也就是它们的死亡之时，快乐就是如此。”“因为死亡是对时间的最终否定，而‘欢乐则希望永恒’。无时间性是快乐的理想。”“快乐只有通过自我才能成为现实，但这种自我却是完全受时间控制的。”“单单是对在任何时候都有可能出现的生命难免终结的预感……就使快乐本身变成了痛苦。”

马尔库塞一方面指出由于死亡本能的存在，人们永远无法征服死亡；另一方面，马尔库塞反对那种由于压抑性文明而造成的过早的死亡。马尔库塞说，对文明提出巨大控告的，不是那些死亡的人，而是那些在他们必须死亡和希望死亡之前就已过早地死去的人，那些痛苦地死去的人。他们也证明了人类负有不可救赎的罪恶，他们的死亡使人们痛苦地意识到，这种死亡不是必然的，是完全可以避免的。

马尔库塞对压抑性文明提出控告，他说，在一种压抑性文明中，死亡本身也成了一种压抑的工具。这时，人们把死亡作为永恒的威胁而忧心忡忡，或者把它作为最高的牺牲来加以颂扬，或者把它作为一种不可改变的命运而加以接受，也就是默认死亡。这样一来，人一生下来，就对死亡采取屈从的态度，正如人们屈服于强权一样。人们放弃了与死亡的“乌托邦式”的斗争，一开始就是不自由和被战败的。

马尔库塞向人们指出了解决死亡难题的希望所在，他说，死亡可以成为自由的一个标志，死亡的必然性并不排斥最终解放的可能性。死亡同其他必然性一样，也可以变得很合理，即变得无痛苦，人可以无忧无虑地死去，只要他们知道，他们所爱的东西没有遭受痛苦和被人忘却，在生命实现后，他们可以在一个自己选择的时刻安乐地死去。

特殊的死亡——自杀

自杀之谜

人为什么会自杀？人皆有自卫的本能，为什么有的人会把杀人武器指向自己的胸膛呢?

为什么有些人能成功地自杀，有些人则不会自杀？为什么我们大部分人都能为生存而奋斗？或者正如许多哲学家所说的，我们为什么不全部自杀?

弗洛伊德的精神分析为自杀行为提供了很好的解释。人类除了有爱欲的本能外，还有破坏的本能。破坏本能和爱欲本能一样，都是与生俱来的。它表现为人类在战争中自相残杀以及人们常常做既损人又害己的事，还表现为人的消极心态，这种心态不利于一个人与疾病的斗争。此外，破坏本能还表现为一种极端的自毁行为——自杀。

人的破坏本能开始是内向性的，但后来转向了外界。因此，孩子若要有智慧的爱，必须同时学会憎恨，学习把破坏倾向转离自己，指向那些具有威胁性的敌人。大多数人之所以不会自杀，主要是由于能成功地把破坏本能转向外界。

但是，有些人的个性不能成功地发展，他们不能把与生俱来的内向性自毁转向外界，这些人不但不攻击敌人，而且要毁损自己，甚至自杀。

并且，不幸的是，世上没有一个人能够完全把这种破坏本能充分转向外界，每个人多多少少具有这种自我破坏的倾向。虽然大多数人都不会自杀，但许多人一生都是在慢性毁损自己，每个人多多少少具有这种自我破坏的倾向。

要抑制这种破坏倾向，唯有依靠加强求生的本能，增强生存意志，认识生命的价值，以真正的爱取代盲目憎恨，以智力克服并抵制死亡本能。

虽然人最终难免一死，这说明死本能最终会取得胜利，但人的死期的延缓（也就是寿命的延长）是生本能以极大的代价换来的。各种生命现象都只不过是求生本能和求死本能互相对抗的平衡状态。

据一般人的说法，自杀的原因在于疾病、精神萎靡、经济破产、耻辱、挫折以及失恋等。自杀是对疾病、耻辱、贫穷等不可忍受的环境的

画家梵·高的自杀被说成是癫狂的举动。（梵·高：《自画像》）

一种逃避。如果一个人的自杀基于明显的外在的原因，那么，他的自杀就被说成是一种勇敢的举动（如项羽乌江自刎）；如果自杀基于不可见的内在因素，那么，这样的自杀就被说成是癫狂的举动（如画家梵·高、诗人马雅可夫斯基等人的莫名其妙的自杀）。

科学理论和生活经验都说明这些解释是不真实的。自杀是一种非常复杂的行为，而不是简单、偶发、独立的冲动行为。明显意识到的自杀动机（破产、失恋等）只是表面上的动机，许多自杀的动机是找不出来的。弗洛伊德的精神分析法给我们提供了一条认识自杀之谜的捷径。精神分析法告诉我们，人是为了潜意识的目的而自杀的，一个人自杀是因为他不能成功地动用生的本能克服死亡本能。这个人可能生来就具有变异的气质（不正常或衰弱的气质），因而，在他的人格形成过程中，自毁本能大大加强。人的自毁起自早期的人生。

自杀应认为是一种很特殊的死亡，其中牵涉到三个内在因素：死亡因素、杀害因素和被杀因素。自杀者首先应有“去死”的愿望，此外还必须有谋杀的欲望和被谋杀的欲望，三者缺一不可。有些自杀者被谋杀的欲望特强，但谋杀的愿望很弱，因而自己对自己不能行使自杀的步骤，他们往往卧轨自杀，或命令侍卫杀死自己（如戈培尔、史可法等）；有的自杀者能成功地自杀，可是没有“去死”的强烈意愿，这些人往往自杀未遂后转而向医生求救。

诗人之死

“世界上有一种没有脚的鸟，它的一生只能够一直飞翔，飞累了就睡在风中，这种鸟一辈子才会落地一次，那就是死亡来临的时刻”。

自 20 世纪 80 年代中期以来，中国诗坛上出现了一批很有才华的先锋诗人如海子、戈麦等相继自杀的现象（所谓先锋诗人包括朦胧诗、后朦胧诗、后新诗潮中的诗人），特别是 1993 年 10 月 8 日顾城在新西兰激流岛上以其惨烈的杀妻自缢的方式结束了两个年轻的生命，更是引起了社会各界的广泛关注，在文坛上一石激起千层浪，众说纷纭。有人认为这是一种文化失衡现象的体现，有人认为这是先锋所固有的“死亡情结”的必然归宿……

中国当代先锋诗人的自杀现象有着复杂的社会历史背景。西方现代哲学思想及现代主义文学作品的输入，对这种现象产生了推波助澜的作用。这其中尤以美国自由派诗人西尔维亚·普拉斯的影响最为直接而深刻。西尔维亚·普拉斯这位以诗歌来表现自杀并最终实践自杀的女诗人，对中国当代先锋诗人有一种特殊的诱惑。

任何人的自杀都有其充分的动因，诗人也不例外。真正的诗人的自杀是因为个体生命忍受不了精神的极度痛苦。大多数先锋诗人都带有潜在自杀的妄想症，他们在孤独中体验精神死亡的快感，并将其物化为具体的诗歌。

海子的卧轨自杀、戈麦的投湖自尽，似乎都已在他们的诗中预演过，他们与潜在自杀者的区别，只不过是将死亡意识化成了具体的行为，他们与普拉斯一样，用自己的死亡来确证生命，通过肉体生命的结束来使精神生命得以延长，通过瞬间生命的燃烧来达到精神生命的永生。

现代学者彭松乔认为，从政治文化方面来看，中国当代先锋诗人自进入 20 世纪 80 年代中期以来就以边缘文化代言人的身份在与主流文化交锋中处于不利境地。他们像堂·吉诃德一样耽于幻想，为了自己的政治理想而与现实的“大风车”作战，这注定了他们“活着是个疯子，死了是个智者”（《堂·吉诃德》结尾语）的悲剧命运。

从生存文化方面来看，中国当代先锋诗人大多是理想主义者，对世俗的生活有着本能的厌恶，他们幻想着在诗歌中建造一个与世俗世界对立的彼岸世界。

顾城不仅在诗歌中去营造这种美，去建立一个“天国花园”，而且还在现实中去实践这种美，真的去营造这一“天国花园”，但这样一块理想的净土在中国没有找到，在欧洲美洲也没有找到，最后在新西兰的激流岛上才似乎找到了。到达激流岛的第一天，他就对妻子谢烨说：“这是我找了 20 年的地方。从我 12 岁离开学校就开始找了。”他以极大的毅力，亲自动手，寻找木柴、食物，修补房屋，挖化粪池……他说：“我要修一个城，把世界关在外边。”

然而，现实总是那么苍白、琐碎、枯燥，毫无诗意可言，到处充满了名利之争的庸俗气息和柴米油盐的琐屑无聊。作为诗人，他不能获得理想的现实生活，他是生活的弱者，缺乏楔入主流生活的圆滑，甚至缺乏独立生活的自理能力。

他陷入了生命的极度矛盾和冲突中，他无法、也无力突围，他已濒临于精神上的崩溃和疯狂状态。当他精心地在新西兰激流岛上构筑的“天国花园”被变得实际多了的情人英儿携英国老头出走这一现实无情蹂躏的时候，他精神生活的支柱被彻底摧垮了；而当他的妻子因不能忍受他“设计”的太累的生活决意离他而去时，他最后一线生机也断绝了，等待他的就只有死亡这唯一的“诗意”出路了。于是，他主动奔赴死亡，投入死亡女神的怀抱。

美国女诗人狄金森被称为“神秘的女巫”，写过许多极美的关于死亡的诗。她临终前的绝笔则只有两个词，译成汉语即一个字：“归”——Called back。在视死如“归”这一点上，中外诗人真是英雄所见略同。

富有诗人气质的海明威的死亡情结形成于20世纪20年代，痛苦贯穿在其整个创作和人生道路之中。在他笔下，世界就是大战场，充满着你争我夺，充满着罪恶、痛苦和死亡，而人的生命在这个世界里显得非常脆弱、非常渺小。海明威通过他的作品告诉读者，死亡虽然是可怕的，但人在死亡面前不是无所作为的，不仅要消极地接受它，而且要保持积极的态度。海明威的父亲是自杀身亡的，海明威后来认定自杀并不是懦夫，他学会了正视死亡，死亡自有一种美，一种安宁。他常常引用莎士比亚《亨利四世》的台词：“人只能死一回，咱们都欠上帝一条命，反正今年死了，明年不会再死。”1961年7月2日，海明威用猎枪自杀，演出他人生的最后一幕。

自杀问题及其防范

2003年，世界卫生组织将每年的9月10日定为“预防自杀日”，说明国际社会对于自杀问题十分关注。

中国每年要发生25万宗自杀致死事件和200万宗尝试自杀事件。自杀已成为一个严重的社会问题。特别是名人自杀事件，被媒体炒得沸沸扬扬。如2003年江西省上饶市市委书记余小平和香港明星张国荣的自杀事件。

中国的自杀率是十万分之二十三，约为美国（十万分之十一）和英国（十万分之十二）的两倍。

自杀者中，中青年占相当大的比重，其年龄在15—35岁之间，下面就是几个青年人自杀的案例：

在日常生活中，人们经常会出现这种或那种的误会，有些青年为了证明自己的清白而自杀，如2003年4月1日，湖南溆浦某校女生宿舍发生一起强奸未遂案，人们错以为是退休教师之子汪某所为，汪某于4月2日晚留下33页遗书，上吊自杀。

金无足赤，人无完人，世上任何人都不可能十全十美，可有些青年却不能容忍自己的不足。2003年4月16日清晨，北师大研究生刘某因论文被导师指出几点不足，从宿舍7楼跳楼身亡。

近年来，青年为情所困而自杀的也不少。如2002年11月，长沙某高校一名男生因为女友提出分手，而从学校教学楼13楼跳下，当即死亡。

在全世界范围内，中国不是自杀率最高的国家，而是呈居中偏高的趋势。最高的自杀率发生在俄罗斯和一些东欧国家（拉脱维亚、罗马尼亚和匈牙利），也许，在那里人们的自杀是出于对社会巨变后的现实不满，认为这只能滋养出更多的腐败官僚和暴发户，而普通群众的生活标准却很少能够改善。他们留恋旧日那种标准不高但有保障的生活，怀念往昔那些工作效率低但比较廉洁的政府干部。今天我国某些老人的自杀原因也与此类似。20世纪五六十年代是他们一生的辉煌时期，当时的生活准则是：政治是统帅和灵魂，一切都要讲政治，只要政治路线对头，就无往而不胜。至于赚钱牟利，绝不能动这样的念头，因为那是资产阶级的卑鄙自私的行径，要受到严厉批判和法律制裁的。可现在一切都颠倒过来了，人们对政治日渐淡漠，革命信仰日益动摇，赚钱牟利成了热门的事业，会赚钱不但不会受批判，而且受到社会的尊敬和政府的褒扬。权力也可用来交换金钱，结果，腐败盛行不衰，贪污受贿屡禁不绝。这些老人看不惯这些情况，深感平生信奉的理想破灭，心中的郁闷无法排解。他们无法与现实妥协，遂产生了弃世之念。

这些老人的自杀与西方的自杀类型颇为相似：因思想上、精神上的压力无法排解而自杀。但目前中国人的自杀大多与经济问题有关，以致中国的自杀现象与其他国家迥然不同：农村的自杀现象是城市的三倍。如 2002 年 11 月 4 日，湖南平江县余坪镇万洞村的万得强因买六合彩输掉全家的微薄积蓄 5000 元，还背了几千元的外债，而喝农药自杀。

中国的自杀现象还有一个与大多数别的国家不同的地方：妇女的自杀率比男性高出 25%，这在世界上其他地方是极其罕见的。大多数发达国家男性与女性自杀率的比值是 3∶1，刚好与中国的情况相反。

中国的自杀现象还有一个与其他国家显著不同的地方：大多数自杀是一时冲动的自杀行为。调查表明，35%的自杀未遂者说他们萌生自杀念头不超过 10 分钟。大多数尝试自杀者都曾在生死之间徘徊不定：既想通过自杀来解脱痛苦，可又不希望真正死去。

自杀是个复杂的问题，它是多重因素造成的现象。最重要的因素有：生活中的重大事件、个人生活中的严重压力、家庭成员的不幸死亡、身患重病、严重的争吵，等等。所以，生活中的重大事件只是因素之一。另一个重要的激发因素是心理问题，诸如沮丧或高度忧虑。还有一个因素是自杀的工具或手段是否容易获取。中国农村自杀率高与农药随手可得有关。总之，任何自杀案例中都存在着多种因素，但必定有一种最重要的因素。

据调查，男性和女性一时冲动而自杀的几率是相同的，但这种自杀行为在青年人中较为普遍。中老年人的自杀往往是长期的沮丧和多年的身体疾病的结果。他们决定自杀，是由于存在着长期难以摆脱的问题。

笔者熟悉的一个老人的生活中就存在着这样的难题。他的问题早在 1983 年机构改革中就发生了。当时我国步入新时期不久，他很想大显身手，可是，出乎他意料的是，在这次改革中他被撤换了，理由是“思想保守，不适合改革的新形势”。此后，领导班子多次更替，他复出的机会越来越渺茫，他永远失去了权力。他不是一个自甘淡泊的人，耐不住寂寞，始终保持着自己的体面和尊严，可称得上“虎死不倒威”。他不愿像本单位前第一把手（他俩同时退居第二线）一样，久卧病榻，耗费国家的大量医疗费。“宁为玉碎，不肯瓦全”，他经过深思熟虑后，决定用自杀来了结一切恩怨。

这个老人属于真正决心去死的自杀者之列，这种自杀者往往有长久的规划，写有遗书，他们把自己的财物通通送给别人，他们计划采取的自杀方式是必然会死的。要防止这样的人自杀，是相当困难的。但在整个自杀的人群中，这样的人占很少的比例，不超过 1/3。另外约有 20%或 1/3 的人的自杀是明显的一时冲动的结果，他们没有持续的精神疾病，只是他们的生活中发生了一场风波，诸如夫妻吵架之类。如 2003 年 1 月 18 日，长沙市天心区张某、吴某夫妻俩因为一点小事争吵，于是打开液化气罐并且点燃欲同归于尽，两人被火烧得受不住，爬到邻居的阳台上大声呼救。这样的自杀者明显不想死，他们的自杀是对自己情感上受到的严重压迫的反应。还有约占人数 50%的自杀者属于中间类型，他们的态度十分矛盾。一方面，他们认为死亡可以免除他们现有的种种复杂问题，他们从此不必再因这些问题而焦心如焚；另一方面，他们想活下去，他们有孩子，有令他们向往的未来。所有的自杀者大致都可归入以上三种类型。

几乎所有的自杀未遂者事后都感到后悔，觉得这是自己家庭的耻辱，有些人刚喝下农药便跑出来呼救。这说明他们采取行动后立刻感到后悔。

由以上分析可以看出，很多自杀现象是完全可以防范的，目前的自杀率是可以大大降低的。但不幸的是，据调查，几乎所有的自杀者事先都没有接受过心理上的帮助。在全国每年自杀成功的事例中，有 62%是服农药或老鼠药致死的。其中有一半以上受到了医疗救治，可是都失败了。这是因为农药是一种剧毒物，一旦吞下半瓶农药，目前农村的医疗条件很难抢救，如果能提供良好的救治措施，每年可救活 5 万条生命，也就是降低自杀率 18%。

要防范自杀，心理健康教育十分必要。应该让人们知道，消沉或沮丧是一种疾病。如果你身边有一个人情绪低落，对周围的事物漠不关心，有睡眠问题和饮食问题。很难集中注意力，做事的能力低下，并且想到了死。如果这种情况延续了一个时期，那么，可以肯定此人处于消沉状态中。当然，每个人都会偶尔感到沮丧或消沉，但如果这种状态很严重，且延续两周以上，如果它影响到了人的社会职能，比如说，一个人不愿去上班，不能正常工作，那么这个人很可能得了病或有了心理问题。如果这个人自己没有意识到这一点，或者他虽然意识到了却由于羞耻心不愿寻求医疗或向别人求助，那么，情况只会越来越坏，可能导致自杀的念头、自杀的行动甚至死亡。

防范自杀是每个人的职责。每个人都必须细心观察自己的家庭成员，观察周围的人群，看他们的行为是否有了异常，其中是否有要自杀的暗示，他们是否开始做某些伤害自己的事情。观察他们的个性是否发生了重大变化，以往他们的性格十分开朗，现在是否明显变得消沉，谈论的是否都是些坏的话题，是否出现了消沉病的症状：睡眠紊乱、饮食紊乱、对以往喜爱的事物都失去了兴趣、精力很难集中。观察他们是否诉说自己对生活毫无兴趣。他们很可能会说："我对生活腻烦透了，我真想自杀。"许多家庭成员听了后会这样想："他只是说说而已，不会真的这么做的。"这种想法是错误的。要知道，每个自杀的人事先都会显露一些迹象，让周围的人能观察得到。如果这一类的行为发生在一个朋友或家庭成员身上，你就应该马上采取行动，防止他自杀。有的人可能会说："我可不能问一个人他是否想自杀，我开不了这样的口。"但如果你不开口问，事态就会变得更坏。如果你不闻不问，你就不能有所发现。如果你无所发现，你就不能采取任何行动，也就是无法防止自杀的发生。所以主动开口和有自杀迹象的人谈心，十分重要。

叶落归根

两片叶子

美国著名犹太作家，1978 年诺贝尔文学奖金的获得者辛格，他的小说《生命之源》对死亡的意义作了形象化的解释，这种解释代表了美国人的死亡观。下面是这篇小说的摘要：

这是一座生长着各种树木的茂密森林……毕竟是到了入冬季节，森林到处都被色彩斑斓的落叶覆盖着，有橘黄、金黄，还有深红。一眼望去，煞是好看……层层落叶虽已枯萎，但散发出来的芳香仍随处可闻。就在这莽莽林海里，生长着一棵平常的枫树，此时尚有两片叶子垂挂在同一枝杈上，他们的名字叫奥利和特鲁法。他们竟能经历了风吹雨打的磨难之后幸存下来。谁知道为什么有些树叶凋落了，而有些竟然保留着？但奥利与特鲁法却始终坚信一点，这就是彼此真诚的爱心。两片叶子中奥利年岁稍大，特鲁法生得灵秀动人。每当遇上狂风暴雨或冰雹，他们都相互帮助，共同抗御。

当无情的寒流袭来时，特鲁法说："奥利，我不行了，你可要坚持下去。"

奥利却回答："你想到哪儿去了。没有你，我的生命也毫无意义了。不管遇到什么事情，我们都决不分离。"

"奥利，别这样，我不愿意因为我也失去了你。"

"我的一切都与你息息相关。"奥利又说，"白天，你美丽的容貌使我赞叹；夜晚，你温馨的芳香又令我陶醉。要让我独自生活下去，那就等于死亡。”

“奥利，你的赞美真叫我感到惭愧，”特鲁法答道，“你看，我美好的年华已经逝去，而岁月留给我的只是憔悴苍老。但是，我还有一件值得骄傲的东西，那就是我对你的爱。”

奥利说：“要知道我们的力量之源就是相互间的友爱，它才是最崇高而美好的东西。只要我们彼此敬爱，就能够战胜任何狂风暴雨的袭击，永远生活在一起。特鲁法，我从来没有像现在这样热爱过你。”

“真的吗？奥利，你看我已经完全枯黄了。”

“谁说只有嫩绿的树叶才可爱呢。所有的颜色都有它自己迷人的地方。”

然而就在这时，特鲁法一直担心的事情终于发生了。一阵寒风吹来，带走了她心爱的奥利，而且将她也吹得左摇右晃，险遭飘落。她望着奥利逝去的身影，用他们自己才听得懂的语言喊道：“奥利，回来！奥利！奥利！”

可是，刚刚还在飞舞着的奥利此时已消失在厚厚的落叶堆里，留下特鲁法孤零零地在光秃的树枝上摇曳。

每当天明，悲痛的特鲁法因失去自己心爱的恋人而感到惆怅。到了夜晚，点点刺骨的雨水打来，更使她陷入绝望之中。有时，特鲁法觉得这些不幸全应归罪于那些大树。瞧，叶儿飘落了，可光秃秃的树干依旧那样高耸挺拔，深深根植在大地之中，无论雨雪风霜它们都巍然不动。对特鲁法来说，大树俨然是上帝。春夏来时，它披上郁郁葱葱的绿衣，一俟秋冬却又无情地将它们抖落。它曾以自己的树液养育过千万片叶子，而后竟又眼看着它们枯萎死去。此时，绝望中的特鲁法祈求大树能够带来苍翠，让她和奥利重新生活在一起。可她的上帝并不理解，还是依然如故。

又一个黑夜降临了。这是特鲁法度过的最黑暗最阴冷的长夜。她想和奥利说句话，可四周静悄悄的，全然没有他的影子……特鲁法愈发显得疲惫不堪，渐渐地昏睡了。当她苏醒过来时，惊奇地发现自己也成了一片无依无靠的落叶，与她原来迎着朝阳醒来时的那种情景完全不同了。她的那些恐惧和渴望的心情刹那间荡然无存，剩下的仅仅是一种从未经历过的感觉。她开始意识到自己已不再是一片任寒风摆布的树叶，而是大千世界的一个组成部分了……

特鲁法终于又来到了奥利的身旁，他们像以往那样互致问候，各自表达着爱的心声。这种爱绝非短暂和易于动摇的，它具有宇宙般的永恒和伟大。奥利和特鲁法依然相爱如初。在春夏之际，他们日夜担心变成落叶而毁灭，如今他们真的变成落叶，不仅没有逝去，反而获得了永生。一阵轻风拂过，把奥利和特鲁法吹到空中。他们以极乐的心情向上飞扬，而这种欢乐是那些有幸获得自由并且永不分离的人们才能够真正理解的。

由此可以看出，生物都是大自然孵育出来的，所有的生物都来自大自然，在大自然的养育下生长，死后又回归大自然，这是最自然的现象。因此，勿为生而喜，勿为死而悲，守分知命，顺乎自然，是最好的人生态度。

一个生物单独存在时，它也许会感到软弱无力，怕死，在风雨飘摇中挣扎。但生物都有回归大自然的本能。总有一天，它日夜担忧的死亡终于会来到，可它真的变成落叶时，“不仅没有逝去，反而获得了永生”。因为它与大自然结合在一起了。由此可见，死亡究竟是福呢？还是祸呢？谁也说不清楚，古希腊哲学家苏格拉底说：“认为死亡是一件坏事的人乃是错误的。”这位哲学家临死时对周围的人说：“死别的时辰已经到了，我们各走各的路吧——我去死，而你们去活，哪一个更好，惟有神才知了。”

中国道家认为，天下万物，最后仍要回归它的根源，“夫物芸芸，复归其根”。大地孕育、滋养了树叶，叶子最后还是回归大地，回到根本。

“我们不久也要跟踪前往”

富兰克林在他兄弟约翰·富兰克林逝世后，写了一封信给死者第二个妻子前夫的女儿赫巴小姐。这样的慰问信，可称得上是古今独步。信中说：

> 我与你共同悼念。我们丧失了一位最亲爱、最有价值的亲人。但照天意和自然规律，一旦灵魂开始真实的生活，肉身就要摒弃不用。死也者，不过是萌芽状态，生之准备也。人不到死，不能算完全生。那么天堂上不朽的人物中新生一个婴儿，这群人的幸福的社会里添了新的一分子。我们为什么还要悲伤？我们本是灵，肉身是借来用的。肉身给我们快乐，帮我们求知，造福人群，这本是上天的大恩大德。等到它不合这些用途，给我们的是苦而不是乐，不帮助我们，却成为累赘；失去原来赐给我们的用意，能把它摆脱，同样是上天的大恩大德。死就是如此而已。我们有时宁可局部死亡，反而算是明智。一只血肉模糊、痛不可忍的手足既然复元无望，宁愿割断。拔牙的人毫无顾恤，因为痛和牙是相连的。摒弃整个肉身的人，立即脱离一切痛苦和痛苦疾病的根由，原来肉身不免痛苦是能使人受罪的。
>
> 你的后父以及我们自己都同被邀请，升天去享永乐。他的席位最先摆好，所以在我们之先赴会。我们如果同时出发，当然不很方便。既然我们不久也要跟踪前往，而且知道在哪里找得到他，那么为什么要伤心呢？

中国当代文学中的死亡主题

现代新诗的死亡意识

第一，注重中国传统文化的死亡价值意义和伦理精神，如郭沫若《凤凰涅槃》中的凤凰，为了打碎这个“黑暗如漆”、“腥秽如血”的“茫茫的宇宙”，不惧自焚的结果——“死亡”，而且欢乐地高唱。

第二，视死亡为“美”，刻意挖掘死亡的“形式美”，其中有道家文化的潜在作用。朱湘《葬我》：“葬我在荷花池内/耳边有水蚓拖声/葬我在绿荷叶的灯上/萤火虫时暗时明//葬我在马缨花下/永作着芬芳的梦/葬我在泰山之巅/风声呜咽过孤松/不然，就烧我成灰/投入泛滥的春江/与落花一同漂去/无人知道的地方。”死亡在他笔下成为一个美好的过程，一幅画，一首浪漫恋曲。

第三，反映佛教的生死轮回、因果报应观念。宗白华小诗《夜》：“一时间，觉得我的微躯/是一颗小星/莹然万里/随着星流//一会儿/又觉得我的心/是一张明镜/宇宙的万星/在里面烁着。”这是较典型的佛教思维。冯至《十四行集》之二一：“暴雨把一切又淋入泥土/只剩下这点微弱的灯红/在证实我们生命的暂住。”这里的“灯”是佛教文化的一个中心意象，照耀着“此在”的人生。再如废名的《海》、《掐花》、《妆台》、《灯》、《星》等诗和戴望舒的《古意答客问》、《古神祠前》、《我思想》、《眼》、《灯》等诗，都渗透了禅意与哲理。

第四，受西方唯美主义的影响。李金发“受波德莱尔与魏尔伦的影响而做诗”，诗作中经常可以读到这类唯美主义式的死亡书写。《死》直接赞美死亡：“死！如同晴春般美丽/季候之来般忠实/若你没法逃脱/

呵，无须恐怖痛哭/他终久温爱我们。”在冯乃超的《死亡摇篮曲》、《死》、《冬夜》等诗中，死亡有一层特别的色彩：“纤纤的玉手哟/给我鲜花插坟头。”死亡是与爱情奇妙地结合在一起的，死亡便显得富有超凡脱俗的诗意了。

当代先锋诗歌中的死亡意识

中国当代先锋诗歌对死亡这一特殊的生命现象表现出极大的兴趣。死亡对中国当代先锋诗人而言成了一个非常神秘的表现对象，对他们具有一种特殊的诱惑力。

先锋诗歌通过死亡来反思、确证人的生命的价值与意义，对草菅人命的“文化大革命”进行否定与批判；以北岛为代表的朦胧诗人作为“不幸的幸存者”对“文化大革命”中人们有价值和无价值的死亡进行深沉的思考，呼唤人的价值与尊严。

“文化大革命”中有一部分被作为“反革命分子”而处决的革命烈士，他们的死成为朦胧诗人思考与表现的对象。北岛以被害人的身份出现，诉说对死亡的独特感受。《结局或开始——献给遇罗克》表现了死者的悲哀及其对生命的渴望。在另一首诗中，北岛的思想又加深了一层，“死去的英雄被人遗忘/他们寂寞/他们在人海里穿行/他们的愤怒只能点燃/一支男人手中的烟”（《另一种传说》），诗人从特殊的角度表达了曾轰动一时而现在已被人遗忘的英雄的孤独感与作为死者对于现存世界的无可奈何感。“文化大革命”中部分青年因盲目崇拜、参与武斗而死亡，这些人的死亡有何价值与意义？这是朦胧诗人必须面对和思考的问题。食指在《鱼群三部曲》中形象地表现了“鱼儿”（青年人）在“文化大革命”中因盲目崇拜而死亡的悲剧命运，他们充满献身的欲望，在“太阳”的诱导下不顾一切地跃出了水面，但却落在了终将消融的冰块上，“鱼儿”最后真的死了。然而，它们的死留给后人的是什么呢？“是一堆锋芒毕露的鱼骨/还是堆丰富的精神矿藏/我的灵魂那绿色的坟墓/可会引人深思和遐想……”顾城沿着模糊的小路来到处于荒草和杂木中的红卫兵墓地，面对惨痛的历史和现实进行深思，“谁都知道/是太阳把你们/领走的/乘着几只进行曲/去寻找天国/后来，在半路上/你们累了/被一张床绊倒/床头镶着弹洞和星星/你们好像/是参加了一场游戏/一切还可以重新开始”（顾城：《永别了，墓地》）。愚昧和无知造成了他们的悲剧，这是时代的悲剧，也是民族的悲剧。

北岛、顾城等对死亡的表现，不同于传统的悼亡诗，它不仅仅是对某个人的具体哀悼，而是通过对具体的个体生命的死亡思考，来发掘人的价值和生命的价值。

1993 年 10 月 8 日顾城在新西兰惨烈地杀妻和自缢的消息传到中国大陆，人们对他的死因有种种猜测。此外，先锋诗人自杀的还有海子、戈麦等多人，诚如一首诗所言：“可以列出很多自杀的诗人/懒得列举/再说也没资格总结死亡/在弄文字的人中诗人自杀最多/并且凡自杀的诗人都是优秀的/就算是那些没有自杀的大诗人/也肯定在心里死过好几回。”

中国当代先锋诗人的自杀并不是一种简单的社会现象，更不应用心理疾病或生理疾病等去盲下结论。它应被看作是中国当代知识精英在现时段为寻找生命意义而焦虑痛苦到极端的反应。它以殉道的方式启迪着人们对生活意义的思索和追问。他们的死亡悲剧，虽然不一定能达到屈原那样崇高的境界，但也绝不至于被人们看作是一场无谓的牺牲。

当代文学的死亡意识

我国当代著名作家王蒙是个十分关注死亡问题的作家，他的长篇小说《活动变人形》以极端鲜明的形式把死亡问题提了出来。死亡问题不但延伸在人物命运的全过程中，而且渗透在人物的意识中。倪吾诚、静珍、姜赵氏的死亡都在小说结束时成为了现实。而他们对死亡的议论则在小说中一再出现。特别是小说中描写幼儿的倪藻、倪萍对于死亡问题的敏感和幻觉，更是令人触目惊心。

王蒙对于死亡问题的探索，大概是由来已久的，《活动变人形》不过是王蒙对死亡问题长期反思的一次总汇聚罢了。

例如，在他的小说《相见时难》中，主人公蓝佩玉接到父亲的死讯时，产生一系列哲学思考："人死如灯灭，如烟消，如云散。即使亲自去请教让-保罗·萨特或者罗马教皇，也理解不了死，这只是因为人人都对死理解得十分清楚——包括一只猫或者一个幼儿，它和他或她也知道死是什么。死是虚空，是另一个我们永远无法交流任何信息的并不存在的世界。又都不甘心、不情愿它是虚空，又留下了许多许多的事，许多的书信，许多的真的和假的悲哀，真的和假的怀念。"

这段话中，包含对死亡问题的两重性的某种推测。死亡问题有它纯生物学的性质。从这个意义看，死亡是生命的熄灭。凡是有生命的动物个体，无论人兽，都知道这种死亡。但死亡问题还有它的纯人生的性质。死亡对于人和兽，是既相同又完全不相同的两回事。人兽同有死的生物性感觉，但人有对死的意识、观念，有对死的情感、态度，而兽却没有。王夫之说："草木任生，而不恤其死；禽兽患死，而不知哀死。人知哀死，而不必患死。哀以延天地之生，患以废天地之化。故哀与患，人禽之大别也。"所以，死亡问题，有它属人的一面。凡有思维情感的人类个体，无论智愚，都被它吸引，而人的生存的深度，也往往体现在对它的关注的深度上。西方哲学家伽达默尔指出："人性特征在于人能构建思索超越其自身在世上生存的能力，即想到死。这就是为什么埋葬死者大概是人性形成的基本现象。"

王蒙在《活动变人形》中也写到他对于被埋葬许多年的死者的双重的人性态度："但当你突然碰到令人不好意思的陈旧的记忆的时刻，便如瞻仰古尸。你不自在。你想跑又想走近看一眼。你凄然。你感到肃穆的久远。你慢慢摘下了你的帽子。你知不知道那样一种东西使活人与死人相斥相厌又相亲切。我想那也是一种——吸引力。”

这里所说的是生者对于死者的双重的人性态度。早在王蒙的第一部长篇小说《青春万岁》中，作家就初步涉及对死亡的两种态度。小说描写在旧社会天主教会的“仁慈堂”里，8 岁的“毛毛乖”的惨死给善良的呼玛丽巨大的冲击。一方面她相信“毛毛乖”已经得到了天国的幸福；另一面她面对一个幼者惨死的具体情景仍然十分难受，而且流了泪，以致她向神甫忏悔说：“毛毛乖死了，进了天国，我不该哭。我的眼泪也是有罪的。神甫，既然人死了能进天国，那么就让我早点死了吧。”

理性上对死亡的超脱和感性上对死亡的哀伤的巨大矛盾，竟然使呼玛丽产生了求死轻生的想法。这个故事的哲学意义在于，任何超脱死亡的宗教幻想和道德理念都不能取代个体目睹亲人死亡时必然产生的恐怖、惨痛的情绪。死亡问题之所以对于人生有重大意义，其根本原因也就在这里。

王蒙此后沉默了二十多年，他复出后，由于经历了反右和“文化大革命”的灾难，他在创作中表现出来的对死亡问题的感受，比 20 世纪 50 年代深沉得多了。

王蒙在《布礼》和《蝴蝶》两部小说中，比较集中地表现了自己对死亡问题的新的反思。

《布礼》记录了主人公钟亦成由于事实的教训而发生的在死亡问题上的观念的变化。

钟亦成少年时代，被错划成右派，当时他少不更事，凭着满腔热血行事，对死亡抱着过于简单化的观念。他在被批斗时竟产生了这样的想法：“就像匈牙利枪毙伊姆雷·纳吉一样。中国如果需要枪毙一批右派，如果需要我，我引颈受戮，绝无怨言！”这是一种对个体生命过分贬抑的态度。

每个人都有过青春年华，好似一年之中总有美好的春天。春天去了明年还会来，但青春则一去不复返。（伊朗诗人《海亚姆四行诗集》插图，伊朗　礼萨·巴德罗尔萨玛作）

经过“文化大革命”的长期严酷的环境后，钟亦成在死亡问题上的观念发生了很大的变化。特别是绝对虔诚的宋明的突然自杀，给他留下了十分痛苦的印象。他认为这样的死去太不值得了。他心中产生了对生的无比眷恋，放弃了一切轻生自杀的念头。物极必反。“文化大革命”中在革命的名义下对人的生命的毫无顾惜的践踏，反而使钟亦成珍惜人的生命，人的价值，人的权利。正是他身上的人的尊严感的觉醒，使他能咬牙挺住那些年的折磨和苦难，活到了解放的那一天。

与《布礼》相比，《蝴蝶》对死亡问题的描写更深沉，更富有人道主义精神。这主要体现在海云的死对张思远的冲击。海云是在极“左”的狂潮中死去的。张思远对她的死亡的追思悼念，包含着自己的反省和忏悔，也就是对自己过去那种轻忽死亡的非人性态度的否定。

> 枝头的树叶呀……你等待着夏天的繁茂，你甚至也愿意承受秋天的肃杀。最后飘落下来的时候，你甚至没有一声叹息……但是，如果你竟是春天，在阳光灿烂的夏天刚刚到来之际就被撕掳下来呢，你难道不流泪吗？你难道不留恋吗？虽然树上还有千千万万的树叶……然而，你这一片树叶却是永远不会再现的了……你却永远不会再接受到阳光和春雨的爱抚了，你也永远不会再发出你的善良的絮语了。

这段文字含蕴着哲学思辨内容，即对个体死亡的沉重悲叹。每一个微小的生命都有它自己存在的价值和意义。个体的生存是不可再现的，个体的死亡也是不可重复、不可替代的。宇宙的永恒存在，不能代替个体的短暂存在。而个体只能独承它自己的死亡的全部重量，所以死亡对于个体就是首要的问题。

在“文化大革命”初期，张思远为了保住自己，横下心把下级一个个地抛出，说明他过去长期漠视个体生命存在的价值。而现在，海云的死震动了他，使他产生一种感同身受的痛楚。当他知道海云是投环而死时，他甚至“感到了在蹬倒凳子以后那一刹那，绳索像铁钳一样咯吱一声勒断喉咙的痛苦”。这是人性在他心内的觉醒。

在王蒙的小说中，主人公对死亡问题的思索还含有对生存状态的深沉的反思，如《蝴蝶》中有一段这样的话：

> 栓福大哥讲过一个理论：人总是要死的，急急忙忙地做事情，也就等于急急忙忙地去死，不慌不忙地做事情，也就等于慢腾腾地去死。真是高论。

用生的松懈来推延死的到来，这是一种来自草野民间的淳朴而无所作为的人生观。《湖光》中李振中心里对死亡有一种旷达超脱的观念：

> 人类正是因为有生老病死，有火葬场和产科病房，有养老

院和托儿所，有追悼会和婚礼……才有流动和变化，才有令人爱恋的生活。

但《听海》中那位丧妻的盲老人的超脱达观，更显得亲切动人：

> 妻确实是已经死了，但她分明是活过的，他的盲眼中的泪水便是证明。这泪水不是零，这小虫不是零，他和她以及一切的他和她不是零……当他们走近零的时候，零作为分母把他们衬托起来了，使他们趋向于无限，从而分享了永恒。

通过王蒙的作品，我们可以发现，随着时代的前进，现代的中国人已经开始对死亡问题中的人的哲学意味进行思索了。

20世纪80年代后期兴起的先锋小说运动，把笔触直接指向了世俗生存中的个人，他们凡庸、焦虑、充满苦恼的内心生活，他们的生命恐惧、生存诘问以及复杂幽深的潜意识世界。

作家余华过早地熟知了“死亡”，做外科医生的父亲总是满身血迹地出入于病房和手术室。读小学四年级时，他的家就住在医院太平间的对面，“差不多隔几个晚上我就会听到凄惨的哭声”。

由此，余华成了先锋小说作家中对死亡的直接与正面描写反复出现最多的一个。我们甚至还可以看出他在这方面的某种偏执。

他的作品《死亡叙述》、《往事与刑罚》、《河边的错误》、《世事如烟》、《命中注定》、《一个地主的死》等几乎都是直接描写死亡景象、事件或主题的。这可以使我们看出童年生活经验对于他的深入灵魂的影响。

作家阎连科在他的40万字的长篇小说《日光流年》把叙述空间置放在耙耧山脉中的三姓村，这个只有杜姓、蓝姓和司马姓三姓及几十户人家的小村，地处耙耧山脉三县交界的地方，闭塞得几乎与世隔绝。这里的人因水土的恶劣而得了一种不治之症，每位三姓村的人都因喉肿活不过40岁。《日光流年》通过对三姓村几代人艰苦卓绝地与命运抗争的历时性描述，完成了生命意义的指认。这个封闭自足的自然村落从种油菜、翻地到修渠引水，终于未能改变命运。渠水引来的是漂浮着工业污水、塑料袋和动物尸体的臭水，遂使每一位为命运扼住喉咙的三姓村人都不能不对着自己也向着世界发问：生命的意义何在？人们为改变自身处境所做的种种努力意义何在？

答案是令人瞠目结舌的：生命没有意义。这种对生命无意义的指认，其本身就是一种意义。就像数学中的“零”使所有的自然数成为有理数一样。

女作家毕淑敏是医生出身，行业的特殊性，使她比一般人更多地接触到死亡。但她的心灵并没有因此而变得粗糙、荒芜、冷漠。她曾在西藏高原当兵多年，由于特定的年代及特殊的气候条件，许多年轻人还未来得及绽放青春的花蕾就死于非命，这深深地刺痛了女作家的心。过去，我们很少看到哪位作家能像毕淑敏这样热衷于体味死亡，描绘死亡。

“我们这个民族不喜欢议论普通人的死亡。我们崇尚的是壮烈的死、惨烈的死、贞节的死、苦难的死，我们蔑视平平常常的死。”可大多数人的死都是“平平常常”的死，而作者所要探求的正是这“普通人之死”。

在《预约死亡》中，作者将大量的死亡集中地展现在读者眼前：住在这所医院的病人平均入院时间 13.7 天，就是说在不到两周的时间内将死去，死亡以前所未有的直露凸显出来。他们患着各种各样的疾病，忍受着来自肉体和心灵的双重煎熬。孤独的在渴盼温情，遭受巨痛的急盼死的解脱，深感此生痛苦的在幻想来世的美好，也有的人已失去了对痛苦和欢乐的任何感知……

《昆仑殇》的故事的背景是极“左”的年代，一个不尊重科学，不尊重生命，不实事求是的病症恶性流行的年代。

在海拔 5000 米的高原永冻地带，零下 40℃的严寒，中国军人正在徒步行走。他们给养极差，没有必要的御寒设备，甚至还被人为地造成饥饿。而进行这次原始行军仅仅是因为“一号”与“呢军帽”争高低！

人对于不正常的突然死亡的恐惧是最显著最强烈和最深刻的。（法国 籍里柯：《梅杜萨之筏》）

仅仅是“一号”想在军区制造一个别人无法超越的坐标！

“一号”的特殊在于他可以决定许多人的命运，他被一种外在的生命的力量所支配，同时他又成为支配他人生命的不可抗拒的外在力量。伴随着大量年轻人的死而来的是“一号”地位的升迁。随着冲动的消失，人性的良知站立起来，它以那一个个巨大的墓坑拷问着“一号”：这就是死亡的意义？

孙少山的一系列作品，从《燃烧》、《八百里深处》、《陡坡》到《困龙》、《黑色的沉默》、《死界三题》，说明孙少山是触及死亡主题最多、最成功的一个。在孙少山的作品中，绝大多数都是普通矿工，在他们身上，可以看到人类发展的影子。他们在漆黑的洞里，承受着来自四方八面的危险，但他们仍顽强地向大自然索取光和热。通过他的作品，可以看出，人类发展的历史，就是生命和死亡的历史。

李锐的小说中有大量关于死亡的描写，在他的系列小说《厚土》里就有众多人物成了他笔下的亡魂。作家在死亡描写中倾注了极大的热情，运用了多种手法，从不同的角度用不同的方式来描写死亡，李锐小说的死亡描写是对人的真实处境、对生命的真实状态的关注。

李锐的家庭曾有过往日的辉煌与衰败，消耗了他的许多亲人的生命，“文化大革命”又使其家破人亡，这种个人的痛苦的经历，在作家的心里得以升华为对整个人类历史上的苦难的思考。

江西省青年女作家温英霞最初发表的13个中短篇小说，竟有9篇写了主要人物的死。她的第一篇小说《阿清》是写一个12岁的男孩，攀上9层高塔掏鸟窝不小心摔死的故事。《彩棺》的主人公一生都与棺材做伴。

死 法

周作人的散文《死法》，以玩世不恭的口吻谈论各种死的方法，这是以旁观者的眼光谈论别人的死，而不是谈自己的切身感受。文中说：

> “人皆有死”，这句格言大约是确实的，因为我们没有见过不死的人……死既是各人都有份的，那么其法亦可得而谈谈了。
>
> 统计世间死法共有两大类，一曰“寿终正寝”，二曰“死于非命”。寿终的里面又可以分为三部。一是老熟，即俗云油尽灯干……二是猝毙，某一部机关发生故障，突然停止进行，正如钟表之断了发条……三是病故……快的一两天还算是慈

悲，有的简直是长期的拷打，与“东厂”不相上下，那真是厉害极了……但是长寿非可幸求……大多数人的命运还只是轮到病故……所以欲得好的死法，我们不得不离开了寿终而求诸死于非命了。

非命的好处便是在于它的突然，前一刻钟明明是还活着的，后一刻钟就直挺地死掉了，即使有苦痛（我是不大相信）也只有这一刻……不过这也不能一概而论。十字架据说是罗马处置奴隶的刑具，把他钉在架子上，让他活活地饿死或倦死，约莫可以支撑过几天。火刑是中世纪的宗教裁判所对付异端的，但当时烤得难过……都觉得不很好。斩首原是很爽利，是外国贵族的特权……但是孤零零的头像是一个西瓜……似乎不大雅观……吞金喝盐卤呢，都不免有点妇女子气；吃鸦片烟又太有损名誉了，被人叫做烟鬼……怀沙自沉，前有屈大夫……只恐怕泡得太久……殊少风趣。吊死据说是很舒服……什么书上说有缢鬼降乩题诗云：“目如鱼眼四时开，身若悬旌终日挂。”……想来想去都不大好，于是乎最后想到枪毙。枪毙，这在现代文明里总可以算是最理想的死法了……

作者在文中列举各种死法，评价其好坏，但由于作者没有把自己的死亡考虑在内，缺乏真切的感受，因而算不上真正揭示死亡的内涵的作品。

作者写此文时，万不料自己会死得比上述死法都更凄惨，周作人死于1967年5月6日，死时无一人在其身边，连骨灰也没有准许家属收取。自1966年8月24日开始，周作人被红卫兵进行“无产阶级专政”，备受折磨。手持皮带的红卫兵令年已八旬的他跪在地上，接受批斗，边打边审。游街时，他脖子上挂着沉重的大牌子，更无力行走，只能跪在地上边呻吟边爬行。他多次求家人给他安眠药，渴望尽快了此一生，但未能如愿。往日十分清高的周作人落得如此死法，令人扼腕叹息。

沈从文在《1911 年凤凰暴动记》一文中叙述一种奇怪的死法——以抛竹片（打卦）来决定生死：

> 每天，都有一二百无辜的农夫被抓起来。长官不会全放他们走，也不想统统杀了，使用一个仪式来解决这个难题。兵士把犯人带进庙堂，每个人都要抛竹片：一面向上一面向下是“正常的”，这犯人便可放了；两面朝上示一“阳”卦，也要放人；两面朝下则为“阴”卦，犯人便被判死刑。生死就在一掷之中。

这也是冷眼观察别人的死亡，缺乏自己对死亡的真切的感受。只有描写自己的死亡体验的作品才称得上真正的死亡手记。一些描写集中营和战争的作品就称得上这样的不朽之作。在这些作品中，作者目睹无数

在集中营里，人们的灵魂早已不存在了，人像木头一样地活着。(以色列约瑟夫·鲍回忆录《上帝，你挨过饿了吗?》插图)

死亡事例，同时也充满自己九死一生的体验。

在奥斯威辛集中营也有用抽签来决定生死的作法。博罗夫斯基在《奥斯威辛，我们的家：一封信》中叙述说：“另一件事是死亡。我听说一个营地每天一次都运来几十个囚徒。但营地每天只有定量的食物配给，营地总是多出好几打人。所以每天晚上都用牌或火柴分组来抽签，第二天，落选的人就不必去干活了。待到晌午时分，这些人便被赶到带刺的铁栅栏后面枪毙掉。”

纳粹集中营中的幸存者曾目睹过无数次死亡，也亲身经历过无数次死亡。由于他们经历了人间最大的苦痛，因而认为，生活在和平日子里的人们，不管他们去世时是何种死法，与纳粹集中营的人相比，则总是幸福的。莫勒尔在《一个纳粹营中的幸存者》中写道：“你们是幸福的，病了你们会有人照管，你们也可以去照顾别人。你们是幸福的，你们多么幸福啊！你们就像生活一样平凡地消逝，在医院的床上或者自己的家里。你们所有人都是幸福的，千千万万的人羡慕你们。”

能够获得善终就是最大的幸福，能够平安地度过一生然后平静地逝去，就是最大的幸福，人是大自然哺育下的一个微细的分子，人应当知足。

濒死体验

严格地讲，任何人都不可能经历和体验到死亡。死亡只是一个瞬间，当我们还保持着意识，还能体验死亡时，实际上根本没有死；当已经死亡时，体验又根本无从谈起。

然而，近几十年来，西方国家正在对一种奇特的濒临死亡的现象进行认真的探索，许多学者都被卷进了这股浪潮。伊丽莎白·库伯勒·罗斯博士在 1960 年调查过 1000 个进入弥留，死而复生的人，他们觉得死亡过程并不可怕，反而觉得无比祥和。这些人从此悟出爱与服务乃生命中最重要的事情。1975 年，著名哲学家、医学博士雷蒙德·穆迪发表了名为《生命后的生命》（《*Life after Life*》），轰动了西方。穆迪把这种现象定名为“濒死体验”。他认为，濒死体验是人在弥留之际因为恐惧死亡而产生的一种现代科学尚未发掘的奇特现象。

据说，1983 年，美国的一家医院正在抢救一个老妇人，屏幕上的心电图曲线表明，她的心脏还在微弱地跳动。突然，荧光屏上显现出一条直线，老妇人的心脏停止了跳动。3 分钟后，经过抢救，老妇人的心脏重新启搏。

第二天早晨，老妇人带着欢乐向大家叙述自己的“地狱之行”：“我穿过一片令人快乐的黑暗，看见了灿烂的阳光。我感到无比快乐。”

人们想象的“地狱之行”如此恐怖，而有“濒死体验”的人却感到如同进入天堂一般无比快乐。（意大利现代画家古图索作）

据纽约世界民意测验研究所 1988 年在美国进行的一次广泛的调查显示，800 万美国人声称曾经经历过濒死体验的“地狱之行”。可见，这是一个十分重要而普遍的认识和心理现象。其中最典型的是汤姆·索耶的经验。

一天下午，索耶躺在载重卡车下修车。突然，千斤顶松脱，3 吨重的卡车压在他的腹部，索耶发出一阵撕裂心肺的叫喊。正在旁边的女儿立即奔跑呼救。不久，消防队员赶来，把一只抓斗放在卡车的底盘两边，慢慢启动绞盘。当卡车从索耶的胸腹部移开时，他失去了知觉，停止了呼吸。在医院，经过医护人员通力抢救，终于夺回了他的生命。

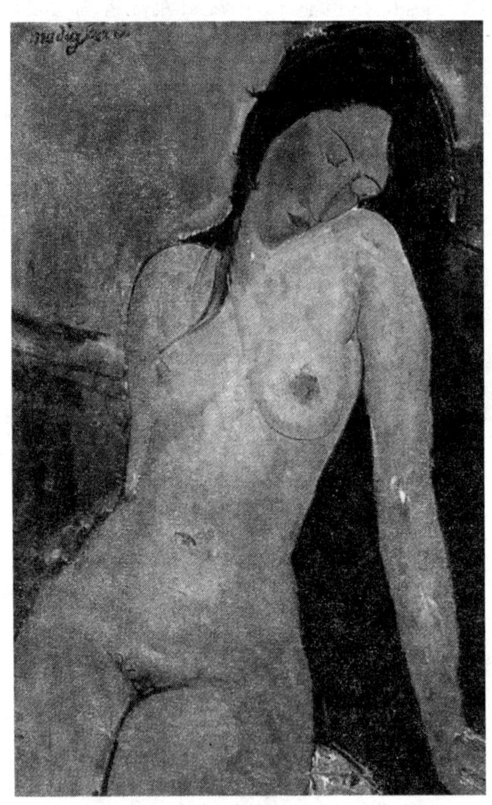

深深掩埋的爱情记忆蓦地出现在她的脑海里。（意大利画家阿米德奥·莫迪里阿尼《裸体画》）

后来，索耶在一次记者招待会上，强抑着欢快的泪水，描述自己的濒死体验。

当消防队员把他从卡车下抱出时，索耶觉得自己的躯体一分为二，一半在消防人员手上，另一半飘到了空中。

突然，索耶看到了自己的另一躯体正躺在担架上，血从嘴里喷涌而出。起初，他觉得自己距地面只有 3 米左右，随即上升到 5 米，10 米，100 米……他看见载着自己躯体的救护车在高速公路上飞驶。

这时，索耶发现眼前的

景象消逝，自己被推进一个黑洞中，不时碰到洞壁。突然，前方出现了一丝光线，它先是犹如天际中的一颗星星，瞬间，又变成一轮黎明的太阳，他眼望着这轮红日，感到无与伦比的快乐。他越是朝金色的阳光接近，对宇宙的认识就越加深刻。就在这时，一个似乎被深深埋没的爱情记忆蓦地出现在他的脑海里，他醒悟到，这奇特的光线本身就是由爱情组成的。

忽然，洞口出现了他那已经过世的父亲。他身材高大，浑身放射出彩色光芒，头顶上环绕一束光轮，笑吟吟地朝他走来。转眼间，他的脑海里出现了一幕幕重大的生活经历，如生日盛典，初中毕业典礼，订婚仪式，甜蜜的婚礼……

最后，他同光线融合在一起，许多美妙的景色在眼前经过，他清醒地意识到，自己就是这些美景，就是飞逝的森林、高山、河流、银河……宇宙的一切奥秘展现在他的面前。

索耶经过这次“地狱之行”后，狂热地迷上了物理学，尤其是量子力学，很快就获得了物理学学士学位。他对记者说：“从那次事故发生以后，我在同神秘光线融合的瞬间，就忽然意识到自己已经掌握了物理学的全部知识。”

另一个有“濒死体验”的人名叫菲力浦·拉布罗，他的经历发表在一本叫做《过渡》的书里。菲力浦·拉布罗叙述道：“我觉得，我似乎从自己的身体里走了出来……我看见整个房间的陈设：墙壁、医疗器械、隔屏……然后我看见自己的身体躺在血泊中……这种情况没有延续很久。我的身体和灵魂都被吸入一个洞中，洞里面有一条隧道。似乎，隧道是个缓缓的上坡。越往上走，就越明亮……我只看见光，其余的什么也看不见……这种光使我的心头产生了一种从未有过的平和肃穆的感觉……这时候，我心中只感到安宁、和睦和无限的爱……这种爱是难以形容的。我希望把爱给予我周围的一切人……我正穿过一股同情、温柔和理解的暖流。”

菲力浦·拉布罗讲的是他生命垂危时的感觉，当时他躺在一家医院的复苏病房里。他还说自己在隧道口遇见了许多人，既有男人，也有女人，但都是逝世了的人，而且都是他的亲朋好友，他们似乎是在列队欢迎他，同时和蔼可亲地鼓励他说："来吧，来吧。"拉布罗很怀念他们，但他们的邀请太执著了，令他不喜欢，并且他也不太愿意加入他们的行列。这时他觉得自己正站在一条黑色的鸿沟的边缘。他又看见了光，心中洋溢着最朴素的普及万物的爱，仿佛来到了天堂。

上述这些人的感受是一般的幻觉吗？莫非他们已进入了一个神秘的领域？在这个关头，他们的身体正因一个问题犹疑不决：要不要把灵魂交给上帝，而他们的灵魂本身（也可以说是神志或大脑）却独自活着，很可能达到了某种亢奋状态，像观看电影一般，观看着下意识的黑色屏幕上的影像？莫非这是中断了的死亡过程的一个偶发事件？莫非这是处于进入阴间世界的门槛上？

西方一些科学家认为，这是人们达到现实世界的边缘，意识快要丧失时的感受，是人们生命的最后一道痕迹。有这种感受的人并没有死，他们只是与死神谈了一阵爱，但没有与死神结婚。苏醒过来后，他们回忆起见过和感受过的场面和形象，感慨万千，因而对人生进行新的反思，从此判若两人。

笔者也听见一些亲友谈过濒死的体验。笔者的表哥邓宏逖先生住在香港，运用理疗方法给人治病。经他治愈的病人数以万计。他本人年届80，因病入医院动手术。手术后身体极衰弱，差点死去。康复后他写信给笔者说："当我的病情极严重时，我看见病房中来了许多人，我心中知道，这是些鬼魂，但我心中并不害怕，因我知道鬼魂是没有力量的，用不着怕它们。后来我又看见了天堂和上帝，上帝挥手命我快回去，说我还没有到时候……"表哥在信中还着意说："这绝不是幻觉，而是千真万确的经历，从此我更加相信上帝……"

美国许多学者都承认"濒死体验"是一种存在的现象。本书前已提及的生死学大师伊丽莎白·库伯勒·罗斯从20世纪60年代以来一直研究这种现象。她在美国多家医院参与抢救生命垂危的病人，等他们苏醒后，收集他们的千奇百怪的体验。上文提到的雷蒙德·穆迪在他出版的书中收集了有关此现象的150例故事，还对每例故事以适当的方式作了分析。颇为可怪的是，这些故事都大致相同，病人们叙述的是同一种经历，只是一些细节有出入。他们无论是男人或女人，都经历了差不多的由生到死的过程。最初，他们听到医生诊断他们已临床死亡，然后听到某种破裂的声音，感到自己已离开了原有的肉身，超脱到空间和时间以外，他们进入一条隧道，看见了光，遇见了不少人，这些人都是他们十分珍贵的亲人，而且大都已离开了尘世，他们在一个屏幕上看见了自己过去的生活。他们的心中充满了爱。可突然（啪的一声!）他们又回到了尘世。当时他们的心中是多么遗憾啊！同样的叙述，同样的情节。当然，并非每个从死亡边缘中抢救过来的人都有这一类的非凡经历。穆迪在书中作结论时，态度颇为审慎。他说：濒死体验是存在的，不可能否定它。然而，人们体验到的这些过程乃是生命的碎片，而不是梦境或幻觉。他还指出，如果站在科学的立场上，濒死体验的本身并不能证明死后还有生命的存在。因为当时真正的死亡还没到来，只是一般人认为这人已经死了。

穆迪的书在西方引起了轰动，濒死体验的研究成了热门。研究濒死状态的国际协会成立了，欧洲各处也有它的成员。美国的统计数字表明，40%接触过死亡的人都记得他们的濒死体验。他们的故事都是很完整的，被收入这一类的书中。在美国，谈论濒死体验已成为平常的事情，各种迷信巫术活动（招魂术等）也十分盛行。例如，贝特·伊德在《另一个世界的怀抱》一书中直截了当地讲述自己的彼世经历，说她怎样与保护天使在一起，怎样亲自见到耶稣，等等。同时，她在书中表述自己的遗憾，因为她不得不再次返回尘世，不过，她这次阴界之行并非毫无所获，至少她从此有了第六感觉，这使她能看见每位来访者的一生的经历。穆迪在他的书中说，50%的有临床死亡经历的病人看见他们死去的亲人都有血有肉，皮肤有色彩，占有一个人的体积。他们向他一五一十作了描述，使他对此深信不疑。应当指出的是，穆迪把他的办公室设在一座印第安人神殿的水磨坊里，这样的环境气氛对于启发来访者的灵感很有帮助。

在德国，曾进行过一次“死亡试验”，参加试验的有42名年轻力壮的男女志愿者，试验者利用药物，使42名志愿者完全失去知觉22秒，然后，再让志愿者醒过来。在这22秒的短暂时间里，志愿者各有所获。有的看见了彩光，有的看见了亲友，有的看见了自己发着蓝光的“灵魂”从自己的肉体中逸出，有的看见了一条发光的“隧道”。

心理学家肯尼斯·赖因格将人类的“濒死体验”分为学术界已基本认可的五个阶段：(1) 安详和轻松阶段。濒死者觉得自己在随风慢慢地飘浮，逐渐进入黑暗，有种极度平静、安详和轻松的感觉；(2) 意识逸出体外阶段。濒死者觉得自己的意识逸出体外，在半空浮游。许多人还觉得自己的身体形象脱离了自己的躯体，在远处极其冷漠地观察着医生或亲友在自己躯体周围忙碌着；(3) 通过黑洞阶段。濒死者觉得自己被一股旋风吸到一个巨大的黑洞口，并在黑洞中前冲，身体遭到挤压、牵拉，洞里有嘈杂的声响。这时，他们的心情更趋平静；(4) 与亲友欢聚阶段。穿过黑洞，濒死者发现洞口处隐约闪烁一束光亮，一当接近光亮，就觉得是给予自己一种纯洁的爱情。亲朋好友都在洞口迎接自己，有已逝者，有在世者，但全部形象高大、绚丽多彩、光环萦绕。这时，自己一生的重大经历在眼前一幕幕飞逝而过，其中大多数是令人愉快的重要事件；(5) 与宇宙合一阶段。濒死者同那束光亮融为一体，刹那间觉得自己犹如同宇宙合在一起，同时得到一种最完美的爱情，并且自以为掌握了整个宇宙的奥秘。还有一些科学家通过对经历过濒死体验的幸存者进行调查，发现除这五大阶段外，还有醒悟感、与世隔绝感、时间停滞感、太阳熄灭感、被外力控制感、被“阎王审判”感、升天成仙感等，五花八门。

西方社会就濒死体验现象展开了争论，结果形成两个派别，两派各执一端，很难一致。一派将神秘主义的谶语也当成是可信的，另一派站在纯理性主义的立场，对这种现象进行十分牵强的科学解释。法国文化历来有唯理性主义的传统，因此，法国科学家们对濒死体验现象持怀疑态度，他们力求运用科学方法研究它。在这个国家很难收集到这方面的实例，因为，那些从死亡边缘活过来的人害怕被人看成是疯子和玩世不恭的人。

例如，马赛的圣马丁教学医院的颅脑损伤专科主任库拉卢奇就从未遇到过类似的现象，即使他亲自抢救了350例这样的病人，并且等病人苏醒后，曾一一向他们打听昏迷时的感受和体验。法兰西麻醉和复苏学医士学校的秘书长马瑟尔·维拉尔博士也从未遇见过这样的病例，尽管他不怀疑濒死体验的存在。法国精神病理学家帕特里克·德瓦伦认为："濒死体验是存在的，但是十分稀少。一千个病人中，只有一个人能记起复苏状态时的感受。"

德瓦伦从专科学院毕业时，正逢上穆迪的著作问世卷起的热潮，他决心把自己的博士论文的题目定为濒死体验问题的研究，同时着手采访一些大型的复苏中心。但他只记下三个病人的濒死体验。其中有一位男士，心脏停止了跳动，当他被抢救转来后，十分恼怒，说道："我刚才在天堂里，那里面的情况多么美好。可现在呢，一切美景都不见了，我又躺在这间病房里，气息奄奄，瘦得皮包骨，我真受不了！"另一位是巴黎一所造型艺术学校的写生画教师，患了脑溢血症，看见自己临死时化作了一个光球，在一个黑暗的空间中运动。然后他成了一个巨大的光彩夺目的正方形阴间世界的一部分。他病愈后，对这种景象仍记得十分清楚，并且从此精神十分忧郁。第三位是个警官，他得了脑膜炎，处于半昏迷状态，在自己的病床上看见了巨大的阴间世界。他从此成了一个虔信的基督教徒，说道："我有一个深刻的印象，这是耶稣基督救了我。"

德瓦伦的论文中援引的这三个病人的口述在西方并不新奇，自从穆迪的书出版后，西方的报刊上，甚至书籍中登载了无以数计的这一类故事。这些故事都大同小异，情节彼此切合，不管说故事者何种年龄，何种性别，或者是何种原因进入死亡状态的（心跳停止，手术后的昏迷，汽车失事，等等)，他们都有大致相同的体验。

因此，西方学者普遍认为，濒死体验是存在的。但是这种现象的真正实质是什么？西方学者对这一点众说纷纭，莫衷一是。科学家们想要弄清楚的是，在这种现象中，幻觉占有多少成分？药物（包括大量使用的精神病方面的药物）起了多大的作用？大脑活动过程的化学机理对此有何影响？下意识占有多少成分？对这些问题的解释仍旧是漆黑一团，正如人临死时刻所看到的黑暗一样。

一、濒死体验是如何产生的？这些科学家说，处于全身麻醉或深度昏迷的病人不会有濒死体验。这种体验只会产生于有限的状态中，即病人对眼前所发生的事情尚有一定的意识的时候，或者病人处于苏醒边缘的时候，或者病人的死亡危险已不太大的时候。据他们说，某些身体十分健康强壮的人，当他们自认为快要死亡的时候也会产生濒死体验（例如，当一个登山运动员从 100 米的高空摔下来的时候）。另外，某些与死亡完全无关的状态也会产生这种体验：性生活的高潮中，修炼瑜伽功时，处于神秘的迷离恍惚状态时……

二、为什么会看见已故的亲人和天堂？研究这些现象的科学家说，病人看见的并非都是已故的人，有一个姑娘既看见了已故的母亲，也看见了健在的父亲。有一个用手枪误伤自己胸部的青年在昏迷中看见了他的十分健康的表妹。至于濒死体验中所看见的大都是死去的亲人，这也不足为怪。由于我们与死者的关系，我们心头总是存有对他们的亡故特别惋惜的感情，总盼着能有机会与他们在地下重逢。更何况人的脑海中早就有一种关于死亡的观念——死后必能见到逝世的亲友，这是与他的文化视野相符合的。

科学家们指出，许多证人都回忆说看见了天堂，这也只能从他们的文化背景上找原因。由于文化的差异，东方人看到的天堂一定与西方人不同，而西方人本身由于文化教养的不同，至少有 4—5 种不同的天堂观念。对某些人来说，天堂是个纯洁无瑕的世界。对另一些人来说，天堂可能是一座帐篷，一个长满百合花的岛屿，或是耶路撒冷的空中城市……

科学家还认为，人的机体本身对于这些产生于濒死状态的幻象也有相当的作用。心脏活动的障碍，脓毒性或外伤性休克，大脑血液循环的突然受阻，等等——所有这些病变都改变我们的感觉。例如，供血不足会使大脑中司记忆的部分处于隔离状态。这部分组织失去控制之时会十分活跃，由此产生了全景电影般的场面（病人看到了自己过去的生活或者其片断）。供血不足本身也可以导致大脑分泌一种激发神经活动的物质（谷氨酰胺酸），这些物质会引起各种各样的幻觉。

三、为什么会进入一条黑暗的隧道和出现灿烂的光？专家们认为，这种幻象意味着病人从极度的丧失感觉的状态过渡到最后的复苏状态。德瓦伦博士解释说："人身上有一个专司黑暗与光明循环更替的普遍都有的想象力范围。"因此，如果你要求处于催眠术梦境状态的病人沉入黑暗的时候，过不多久他们会自己想象有光，这说明他们不可能长久忍受黑暗。另一方面，如果你要求他们升入光明的天空，他们在一定的时刻会遇到阻碍，这些阻碍力量威胁他们的梦景，使他们眼前的景象暗淡下来。

黑暗与光明——这是襁褓中的婴儿最初的基本体验。当婴儿不再与母亲接触的时候，他体验到离开母亲的孤独感。当光线产生时，他重新找到了母亲，体验到一种发现的感觉。德瓦伦作结论说："在生死之交的紧张状态中，人们体验到这种婴幼儿的感觉：从极度的忧郁转向极度的欣慰。"

四、为什么会有迷离恍惚的感觉和感到纯洁的爱？在十分紧急的状态中（身体强烈用力时，身体处于强烈的应激反应时，身体遭到重大的意外损伤时，或者心脏停止跳动时），大脑会制造出大量的 β 内啡肽，这是一种激素，它会消除疼痛感，也会引起某种迷离恍惚的感觉。神经病学家香塔尔·奥泽·欧解释说："这种激素物质是产生幸福感的基础，病人报告说他们感到爱和幸福的原因就在于此。我们常用狗做实验，狗的心脏停止跳动的时刻，它体内就释放大量的内啡肽。"多年从事悲痛感问题研究的心理学家马里·弗雷德里克·贝克博士补充说："这种突然产生的幸福和爱的感觉类似麻醉剂成瘾者注射麻醉剂后的感觉。"

德瓦伦在解释这种特别和谐欣慰的感觉时，提出了一种假说：每个人的身体和精神中都有一种进入迷离恍惚状态的特殊潜能，也有一种产生忧郁感的潜能。

德瓦伦还提出，迷离恍惚状态是一切宗教的基础。佛教创始人释迦牟尼原为王子，有感于人世生、老、病、死各种苦恼，舍弃王族生活，出家修道，在菩提树下静坐思维，长久进入迷离恍惚状态，最后达到觉悟，创立了佛教。伊斯兰教的创始人穆罕默德原为富商，中年时期，他多次感到神思恍惚或见到幻象，也就是说进入迷离恍惚状态。当这样的情况发生时，他就感觉自己是受神的启示，从此大彻大悟，并说出一些关于各种不同事物的神秘论述。随后，他说服了他的一些亲友，使他们相信他是神的使者，是神派他来宣示上帝意旨的，他口述的神的启示，被他的朋友们记录下来，汇集起来并印成一本叫《古兰经》的书。穆罕默德就成了伊斯兰教的创始人。基督教的圣徒保罗原为虔诚的犹太教徒，大祭司派他前往大马士革搜捕基督教徒，他行近大马士革时，忽然进入迷离恍惚状态，他感到自己被强光照射，耶稣在光中向他说话，嘱他停止迫害基督教徒，自此保罗转而信奉耶稣基督，成为有名的圣者。由此可见，迷离恍惚状态在宗教的产生中起了何等重大的作用。

五、与身体分开之谜。形与神是一体的，这是唯物主义的观点。如果形与神居然分开了，这的确是濒死体验给人印象最深的一个场面。病人觉得在自己的身体上面飞，精神离开了肉体，这多么奇异啊！

科学家们解释说，与身体分开的感觉事实上只可能发生在两种完全相反的状态中：思维极其微弱的时候和思维亢进的时候。在第一种状态中，由于深度昏迷（或者刚刚开始苏醒），从身体传到大脑的信息极少。在一定的时刻，这可能导致一种奇怪的体验，您甚至感觉不到自己的身体的存在。在您的想象中，您可能在向下降或向上飞。某些人通过意愿也可能达到这种状况，使用招魂术或催眠手段，也可使这种状况出现。

第二种状态（思维亢进状态）也可以使人丧失与身体的联络，这是由于强烈的应激反应或致命的危险使得思维过程变得极其快速和极其强烈。于是，一切关于我们身体状况的平庸的感觉都被其他的感觉流排挤掉。这时，可能产生上升或下降的感觉，似乎人的意识已不知道用何种方式来体现自己。人们将看见自己浮在自己的身体上方，而他所处的地点（复苏病房或手术室）的四周景象也历历在目。

病人在这个时刻看见的事物既有自己的身体，也有外科医生和其他的急救设施。他所看见的是否与真实情景完全切合呢？是的，完全切合。但也会出现少许偏差或一些细节失误。例如，他们看见的救火车是蓝色的。还有一位患者把护士头发的颜色弄错了。

英国女研究员苏珊·布莱克莫尔有计划有步骤地研究了300例诉说曾在自己身体上飞腾的病人。她也要求正常人描述他们睡觉的房间内的陈设。正常人所描述的有20%的差错，自称曾与身体脱离的证人所看到的大致也有这么多错误。德瓦伦博士解释说："我们生活的时候，始终对直接环绕我们的空间有一个固定的观念。如果我们失去了跟身体的联系，我们就会利用脑海中这张'熟识的地图'来复制一个实物的环境，使自己在空间中有个固定的位置。"

科学家们简单地归纳说：在濒死状态这种重要时刻发生的事情，既有小型的化学反应（释放的内啡肽），又有许多个人的回忆（亲人，过去生活的景象），还有些基础机制在起作用（文化观，婴幼儿时期的生活体验等）。

最后还有一点值得注意的是，凡是经历了濒死时奇异的景象，体会到那种纯粹的爱的人，苏醒过来后，都发生了很大的改变。大多数人再也没有死亡的恐惧了。有些人经受不了这种"回归"，成为爱情的狂热追求者，或歇斯底里的病患者，他们可能向神秘主义者求助，甚至可能干出愚蠢的举动。另一些人将这种体验与自己的生平体验结合起来，获得一个附加的人生尺度，从而获益匪浅。他们好似圣保罗赴大马士革途中看到了光明和爱一样，重新发现了人生的意义。德瓦伦审慎地指出：

"我并不排除，我们大家或多或少以类似的方式在经受着我们的死亡时刻。"

穆迪甚至说这种现象就是灵魂的出现："带有时间性的人类语言，难以描述无时序性的灵魂所经历的事件。这种'灵魂'也许便是印度教中的Atman（梵）!"他还认为，当濒死者灵魂出窍时，受到来世之光的照耀之后，便失去对现世生活的依恋，而向往安逸美妙的"天堂"生活。

1998年第六期《飞碟探索》杂志称：天津安定医院从科学的角度，在我国首次进行濒死体验的研究。研究报告显示，每个人不同的"濒死体验"的产生，受到社会心理和文化等因素的影响。当世界在濒死者面前逐步退隐的时候，往昔的经历和感念以潜意识的方式投射到他的体悟中。而"濒死体验"的主要情况是：生活回顾，意识与躯体分离，躯体陌生感，身体异常感，世界毁灭感，时间停止感和情感丧失，等等。

同一家杂志称：一项被命名"阿尔法3号"的计划的科学探索，在日本东京展开，为"濒死体验"研究开辟了新路，该计划由多家跨国公司赞助，参加实验的志愿者有16人，他们分别来自美国、日本和瑞士，年龄由19岁至75岁不等，都是濒临死亡的垂危病人。科学家在志愿者的头骨中植入电极，并且与电脑相连，使电脑可以在80千米的范围内，接收到志愿者的脑电波，并在60秒内把脑电波译成文字，显示在计算机终端的荧光屏上。

科学家们终于获得了成功。

一位名叫俄迪的志愿者病逝。3天后，电脑荧光屏上出现了消息："我是俄迪，告诉你，我很快乐，没有痛苦……"没有痛苦这几个字重复出现了二十多次。

后来，又有一位23岁的患白血病的志愿者不幸死亡。

第二天，电脑便收到了她的信息。

"这是一个美丽的地方，我很高兴来到这里，此间经常阳光充足。""很多人与我在一起，他们都知道我的一切，并使我感到奇妙愉快。"

"我的祖父和我在一起，我很爱他……我将会……"科学家认为，这是"濒死体验"存在的有力证据。

作为未解之谜，研究濒死体验很有意义：特别是第五阶段过后，如濒死者"还阳"，则往往具有某些超人的功能，从而使这一谜团具有了一定的"开发"价值。

濒死语录

法国哲学家蒙台涅在《随笔集》中说："再也没有什么消息比人死时的状况更叫我愿意听了：他们断气时的言语，气色如何，面目如何……如果我是一个编书的人，我会将各种各样的死记录成册，并且加以评语。教人怎样死即教人怎样活。"

贝多芬在逝世前，已被耳聋的痛苦整整折磨了二十余年。这位伟大的乐圣生前给人类创作了那么多不朽的音乐，而他临终时只留下这样一句令人伤感的遗言："我将在天堂里听到一切。"

法国著名戏剧家拉伯雷临死时，他颤动着嘴唇，轻轻地说道："拉下帷幕吧，喜剧已经结束了。"

济慈是英国著名诗人，当他意识到自己的死亡已经来临时，把他最后的思想表达在他的诗中："我感到我的上面长满了野菊花。"

英国诗人拜伦已厌倦了生活，厌倦了战争，并且因发高烧及长久未进食而消瘦无力，他轻声说道："现在我想睡了。"说完，他安详地闭上了眼睛。

法国国王路易十四一直活到八十高龄，这位显赫一世的君主到了生命最后一刻还显得精神饱满，他看到大家都围在他身边哭泣，他大声说："为什么哭，嗯？你们以为我是长生不死的吗？我原以为死亡要比这难受得多呢。"

拿破仑在流放时死于谵妄症。这种病发作时，精神错乱，胡言乱语，像发狂一样，在一次狂风暴雨中，他跳起来狂喊道："我的上帝！法国民族！千军万马的首领！"

而美国总统威尔逊则死得很安详，面对死神，他说："我已经准备就绪。"

乔治·华盛顿一生办事雷厉风行、井然有序，直到生命的最后一刻他还保持着这种作风，临终前他非常从容冷静地对秘书吩咐说："我就要离去了，把我好好安葬，但要等我死后两天再把我的遗体放入墓穴，你听清楚了吗？"

美国总统西奥多·罗斯福临终遗言颇有象征意味。他对助手说："请把灯熄了。"当房间内的光线幽暗下来时，这一伟大的名人离开了这个世界。

美国杰出的医学家乔治·米勒临死之前还记着一个医生的职责，他辞别人世的最后一句话是："我真想记录下一个垂死的人的思维和感受，以便后人研究，但这是办不到的。"

临终诗篇

"人之将死，其言也善"。但文化程度不高的人，在生命即将结束之时，只会说些"二十年后又是一条好汉"一类的粗话。惟有圣贤先知、文人雅士，在临终之时，才会吐出一些隽永的言论，甚至能写出有名的诗篇。

孔子（前551—前479）快到70岁时，他的妻子死了。一天，他站在河边，陷入了对生命短暂的忧郁深思之中。他说："逝者如斯夫！不舍昼夜。"这句名言道出了孔子对生命时光一去不复返的感叹，与古希腊哲学家赫拉克利特的名言"You can't step twice into the same river"（你不可能踏进两条相同的河流）有异曲同工之妙。不久孔子的儿子也死了，紧随其后又是其得意门生颜渊的死。颜渊之死震动了孔子。他号啕恸哭着说："天丧予！"孔子觉得，该轮到自己了。

《孔子家语》记载说："孔子晨作，负手曳杖，逍遥于门而歌曰：'泰山其颓乎，梁木其坏乎，哲人其萎乎。'"弟子之一的子贡闻听后，来到孔子面前。孔子向他讲述了夜里做的梦，似乎预兆死期将至。接着孔子悲叹着："夫明王不兴，则天下其孰能宗余。余殆将死。"他病了7天，就死了。没有祭祀，也没有恐惧。他的临终语是："孰能宗余。"

北魏孝庄帝（507—530）只做了两年皇帝，就被尔朱荣的余党杀死。他在位做皇帝期间，日子是很不好过的，他由尔朱荣拥立，处处受制于尔朱荣，朝廷纲纪紊乱，国内义军四起，所以他临死前礼拜佛祖，希望不做国王。又作五言《临终诗》曰："权去生道促，忧来死路长。怀恨出国门，含悲入鬼乡。隧门一时闭，幽道岂复光？思鸟吟青松，哀风吹白杨。昔来闻死苦，何言身自当！"但后人认为，该诗与陶渊明的《拟挽歌辞》，有相似之处。陶诗本书前已提及，其中也有些类似的句子。如："昨暮同为人，今旦在鬼录"，"荒草何茫茫，白杨亦萧萧。严霜九月中，送我出远郊"，"幽室一已闭，千年不复朝"，"亲戚或余悲，他人亦已歌。死去何所道，托体同山阿"。写尽了死亡对于个人所带来的痛苦，堪称千古绝响。

顾名思义，临终诗乃是临终之前所作的诗，其内容情调，也因个人的死因而有不同。基本上，除了体认死亡是一切终归于消亡之外，其临终有怨者，亦可以从诗中见其愤懑之情。如东汉孔融，能文善诗，为

“建安七子”之一。为人恃才负气，终因触怒曹操而被杀。因此，他的《临终诗》说：“言多令事败，器漏苦不密。河溃蚁孔端，山坏由猿穴。涓涓江汉流，天窗通冥室。谗邪害公正，浮云翳白日。靡辞无忠诚，华繁竟不实。人有两三心，安能合为一。三人成市虎，浸渍解胶漆。生存多所虑，长寝万事毕。”

南朝宋诗人谢灵运（385—433），擅长山水诗赋，为山水诗派创始人。出为永嘉太守，日游山水，不理政务，驱役奴僮及门生凿山浚湖，被诬谋反，遂被杀。作《临终诗》曰：“龚胜无余生，李业有终尽。嵇公理既迫，霍生命亦殒。凄凄凌霜叶，网网冲风菌。邂逅竟几时，修短非所愍。送心自觉前，斯痛久已忍。恨我君子志，不获岩上泯。惟愿乘来生，怨亲同心朕。”

南朝宋史学家范晔（398—446），著《后汉书》纪传八十卷。官至左卫将军，执掌禁卫，参与机要。因孔熙先等谋迎立义康一案牵涉，被杀。狱中作《临终诗》曰：“祸福本无兆，性命归有极。必至定前期，谁能延一息。在生已可知，来缘应无识。好丑共一丘，何足异枉直。岂论东陵上，宁辨首山侧？虽无嵇生琴，庶同夏侯色。寄言生存子，此路行复即。”

北宋权奸蔡京，官拜太师，以恢复新法为名，加重剥削，排除异己，当时被称为“六贼”之首。金兵攻宋时，他率全家南逃，被钦宗放逐至岭南。他路过潭州（今长沙），作词曰：“八十一年住世，四千里外无家。如今流落向天涯。梦到瑶池阙下。玉殿五回命相，彤庭几度宣麻。止因贪此恋荣华。便有如今事也！”数日后，即一命呜呼。

明代洪武中刑部尚书杨靖有“过人之智，应变之才”。后因小过被朱元璋赐死，年仅38岁。作绝命词：“可惜跌破了照世界的轩辕镜，可惜颠折了无私曲的量天秤，可惜殒碎了龙凤冠中白玉簪。三时三刻休，前世前缘定。”

晚明松江名士陈眉公临终手书影堂一联，联语曰：“启予足，启予手，八十岁履薄临深；不怨天，不尤人，千百年鸢飞鱼跃。”何等开阔的胸襟。遗诗嘱诸子说："内哭外哭，形神斯惑。请将珠泪，弹向花木。香国去来，无怖无促。读书为善，终身不辱。戒尔子孙，守我遗嘱。"真个是视死如归。

大名鼎鼎的苏州才子唐伯虎的绝命诗，别有情趣："生在阳间有散场，死归地府也何妨。阳间地府俱相似，只当漂流在异乡。"含义深广。

据说，清初文学家金圣叹被杀前作诗曰："黄泉千里无客店，不知魂魄落谁家。"

清初四明倪君奭临死所赋《夜行船》词，今人读来，忍俊不禁："少年疏狂今已老，筵席散，杂剧才了，生向空来死从空去，有何喜，有何烦恼。说与无常二鬼道，福亦不作，祸亦不造，地狱阎王，天堂上帝，看你那里押到。"如此大彻大悟，十分难得。

历史上许多仁人义士，临死时大义凛然，慷慨激昂，忠肝赤胆，为祖国家邦和正义事业而英勇献身。他们的满腔热血浇灌在祖国的大地上。其绝命诗是他们辉煌灿烂一生的写照。

我国古代第一个伟大的爱国诗人屈原（前340—前278）饱尝国破家亡、百姓颠沛流离的痛苦，悲愤到极点，在湖南岳阳汨罗江怀石投江，以身殉国，临死前作绝命诗曰："举世皆浊我独清，众人皆醉我独醒。宁赴湘流，葬于江鱼之腹中，安能以皓皓之白，而蒙世俗之尘埃乎?"

中国历史上最具有浩然正气的民族英雄文天祥（1236—1283），组织义军，坚持抗元，兵败被俘，迭经威胁利诱，始终不屈，于1283年1月9日在元大都柴市（今北京菜市口）从容就义，衣带上留下了一篇自述性的绝笔词："孔曰成仁，孟曰取义，惟其义尽，所以仁至。读圣贤书，所学何事？而今而后，庶几无愧。"此外，早在1279年，他坐船经珠江口外零丁洋，写下《过零丁洋》一诗，说明他准备以死报国的决心："辛苦遭逢起一经，干戈寥落四周星。山河破碎风飘絮，身世浮沉雨打萍。惶恐滩头说惶恐，零丁洋里叹零丁。人生自古谁无死，留取丹心照汗青。"

明末江苏松江县有一个神童夏完淳（1631—1647），五岁知“五经”，九岁善辞赋古文，十五从军，十七殉国。在南京被汉奸洪承畴杀死。他在狱中写了一部诗集《南冠草》，首首是他的绝命诗。后人称赞他说：“年少才高，从军殉难，其人其文，千古未有。”他被捕后写给朋友杜九皋的诗曰：“竹马交情十七年，飘流湖海竟谁怜？知心独上要离墓，亡命难寻少伯船。山鬼未回江上梦，楚囚一去草如烟。高堂弱息凭君在，目极乡关更惘然。”另一首《拜瞻孝陵》，表示他的忠臣气概：“城上钟山色，松杉落翠微。朝光群鸟散，暝色二龙飞。璧月沉银海，金风剪玉衣。孤臣瞻拜近，泉路奉恩辉。”

中国近代杰出思想家、维新志士谭嗣同于 1898 年 9 月 28 日被清廷顽固派杀死，年仅 33 岁。就义前，以煤渣代笔在狱墙上做诗曰：“望门投止思张俭，忍死须臾待杜根。我自横刀向天笑，去留肝胆两昆仑。”

安乐死（优死）

安乐死一词源于希腊文“Euthanasia”，原意是指“快乐的死亡”或“尊严的死亡”。在中文中被直译为安乐死。

我们有的学者给安乐死下过具体定义：“患不治之症的病人在垂危濒死状态时，由于精神和躯体的极端痛苦，在病人或其亲友的要求下，经医生的认可，用人为的方法使病人在无痛苦状态下度过死亡阶段而终结生命全过程。”基于这样的界定，有人认定安乐死的本质，不是决定生与死，而是决定死亡时是痛苦还是安乐，目的是通过人工调节和控制，使死亡过程呈现一种理想状态，避免精神和肉体的痛苦折磨，达到舒适和幸福的感受。

1987年11月的一天，联邦德国成千上万的观众被震慑在电视机的屏幕前。此刻，电视台正在播放一部有史以来空前恐怖的实况电视纪录片：一位全身瘫痪的姑娘在旁人的扶助下坐在床上。床边的一张桌子上叠着两本书，书上放着一杯氰化物，一根长长的吸管斜插进杯内。只见姑娘费劲地把头向桌边的杯子倾去，用嘴咬住了吸管，然后两眼直视着摄像机，在无数目瞪口呆的电视观众面前把一杯致命的毒液吸吮而尽。

播音员的讲述使观众们从触目惊心的画面中回过神来。这位饮鸩身亡的姑娘名叫英格丽·弗立克，两年前，她才28岁，正在完成自己的学业并将成为一名合格的体育指导员，她身材修长，青春蓬勃，生活正在向她微笑地招手。可灾难不期而至，在一次意外的车祸中，她遭受重创，脖子被碾伤。当她在医院里苏醒过来时，双臂已变得僵直，两腿丝毫不能动弹，她完全瘫痪了。

事实竟是这样的残酷，正处于青春年华的姑娘瞬间成了片刻也离不开旁人照料的瘫痪病人，而现代医学技术在这样的病例面前却显得束手无策，只能勉强延续她的生命。

英格丽不堪忍受这种不能独立生活的痛苦，她下决心要结束自己的生命。为了不使接近她的人因为她的自杀而受到牵连，她决定在电视摄像机前公开自杀。在此之前，她同慕尼黑“死亡权利协会”联系上了，该组织的会员席瓦士曼提供给她氰化钾药丸。席瓦士曼直言不讳地告诉人们说，她同英格丽先后谈了六次话，英格丽向她表达了极其强烈的结束自己生命的愿望和决心。

英格丽在她结束生命的那天，还特意将自杀过程灌制了录音带。她详尽地叙述了自己瘫痪后遭受到的痛苦折磨。她告诉人们说，在这两年里，她是“过着像动物一样的生活”。她是完全依赖父母和护士才得以生存，甚至连她想抚摸一下自己的脸部做不到，她凄楚地说：“我受的痛苦越厉害，我的身体也就越糟糕。”

电视纪录片播放后，在联邦德国引起极大的震动。英格丽的自杀是否是理智的行为；提供毒剂者要不要承担法律责任；对类似的病人是否应该尽全力医疗和抢救，以维持他们的生命，还是应该中止治疗，让他们自行死去，或者采取措施促其早日无痛苦死亡，等等。这些问题开始缠绕困惑着许许多多的联邦德国人，人们觉得这是个现实问题，富有时代的挑战性。

安乐死一直是生物伦理学中一个争论不休的问题。在古希腊和罗马时代，安乐死受到希波克拉底学派的强烈反对。基督教主张生命神圣论。自杀、安乐死与堕胎一样，都是违背神的意志的人类罪恶。然而，到了1870年，英国人威廉姆斯正式提议，麻醉剂不仅可以用来缓解疼痛，而且也可以用来有意结束人的生命。他的提议遭到英美医学界的强烈反对。但美国的律师们却站在了医生的对立面，为病人的权利摇旗呐喊。

进入20世纪，科学技术尤其是生物学和医学迅猛发展。人们开始从对死亡的恐惧中走出，勇敢地向死亡提出了挑战。于是，安乐死在20世纪成了全球性的时代课题。这表明人类理性的一种觉醒，也是人类文明的一种召唤。

早在20世纪30年代，欧美各国就有人积极提倡安乐死。一些国家还成立了各种组织，如美国的“无痛苦致死学会”。30年代初期，英国形成了“主动安乐死合法化协会”，这一协会的领导者均为杰出的医生，当1936年一项安乐死合法化提议送到英国上议院时，以35票对14票遭到否决。瑞士早在1937年就制定了可以帮助自愿安乐死的人的法律。

但是，第二次世界大战期间，纳粹德国对安乐死进行歪曲和滥用。1939年春天，希特勒决定杀掉所有有生理缺陷的和身体畸形的儿童。随后他又将安乐死的范围扩大到精神不正常的成人。此后，安乐死在纳粹德国的肆虐下，演变为屠杀犹太民族、斯拉夫民族和其他民族的手段。大约有20万人（大多是犹太人）死于纳粹德国的“安乐死中心”。另一项统计数字是：希特勒在1938—1942年6年间用安乐死的名义杀死了数百万人。

正因为纳粹对安乐死的歪曲性的滥用，致使安乐死的讨论沉寂了许多年。

20 世纪 60 年代，随着医药科学的进步，生活水平的提高，安乐死又重新成为人们讨论的热门话题。西方人热衷于安乐死也与他们的人生哲学与心理特点有关，西方人讲究生活质量，认为要活就应活得像一个人，舒舒服服地享受人生的欢乐。如果活得连猪狗都不如，或得了不治之症在病榻上苦挨时光，不如采取无痛苦的方法死去。西方人这种心理特点与大多数的中国人“好死不如赖活着”的人生哲学是大相径庭的，因而好多中国人对生活优裕的西方人如此热衷安乐死感到不可理解。

自 1976 年以来，欧洲各国纷纷成立了自愿安乐死协会，或“尊严死亡协会”等组织，在英国还有一个享有盛名的赞成安乐死的议院外集团。1976 年在日本东京召开了“国际安乐死讨论会”，会议宣称要尊重人的“生的意志”和“尊严的死”的权利。

近 30 年来，有关安乐死的争论始终没有停止过。西方民众对安乐死也经历了一个从不理解到理解、从反对到支持、从看他人实施到自己提出申请的转变，赞成安乐死的人数渐渐增加。

西方人士对安乐死的看法的转变，说明他们已经从深层的死亡恐惧中走出，认识到死是不可抗拒的自然规律，人们不应回避这一问题。对民众从事优生教育的同时，也应进行优死（优化死亡，安乐死）教育。另一方面也说明他们认识到科学不是万能的，无论医学怎样进步，也不能使人长生不老。旧的绝症解决了，又会产生新的绝症。天花消灭了，又产生了 20 世纪的新瘟疫——艾滋病。人与其盲目地追求力所不及的事情——无限延长寿命，倒不如理智地对待自己的死亡。

西方人对安乐死的看法的转变，同时说明他们不仅强调个体生命价值，而且能把个体生命价值与社会经济发展联系起来。一个国家的医疗资源是有限的，不可能对所有的病人实行同等的医疗措施。美国著名伦理学家丹尼尔·卡拉汉在他的《设限》一书里，对当今社会许多人利用现代医疗技术，以极其高昂的代价“延长寿命”提出异议。他认为，一个人活到一定年龄时，不应再做复杂的器官移植和心脏外科手术，以免除人为的身体与精神痛苦。无限延长寿命是个“无底洞”，随着身体不断衰老，需要的医疗护理也逐渐增加。让这种情况持续下去，人类将承担不起。十多年来，美国医疗卫生开支平均每年增长18%，医生往往不惜一切代价地延长病人的生命。据预测，照这样下去20—30年后美国国民生产总值的45%将花费在老年人的保健上。因此，老年人应该面对现实，认真地为年轻人的社会负担和下一代的幸福想一想。

试图无限期延长人的生命，试图治愈所有疾病，会造成社会无法承受的经济负担，因此我们应把限度定在现实性和可能性的基础上，而不应以医疗技术为限度。例如，英国拿年龄作限度，超过55岁无权做免费洗肾治疗，超过65岁不大可能获准做先进的心脏手术，英国民众一般都接受这个“限度”，他们确保老年人安度晚年，更重视让年轻的一代生活得幸福。

美国是一个经济高度发达的国家，1982年全国医疗保健费占国民生产总值的10.5%，人均达1365美元；但是美国每年约有1万个植物人被供养在各个医院，这些植物人大都是因交通事故造成脑损伤，成为脑死亡不可逆性的植物人。为了维持这1万个植物人的心跳、呼吸、营养，全国每年要花费15亿美元。不仅如此，还得占有大量的医疗稀有资源。

因此民众向法院请愿，请求制定“安乐死”法律，准许对长期昏迷不醒的“植物人”实行安乐死。

美国姑娘昆兰从1966年12岁起就是个昏迷病人，靠呼吸器维持心跳呼吸，靠静脉注射维持营养。9年后，昆兰姑娘21岁时，她的父亲约瑟夫·昆兰要求成为她的监护人。作为监护人，他有权同意撤除一切治疗，包括取走呼吸器。但是新泽西州高等法院法官缪尔驳回了他的请求，认为“认可这一点就是杀人”，即破坏了生命权利。可是新泽西州最高法院法官休斯推翻了缪尔的否决，同意昆兰的父亲作为女儿的监护人，允许他和医生撤除一切治疗，并认为中止呼吸器和中断人工喂饲没有区别。奇怪的是取走呼吸器后，昆兰姑娘却恢复了自主呼吸，但仍昏迷不醒，直至1985年才死亡。死时体重仅30余公斤。法院同意病人家属取走病人呼吸器，这在美国历史上从未有过，因此昆兰案例以后被称为美国“生命伦理学”发展的重要里程碑。

1993年2月4日，英国最高职业法院的5位法官作出了史无前例的一次判决：21岁的托尼从1989年起就住在医院里，经诊断证明，他的大脑已经死亡，法官同意了他父母和医生的申请，停止向他再输营养以继续维持其生命。

上述两例安乐死措施被称作消极安乐死，消极安乐死是指中止维持病人生命的医疗措施，任病人自行死亡。消极安乐死虽然也是加速病人死亡的一种手段，但因为它是一个缓慢的过程，用中断治疗的办法使病人的生命慢慢枯竭，由于病人死因是一些不治之症，人们在感情上容易接受，法院也不会因此而立案审查。

在荷兰，大多数人支持消极安乐死。英、法等国也有许多人赞成消极安乐死。例如，英国参加“争取庄严死亡权”组织的人都签署了一份《生命遗嘱》，其中写道：“当死亡是不可避免的时候，不要进行任何的‘特殊的尝试’，也不要采取任何‘特殊的措施’来延长生命。”法国的体面死亡协会的会员都有一份书面声明，并由自己的医生保管。声明表示，在得了不治之症时不采取措施人为地延长生命。1976年美国加利福尼亚州首先通过死的权利的《自然死法》，对消极安乐死予以法律肯定。西欧等国的教会仍是实施安乐死的最大反对者，因为宗教教义认为，生命是神赋予的，加速死亡与阻止生命的过程都是违背神的旨意的。但根据1980年梵蒂冈宣言的精神，他们已接受以中止或不予治疗的方式使绝症患者自然死亡。

积极安乐死是指医务人员或其他人员采取某种措施加速病人死亡。时至今日，西方各国的法律对实行积极安乐死，仍采取极为谨慎的态度。德国曾有一位69岁身患晚期乳腺癌的老太太，住在一所医院里苦苦挣扎，病痛已折磨得她靠打吗啡也难以安宁。老太太实在无法忍受这样的痛苦，再三哀告哈克特医生尽快无痛地结束她的生命。哈克特医生当着五位医生、一位律师和其家属的面，给病人注射了氰化物。几分钟后，病人安然死去。但是哈克特医生的行为是当时德国的法律所不允许的，他很快被警方传讯。此事经新闻媒介披露后，引起该国民众极大的反响。后来在公众舆论的支持下，哈克特医生才总算被确认为无罪释放。

但是西方各国的安乐死运动都主张积极安乐死。1991 年，法国做了一次民意测验，有 92%的人认为，一个得了不治之症并且极端痛苦的病人有权得到积极的死亡帮助。德国的人道死亡协会还出版了一本小册子，明确写出各种致命的毒药名称，有些还注明了用法。荷兰对安乐死比较宽容，荷兰各级法院近 20 年的许多案例表明，一个有资历的医生施行安乐死是不受起诉的。1990 年的一项调查表明，在荷兰，每年至少有 2300 人在医生主动帮助下死亡。有 20 多万荷兰人参加了“自愿安乐死亡协会”。荷兰议会于 1993 年 2 月 9 日通过了一项法律，允许医生在严格控制的条件下可以对病人实行安乐死。这项于 1994 年生效的法律规定，只要医生按照一份有 28 个项目的体检表对病人进行体检，证明病人已确实患绝症并且因无法忍受疼痛（除死亡之外无法缓解）而不断提出愿意死去的要求，在此情况下，医生（两人以上）就可以对病人实施安乐死。下面描述的场景即是典型的一例：在荷兰代尔夫特城的一间宽敞的医院病房里，一位 87 岁的老太太端坐在一张洁净的病床上，她的背后垫靠着两只松软的枕头。在她的四周围着一大群人，其中有两位医生，一位护士和一位牧师，还有她的两个子女和六个孙儿女。老太太辛劳一世，最后患上了癌症，此刻已到了她的临终之际。一位主治医师平静地、也是最后一次地询问她：“你期望早死，你肯定了吗?”她微笑地点了点头。接着在每个亲人向她吻别以后，这位主治医师给她注射了一支吗啡针剂，她很快地安然入睡，15 分钟以后，医生又给她注射了一针致命的毒剂。10 分钟以后，她平静地死去。

在其他西方国家，法律没有这样宽松。英国议会差不多每年都要对安乐死提案进行讨论，可是，要求给予积极安乐死合法化的提议总是被否决。根据美国法律，医生出自最高尚的动机对愿意安乐死的病人执行慈善致死同样具有杀人犯罪的性质，司法审判理应判处无期徒刑。美国女植物人泰里·夏沃生死待决案官司打了长达 7 年，至 2005 年仍前途难料。在加拿大也一样，因而在加拿大产生了世界上第一家"申请死亡权利"组织。该组织的唯一宗旨是解除濒临死亡者的痛苦。他们主张人有生的权利，也应当有死的权利。那些身受病痛折磨的病患者有权自己决定结束生命。该组织设在加拿大著名的退休城维多利亚市。负责人荷夫塞斯原来是个记者，他有一个朋友是加拿大的著名电影导演，在患上老年性痴呆症后不能合法地结束自己的生命，又不愿在公众面前失去他过去的形象，于是从蒙特利尔市一座大桥上跳下去结束了自己的生命。这件事给荷夫塞斯巨大的震动，决心全力投入为晚期病人呼吁自行结束生命权利的活动。

我国也曾经有过几例安乐死的个案，但目前还没有相关的法律来约束，也没有相关的伦理规范来指导。

我国是一个家庭主义观（Familism）很强的国家。有人做过调查并探讨了这方面的问题。调查结果显示，只有 27%的人认为安乐死应由患者本人决定，而 55%的人认为应由家属和医生协商解决。这一调查结果提示会导致滥用的可能，即家庭成员不经患者同意而提出安乐死的请求。实施安乐死必须在一个高度民主、高度透明的先进社会里进行，还要接受强有力的自由传播媒体的监督，不然的话，就会像在纳粹德国一样，成为大规模屠杀的手段。

培根曾说过："医生的职责是不但要治愈病人，而且还要减轻他的痛苦和悲伤。这样做，不但有利于健康的恢复，而且也可能在他需要时使他安逸地死去。"多少年来，身患绝症的病人一旦濒临死亡，医生总是不惜一切代价地全力抢救，但是，对于一个生还无望、备受病痛煎熬的人来说，死亡的确是一种超脱。于是人们开始思考，对那些处于慢性衰竭或极度痛苦绝望中的患者来说，他们是否可以去追求自己安乐的幸福的必然归宿？他们是否有权选择自己的死亡方式？这正是安乐死争论的焦点所在。

赞同安乐死的人认为，安乐死一方面尊重了病患者要求死亡的权利；另一方面又在客观上减轻了社会和病患者家属的负担，具有一定的社会价值，也是符合道德要求的。从心理学角度来看，有的人并不怕死，但却畏惧死的过程，畏惧在痛苦的挣扎中走向死亡。对欲寻安乐死的人来说，求死的渴求已超过了求生的欲望。死，对他已不再是悲哀，而是一种快乐。从社会经济学来讲，采用各种措施甚至医学高技术来维持身患不治之症者短暂而枯竭的生命，不仅给家人带来感情上的危机，而且还给家人和社会带来经济负担，造成社会医药资源的不合理分配。

支持安乐死的人同时指出，不能贸然实施安乐死，必须谨慎从事，必须有客观的判断标准：(1) 被施以安乐死的对象必须是患有不治之症并且已经临近死期的人。对那些患有不治之症但尚未处于濒死阶段的，不能过早地予以安乐死，以免引起“误死”；(2) 病人极端痛苦，且已达到不堪忍受的程度；(3) 安乐死并不是施于所有濒死的病人，而是要求病患者主动提出安乐死的请求，或同意对自己实施安乐死，必须是自愿；(4) 应有严格的实施程序，如成立专门的委员会，由司法部门审核等。

对安乐死持否定态度的人提出了针锋相对的看法。

他们认为，实施安乐死有故意谋杀之嫌，不符合传统的伦理、道德观念；再者，实施安乐死有悖现代人道主义的原则，而且，医生的职责是救死扶伤，这是医生的职业道德和职业要求。从现代医学发展的角度讲，很难确定什么是绝症，因为，医学是在积累大量临床经验的基础上发展起来的，今天看来是不可能会治好的病，明天也许是可能的，所以，实施安乐死难免会发生错死事件。

从法学上讲，法律保护一切人的生命。生命权是不允许转让的，生命是公民最重要的人身权利，生命对于任何人都只有一次，不能把生命与个人财产同等看待，国家必须给予保护。

从社会危害性来讲，安乐死会给一些拒绝赡养义务者或谋取遗产继承者大开方便之门。此外，还可能造成对人的生命不一视同仁，而是分等论处。再有，提倡安乐死，会促使自杀现象成为严重的社会问题。

总之，反对安乐死的人士认为，安乐死是消极的生命态度，是悲观绝望的生命观。安乐死对将死的人仿佛是人道，但放到人类社会这个大参照系中就是不人道的，这会使人的生命失去神圣性，变成十分简单、脆弱的东西，这是人类对自己生命的蔑视、破坏和践踏。

还有一些人在赞成和反对者之间采取折中的态度，即赞成消极安乐死，反对积极安乐死。例如，日本长谷川和夫在其著作《老年心理学》中说：从道德上来评价安乐死时，要区别消极与积极的两种安乐死的情况，消极的安乐死通常被理解为在一定的预测与判断的基础上，作出中止延长生命的医学处置，限于恢复希望实际已不存在的患者，这当然不意味着有意图的杀人，而是让患者自然死亡，在致命疾病的自然过程中，任其发展而放弃使用延长生命的手段。消极的安乐死并不要求患者承受太大而不能承受的痛苦，而是提供在尊严与安详的气氛中死去的可能性。自从 12 世纪天主教的伦理神学中发表允许中止延长生命的非常手段的著名谈话以后，消极的安乐死在伦理上已被看成是允许的事情。

另一方面，积极的安乐死一般地说是作为不道德而被否定了的。积极的安乐死的概念是以促使其早死为直接目的而有意识地采取某种处置方法。也就是说积极的安乐死是人为的直接导致患者死亡。它简直是真正地去杀人，这从伦理学的观点来看是恶劣的。大多数国家的大多数医生，对积极的安乐死明确地表示了反对意见。

为积极的安乐死进行辩护的人常指出：这种死应该仅限于自己明确表示自愿采用这种死法的老年人。这里所谓老年人的“自愿”实际上存在很大问题。如果给积极的安乐死以合法化，将出现医生、家属、亲戚甚至以一切宣传工具为媒介滥用种种积极安乐死的可能性。例如，对不能劳动的老人，家属可以不很困难地加以暗示家庭及社会在经济上和精神上的负担，由于心理上的暗示，产生了罪恶感的老年人，非常容易作出利用积极的安乐死去自愿地结束自己的生命的决定，这样的选择，实际上能说是自愿的吗？那是积极的杀人，所以积极的安乐死是对人的生命和人的尊严的蔑视，从更广的角度来看，这也是人类文明的一个最大损失。

安 息 所

安息所是20世纪60年代后出现的西方医疗保健系统中的一种新形式，旨在使临终的病人在生命的最后日子里得到很好的照顾。

“安息所”英语原文为Hospice，意指为垂死者建立的医院，但实际上Hospice不仅是专门设立的“临终医院”或“临终院”，而且还包括其他一些场所，甚至可以就在病人的家中设立，但必须按照Hospice的一些原则来加以建立和管理，无论其形式如何，都应该是一个使临终的病人能很好地度过生命的最后日子的处所。

英国的圣克里斯托弗安息所，是世界上创建得较早的一批安息所之一。在这个安息所里，医生和护士坦然地与病人一起讨论“死”，讨论“如何无痛苦之死”，讨论“死给你带来的感觉”，讨论“死是不可避免的自然规律”，讨论人应有“选择死亡的权利”，等等。

1963年，“圣克里斯托弗安息所”的创建者桑得斯博士在美国耶鲁大学医学院介绍英国的安息所，可以说是美国安息所发展的开端。1974年，康涅狄克州的纽黑文安息所开始接受病人。1979年美国全国安息所组织建立。同年，康涅狄克州成为美国第一个有法令管理安息所执照事宜的州（到1982年，已发展到15个州）。1981年，凯洛格基金会资助一个委员会致力于制订安息所工作纲要，以使安息所的工作合乎规范。1982年里根总统宣布11月7日到14日为全国安息所周。1985年，美国已有安息所1500所以上。

安息所发展的必要性在于，原有的医院对临终的病人的处理进行得不很好，临终病人的需要在现行的医院中得不到满足。医院的主要手段是药物、外科手术和护理，所关注的是病人的生命免于死亡。安息所则不同，主要手段是对临终的病人的姑息治疗，减轻其痛苦，给予咨询服务，对死亡的意义和如何对待死亡进行讨论，消除病人及其家属对于死亡的焦虑和恐惧，所关注的是行将死亡的病人的安适。

现代生活模式的一个显著特点就是家庭规模与职能的缩小，好些人在临终之际将会只有一个子女照护，其精力往往不够。故而作为团队照护的临终关怀尤显迫切需要。

肿瘤病人急剧增多，晚期癌症病人备受煎熬的痛苦状态也是医务人员所深深为之忧虑的。因而，晚期肿瘤病人成为临终关怀的主要服务对象。每年大量的癌症病人都会病逝于医院。但是一般医院却未能提供一个良好的环境。医院中的工作人员往往会有意无意地逃避那些临终病人，因而更增加了病患者心中的孤独感与疏离感。而临终病人除经历剧烈疼痛以及身体上、精神上的折磨外，还常伴有经济上的困扰。这些都给他们在生命的最后日子里增添了压力，使濒死过程成为不愉快的经历，也使他们常常想要得到最后的解脱。对晚期肿瘤病人实施临终关怀护理是社会发展的需要。

安息所一天24小时持续不断地服务，它的宗旨是减少临终病人的痛苦，增加病人的舒适程度，提高病人的生命质量，维护临终病人的尊严，同时希望给予病患家属精神上的支持，给予他们承受所有事实的力量，进而坦然地接受一切即将面对的问题。一般而言，参与这项工作的人员包括医师、护士、药剂师、临床心理学家、营养师、社会工作人员、精神科医师、神职人员、志愿服务人员等专业人员。安息所不回避死亡，而是承认死亡，面对死亡，帮助病人及其家庭处理好这最终的结局。安息所、安息服务、安息运动提供了一个大型的社会系统，公开地交流有关死亡的感觉、信念和态度，并采取各种有效的措施，使临终的病人能安适地逝去。

在西方，大多数人认为死后灵魂能上天堂，因此精神上有寄托。美国一位临终关怀专家认为，人在临死前的痛苦是分离的痛苦，因此在死前诱导病人步入天堂比注射麻醉止痛药更管用。

安息所的产生，使人们从过去单纯依靠治疗、治愈的医学观点转向关怀、援助的医学观点，并进一步从单纯延长生命的思想方法转向趋向于考虑生命的质量的观点。在这里死亡不是一种失败，而是生命周期的一个自然部分。人们常说，医学是处理人人难免的“生、老、病、死”的，以往“生”、“老”、“病”的问题，已有专门的医疗机构来加以处理，而现在“死”也有专门的医疗机构来加以处理，这就是“安息所”。

日前，世界上已有70多个国家建有临终关怀机构。玛丽·德·埃纳泽尔是法国一个医护中心的女护理员，她的职责是陪伴垂危的患者，给他们以临终的关怀，她把自己在长期工作中的感受写成了一本书——《亲密的死亡》，法国总统密特朗当时已届暮年，却欣然为之作序。埃纳泽尔以亲身的经历证明并宣布死亡并不意味着生命的结束，相反地在这个过程中还可能有些极其紧张、激动的时刻，有些人在临终时还吐露隐情。法国《读书》杂志在1996年5月的第245期上报道了该书出版的情况，该书销了24万册，被译成12种文字。

近年来，临终关怀事业在我国也引起注意。1988年上海创办了我国第一个临终关怀机构。同年，天津医学院临终关怀研究中心的建立引起了较大反响，使临终关怀工作在中国大陆逐步开展起来。1992年，北京市接待濒危病人的松堂医院正式成立。松堂医院的创办者是李伟医生。23年前，19岁的李伟在农村插队当赤脚医生，亲眼看到一个被打成右派的大学教授在农村的冰凉的炕上十分痛苦地死去，那个时候李伟就产生了一个想法，一定要用自己的全部力量来减轻人们临终前的痛苦。目前全国各地建立的临终关怀机构已超过 120 家。

2001 年，香港李嘉诚基金会决定每年捐资 2500 万元，在全国 15 个省市设立了 20 所临终关怀的服务机构——宁养医院。中南医院宁养院设在武汉大学中南医院内，现有 6 名工作人员，180 多个病人，但病人都不待在宁养院，而是在家里。宁养院派出医护人员定期到病人家里巡诊。

据资料统计表明，预计到 2050 年，我国将拥有世界近 24%的老年人，发展临终关怀事业是我国卫生保健体系自我完善的必然要求。在我国，临终关怀的模式首先应该是“家庭临终关怀”。家庭临终关怀是临终护理队的队员，尽一切可能到病人家中提供最大帮助，以使病人留在家中。这种形式特别适用于远离医院的山区、农村。其次是独立的临终关怀单位。在那里，整个设施都是专门为临终病人及其家属服务的。费用较高，宜少量逐步建立。第三种形式是医院内附设临终关怀部门。此种形式更适合于我国目前的国情。

我国推行临终关怀，也有一定的阻力。因为，在我国，死亡一直是人们忌讳谈论的问题，许多人对他人的死亡表现出漠然的忽视。不少人误将临终关怀认做“安乐死”，也造成临终关怀在国人中推行的困难。其实，安乐死偏重死的尊严，临终关怀偏重活的尊严；安乐死的目的是终止病人的生命，临终关怀则既延长生命的量，亦提高生命的质。

现在的医护人员所接受的专业训练，可以说都倾向于疾病的治疗与控制，一旦碰到垂死的病人时，就没有心理准备，不知该如何帮助他们。死亡教育是实施临终关怀的先决条件。目前，死亡教育的授课内容在美国包含有死亡的定义和过程，死亡与人生，不同人的死亡观，葬礼及居丧等。我国的台湾高校和武汉大学已有人尝试开设这门课程。

日本人的生死观

日本人对生死问题的探索与研究

日本近现代有许多对生死问题进行深入思考的学者，如日本著名佛学家铃木大拙（1870—1966），日本著名基督教思想家内村锰三（1861—1930），日本教育家小泉信三（1888—1966），日本著名宗教领袖池田大作（1928— ）等，还有日本早期社会主义运动活动家幸德秋水（1871—1911）。明治末年，幸德秋水因“大逆事件”而被捕入狱并判死刑，在临刑时他写了一篇题为《死生》的文章，对生死问题提出了自己的卓越见解。

在古代，日本也有不少名人对生死问题有真知灼见。如日本高僧日莲（1222—1282），在御书中教谕门徒说：“当先习临终之事，然后习他事。”这种看法与海德格尔的“向死而在”的主张是一致的。镰仓末期（1333年以前）著名歌人吉田兼好彻悟人生无常，劝导世人说：“遍观有生，惟人最长生。蜉蝣及夕而死，夏蝉不知春秋。倘若优游度日，则一岁的光阴也就很是长闲了。如不知厌足，虽过千年亦不过一夜的梦罢了。在不能常住的世界活到老迈，有什么意思，‘寿则多辱’啊！”日本茶道流派“千家流”的宗师千利休（1522—1591）被权臣丰臣秀吉逼死，他自刃而死前留下了偈文和辞世歌等。其中有“吾这宝剑，祖佛其杀”，“平生得意是此刀，而今解刀向天抛”等句，临死之前还想杀人，由此可窥见日本人的不向万劫不复的命运屈服的顽强精神。

在日本的民间传说中，一休和尚是机智的化身，他的无碍奔放的古怪行为，早已成为佳话，尽人皆知。但实际上，一休是一位严肃、深谋

只有用纯真的心对待人生，生命才富有色彩。（雕塑作者待查）

远虑的禅宗僧侣，6 岁入寺院，一方面表现出天才少年的才智，另一方面也为宗教和人生的根本问题所困惑，十分苦恼。内心的思想斗争使他痛不欲生，他曾疾呼“倘有神明，就来救我，倘若无神，沉我湖底，以葬鱼腹”。当他正要投湖时，被人拦住了。还有一次，由于一休所在的寺院一个和尚自杀，一休深感自责，肩负重荷，入山绝食，又一次决心寻死……

日本现代学者认为，一休受陶渊明的影响很深。陶渊明在他的诗作中感叹人生苦短，无论如何奔波忙碌，也不过百年。陶诗“飘如陌下尘”是在说：谁都不知自己死后将飘往何处。一休在他的诗集《狂云集》中也表述了类似的看法。学者认为一休一定读过陶渊明全集。一休和陶渊明一样，既是激烈的批判者，又是闲居的哲学家，他们两人的共同点在于隐栖与诗作，隐栖是舍弃俗世的结果，而对俗世的批判必须以隐栖为前提。

不但一休受陶渊明的影响，整个日本文化都受中国文化影响很深。日本人心灵上最易萌发的忧思是：生命无常，死亡必然降临。日本文学史上最早最著名的诗集《万叶集》荟萃了咏叹这种情绪的名篇佳作。但这些作品与中国魏晋名士们咏叹人生的诗作大同小异。

日本人喜爱自然景物，他们对自然风物的欣赏无疑与中国审美情趣的影响分不开，但是日本人从中华民族那里悟到人与自然的审美效应以后，即赋予了日本民族特有的内容。中国诗人欣赏自然的永恒、宁静、万古不易的品格。日本人欣赏自然，着眼点恰好相反，他们关注自然景物的变易、飘零、毁灭。樱花是开放期极短的花，一个晚上，大风吹来，樱花一下子就凋谢了。正因如此，在它盛开的姿态里，它充分显示出生命的光彩，自古以来，樱花就是日本人最喜爱的花！

在日本民族看来，生命本身就是变化，就是无常，除此之外，生命无其他品格。“生死轮回，实际上这正是生命的姿态”。由于认同生命的动态品格，日本人总把人生视为旅行。“不是时间在飞逝流过，而是在这世界上我们及其他一切在匆匆离去”。

对日本人来说，摆脱死亡恐惧的根本途径便是让人生充满动态，让生命处于不断的运动之中，这与中国文化寻求在静穆和空寂中享受生命和永恒恰好相对立。

上文已经说过，现代日本人拼命工作的精神多少与化除死亡恐惧有关。的确，日本民族极为重视此世生命的投入，寻求动态体验，不重视对来生不朽情形的想象。日本人的生命观念是一元化的，生命就是人的感性存在，人身上没有柏拉图所肯定的那种不死的魂灵。有些日本人在家庭成员去世周年时举行祭祀活动，他们认为，人死 32 年之后，魂灵融入宇宙的精灵世界，从此中断了与人世的联系，不再具有个体性品格，也不再被人记起，等于完全消失了。

印度人坚信生死轮回和灵魂不灭，所以他们对此世生命抱消极的态度，这使得印度社会进步缓慢。中国的儒家重视此世生命，但由于受佛教影响，中国人也相信来世，因而只注意此生的静态感受，这也影响了社会的进步。日本人不重视来生，专注此生的投入，这恐怕是日本这艘巨轮飞速前进的原因吧。

现代的日本受西方文化影响也很深。日本作家井上靖的小说《化石》就是在西方存在主义思潮影响下写成的。小说以“死”为主题，是一部从正面探讨生和死这一人生根本问题的作品。小说的主人公、事业家一鬼太治平在去巴黎旅行时，因一个完全偶然的机会，得知自己患了十二指肠肿瘤，而且这是不能动手术的部位，自己只能再活一年了，除他本人以外，别人都不知道这事，在这种情况下，死神成了他须臾不离的伴侣，他不断地在内心与这伴侣进行着对话……一鬼不能从“死”这个问题得到哪怕是片刻的解脱。他与死神走在一起，过去他一直同秘书在一起，而现在却同死神在一起了。死神与一鬼在一起，跟他用同一步

日本人总把人生视为旅程，生命本身就是变化，就是无常的，摆脱死亡恐惧的根本途径便是让人生充满动态，让生命处于不断的运动之中。（日本　梅原龙三郎：《竹窗裸妇》）

调走着。一鬼刚停住脚步，死神也立刻停住脚步。一鬼刚一转弯，死神也立刻跟着转弯……种种烦恼的结果使得一鬼跟死神这伴侣厮混熟了，甚至达到了愿意迎接死神的境地。当原被认为不可能的手术奇迹般地获得成功，死神远离他时，以前面对死神而度过的那几个月的时间，宛如化石一般映现在他眼中……所有的一切都变成了化石。玛尔塞兰夫人（一鬼在巴黎结识的女子）以及在玛尔塞兰夫人身边度过的那些时刻都成了化石。一鬼又一次对自己说："令人悬着心度过的那段黑暗而又透明、令人难以思议的时日，如今已变成了化石，你已经不可能也没资格进入那段岁月了。"

这部小说发表于 1965 年，在读者中引起轰动性的效果，特别是青年读者，都带着共鸣感竞相传读。著名社会活动家池田大作读过这部小说后，感受特别深，特地致书井上靖谈论自己的想法。

这部小说回答了什么是人生和人应当怎样生活这两个问题。本来，每个人都在各自的生命活动中探索着这些问题。但是，为了真正发现"生"的意义，必须对"死"这根本的深渊作一次观察。也就是说，通过对"死"的认识，人才能痛切地知道"生"的意义。这也就是《化石》这部小说所寄寓的最重要主题。

存在主义哲学家海德格尔说："人是朝着死亡而存在的。"但是，现代人很容易将自己埋没于日常生活的庸碌操持中，让人生的时光一分一秒地流逝过去，他们从不将目光朝"死亡"看一眼。不少人越来越只能对那些手能抓到，眼能看到，身体能直接接触到的物欲和快乐产生"生"的感受，完全成了对刹那间进行追求的现世主义的俘虏。要使现代人正视死亡，准确地把握生与死这生命的两重性，使自己的生活具有自觉性，似乎是相当困难的。

但是，人的生命的因果关系是不可回避的。生是死的源头，死是生的结果。世间万物只有人才具有自我意识，并预见死亡。《化石》这部小说描写死亡，不单是作为一般的意念来写，也不作为别人的事来写，而是将死亡作为不可逃避的现实摆在主人公的面前，描写他受到怎样的冲击，产生怎样的内心烦恼。唯有这样，才有警世的作用，唯有这样的描写，才能引起广大读者的共鸣，因为他们在日常生活中，也有着当代人身处想超越而又难以超越生死瞬间时的那种遭遇。

通过对《化石》这部小说的讨论，我们可以知道，西方的存在主义思想家的生死观对现代日本人的影响的确是相当深刻的。

现代日本的思想家不但深受西方影响，而且直接与西方思想家就哲学问题进行对话。池田大作与英国著名历史学家汤因比的对话就是一个明显的例证。

这两位大学者的谈话涉及自杀问题。汤因比认为，为维持人的尊严而进行的自杀是应该赞扬的。例如在古代中国，侍奉当时皇帝的御史认为自己有进谏的义务，同时也认为在尽了这种义务之后还有自杀的义务。以死来进谏的行为就值得称赞。池田赞成这一观点，还补充说，在日本的武士道中，自杀是作为一种美德而受到赞誉的。

日本人的信条是，用适当的方法自杀，可以洗刷污名并赢得身后的好评。中国人反对自杀，认为身体发肤受之父母，不使毁伤乃孝道的第一条。美国人谴责自杀，认为它只不过是屈服于绝望而自我毁灭。日本人则尊重自杀，认为它可以是一种光荣的、有意义的行为。

第二次世界大战时，日本军队的不投降主义令西方人震惊。西方军队在面临寡不敌众时，便向敌军投降，但日本人的荣誉就是战斗到死。他们的飞行员常常驾驶小型飞机以自杀方式进攻撞击同盟国的军舰，他们把这命名为“神风特攻队”。

日本还有一种举世闻名的自杀方式——剖腹。这也是一种非常奇特的自杀——用自己的双手剖开自己的下腹（真正的剖腹是从左面的直肠开始，一直刺破右侧的肝脏），然后死去。

1868年，一位日本官员在法国公使面前剖开腹部，然后把手伸进肚子中抓出内脏对准法国公使投了过去。见此情形，法国人立刻吓得血压下降昏倒于地。后来又有几个法国人看到日本人剖腹，并向自己的国家作了报告。于是日本人的“剖腹自杀”成为海外奇谈。

在人类死亡方式中，再没有比剖腹更为残酷的了。可日本人却认为这是“壮绝”。这种认识的思想基础是：让自己受苦，以一种残忍的方法去死，是有气魄的，是美的，愈是能忍受痛苦则愈是美的。

残酷的意义还在于死亡时间的久暂。如果剖开腹部后就那样敞放着，还能活 30 分钟。就算是一下子刺破了肝脏，流了许多血，到最后死亡也要 15 分钟的时间。为了减轻痛苦，有的剖腹者让别人砍下自己的脑袋。

据专家研究，日本人之所以要选择剖腹这种伴有长时间痛苦感的死亡方法，是由于日本人有一种“魂在腹中”的思想，认为只有剖开腹部，魂才有了出路，才是一种迅速而合理的死。

在剖腹的思想渊源中，有种对死的美化。剖开腹部，砍下头颅，血会飞溅到四周两米多远，还要流出一铺席那么大一摊血，痛苦是剧烈的。这是一种非常野蛮和不卫生的死法。但日本人却认为这是美妙的“壮烈行为”。场面愈是凄惨就愈壮烈。这里面渗透着日本人在生死观方面的奇特性。

三岛由纪夫

三岛由纪夫的剖腹事件发生在 1970 年 11 月 25 日。那天早晨，三岛由纪夫和四个朋友驱车来到日本自卫队东部方面总监部，他们劫持了总监益田，把他捆绑在椅子上，要求将全体自卫队员集合于楼前，倾听三岛由纪夫的讲话，否则杀死总监。经过一番僵持后，大约 800 名自卫队员被集合到楼前广场。三岛由纪夫向他们发表了煽动性的讲演，鼓动他们起义，推翻现政府，修改日本的和平宪法，但他的演说没有得到一个人响应。三岛在一片表示不满的嘘声中匆匆结束演说。他和追随者森田先后剖腹自杀。

由于三岛是著名作家，曾写过《爱的饥渴》、《禁色》、《仲夏之死》、《潮骚》、《金阁寺》等佳作，在日本获得多种文学奖，曾被提名为诺贝尔文学奖候选人，所以他的死一时成为国际上的重要新闻。一般人对他的死的解释是：他是个卓越的文学家，因而，像许多艺术奇才一样，患有精神病（如画家梵·高，诗人叶赛宁和小说家杰克·伦敦等都因自杀而终），对他的死只能从精神病理学方面寻求答案。

但我们通过对三岛的作品和生平的研究，发现他是个精神完全正常的人，不过，他与一般人有一点不同，就是自幼就有着死的意象（意象乃精神分析学名词，指潜意识中的幻象）。不仅如此，他心中的死亡意象是充满恐怖的、十分奇异和具有自我破坏性的，而且三岛这个人的生命原动力就来自这种死亡意象，死亡恐惧驱使他拚命工作和学习，争取出人头地。后来，他的死亡意象被美化了，带有浓厚的政治和军国主义色彩。

三岛的小说构成除了性爱外，就是血与死，就是以血与死这种最激烈的东西来组合其美的结构。通过他的小说，可以发现作者对“血的饥渴”，表现出一种异乎寻常的强烈追求。

三岛对自己身上的嗜血的变态心理，不是设法去克服，而是将它转化为文学的动力。写作进行得顺利时，他表现出卓越的才能。但是，他的写作才能渐渐枯竭了，他自己也有“江郎才尽”之感。这时，三岛所体验到的绝望达到何种程度，我们是不难理解的。

以往在他的生命力复活的梦幻中，出现了他自己无所不能的感觉，也就是说，他觉得任何事物都是他唾手可得的。例如他一直以为只要他一煽动，自卫队就会听他的指挥。但事实上并不能达到，于是，他只好剖腹自杀了。

川端康成

日本名作家川端康成生于1899年，16岁开始创作，历时58个春秋，发表小说100多种，还有散文、诗歌、译文、书信等。1968年荣获诺贝尔文学奖，但就在他声名显赫，事业顶巅之时，却口含煤气管自杀，于1972年4月16日平静自若地撒手人寰，走向天国，匆匆结束了自己73岁的生命。

川端康成自杀的深刻原因是，他和三岛由纪夫一样，内心中有一种死亡意象。

川端康成早年亲历目睹了太多的死亡。10岁以前，就失去了包括祖母、父母亲和姐姐在内的几乎所有亲人。15岁时，连祖父也仙逝了。

一个人早年经历的外部环境主要是家庭。川端康成在入世之初便生活在如此异常的家庭氛围中，加上天生的敏感与脆弱，便形成了即使在自杀作家中也是少有的孤儿气质。

他觉得一切的追求和企盼都是毫无意义，命运就是虚无，爱就是徒劳和虚幻，只有死才是真正的归宿，才是绝对的真实。

死亡成了他作品中屡见不鲜的主题。主人公的死，在他的笔下，一点也不使人感到阴森恐怖。作家对死亡赋予一种独特的审美意义。他认为死亡是最高的艺术，是美的一种表现。

川端康成在34岁那年，发表了散文名篇《临终的眼》，其中不惜笔墨，恣意地议论死亡。

川端康成十分赞赏日本西洋画家贺春江的话："再没有比死亡更高的艺术了，死就是生。"在川端康成的笔下，死像"新娘一样美丽"，死是"水一样透明的世界"，是"平稳如镜的海"。

川端康成自杀的直接原因是：1945年日本战败，在国家破败的同时，西方文化汹涌而来，日本传统文化遭到巨大的冲击。这个国家正经历着殖民心态下的痛苦变革和迅速发展经济的动荡时期。这是包括川端康成在内的日本一些作家所不能接受的严酷现实。于是便产生了形形色色的忧郁感、失落感和精神创伤。所以川端康成在战后总的心态极端消极绝望:“我所生活的国家和时代仿佛被消灭了。”

1970 年 11 月,被他视为文学事业接班人的三岛由纪夫政变失败切腹自杀,川端康成悲痛难抑。

长期以来,川端康成总想超越现实,将自己隐遁在艺术的象牙塔之中。但现实主义的知觉,艺术家的良心,人道主义的底蕴以及对祖国和人民的拳拳之心又使他苦闷彷徨。到了 19 世纪 70 年代,这种苦闷已使他不堪忍受,真正到了“是活着,还是死去”的严肃思考的时候了。

川端康成自幼羸弱,饱受疾病折磨的痛苦。步入老年,更是每况愈下。一个人失去健康是痛苦的,一个作家由于疾病,尤其是脑神经疾病的折磨而不能写作,则更是痛苦。再加上思想观念和社会生活方面的矛盾状态使之精神发生危机,创作枯竭,活着已变得毫无意义。苟且偷生是与一切思想家的生活信念相悖的。他生前就说过,毫无作为倒更容易走向死亡。所以此时此境的川端康成走向自杀,毫不为怪。

莎士比亚说:“生存或者毁灭,这是一个值得考虑的问题。”世界文艺史证实,作家、艺术家当中确实存在着一个阵容颇大,特质各异,令人惊诧和费解的自杀群体。

钱钟书先生说,自杀是一个“欲去还留,难留而亦不易去”的痛苦心理过程。

作家、艺术家之所以有一个惊人的自杀群体,是因为他们理想希冀的超时空性决定了虚幻和破灭的绝对性质。当这种状态到了最后阶段,就会出现精神危机甚至心理错位和变态,自杀也就不是一件困难的事情了。

印度人的生死观

有人说，同世界上其他文明民族相比，印度人对来世情形的想象远为完备，因此，印度人不会过于深刻地畏惧死亡，他们可以更为平静地走向人生的彼岸。

但另一些人说，印度人对死亡的恐惧异常深刻，并且由对于死亡的恐惧衍生出了对于生命本身的仇恨。大多数的民族都珍惜生命，爱护生命，但印度人却相反，他们认为，既然个体的生命不能常存，生命本身也成了毫无意义的东西。不仅此生的享受与追求无价值，来世的再生也一样荒唐可怕，他们向往的是绝灭任何形式的生命，这就是他们创造的婆罗门教和佛教的要旨。

印度人坚信人会活很多回，生命是永恒的，因此他们过日子一点也不匆忙，而是慢慢享受生命的时光。（印度　莱巴：《两个处女》）

婆罗门教的吠陀书（印度最古老的文化典籍）指出，人死以后，灵魂不会绝灭，会寻找新的躯体再生为人；但是，灵魂的再生如同它的无数前生一样，是劫难、痛苦、不幸；要摆脱痛苦就必须跳出生死的轮回，既免去死的不幸，也免去生的不幸。本书前面已指出，印度佛教对生命进行了更加彻底的否定，佛教创始人释迦牟尼就是由对生命的绝望而走上创立佛教的道路的。佛教宣传的所有教义，都是建立在对生命的彻底绝望上面的，例如佛教的最高理想境界是涅槃，涅槃是什么呢？即原来的肉体不存在了，思虑也没有了，灰身（死后焚骨扬灰）灭智，生死的因果都尽，不再受生，也就是说，彻底毁灭生命，回到无机物世界。因此，佛教也可以说是人的求死本能（按弗洛伊德的观点）的产物。

印度民间重视预言，所以奥修这样的预言家大受欢迎。（印度　皮拉巴：《预言实现了》）

佛教对生命的绝望，代表了印度民族在生死问题上的最具特色的心理倾向。印度的恒河，是印度人心目中的圣水河，可它的神圣之处在哪里呢？原来，据印度人说，这是因为河中的水能让人免去再生之苦，让人脱离生死轮回的劫难。

圣雄甘地是印度民族的伟大英雄，一生辉煌，但他也公开宣称，不愿意再生。你看印度人多悲观！

与印度人相反，中国文化是乐感文化，中国人对于生命是眷恋和喜爱的。因此，中国佛教徒不会像印度的佛教徒那样自我折磨，中国的佛祖总是笑容满面的。

但是印度也有乐观主义者，笔者曾读过一本印度人奥修写的名叫《死亡》的书，就有这种感觉。奥修（1931—1990）是印度著名思想家、演讲家，根据他的演讲，现已出版了650余种图书，并被译成32种文字，畅销世界各地。

奥修在书中告诉人们说，执著于生命，而排斥死亡是不正确的，如果你庆祝生命，那么你也要庆祝死亡，因为生是死的开始，而死是另外一个生的开始，它们是绵绵不断、无始无终的永恒生命长串里的两个极

奥修认为，爱到真处时也是一种死，而且是最纯粹的死。（吉奥乔尼：《入睡的维纳斯》）

小点。永恒的生命包含生命，也包含死亡。

他的书中充满这种达观的语言，尽管具有神秘主义的意味。他认为死亡是唯一没有被人类腐化的一个现象。据他说，到目前为止，人类已经腐化了每一样东西，污染了每一样东西，而唯有死亡这个现象，尚保持着它的处女般的纯洁。也就是说，死亡这个事物尚戴着厚厚的面纱，没有为人们所认识。人无法完全说清楚死亡是件什么事情，因为他所看到的只是别人的死亡。

奥修还说：生命的最大奥秘并不是生命本身，而是死亡。死亡是生命的顶点，是生命最终的开花，生命是一个走向死亡的朝圣旅程。在西方的观念里，死亡是生命的终点，但是在东方的观念里（主要指印度人的观念），死亡只不过是一长串生命中的一个很美的事件。奥修甚至赞美死亡说："生命是很美的，而死亡也跟生命一样美；生命有它本身的祝福，死亡也有它本身的祝福，生命中有很多花朵，死亡里面也有很多花朵。这是因为，死亡跟生命并不是分开的，生命的每一个地方，都隐藏着死亡。"

奥修还指出："死亡以很多方式来临。当你死，那只是死亡的一个形式。当你的母亲死了，那也是你的一种死，因为母亲涉入你的生命，她占据了你整个人一个很大的部分，现在母亲死了，在你里面的那个部分也死了。所以死亡并不是只有在你死的时候才来，死亡透过很多方式来临，死亡一直都在来，当你的童年消失，你变成一个青年或少女，死亡已经发生了，童年已经不复存在，童年已经死了，你无法退回去，那个小孩子的你已经死了。你每一个片刻都在死，因为你每一个片刻都在改变，有某种东西从你体内溜出，有某种东西进入你的存在，每一个片刻都是一个生，同时也是一个死，你就在这两岸之间流动——生和死。"

奥修的话不无道理，人是一个生物，不断进行新陈代谢，与外界进行物质交换，因此人身上的新生和死亡的过程是时时刻刻发生的。同样，人并不是一个孤岛，我们大家都以某种方式连结在一起。因此，每当有任何人在任何地方死，死亡也同时在敲我自己的门。

在全世界，死亡每一个片刻都以无数的方式在发生。存在是通过死亡来维持的，每个生物都靠吃下大量其他生物来延续生存。同样，存在也通过死亡来更新它自己，每一个生物身上每天都要死亡无数旧细胞，又生长出无数新细胞。所以人们常说："以前种种譬如昨日死，以后种种譬如今日生。"

但是奥修的泛死亡论涉及的范围太宽了，他认为睡眠也是死亡，做瑜伽功（他称做"静心"）进入恍惚状态时也是死亡。他给死亡下的定义是："你的自我消失了，只有你纯粹的本质存在。"

奥修还认为，一个人爱到真处时也是一种死，而且是最纯粹的死。因此，只有那些准备去死的人才能够爱，如果你害怕去死，你也将会害怕去爱。爱人互相死在对方，爱永远都会把死亡带进来。成千上亿的人都一直在虚情假意，玩爱情游戏。爱的游戏并不是真正的爱。

奥修自己是个传道者，但他反对一切宗教，特别是反对西方的基督教。宗教创造出罪恶感，每个人都觉得自己有罪，罪恶感压得人们无法唱歌，无法跳舞，无法享受今生的快乐。唯有使人们带有罪恶感，人们才会甘心情愿做统治者的奴隶，所以奥修认为宗教是统治者的工具。

奥修还指出：各种宗教都利用死亡问题来剥削个人，个人是那么地脆弱，那么地渺小，那么地有限，他知道他将会死，他必须去寻求宗教组织的帮助，帮助他找到某种不死的东西，带领他超越死亡。教士们一直都对这样的事情作虚假的承诺。奥修这真是说中了要害。古往今来，假和尚、道士和神父们利用人的死亡不知搜括了多少钱财。

奥修对西方人的生活方式大不以为然。西方人不承认轮回的观念，认为人只能活一世，生命是短暂的，因此一生过得很匆忙，可谓争分夺秒。而印度人坚信人会活很多回，生命是永恒的，因此他们过日子一点也不匆忙，而是享受生命的时光。奥修这话也有道理，但从中我们同时看出了西方发展迅速和东方发展缓慢的原因。

前世今生的对话

20世纪90年代以来，中国台湾社会开始注重死亡学的研究和死亡教育。

1992年，台湾出版界推出死亡学著作《前世今生》，发行后即入畅销书排行榜，连续两年高居不下。不久，关于死亡学的座谈会和杂志专期纷纷出现。例如，台湾《哲学杂志》1994年4期专题讨论《前世今生》一书。1993年底台北召开了三次死亡学座谈会：《前世与今生的约会：神秘主义与科学对话》、《前世今生的对话》、《生命轮回的奥秘》，等等。

关于生死问题的研究，自1994年以来，已成为台湾的重要文化现象。台湾的学校中也开始注重死亡学教育。台湾大学心理系两教授合开“生死学探讨”课程，堂堂爆满，煞是奇闻。

中国人素来避讳死亡，现在死亡学成了台湾文化界的热门，这无疑是个进步，说明台湾人已经敢于直面人生的真实了。

港台学者中精研死亡学者也不乏其人，但唯有唐君毅先生深得其中的宏旨。

唐君毅（1909—1978），四川人，毕业于南京中央大学哲学系，历任四川大学、中央大学、金陵大学教授。1949年赴香港，与钱穆等创设新亚书院，后来任香港中文大学教授和台湾大学客座教授。严格地说，唐君毅先生是香港学者，但他在台湾的影响甚大。

孔子忌谈怪力乱神，又说未知生焉知死，这种态度形成了儒家不谈死的倾向。唐君毅先生虽然也是孔门弟子，却对生死终极问题持不同的看法。他认为死的问题不但可问，并且应该问。对死亡真谛的好奇是合情合理合法的。他说：“盖水火无知，人则有觉，水火可不问其始终，人则不能不问也。”因此，“吾人追索生前死后之心”并非妄自逾越自然所加于人的限制，而是一种正当活动，人追索生前死后，“正所以顺自然也”。

唐氏从这样的立场出发，进而认定宗教信仰中的超越死亡的要求，也是正当合理的，他说：“以良知为标准，我们可说一切高级宗教中之超越信仰，皆出自人之求至善至真完满无限永恒之生命之要求，求拔除一切罪恶与苦痛之要求，赏善罚恶以实现永恒的正义的要求，因而是人当有的。我们不能说此要求是人心所不当有。”

人提出终极问题来加以探索有其正当性，并非违背常理，也并非不“守分安命”，因为人的理性不能不追求“永恒”（在唐氏的词汇中永恒被称作“常”），生命如果随死而消失，则为无常，这才是真正的违理。这层道理按唐君毅的话来说是这样的：“吾人之思想行为盖皆在变中求常。一切科学艺术政治宗教之可能，无不本于此。吾人既无往不于变中有常，则吾人之求吾人人格之常于变中，亦有吾人理性上应有之权，吾人人格若果一死即烟落销沉，化为异物，则实为有变无常也。故吾人求其不朽不堕断灭，实为论理上之应然。”

世界处于千变万化中，但人类的文明（包括思想、行为、科学、艺术、政治、宗教等）之能千古延续不灭，是因为人类在万变中求得保存与流传的方法（如文字印刷和教育等），有史以来人类的各种努力都可归结为在变化中保持自己创造的文明成果。因此一个人希求自己在变乱中能持续存在，甚至追求不朽，从理性上来说，这也是他应有的权利。

生命不朽是否正当合理的问题解决了，那么，实现这一合理的要求，达到生命不朽的途径是什么呢？

由于死亡中断了人的生命，因此，若要探求不朽的途径，首先要了解死亡的本质。

可是，生死两界如天人永隔，死亡的表面现象可以观察到，但死亡的本质则不可知，死后的种种情况更是谁也无法看到的事情，世人对此提出了种种不同的回答，但他们的回答是否正确，更令人怀疑。

所以，一生完成40余部著作，被称为20世纪的伟大思想家的英国哲学家罗素（1872—1970）对这个问题也不能给予肯定的回答，他对此只能持不可知论。罗素说："一个不可知论者不可能相信人有灵魂，但我必须加上一句：这并不意味一个不可知论者必须是个唯物论者。许多不可知论者（包括我自己在内）就如他们之怀疑灵魂一样，十分怀疑物体……我该说，'心灵'与'物体'，都是为了讨论方便所使用的符号，而非实存的事物。"罗素还说："我并不认为现今有确凿的理由可以相信我们死后仍存，但今后若是有确切的证据出现，我愿服理。"

罗素认为，人死后有没有生命这个问题，是可以提出证据来的，其途径是精神研究和招魂术。唐君毅先生的看法与罗素颇为不同，他认为，既然死的本质极难参透，我们不需从死了解死，亦不必由彼界传来的资讯（即招魂术）去了解死后世界之谜。唐先生探索这个问题的方法是兼用理性观察分辨亦用真情去体验和证实。所谓理性观察，即用理性去了解人物的全面，就会看到人生的多面性，除了构成人的身体的物质外，尚有精神、心或道德主体，后者在有生之年一直表现出超物质的能力，且直通宇宙本心，故不会随身体的毁损而消失。所谓真情体验，即通过对死者的真情实感展露出通往幽冥的大路，按唐氏的话来说，这是"一条由生之世界通到死的世界，由现实世界通到超现实世界，由生的光明通到死的黑暗的大路"。论家指出：唐氏的以真情通幽冥的见解，虽然似乎不合哲学常规，然而并不悖理，因为人人可有以真情通幽冥的体验，生死两界可借真情而沟通。真情不是幻觉亦非情绪，而是出自人心深处的道德活动，此活动超出理性管辖的范围，因此理性不能对之妄加判断，而循"常规"的理性只是工具理性，此处之我已是我之全体，本体之我。由这种生命体验开释出的知识远远超过理性之知识。

总之，唐氏拒绝使用超自然的启示或想象性的猜测来解答生死之谜，而是诉诸理性分析和真情体验。这至少说明唐氏在方法上符合学术传统，而不是一种宗教。

唐君毅认为死亡是身体中的物质性受物质定律的管辖，因此而衰弱和僵化。但生命本身并未衰弱，到身体内的物质的表现能力完全消失时，生命就跃出物质之外，转化为另一种生命活动。唐氏用一个比喻来说明死亡所代表的生命力的表面消失："犹如我们远远看见一个人在绕山走，渐渐看不见，这是因为他转了弯，暂向另一方向走去，如果我们只以山的横面为唯一真实，我们会以为他已死了。"可事实上，按唐先生的见解，生命不随物质死亡，生命无生灭。

唐先生称人的精神生命为"心"，人的物质生命为"身"，人活着时，心身二位一体，完美结合。而且，这时候身体与人是绝对等同的，我们常说的"同人在一起"便是同人的身体在一起。

生离死别是人生最大的痛苦，但超越生死的心态可以使生者与逝者的感情相连接。(《芥子园画传》)

唐氏对于身体还有一些颇为费解的说法。例如他说身体并非纯物质，具有人的灵性。它不单是人的表象，人的工具，也是人自己。我有我体，我也是吾体。身体分享主体性，而身体的工具性功能并不使它丧失参与“使用工具者”的主体身份，所以身体绝对地与心结合成人的主体性，精神（心）因身体而落实，能在时空中有其定位亦有其作为。

但是，身体之物质性随物质环境的影响，“向横的方向动”，并且“逐渐表现与向上的生命力相反之趋向，身体中物质的惰性，达到某一程度，不能为生命力表现之工具时，生命便离开物质世界，而复归于其自身了”。这就是唐氏对死亡的解释。这里讲的生命已是精神生命，也就是心。按唐氏的见解，生命分享心之恒常性乃可与心永垂千古。

何以知道心有恒常不朽的特性呢？唐氏对心的本体作如下断语：“我相信我心的本体是恒常、真实、清明与无限广大、至善、完满。”

唐氏认为心观照心外一切且涵盖一切。因此，心不受身体所限，并非住在身内。他说：“说我的心限于我之身，真是何等的自小之说呵。如果我的心真限于我的身，我如何能对外界有任何认识。”所以他认为心无住，也住在一切内，如上所说，它涵盖其观照的一切，在万境中周旋。因此唐氏体验到心之广大、清明、完美，乃忘却世界一切缺憾和罪恶，甚至可说：“使我常觉神即在我之后，我即通于神、我即是神。”人由于有思想和灵性，人即是宇宙和万物之神，整个宇宙都是为人设计、为人创造的。

以上认识是唐氏与客观世界暂隔后通过潜思默想而体会到的，所以只能说是他的主观的唯心的认识，但我们可以看到王阳明的“心学”对他的影响。

唐氏也深受中国民间宗教鬼神说的影响，因而坚信死非人生之消灭，而只是人生之暂终，人生之暂终是生命现象之暂终，而非生命本身及精神之暂终。生命只转了一个弯，看不见了，但继续在山间行走。唐氏肯定人“死”后精神不死，并举捐赠遗体之例说：“他在生前之精神早已超乎他个人身体之存在与生死之问题之上了。在生前已超乎生死之上的精神，是断然不能有死的。”这里特别要指出的是，唐氏所说的精神不死，并非常人说的立功立德立言之不朽，而是人本身之不死。人死后虽失去了物质体，但尚有精神体在，精神体又称灵体，俗称“鬼神”。鬼神有别于人，已入幽冥之境，但其精神之超越性未曾失去，我们仍可感受其存在，但人若想与鬼神相通，必须有一种真情。

真情究竟是什么？唐氏为了解释真情，说了一段十分难懂的话，兹摘录如下，请读者诸君慢慢体会：“怀念诚敬之意者，肫肫恳恳之真情也。真情必不寄于虚，而必向乎实，必不浮散以止于抽象之观念印象，而必凝聚以著乎具体之存在。既著之，则怀念诚敬之意，得此所对，而不忍相离。事死如事生，事亡如事存者，如非虚拟之词，乃实况之语。”

唐氏这里所说的，大概是指活人以诚敬之心祭亲人，就在深度纪念及吊祭亡者时，便产生超越生死的心态，终于使活人与死人的感情相连

按民间宗教的说法，鬼神有别于人，但人仍可感受其存在，人若想与鬼神相通，必须有一种真情。（俄罗斯　伊万诺夫：《基督显灵》）

接。唐氏认为，鬼神乃人本身之实体。此实体非由理智感觉来把握，而由至情彰显的，要先去掉理智感觉垄断知识的偏见，然后才能得由情入实之真见。另一方面，人鬼之通亦包括了与古往今来、东西南北海内外一切圣贤之心的相通："心光相照，往古来今，上下四方，浑成一片，更无人我内外之隔。肫肫其仁，渊渊其渊，浩浩其天。是见天心，是见天理。"我心，众圣贤之心和天心三心合而为一，这是唐氏所谓"我即是神"之真义。人非神，但心与心相遇时天人合一。

总之，唐氏的生死两界可以相通的说法是中国民间宗教与明代"心学"的混合，代表了当代台湾人的生死观。

艾滋病：今天明天

弗雷德里克·西格尔是纽约长岛犹太医学中心的免疫学临床医生，他清楚地记得，1979 年，他首次遇到一个免疫系统遭到神秘破坏的病例的情况，那是一个多米尼加共和国的青年妇女，他对这种病束手无策，只好眼睁睁地看着她死去。当时谁也没听说过艾滋病这个名词，更没想到这种由病毒引起的来势凶猛的疾病的大流行已经迫近眉睫了。从那次以后，西格尔不得不大量接诊这一类的病人，现在，对其中的许多患者他连名字都记不起了。

身患艾滋病的作家科拉尔，抱病把自己的小说《野性的夜》搬上银幕，他本人却在 1993 年年仅 35 岁时去世。从此以后，描写艾滋病的作品大量出现，例如，伊莎贝尔·马雷夏尔的《沉默的重压》描写她的丈夫是个两性人，染上艾滋病后至死都极力隐瞒真相。马丽·普瓦扎克的

《走到路的尽头》则叙述了她的丈夫身患绝症后所受的苦难。

艾滋病患者大多数是这样的人：使用公共针管注射的麻醉剂上瘾者，性生活放任滥交而又不使用避孕套者，经由输血途径而得病者，等等。他们身上都可观察到一类十分重要的白血细胞，即所谓 CD4 细胞在急遽丧失。这类病人都由于大量的致命感染而死去。

艾滋病被称为 20 世纪末的瘟疫，在全世界的传播有日益扩大之势，中国已有不少艾滋病患者。为什么人类在消灭了天花等传染病后，又会产生艾滋病这样新的传染病呢？这很可能是大自然的一种安排。

为了使多姿多彩的动物世界保持平衡，大自然在每种动物中“植入”了两种相反的程序：求生本能和自杀程序。当某一种群的数量激增威胁到生物圈的总平衡时，自杀程序即启动。

统计表明，在自然灾害中，约半数的人不是死于受伤，而是死于心脏停跳，机体不愿为生存而斗争，启动了自杀程序。

动物界的自杀现象屡见不鲜：1987 年，2000 条海豚，主要是母海豚和小海豚游到巴西海岸等死；835 头逆戟鲸在阿根廷海岸自杀。第二年，200 条鲸在塔斯马尼亚集体自尽。1989 年，火地岛成了 800 头逆戟鲸的墓地。1990 年，183 头鲸游上塔斯马尼亚东南海岸长眠……

人类一直在与大自然作斗争，破坏森林，污染环境，把一个美好的地球弄得百孔千疮，每年，由于人类的肆无忌惮的活动，导致多种动植物的绝灭。人类的做法太过分了，会招来大自然的报复的。人类已对其他物种构成威胁，生物圈为了保持平衡，会以各种方式限制人类的过分扩张。艾滋病等新的传染病的产生可能就是生物圈报复的手段之一。

任何活动都应该有节制，活动超过一定的限制很可能招来负效应。西方人崇尚自由，但在性事方面过分自由，甚至滥交无度，肯定会伤害身体。性乃人的天然需要，不宜禁止，但同一种活动，过于频繁，则有害无益。就拿运动来说吧，人需要运动，但运动过度，反而会缩短寿命。据说艾滋病的流行与同性恋有关，这种变态性行为还是应加以控制为好。

艾滋病又译“爱滋病”，这个词的本身也说明了爱情的本质，爱情本就是一种自我摧残和自我折磨。过分自私的人是不能谈爱情的，唯有奉献欲强的人才会坠入爱河。真正的恋爱是一种类似死亡的过程，爱到深处就是死。一些动物交配后立即死去就是明显的例子。人类之所以不会性交后就死，这是因为大自然要留给人养育子女的时间。但人如果性交无度以至滥交，就会招来疾病，立刻死亡。所以艾滋病的产生也是对人类行为的一种警告。上古圣人制定各种礼仪规章，对人的行为加以种种限制，还是有一定的理由的，不能通通视为“封建枷锁和窒息个性的牢笼”。千百年的文明就靠这些礼仪来维系，随意抨击古人是会招来惩罚的。

我们说艾滋病的产生是大自然对人的报复，但绝不能因此而歧视艾滋病患者。艾滋病人为了整个人类的过失遭受惩罚，他们是代我们受过的人，我们只能以怜惜的心情看待他们，并且尽可能减轻不治之症加于他们的痛苦。何况他们中有许多得病的原因并非由于性行为不检点，而是由于遗传，或是由于输了不干净的血。总之，健康人没有理由歧视艾滋病人，他们是苦难中的兄弟姐妹，我们应尽可能地给他们伸出援手，同时积极努力制服这种世纪病魔。

每年12月1日是世界艾滋病日，2003年的主题是“互相关爱，共享生命”。据联合国艾滋病联合规划署发表的2003年度报告称，在过去一年中，全球新增艾滋病病例500万人，其中死亡300万例，艾滋病疫情仍未得到有效控制。

从全球来看，非洲仍是病情蔓延最严重的大陆，共有2660万艾滋病病毒感染者，一年新增320万病例，230万人死亡。南部非洲的病情最为严重，部分地区患病率高达40%。亚洲是仅居非洲之后的重灾区，有艾滋病病毒感染者740万人，其中新增病例100多万，死亡50万。其中印度新增病例已达30万人，病毒感染者300万至600万人，患者人数仅次于南非，居世界第2位。拉丁美洲和加勒比海地区有200多万艾滋病病毒感染者，死亡人数约 10 万。东欧和中亚地区的艾滋病情势也在不断蔓延，俄罗斯的感染者已达 100 多万。相比之下，发达国家在 2003 年共发现 160 万病毒感染者，8 万新增病例，仅占全球病例总数的 5%，并且由于积极治疗，2003 年艾滋病患者死亡人数仅 18 万，较上一年下降了 5 万人。另外，值得注意的是，据统计，在全世界约 4000 万的艾滋病病毒携带者中，250 万为不足 15 岁的少年，在每天感染艾滋病病毒的 15 万人中，约有 60%为儿童和青少年，说明艾滋病有向低龄化发展的趋势。

在我国，自 1985 年首次报告发现艾滋病病例以来，艾滋病病毒感染的数字逐年上升。2003 年，在世界卫生组织和联合国艾滋病规划署的技术支持下，卫生部进行了全国范围的艾滋病流行病学调查，统计出我国现有艾滋病病毒感染者约 84 万人，其中艾滋病患者约 8 万例，居亚洲第 2 位，世界第 14 位。2003 年 9 月卫生部又公布了两个让人触目惊心的数字：1—6 月全国报告的感染者比上年增加了 20.3%，艾滋病病人数则增加了 140.1%！艾滋病专家预测，如果中国控制艾滋病疫情不力，到 2010 年，中国的艾滋病感染者将达到 1000 万人！为此，政府制定并实施了许多政策和措施，包括在疫情严重的地区建立示范区，投入资金加强中西部地区血站、血库的建设，为农村和城市中的低收入艾滋病患者免费提供治疗药物等，体现出积极的“防艾治艾”决心。2003 年 3 月，国家在艾滋病疫情较为严重的 11 个省区建立了第一批 51 个艾滋病综合防治示范区，示范区内凡因输血感染 HIV 的人都能获得免费治疗。

时至今日，艾滋病对每个人都已不遥远，全社会应该齐心协力营造出理解、配合、公正、不歧视的氛围，因为艾滋病的全球性战斗仍然任重而道远！

关于脑死亡标准的争论

当前，生命和死亡问题的社会伦理和精神——人道主义方面引起了注意，这不仅同愈益被广泛意识到并愈益尖锐化的个人在生存上的二难境地有关，而且同生物医学研究上的成果有联系。那些遗传和医学工程远景，在许多方面将要求重新确定一系列人道主义原则，这些原则不仅会使生命的社会学和伦理学起变化，而且将会改变人的死亡观。

目前许多科学家纷纷提出一个问题，即研究生命的生物学和科学已经补充了不少死亡生物学的新概念。这方面产生的问题使道德和人道主义陷入左右为难的处境，这些超出传统范围、最常引起争论、必须做出抉择的情况往往和当代的复苏学发展有关，这门科学目前取得了很大成就，可以使过去认为是临床死亡的人复活。例如，业已判明，机体濒死时首先是大脑皮层坏死，在其作用下，人的意识随着消失，但心脏的功能可能保持了下来。采用复苏手术可以使心脏恢复工作，也就是说，使个体复活了。但是，俄国医学专家涅戈夫斯基提出证据说，在确实诊断大脑死亡以后，从未听说哪一次大脑又可恢复功能，因此，即使人可以复活，但个性不会恢复。涅戈夫斯基公正地提出了一个由于各方面的观点（包括道德—人道主义观点）而显得十分尖锐的问题：如何评价“脑死”状态，在这种情况下能不能说一个人有生命，既然他的个性的本质已经不可复归地丧失了，他就不再是一个社会生物了。

目前许多国家和国际医疗组织都表示赞同把脑的不可逆转的坏死当做人的死亡时刻，而不是心脏停止跳动。俄国科学家涅戈夫斯基联系到这点提出了一个在社会伦理和道德—人道主义方面十分重要的问题。他写道：“虚假的仁爱，责令医生不管情况如何，通通施行复苏手术，一直持续到呼吸或者心脏活动终止。与此同时，第一流的分析统计学家令人信服地指出，在正常温度和没有麻醉的情况下，如果人的血液循环的中断超过了期限，影响到了大脑皮层，那么恢复中枢神经系统的功能（这对保持病人的个性是必不可少的）是不可能的。我们觉得这种观点是明智的，因此，如果确知心脏停止跳动的时间已经超过了期限，在血液循环中断后足以影响到大脑，那么着手恢复心脏活动和呼吸是不适宜的。一旦确实诊断脑已经不可逆转地坏死，复苏手术应当停止。”

涅戈夫斯基的话说明近几十年来欧美医学界为什么要提出脑死亡标准。

死亡是一件有十分重要意义的事情：宣告一个人的死亡，意味着医生或其他人可以合法地撤除对其所施用的一切抢救治疗措施；意味着可以对其尸体进行火化或安葬；意味着对其尸体可以进行医学的或法医学的解剖；意味着对其本人的一切刑事、民事责任的解除，而不论他生前有多么重大的罪责；意味着可以开始对其财产的继承和遗嘱的执行；也意味着在其亲属的同意下可以开始对其有用的器官组织进行移植以挽救其他人的生命，等等。而在确定和宣告一个人死亡前，以上的行为都为非法。

目前死亡学上按照死亡的原因或启动部位不同，可将死亡分为三种类型：

心性死亡：指原发于心脏功能不可逆性终止所引起的死亡。此种人，心跳停止先于呼吸和脑功能的完全停止。

肺性死亡：又叫呼吸死，指原发于肺部或呼吸功能终止并且无法恢复所引起的死亡。此时，呼吸停止先于心跳和脑功能的完全停止。

脑死亡：脑包括大脑、间脑、小脑和脑干，主宰着全身的生命活动，一旦全脑功能不可逆转的终止，则即使呼吸、心跳还暂时存在，但仍不可能挽救整体生命。因此，现代医学认为“脑死亡”标志着整体生命的死亡。这种死亡虽然是20世纪60年代才提出的一种新的死亡概念，但实际上过去一直存在着。只是由于以往检测脑功能的技术比较落后，不如检查心跳和呼吸简便可信，所以没有作为一类死亡。

几千年来，无论是从医学上，还是从法学上，人们都把呼吸和心跳永久性地停止视为死亡的标志。随着科学技术的发展和人类文明的进步，上述传统的死亡概念已日益受到挑战。现代复苏技术的发展，人工呼吸机等维持生命的器械能使实际上已不能复活的、死了的人，长时间维持其心跳、血压和呼吸而“不死”，无效地浪费大量的金钱、物资、时间和精力。尤其是近年器官移植的发展，要求能尽快从供体内摘取可供移植的器官以提高器官移植的成活率，挽救更多人生命的呼声，也督促着人们重新考虑死亡的概念。所以近几十年来有人主张“脑干死亡”即死亡。

1966 年国际医学界正式提出“脑死亡”（Brain Death）的概念。

1967 年 12 月 3 日，南非医生克里斯坦·巴纳德成功地将一名 24 岁女性车祸遇难者的心脏移植到一名 51 岁男性商人的胸腔内，打破了心脏功能丧失可导致整个机体死亡的常规，医生可在心跳和呼吸完全停止的情况下进行外科手术。即使心跳停止了很多小时，病人仍然活着。这项手术证实，脑才是决定生命本质的器官。心跳终止从未和死亡时刻完全吻合。因此，这项心脏移植手术具有里程碑似的意义，可以说，脑死亡概念是随心脏移植而产生的。

1968 年召开的世界第 22 次医学大会上，美国哈佛大学医学院特设委员会提出了“脑功能不可逆性丧失”作为新的死亡标准，即脑干死亡又称脑死亡这一新概念，得到国际医学界的赞同和支持。

1978 年，美国统一州法全国委员会通过《统一脑死亡法》（Uniform Brain Death Act. UBDA）。

至今，在医学实践中承认脑死亡状态，并以之作为宣布死亡依据的国家至少有 80 个以上，由国家直接以立法形式承认脑死亡为宣布死亡依据的国家有芬兰、美国、德国、罗马尼亚、印度等 13 个国家。

为了推动我国脑死亡立法，1999 年 2 月在中国器官移植研讨会上，专家们认为，时代呼吁“脑死亡法”。2002 年 10 月 26 日，在武汉举行的全国器官移植学术会议上，专家制定并披露了我国成人脑死亡诊断标准。

2003年4月，华中科技大学同济医院专家在中国内地首次以脑死亡标准，宣布了中国第一例脑死亡病例，这一消息公布后，“脑死亡”问题在全国引起了社会和学术界的深切关注。

但是，在器官移植医学界热衷于脑死亡立法的同时，哲学、伦理学、社会学和法学等领域对脑死亡标准在进行冷静而谨慎的思考，其焦点主要是：传统的心肺死亡标准承载了太多的民族文化、宗教及道德观念，脑死亡标准和器官移植能否为广大民众所理解和接受；其次，法律如何保证脑死亡标准在严格的法律规范下实施。

是否对一切病人的死亡都要以脑死亡为判断标准呢？

我们可以将因病而死亡的人群按照死亡原因分为脑病死亡者和非脑病死亡者。医学统计结论是，非脑病死亡人数约占死亡总人数的95%，因脑病而死亡的人数约占5%。

对于95%的非脑病患者而言，心肺死亡标准可以作为判定生存状态的标准。对于5%的脑病患者而言，心肺死亡标准是一个时间滞后的死亡判定标准。这一分析也说明：心肺死亡标准虽然不能判定5%的脑病患者生命存在的状态，但对于95%的非脑病患者而言，它仍然是一个适用的判定生命存在状态的标准。因此，脑死亡立法面临着一个如何处理两个死亡标准关系的问题。

同济医科大学器官移植研究所所长陈忠华教授建议《脑死亡法》应该推行双轨制。也就是心死和脑死的双重标准并存，这就是我国二元死亡标准的由来。他说：《脑死亡法》的直接适用面是很小的。如果我们将脑死亡患者与器官移植联系，实行脑死亡标准的患者就更少了。所以，陈教授说实行脑死亡标准是一个“小概率”。他还从医学统计学的角度十分准确地说：牵涉到脑死亡诊断问题的患者约占正常人群的十万分之二十二。

关于在我国实行二元死亡标准的必要性，学者们对此作了大量的论述。归纳起来有以下几个方面：

第一，经济方面的原因。进行脑死亡鉴定必须有相应的鉴定机构和专门人才。因此，现阶段要在我国广大农村实行脑死亡鉴定是不现实的。

第二，文化方面的原因。几千年来，长期受到儒家伦理道德影响的我国及东亚国家都具有深厚的宗教观念和先人崇拜意识，患者的后人很难将仍然具有体温，心脏仍然跳动的患者看作“死亡”。在日本等国家，为了调和器官移植需要和社会抵触心理的矛盾，提出了心脏死亡和脑死亡的二元标准，主张以传统的心脏死亡标准为一般死亡标准，在一定条件下，允许患者本人或者患者家属选择脑死亡标准。这种二元死亡标准在东亚伦理文化之下无疑具有极大的调和性。

在许多医学专家眼里，制定脑死亡法的直接动因就是器官移植的需要。制定脑死亡法和器官移植法的动机的单纯性导致人们的疑问：如果法律脱离了器官移植必须遵循的“生命自主，绝对自愿”这个原则，法律对于器官捐献者就是不公平的；如果我们在出台脑死亡和器官移植法以后导致器官买卖的出现，富人通过金钱非法得到所需要的器官，或者在等待器官的过程中，掌握权力者依靠权势优先获得移植所需要的器官，这都是不公平的表现。如果我们为了救治一个人的生命而牺牲另一个人的生命，也应该禁止而不应该提倡。

陈忠华教授曾经说过：“器官供体不足”、“节约医疗资源”都不能作为我国脑死亡立法的理由。“生命自主权”前提下的个体权利范畴，不受任何个人意愿以外的因素左右。即便立法后所有的脑死亡者都捐赠器官，也还是杯水车薪。因此，把器官供需矛盾的解决寄希望于脑死亡法和器官移植法的制定只是一种良好的愿望而已。

再看看国外的情况：早在 1993 年，日本医学家就认为应把脑死亡作为一种个体的尊严死，如果单纯作为供体的需要，而进行脑死亡的判定，则易导致脑死亡是为了脏器移植而导入的新的死亡类型的误解，经主治医师在判定患者是否脑死亡之时，应排除移植医学的影响。如有犯罪的可能性，脑死亡个体不能成为脏器移植的供体。脏器摘取应该充分尊重脑死亡个体的意愿，必须有生前捐献脏器的承诺书。

2001年，人体器官移植法的修正案提交日本国会讨论，日本人体器官移植法的修改，已受到了海外的密切关注，因为海外的专家学者之间也在开始重新考虑脑死亡的问题。

日本的人体器官移植法是个很有意思的法案，每个人根据遗体捐献登记卡可以预先选择是否将脑死亡视为生或视为死。美国最近两三年也在重新探讨脑死亡法问题，在讨论中提倡的正是日本型的“多元的死亡定义”和在日本得到广泛支持的“违法性阻却论”。有的专家指出，日本现行的人体器官移植法很可能会成为21世纪脑死亡法的榜样。

在欧美国家，脑死亡问题并没有顺顺当当地得到一般市民的理解。美国遗体捐献登记卡的普及率只有20%左右，多数人不领取遗体捐献登记卡的原因有以下几点：对死亡的恐惧，等于过早地宣布了自己的死亡，对器官分配公平性的担心，怕影响葬礼，死后应保持尸体完整的信仰等。目前，许多人并不接受大脑虽然死亡但还有体温之人已然死去的说法。

目前世界上只有两种法律可以选择脑死亡是否等于死亡，一种是日本的人体器官移植法，目前这项法律正在修改以接受多元死亡定义。另一种是美国新泽西州的脑死亡法。1991年，新泽西州以信仰为由，为这项法律引进了否定脑死亡的“良心条款”，该州有传统的犹太人社区，他们不承认脑死亡即死亡的观点，将否定脑死亡的权利写入法律，也是考虑到犹太人的习惯。该法律规定，只要心跳没停止，即使大脑死亡也应视为生命还在持续，健康保险的支付要在心脏停止跳动之后执行。

有的专家指出，“多元化社会”中死的定义就应当体现出真正的多元化，承认按照伦理方面的信念拒绝脑死亡的理由。有意思的是，美国的脑死亡反对论得到了基督教原教旨主义的赞同。例如，美国生活联盟一贯反对堕胎、安乐死和脑死亡。

由上述情况可知，20世纪90年代以后美国生命伦理方面的讨论，正向新泽西州和日本那样的死亡的多元主义方向转移。

目前，多数国家都以哈佛特别医疗小组提出的死亡判定标准为基准，而哈佛死亡标准就是两个而不是一个。

1983年，美国通过的《统一死亡判定法案》（Uniform Determination Death Act. UDDA）给予脑死亡标准与心脏死亡标准相同的法律地位，避免了人们对死亡标准可能产生的误会。

从美国各州相关脑死亡法来看，首先是承认了脑死亡标准，在此基础上，心肺死亡标准和脑死亡标准是同时存在的。因此，美国州立法与美国《统一死亡判定法案》是吻合的。

实际上，只有实行二元死亡标准才真正科学地理解了脑死亡标准和心肺死亡标准的含义。当我们说脑死亡标准是比心肺死亡标准判断力更强的标准时，并没有否定心肺死亡标准在一定条件下的科学性及其存在的合理性；当我们说所有的人都可以用脑死亡标准判定其生命状态时，并没有说所有的人必须用脑死亡标准判定其生命状态，从而否定大多数人可以用心肺死亡标准判定其生命状态。前面我们已经说明，最先承认并实行脑死亡的美国也没有从法律上禁止心肺死亡标准，而是在承认心肺死亡标准的基础上承认脑死亡标准。

综上所述，在我国实行二元死亡标准不仅是明智之举更是科学之举。

专家建议，根据我国医学发展的现状，我国应尽快制定专门的“死亡统一法”，该法应对如下问题作出明确规定：（1）死亡的基本概念；（2）死亡的一般生理学判断标准；（3）死亡的人体诊断标准；（4）死亡确定和宣告程序；（5）死亡确定中的违法行为；（6）脑死亡和植物人的关系。

执行脑死亡标准也应当将脑死亡与植物状态区别开来。

脑死亡与植物状态是有区别的：脑死亡是指患者的大脑和脑干功能不可逆性丧失，临床上仅存心跳和颈以下的脊髓反射，患者必定会在短期内死亡。“持续性植物状态”（Persistent vegetative state）是一种与“脑死亡”和“临床死亡”相邻近的状态，指大脑受到严重损害致功能丧失，病人已失去全部自主运动和认知反应能力达一个月以上，只存在某些知觉和维持生命所必须的由自主神经系统（即植物神经系统）所控制的生命活动，包括呼吸、心跳、消化等。但由于“植物人”的脑干功能还存在，脑、心、肺等器官仍有一定功能，因此与临床死亡有本质的区别。虽然患者处于昏迷状态，在良好的护理条件下，“植物人”可以生存几月、几年甚至十几年之久。国外对脑死亡与植物状态的处理不同。脑死亡即代表死亡，此时可放弃医疗措施。但对植物状态的意见分歧较大。有人认为植物状态虽无知觉和意识，但尚有生命，应得到医疗救护。

推行脑死亡标准，必须有一个高度开放、高度透明、高度民主的社会作保证，不然的话，它就会为有钱有势的人摘取贫弱的病患者的器官提供方便。

自然之死与人类之死

人的首要特征是生存，要生存就必须先行解决自身的衣、食、住、行问题，而为解决这些问题所需的各种生活资料皆来源于自然界，因此自然界的状况直接影响着人的生存状况。然而，在历史上很长一段时期，人类一直认为自然界会为自己提供取之不尽的生活资料，于是征服自然、改造自然就成了人类改善自己生存状况的基本手段。只是到了19世纪下半叶，生态危机现象由隐到显，后来日趋严重，人类才逐步意识到，在茫茫宇宙中，地球和太阳系都会消亡，人类当然也会消亡，但生活在地球上的人类若努力保护生态环境，就不至于在不该消亡的时候消亡，若仍像目前这样破坏生态平衡，就可能在不该消亡的时候提前消亡。为避免人类这一悲剧的上演，人们开始积极寻找疗救解脱之道。概括地说，今天人类主要在三个层面上来应付生态危机：技术的介入、法律制度上的约束、价值观念上的转换。

一、自然之死与人类之死：美国环境伦理学家卡洛琳·麦茜特女士提出了“自然之死”与“人类之死”关系的理论。自然之死有狭义和广义之分。狭义的自然之死是指由生态失衡促成的地球生物圈的消亡；广义的自然之死是指由人类不可抗力导致的自然宇宙的最终毁灭。而人类之死则是指因生态失衡或宇宙毁灭而引发的人类整体的消亡。卡洛琳·麦茜特认为在人类古代社会盛行的是有机论的自然观，但在历史的发展过程中，这种自然观却被近代以来科学革命和市场价值取向的文化渐渐破坏掉了。在古代流传久远的有机论自然观中，自然总是被看作一位养育众生的母亲，但随着科学革命的不断推进，地球作为养育者母亲的隐喻逐渐消失，“驾驭自然”（Power over nature）的观念成为现代世界的核心观念。这种有机论自然观的破坏不可避免地造成了“自然之死”。卡洛琳·麦茜特认为自然之死必将产生剧烈的反弹，结果是人类也将死去。卡洛琳·麦茜特关于“自然之死”和“人类之死”的分析为我们提出了一个重要问题，这就是自然是如何由养育人类的母亲变为人类驾驭的对象的？亦即人类如何由自然之子变为自然的主人的？要正确回答这一问题，就必须深究人类中心主义理论的实质。

二、人类中心主义与生存危机的认识论根源：各种人类中心主义毫无疑问皆与近代以来神中心主义的式微、科学技术的发展、启蒙运动的兴起这三种因素密切相关。

神中心主义的式微指的是中世纪神中心主义的宗教信念体系倒塌之后，人道主义的世界观开始占据主导地位。其主要观点为人无须求助上帝，可以独立实现自我价值。而科学技术的发展是一把双刃剑，特别是近代以来，科学技术在改造自然过程中所表现出的威力极大地张扬了人类对自然的征服欲和占有欲。至于启蒙运动的兴起，指的是它强调在理性的基础上把个人的解放和自由作为最高的价值追求，在这种思潮的影响下，个人的自由和解放变成了一个“超越”的过程，而不是“融合”的过程，这使人变成了一个独立于特定社会环境和自然环境的作为自身主宰的现代自我——个人主义的自我。由此可见，人类中心主义是近代历史运动所结下的一枚青涩的果实。

三、克服生态危机的关键——人类世界观的转型：为了避免因自然之死导致人类之死的悲剧发生，消除人与自然的紧张关系，实现人与自然的和谐，人类在世界观上应做出怎样的调整？应形成什么样的新世界观？海德格尔和莫尔特曼对现代文化的深层信念所做的批判性反思为我们提供了一个前进道路上的路标。

海德格尔关于人与自然关系的看法集中体现在他对“世界”、“存在”等范畴的认识上，在《荷尔德林的大地与天空》等系列演讲和报告中，海德格尔把世界和存在理解为天空、大地、凡人、诸神四大共在的四一体状态。既然四方不可分割而共属于一体，因而每一方就必然是已经把自己转让给了其他三方，每一方在某种程度上都已经失去了本己。

海德格尔就人与世界、存在的关系而言可概括为以下三点：一是世界、存在同人的关系是抛投与被抛的关系，在这一关系中，被抛者是人，人的生存虽然直接是人自己去生存，但从根本上并不是由人自己所决定的，而是由存在抛其于世界之中决定的。二是由于人的生存是被抛投于世的生存，因此人也就无法从根本上决定与其同处在世界之中的其他存在者的活动。三是人不是世界或存在的主人，而是其看护者。

莫尔特曼认为人类的历史是在地球所处的宇宙之中展开的，人类要支配和剥夺自然，就必然会破坏自己的生存根基，以致毁灭自己。人类及其文化要想继续生存，就必须充分尊重自然的特点及权利。莫尔特曼将其所讲的自然解释为地球的生存体系，他认为这一体系透过大气层和生物层吸收太阳能，又借着地球的自转和公转确保昼与夜、冬与夏、雨水与阳光的循环。地球的这些自然特征的稳定性使得世上几百万年以来一直有生命的存在，人类产生以后一直尊重自然的这一特点，并与之相适应。排斥和藐视自然的始作俑者是近代的科技文明。今天这种文明不仅已达到其增长的极限，而且也已进入自己在宇宙中得以生存的极限中，如果自然为人类提供的这些生存条件继续受到无可挽回的破坏，则地球上的住客——人类，将连同地球这一生态体系一同灭亡。因此，人类要想获得进一步的文明，就必须将自己的历史纳入一种新的自然观之中。当然这不是浪漫式的回归自然，而是在生态学上采取必要的步骤以迈向自然，以破坏自然为生的工业社会不能再以目前的形式继续存在下去，它必须向着后工业社会迈进，以便从生态学上同自然相适应，人类能否继续生存，完全视乎它是否建基于同自然相适应的能力。

莫尔特曼尝试用中国的阴阳观念来理解工业社会向后工业社会的转折。他认为在男性的、索求的、侵略的、理性的和分析的阳性时代之后，该是女性的、保护性的、容易接近的和综合性的阴性时代。阳的行为与自我有关，阴的行为则与自然相协调。两者的过渡应当自然、文雅而轻盈。“一阴一阳之谓道”意即阴退阳进，阳隐阴显，交互作用，循环不已。现代社会核子毁灭的潜能已堆积到荒谬的程度，人类在摧毁动植物的同时也已在摧毁自己，所有这一切已经使人绝对相信人类已经走进一条死胡同。现代科技文明所蕴藏的毁灭力量无法靠自身化解，人类要想继续生存下去，就再也不能继续将自然合并到人类的历史中去，恰恰相反，必须把人类的历史归纳到地球的生存循环之中。而要在人类文化与大自然之间寻求和谐，使人类继续得以生存，就必须舍弃人类中心主义，当然也不能走向宇宙中心主义，而是要在人与宇宙、人与自然之间保持一种张力和协调。

莫尔特曼特别指出人类中心主义的实质在于人要打破人、自然、上帝三者之间的均衡协调关系，人试图毫无节制地谋求权利，进而支配自然、征服他人、统治世界，成为酷似上帝的上帝，但人终究是必死者，而不是万能的上帝。为此莫尔特曼对《圣经·创世记》第一章二十六节做了新的解释。上帝说：“我们要照着我们的形象，按照我们的样式造人，使他们管理海里的鱼、空中的鸟、地上的牲畜和全部土地，并地上所爬的一切昆虫。”莫尔特曼认为这里的管理绝不是支配，而是指人要像园丁一样栽培和保护地球。由此，莫尔特曼得出的结论是：人不应当认为自己是与自然相对立的高高在上的主体，也不应当把自己看作是上帝，或努力成为上帝，因为人本质上是自然的产物，生活于尘世之中，因此人类避免提前死亡的唯一出路是：消除试图雄踞万物之上成为上帝的高傲野心，放下手中的征服之剑，融于他人、自然、社会、上帝之中。

自然之死必将导致人类之死，而引发自然之死——生态危机的根源在于近代人类中心主义的广泛传播，要避免因自然之死导致人类提前死亡的悲剧发生，就必须在人类世界观上实现根本性转变，而海德格尔、莫尔特曼对现代文化的深层信念所做的批判性反思，为我们实现这一转变提供了一个前进道路上的路标。

突破死亡禁区

目前科学家们对死亡问题正尝试着进行规模巨大的跨学科研究，包括死亡的道德—哲学方面在内。美国沃·希布尔斯的《死亡，跨学科的研究》就是其中的一项成果。该书作者正确地指出，在人们一再面对的各种最大的问题中，“死亡是怎么一回事?”“我们能有办法战胜死亡吗?”这样的问题占有独特的地位。时至今日，人们总是惯于用独具一格的方式解决这些问题：或者干脆忽略它们，或者把它们的解答同种种迷信的神秘的概念纠缠在一起。死亡也可以说是研究的禁区，所以，到目前为止，这方面实际上完全没有开展认真踏实的直接研究。

希布尔斯认为，对死亡是什么这个问题进行哲学研究乃是同死亡的恐惧作斗争的最好的方法。“死亡是怎么一回事?”这个问题本身就对某些人有治疗作用。在死亡面前，人会开始重新评价生活。与之相类似，只有站在研究死亡的立场，才能弄清楚生活的重要内容，才会重新评价人生目的。研究的立场使一个人有可能对死亡构成清晰的观念。有关死亡的本质及怎样才能制伏它的问题，其本身就是向人类理智提出的最伟大的挑战。从这种意义上来讲，人生在世，回避这些问题，否定它们，或者完全寄托在永生的神话观念上，都是不现实的。任何哲学体系，如果不能对死亡有关的问题提出诚实的客观的解答，这门哲学就不够完整。由此可以说，“研究哲学——就是学习应该怎样死”。但是要理解“死是怎么一回事”，必须先理解“生是怎么一回事”。而要做到这一点，同样必须对下列事物有明确的概念：我们的语言，我们周围的环境究竟是什么；我们自己，我们的伦理观，心理学，整个科学等，究竟是什么。因此，作者做出结论：不但“研究哲学就是学习死亡”，而且“学习死亡就是研究哲学”。

希布尔斯把在大学生中间就死亡问题进行直接测试的资料运用到其著作中。这些资料虽然不是很有代表性的，但它们为研究从哲学上对待死亡和永生问题提供了某种个人情绪的背景。希布尔斯强调指出，死亡总是和各种各样的消极情绪连在一起的，这样的情绪本身就可以成为致死的原因（休克、突然事故等），因此很有必要摆脱这一类的消极情绪。作者认为，现有的“治疗手段”（殡葬仪式）不仅不能使人摆脱消极情绪，而且加深了它们。由于这个缘故，“死亡的艺术”具有很大的意义。为此作者举出了许多证据，比如说，中世纪的人生活中触目皆是死亡的象征，他们时时刻刻想着死和准备去死。希布尔斯说到这里时指出，古人的格言“把死亡牢记心头”和他们的口号“趁着有生之年尽情享受生活的乐趣”实际上是同一个意思的两个方面。

死亡的艺术说得确切一点，就是死亡的文明。在死亡面前，既不要存不切实际的幻想和希望，也不要悲观消极和人为地制造紧张心理，而应以诚实、勇敢的态度对待个人的死亡，明智地给自己解决这些问题，把其当做自己生命中的有机部分——这就是由科学的切合实际的人道主义构成的哲学基础。

这同样涉及我们在别人亡故时的感受和表现，以及整个社会怎样对待个人死亡的问题。宗教在这方面制定了一定的行为规范和仪式，但都已经丧失了意义。可是，用什么来取代它们呢？在这方面现有的一切是否适合于从宗教的信条、神话的崇拜仪式中解放出来的人的理智和仁爱呢？遗憾的是，并非总是这样，笔者认为，目前面临着一项巨大的、道德—哲学上的实践应用工作，以增进对待他人死亡的文明化（包括殡葬仪式等）——这里说的是对待每一个人的死亡，并不单指那些杰出人物。

与死亡有关的种种问题，是我们一生中必不可少的一部分，我们既然关注人生，就必须更多地注意到和人的死亡有关的、道德—哲学的实践应用问题，并且从科学的、现实的人道主义立场去着手解决。作为一个人，凡是和人有关的问题都不应当逾越由他的理智和仁爱所决定的人的本质的界限。这是唯一的使他不愧做一个人的远景，这种远景将赋予人的个体生存和整个人类的历史发展以意义。

人类的永生正是体现在人的理智和人道的永生中。这强调人和人类的全球使命和责任首先在于保住我们星球上的生命的理性，为了这必须制胜一切来自非理性和反人道的威胁，首先要充分实现人身上的理智和人道的巨大潜力，这将是真正的人的历史。

但是这个问题还有另外一个方面，和人类的实际的自然生物学上的无穷性和他的理智的永生性切切相关，这就是别的生命和理智的可能性，在无穷无尽的宇宙里也许存在着其他外星人的文明。这方面的问题极其有趣，当代的科学及哲学的出版物十分热衷地讨论着它。人类生命的宇宙化，未来的人类进入无边无际的宇宙空间，将大大改变我们自己的时间观念，由此推想，与新的时间观念相随而来的必然还有对人生意义、寿命延长、死亡和永生的新观念。它们将导致认清人和人类的宇宙使命和责任，人类的永生也包含在他的理智和仁爱的永生中。

自然，这些问题必须从哲学上进行专门探讨，不仅仅从一般的未来学的假设出发，而且要以现实的科学研究为前提。由现有的文献可以看出，科学家们正运用种种不同的数学和技术的研究方法及手段尽最大的可能创造这样的前提。尽管天外的生命和智能形式的存在依然是个公开激烈争论的问题，它的解决不仅推动人类的科学技术文明发展，而且使我们越发认识到人本身的独一无二性，他们的由智能和仁爱的不断进步的必需性制约着特征的不可模仿性。人类中心说的基本信念是："整个宇宙都围绕着人转，所以人永不会提前面临末日，假如全宇宙不是同时连同其使命一同忽地一声塌掉的话。"现代科学和哲学思想日益抛弃人类中心说，主张"宇宙文明多中心说"，这种思想的出发点是把人理解为宇宙的有机的积极的部分，全宇宙包括一切可能的生命、理性和人道的形式。

这使得我们必须重新探讨一下现实的实际可行的人类永生的问题，在这个问题上采取的立场和讨论个体与种族、部分与整体、有限与无限时是相同的，即"从有限中找到无限，从暂时中找到永恒"。科学的哲学承认人和人类的自然—生物学生存可能是有限的，不仅主张"变化无穷的物质将在'另外某个地方和另一个时间'不断重新孕育出有思维的灵魂"，而且在浩浩无垠的整个宇宙中这样的有思维的灵魂具有无限多种的形式，而这也是人的理智本身在宇宙中得到出现的可能性。悲观主义认为，人类理智的毁灭是不可避免的，人类理智事实上的独特性（在这种独一无二的含义上）唯有灭亡一途，其理由是我们在宇宙中是完全孤立的。科学的哲学不能单纯被看成是和这种悲观论调相对立的乐观主义，而是一种科学的现实主义，它呈现在理智的无穷进步和作为这种进步的必要条件的人道主义的辩证统一中。

寻找天外文明应注意的正是这种人道主义的方面，我认为在这方面日益专注的探索使大家有可能从新的角度理解这个问题，即假想中的外星人不仅其智慧比地球人要高，而且在人道的表现上也是如此，这种人道主义我们尚不理解，因此，他们尽量避免和我们接触。因此，一门新的科学——宇宙伦理学产生了，按伟大的人道主义者施魏策尔（1875—1965，诺贝尔奖得主）的说法，这就是在生命及其最高的产物——智慧和人道面前无限崇敬的伦理学。

生命篇

继承前人的生命，既为当代生灵造福，又为后代生灵造福。惟有这样，才是真正的生。

——列夫·托尔斯泰

人生的使命

天才所要求的最先和最后的东西都是对真理的热爱。(歌德语)

陀思妥耶夫斯基说过："人生的奥秘并不在于维持生存，而在于为什么活。一个人如果对为什么活缺乏固定的概念，他就不会心安理得地生活，他宁愿自暴自弃，也不愿留在这世界上，哪怕他衣食都不用愁。"陀思妥耶夫斯基鲜明犀利地提出人生意义这个问题，似乎有点失于偏颇。马克思主义要解决这个问题，首先必须对大量科学、社会学、社会伦理、道德仁爱问题进行研究，这些问题关系到若干意义不同的方面：(1) 人的生物存在和社会存在；(2) 人的本质究竟是怎样的，人是怎样形成的？人为什么而存在？人有怎样的潜力？(3) 在地球和宇宙的生命进化和智能产生的全部历史过程中，人的生命活动和发展变化的前景。

马克思主义的人生观的出发点，首先是人生本身的价值和目的，这就是说，一个人生下来，自然而然就有其价值和目的。中国唐代诗人李白所说的"天生我材必有用"，就是这个道理。马克思主义认为人生并不是偶然机遇（对某一个体来说也许是这样的），也不是毫无意义的，因为个体和个性不仅属于其自身，而且是整个人类社会的一部分。马克思在其早期著作中就指出："个体是社会的生物，所以，他生命中的任何现象（即使他不能以直接的形式和别的生命现象保持协调一致）都是社会生活的现象和证据。”按列宁的意见，“人这个观念是一种想实现自己的趋向，想在客观世界中通过自身的努力使自己获得客观性和实现（完成）自己”。列宁的意思是说，人心里总是充满了渴望，他渴望在客观世界中充分实现自己的价值，使自己能得到客观世界的充分承认。然而，人和一切其他的动物相比较，最大的区别是：在个人的全部生涯中他永远不能达到种族的历史的生存“目的”，因为对个人来说，一个种族的生存“目标”和一个历史时期的存在“目的”实在太大了，大不可当！因而在这个意义上他始终是一个不能完全实现的生物，他不会满足于现存处境。正如马克思所说的，“当生命本身不过是谋生的手段”的时候，他自然不满。这种不满足的情况和不能实现的情况本身就包含着激励创造活动的动因，这种动因是独自存在的，并不包含在创造活动的直接动因（物质上的动因等）之中。所以马克思和恩格斯说得好：“每个人的天职、使命和任务就是全面发挥自己的能力……”这就是个人生命的意义。

理想的人生

人生悲剧的根源

个人生命的意义，要得到实现必须通过社会，人是社会的生物，人只有在社会中才能全面发挥自己的能力，而人发挥自己的能力也就是为

任何社会中，总有一部分人是历史的宠儿，天之骄子，就像生活的幸运儿灰姑娘一样。（奥地利　富克斯：《灰姑娘》）

社会多作贡献。因此，从原则上来看，这也就是整个人类和社会生存的意义。人类社会始终在实现这种意义。一个社会要生存、繁荣和发展，就必须最大限度地发挥每个社会成员的能力，开发每个人的体力和智力潜能。可是从古至今，人类社会在实现这种意义时，所采取的形式却千差万别，并具有多种历史含义，这取决于人类社会给自己提出了哪些有直接激励作用的目标，以及这些目标是否和个人自身发展的目标相符（即使符合，也要看符合了多少）。假使人类社会提出的目标对某个人来说没有直接的激励作用，这些目标和某个人自身发展的目标不相符合，甚至相冲突，那么，这个人自然难以发挥自己的能力，他个人的目标也不可能在社会中实现，他的人生就黯淡无光，失去了意义，成为了时代的牺牲品。有史以来，每个社会，每个时代，总有许多成为这样的牺牲品的人，这些人的才能与能力被埋没了，没有崭露头角的机会，这对社会来说自然是一种损失。可是，在当时，社会的利益和目标是无论如何也不可能和每一个人的利益和目标相一致的，如果迁就每一个人的局部利益和局部目标，社会就难以前进，也不可能实现整个社会的宏远目标。因此，与其为了保证少数人的福利，而使全社会的发展受到阻碍，倒不如牺牲某些人的利益，使整个社会得到进步。任何社会，总有一部分人的利益和社会利益是一致的，这部分人被称为特殊阶层，他们是历史的宠儿，天之骄子，也是社会的中流砥柱和先进分子，他们顺历史潮流而动，肩负着推动社会进步的使命，不用说，只有他们才可能较全面地发挥自己的能力，较充分地实现自己人生的意义。马克思有这样一段话：人类的才能的这种发展，虽然在开始时要靠牺牲多数的个人，甚至靠牺牲整个阶级，但最终会克服这种对抗，而同每个个人的发展相一致；因此，个性（指种族的特性）的比较高度的发展，只有以牺牲个人的历史过程为代价……因为在人类，也和动植物一样，种族的利益总是要靠牺牲个体的利益来为自己开辟道路的，其所以会如此，是因为种族的利益同特殊个体的利益相一致，这些特殊个体的力量，他们的优越性，也就在这里。

这里马克思谈的是经济学上的问题，但他一并道破了上文所述的冷酷的真实：社会发展的目的可能和个人的目的相违。而这正是人生悲剧的真正根源。

马腾教授的励志哲学——战胜逆境的方法

每个人一生之中都可能遇到逆境，一帆风顺的人生是少有的。要知道，人生不如意的事常十之八九，人遇到逆境是很自然的事。遇到逆境如果悲观失望，就很容易被逆境压倒，不断沉沦下去，也许很难摆脱逆境的阴影，甚至自杀。但逆境也有好的一方面，那是磨练人的意志的大好机会。孟子说：“天将降大任于斯人也，必先苦其心志，劳其筋骨，饿其体肤，空乏其身，行拂乱其所为。”这里强调的就是磨砺人的心志，没有志气，再怎样苦行，都是无用的。

美国马腾教授写的励志哲学丛书激励了几代美国青年，被日本人视为圣经，中国学人林语堂也一再推崇此丛书。笔者一生困处逆境 21 年，后在家中楼上发现一本旧书，乃开明书店出版的马腾教授的《励志哲学》，如获至宝。每日诵读一篇，精神面貌日益改进。后因怕被抄走，用楷体将全书认真抄写一遍，每日仍有抄本可读，继续获益。不幸的是，后来抄本也被抄走。但其内容，虽事隔三十多年，仍记得一些。现介绍给读者：

一、发挥你的才能。发挥你的才能是指尽量使用你个人的才能，并非指发挥华盛顿、爱因斯坦的才能。大多数人有 90％的潜能没有发挥出来，造成这种现象的原因是不良的心理状态、不良的环境引诱、个人意志薄弱、人际关系处理不当以及没有抓住机遇，或个人的奋斗目标与社会的趋势不协调。

二、自持和自助。凡是有成就的人，都依靠自己克服困难，绝对不求助于人，这就是自持和自助。自持和自助比有权势的亲戚、有钱的父母和强大的社会背景更可靠。

三、不要迁延。迁延的习惯使许多人一辈子失去许多好机会。一个有作为的人遇事总要提前 10 分钟行动。迁延的结果是事情永不能成功。

四、消除烦闷情绪。烦闷是人生最大的杀手，许多人因为烦闷浪费了人生最宝贵的时光。在失意和潦倒中必须时时激励自己。

五、融洽与周围人的人际关系。一个人的成功，必须依赖许多人的帮助与合作，所以良好的人际关系对成功十分重要。

六、做事尽善尽美。所谓真功夫就是质量好，尽善尽美，顾客真正信得过的产品是尽善尽美的产品。有人愿意花高价购买一个死去多年的人的名字正是因为此人生前做事一丝不苟、享有信誉的缘故。

七、不计较工资待遇。一个刚参加工作的年轻人，应该不计较工资待遇，首先应该看自己的工作做好了没有。工作中可得到锻炼，这方面的意义远远超过工资。

八、日行一善。有些人不愿做对别人有利之事，其实这样的事情，只是举手之劳。每日行一善，日积月累，就可成为造福社会的善人。

九、正确对待失败。一个人对待失败的态度决定了他一生成就的大小。一个人除非他一辈子不干任何事情，不然他很难避免失败。面对自己的失败而微笑的人，是日后胜利的胚子。失败了，就再也不干，是千百万一生碌碌无为的人的写照。

十、正确对待困难。人生不可能不遇到困难，关键在于对待困难的态度：是被困难压倒，还是顶着逆风恶浪向前，是区别成功的人生与失

在朝阳之下，在高楼之上，换个角度来看待生活，不要总是处在阴暗的角落里。(美国　爱德华·霍珀：《朝阳》)

败的人生的标准。许多有志之士，竟然向天祈祷，希望多赐予他们一些艰难困苦的条件，因为艰难困苦往往是成功必备的激励因素。

十一、确立崇高的志向。无论个人和国家，都有梦想，我们的行动多少都依照梦想而行事。一个人志向的大小，决定了他成功的程度。高尔基说："一个人追求的目标越高，他的才能就发展得越快，对社会就越有益。"人生的目标总会大于自己的成就，有远大理想的人，能实现其中一部分，他也就够伟大了。

十二、培养你的工作兴趣。世上最理想的事情是你干的工作与你的爱好完全相符。如果你为环境所迫，而做着一些乏味的工作，你也应当设法从这乏味的工作中，找出乐趣来。不管你的工作怎样的卑微，你都应该付之以艺术家的精神，怀着十二分的热忱。

十三、把握今天。世界从有史以来，再也没有什么日子比今日更伟大了。今天是以往各个世纪成就的总汇，也是历代精英努力贡献的总结。

十四、循序渐进。基础是重要的东西，没有根基的人，将来走任何一条路都比那些基础深厚的人来得辛苦和单薄。

十五、谦虚。取得一定的成就容易，保持却难。其原因何在呢？在于成功后便骄傲自满。

十六、热情。水只有沸腾后，才能发出蒸汽来，发动机器。沸腾的水代表热情饱满的人。

十七、坚忍。"坚忍"是解除一切困难的钥匙。它可以使人们成就一切事。它可以使得人们在大灾祸、大困苦的时候，不致覆亡。世上没有别的东西，可以比得上，可以替代"坚忍的意志"。

十八、保持自己的健康。精力是一个人的唯一靠山，所以你一定要好好地爱护它。一个有志的青年应该懂得，将来的一切成就都要靠健康的身体去争取。

十九、藏书的好处。一个没有书籍、报纸、杂志的家庭，正如同一座没有窗户的房屋。孩子们常常接触书本，往往就不知不觉中增长了许多知识。

二十、抓住每一个机遇。我们一生都要遇到无数机遇，可绝大多数机遇都从我们眼前白白溜走了。许多伟大的人物，他们最初都是处于穷困中，但他们牢牢地抓住了生命中的每一个稍纵即逝的机遇，以此作为通向成功之路的阶梯。

二十一、正确对待贫困。大部分成功者最初都是穷苦的孩子。伟大人物无一不是经由苦难而造就的。在富裕境况下很难产生有为的青年。

二十二、日新又新。每天早晨，我们都应该下定决心，要力求在职务上做得更好些，较昨天有所进步，这叫做日新又新。这样做的人，在短短一年之内其业务必定有惊人的成就。

理想社会的人生

马克思阐述了自己对未来社会的理想，向我们指出了光辉的远景。在最理想的社会里，每个人的发展是所有人发展的条件，因而，社会的目的和个人的目的是一致的。个人目的和社会目的的相符和一致，也就是这种相符与一致的程度，随着历史阶段的不同和社会经济形态的不同而不断变化。比如说，中国的十年浩劫中，许多人不但不能实现理想和抱负，而且想求上进也不可能；但一旦中国进入新时期后，这些被埋没的人才都得到大显身手的机会，往昔的理想逐一成为现实。这是为什么呢？这正是由于前一历史阶段里，他们个人的目的和社会的目的（当时的社会实际上在倒退）极不相符，而在后一阶段，则能较大程度地一致。这种相符和一致的程度也测定了一个人生活的价值，某人的生活目的和社会的生存目标相符的程度越高，他个人的生活价值也越高，反之也越低。因此，这里所说的相符和一致的程度不是凌驾于个人或社会之上的标准，而是个人生活和社会生活的目的和意义的辩证结合。在黑暗的社会制度下和不合理的社会经济结构中，个人生活目的和社会生活目的可能是相矛盾的，很难结合到一块；但随着人类向理想社会迈进，这二者则越来越一致，越来越结合得很好。在向理想社会前进的过程中，个人和社会相符合的程度也是在不断地变化着的，这就是个人越来越明显地个性化，同时个人也愈益同社会、社会的目标和社会生存发展的意义保持一致。由此可见，在未来这是一种不断进步的趋势，它赋予人的生活既有个体的意义和价值，又有社会水准的意义和价值。

少年不识愁滋味。总以为自己的理想很快会变成现实，哪知道实现理想也需要天时、地利、人和。(伦勃朗:《拿笛子的少年》)

由此可见，这样理解人生的意义和价值是以人的社会本质的学说为依据的。不言自明的是，在这方面社会因素对生物学上的人不仅仅单纯起着中介作用和改造作用，而且“褫夺”了其大部分生物学上的意义。个人行为受社会、社会伦理和道德仁爱等因素的制约，这些因素是它的调节者，因为一个人从出生到长大成人直到进入垂暮之年都在不断经历着社会化的过程。社会化的主要目的就是要使个体自觉地以社会的行为规范来指导自己的行为。社会伦理和道德仁爱是社会的理想行为规范，因而是对人进行社会化的重要因素。前已说过，人生的意义也要受这些重要的社会化因素的制约，但人生意义本身也能对人的行为起调节作用。人类是在个人发展和社会发展的辩证统一之中发展的，随着人类的这种发展，人生意义的调节功能越来越起决定作用。

人生的意义

人生意义对个人行为的调节作用

列夫·托尔斯泰就人生意义对个人行为的调节作用作了中肯的论述，他写道："人可能把自己看成是今生今世生存着的众生灵中的一个，他可能把自己看作家庭成员，社会成员，看作绵延了千万年的一个民族中的一员，也可能，甚至必定会（因为这对他的理智有不可抗拒的吸引力）把自己看成是浩荡无涯、无始无终的世界的一部分。于是聪明的人做得出来和经常做的事情，按其规模来说，是一些无限小的生命现象，但能够对人的行为产生巨大的影响，这在数学上称作积分法；也就是说，聪明的人能够判明：自己除了和眼前的生命现象有牵连外，还和一个广阔无垠，没有终始的世界有关，并领悟到这世界是一个整体。"列夫·托尔斯泰认为，人的"行动方针"正是由此得出来的。他写道："对芸芸众生来说，无论什么时代，有一种认识是切切不可少的，这就是对自己的使命的认识，正由于领悟到了这种使命，人才找到自己在世界中的地位，才懂得什么事该做，什么事不该做。”列夫·托尔斯泰认为，这种认识对一切人永远是主宰力量，受到顶礼膜拜，被制定为大部分宗教的内容，有时还被誉为大智大慧。

当然，我们引用托尔斯泰的话来说明人生意义的问题时，应当剔除他为宗教而写的那些东西和关于宗教的议论，尽管他本人由于这些文字反而被革除基督教教籍。可是，我们正是由于受了他的无比伟大的精神力量的感召，今天才把“这个用智慧也无法解决的问题”提出来重新加以解决，托尔斯泰曾说：“我的生命究竟有什么意义？这个问题使我绝望，使我想自杀，这个问题的回答不但应当是理智的，明确的，而且应当使我信服，也就是说，应该有一个这样的回答，它能使我深信不疑，要是我能毫不犹疑地相信它，好像我现在相信永恒的存在一样，那就好了。”

个人幸福在于创造

列夫·托尔斯泰认为，不能像“叔本华那样地对待生活，叔本华明知生活是一场荒唐的愚弄自己的玩笑，却依然饮食起居、洗脸、穿衣、谈话、甚至写书，这会使我感到多么厌恶啊……”托尔斯泰像消极哲学家叔本华、哈特曼等一样，承认“生活中有无意义的一面”，但他不能，无论怎样也不能把生活的意义仅仅看成为个人牟利。“假使一个人的生活和行动为的只是他一己的私利，并且企图驱使一切人，甚至天下生灵都为了他一生过好日子而生活和行动”，那么，照托尔斯泰看来，这就是不听理智节制的“动物性”，理智倡导的是对共同幸福的需求。

托尔斯泰感到不以为然，因而追根究底的是大部分有教养的人经常挂在口头的“成就”这个字眼。他认为：“合乎世俗标准的人生的成就等于人在一叶扁舟中：驶向何方？人是不能回答的，只能说‘我们都在任意漂荡’。”因为世俗标准的人生的成就不外乎功名利禄、金帛子女，过分迷恋这些东西，是会迷失人生的正确方向的。列夫·托尔斯泰使自己的人生意义问题的回答具有基督教的信仰形式，他宣扬的爱是一种“对人的外在幸福的追求，这种幸福与动物性的幸福区分开之后，依然保留在人那里”。这种幸福就是生活的本身；但不是非理智的自戕式的生活，而是光辉灿烂的有永恒意义的生……这就是生活中那些令人身心愉快的活动和工作。这里托尔斯泰把工作当作真正的幸福，是耐人寻味的，的确，只有在对社会有益的工作中，才能使人获得长久的幸福。丰盛的物质享受能使人的感官得到满足，但不能弥补人的心灵的空虚，只有在创造性的工作中，对人类作贡献中，才能使人从心底感到幸福。有句名言说：“给人以幸福，自己也得到幸福。”幸福是不能建筑在别人的痛苦之上的，只有以仁爱待人，乐于助人才能得到幸福。记得英国有家报纸以“什么时刻最感到幸福?”为题征求答案，结果在数万份答案中只有四份获奖，获奖的答案是：（1）一个艺术家面对刚刚完成的作品吹口哨的时候；（2）一个母亲干完了一天的家务给孩子洗澡的时候；（3）一个医生做完一个疑难手术挽救了病人的生命的时候；（4）一个孩子堆好了沙塔的时候。这些答案等于是一个世纪前托尔斯泰的见解的具体化。

生命学家柏格森在其名著《创化论》中说：“生命同意识一样，每时每刻都在创造某种东西。”“艺术品的表白，就是艺术家生活的表白，不能表白，就不是艺术家。”“进行不息的生命力为人类生活的根本。”这些至理名言，值得我们牢记。

将创造性的工作视同幸福，并不是要做工作狂，而是在不断创造中超凡脱俗，成为伟人、圣人。

台湾学人南怀瑾说过：“在现实的人生中，只为自己一身的动机而图取功名富贵的谋身者，便是凡夫。在现实的人生中，如不为自己一身而谋，舍生取义，只为忧世忧人而谋国，谋天下者，便是圣人。”

个人的幸福在于创造，那么人类的幸福是什么呢？托尔斯泰答道：

"普遍的生命运动。"（这等于佛家所说的"芸芸众生"）由于能听理智的节制，就离人们之间的和谐一致越来越近，他认为这样的和谐一致是最高的福祉——"在极崇高的理智中实现的完美的谐和"。托尔斯泰说和谐一致是人类最高的幸福，这样的看法在全人类面临许多全球性问题的今天，更有其深刻的意义，人类要保护好自己的家园——地球，只有学会和平共处，这包括人类之间的和平共处和人类与大自然之间的和平共处，而要实现这种共处，只能诉诸理智，而不能诉诸武力。

悲观主义哲学家论人生的意义

人生的意义是什么？我们再看看悲观主义哲学家的看法。

叔本华（Arthur Schopenhauer，1788—1860）是德国唯心主义哲学家，唯意志论者。他认为，世界是我的表象。人所认识到的一切事物并不是本身就存在的东西，而只是呈现于人的表象，即意识中的东西。现象即观念，自然界只是现象。科学也只能存在于人的意识之中。

李白说："浮生若梦。"许多智者都认为世界只是虚无的假象。王阳明认为"心外无物"。20世纪英国的诺贝尔奖金得主、哲学家罗素也认为，"心灵"和"物体"是为了讨论方便而使用的符号，而非实存的物体。罗素虽然怀疑灵魂的存在，但他更怀疑物体的存在。

但叔本华主张天地中仍有一种"自在之物"，这就是"意志"。"意志"才是宇宙的本质，人是宇宙的一部分，因此，人的本质也是"意志"。

叔本华所说的意志，是一种欲望。欲望（按叔本华的话是人们利己主义的“生活意志”）是永远也不能满足的，所有的人都是利己主义者。

叔本华认为：人生本来是没有意义的，人降生这世界纯属偶然。

叔本华的思想类似东方的消极思想。

叔本华因袭了印度的吠檀多派和佛教的说法，认为必须断绝“我执”，否定“生活意志”才能达到涅槃。

老子是主张否定“生活意志”，也就是主张克制欲望的。他说：“大巧若拙，大辩若讷。静胜躁，寒胜热，清静为天下正。”“夫惟不争，故天下莫能与之争。”“善为士者，不武；善战者，不怒；善胜敌者，不与；善用人者，为之下。是谓不争之德，是谓用人之力，是谓配天，古之极。”庄子更进一步，主张“弃智”。懂得老庄哲学的柳宗元称他比邻的山为“愚山”，附近的水为“愚溪”。另一个老庄门徒郑板桥说：“难得糊涂。聪明难，由聪明转入糊涂更难。”《红楼梦》中说：“机关算尽太聪明，反误了卿卿性命。”这说明欲望太多的聪明人是很危险的。

林语堂将老子道家的学说总结为四句话：“愚者有智慧，缓者有雅致，钝者有机巧，隐者有益处。”

老子想要告诉人们的是：忍受暂时的失败，静候时机，没有一个人能永远占着便宜，也没有一个人始终做傻瓜。他说：“将欲歙之，必固张之；将欲弱之，必固强之；将欲废之，必固兴之；将欲夺之，必固与之；是谓微明。柔弱胜刚强。鱼不可脱于渊，国之利器不可示人。”

济公是道家思想的形象的体现者，他生活在一个魔术、医药、恶作剧和醉酒的世界里，受到中国民众的爱戴，他的庙宇今日还屹立于杭州西湖附近。

道家奉劝世人，克制自己对于财富、名誉、权力的欲望，减低生活的速度。清静无为，不要把生命的精力浪费在徒劳无益的活动上面。可是，世人就甘愿做功名的奴隶，并追求不止。只是失败时才注意老庄哲学。孔子的孙儿——子思倡导的中庸之道是一种介于两个极端之间的有条不紊的生活态度。所谓中庸就是在动作和不动作之间、在尘世的徒然的匆忙与完全逃避人生的责任之间找到一种完全的均衡。其理想就是一个半有名半无名的人；在懒惰中用功，在用功中偷懒。穷不致穷到付不起房租，而有钱也不致有钱到可以完全不工作。钢琴会弹，可是不十分高明，只可以弹给朋友听听。书也读读，可是不太用功；学识颇渊博，可是不成为专家；文章也写写，可是有一半退回，一半发表。清代学者李密庵在他的《半半歌》里把这种理想很美妙地表现出来："看破浮生过半，半之受用无边。半中岁月尽悠闲，半里乾坤宽展。半郭半乡村舍，半山半水田园。衣服半素半新鲜，饮食半丰半俭。童仆半能半拙，妻儿半朴半贤。一半还之天地，让将一半人间。饮酒半酣正好，花开半时偏妍。半少还不够味，半多反厌纠缠。百年苦乐半相参，会占便宜只半。"

东晋的谢安是一个懂得中庸之道的大政治家，他隐居东山，后因国势危急，而出山担任宰相，把国家治理得井井有条，但在繁忙的政务中，他仍要抽空谈玄、下棋和听音乐。苻坚百万大军压境，他仍和大将谢玄一块下棋，并且以自己的别墅为赌注。淝水大捷的战报送到他案边时，他棋兴正浓，将战报弃置一旁，看也不看，真沉得住气。

公元4世纪末叶的中国诗人陶渊明是一个尘世欲望的反抗者，按叔本华的话来说，也是一个否定"生活意志"的人。但是，他对尘世的反抗只做到了一半，也就是适可而止，他并没有做一个彻底的遁世者，遁入空门，毫无作为。他留给后人的只有一部薄薄的诗集和三四篇散文。可是他的作品越到后来越受重视，成了一堆照彻古今的烽火。在中国作家和诗人的心目中，他是文学传统上最和谐、最完美的人物；在普通的中国人心中，他是最高人格的象征。在陶渊明身上，我们看见那种积极的人生观已经丧失其愚蠢的满足，而那种玩世不恭的哲学也已丧失其尖刻的叛逆性，而人类的智慧在宽容的、嘲弄的精神中达到成熟。一句话，陶渊明是中国中庸思想的代表者。他是一个无忧无虑的、心地坦白的、谦逊的田园诗人，一个智慧而快活的老人。在他的诗文里，和谐的生活已经达到完全自然的境地，后世没有一个诗人在这方面超越他。

林语堂说过："中国文化的最高理想人物，是一个对人生有一种建于明慧悟性上的达观者。这种达观产生宽宏的怀抱，能使人带着温和的讥评心理度过一生，丢开功名利禄，乐天知命地过生活。这种达观也产生了自由意识，放荡不羁的爱好，傲骨和漠然的态度。一个人有了这种自由的意识及淡漠的态度，才能深切热烈地享受快乐的人生。”

谢灵运在诗歌上与陶渊明齐名，两人是同时代人，谢对唐诗的影响要超过陶，但谢灵运不会为人处世，在否定“尘世欲望”方面，做得很差劲。他是一个天生的诗人，却偏偏要做自己不会做的事情：他插手政治斗争，导致堂叔谢混被杀；他参赞军事，使得大将刘毅兵败身死；他任永嘉太守，毫无政绩。最后在临川内史任上，他要挽回谢氏家族的没落，与刘宋王朝公开对抗，这无异于蚍蜉撼大树，最后落到弃市的下场。

叔本华说：人类从事艺术活动可以摆脱悲观和痛苦。这句话用在陶渊明身上是恰当的。这是因为在艺术活动中可以忘掉自我。正是“丹青不知老将至，富贵于我如浮云”。在庄周梦见蝴蝶的故事中，庄周就失去了自我，而把自己变成了蝴蝶，是谓“物化”。在这种境界中，人的心灵化除了成见，被完全打开，因而心灵上达到了不为外在情境所扰的境界，认识活动能够在无穷的空间驰骋，是为“以物观物”，是为“齐物之论”。

王国维把艺术境界分为“有我之境”和“无我之境”两种，有我之境，以我观物，故物皆着我之色彩；无我之境，以物观物，故不知何者为我，何者为物。这是庄子最为推崇的精神境界，也是我国古典诗词美学追求的重要方面。

林语堂说：如果老子被邀请去担任第一次世界大战后的凡尔赛会议的主席，后来就不会产生一个希特勒。希特勒是西方前瞻的竞争的哲学的产物。西方另一个唯意志论者则代表西方的个人主义的进取思潮，这就是尼采。据说，尼采对法西斯思想的产生有激励作用。

哀乐相生的人生哲学

原籍四川的香港中文大学教授、生死学大家唐君毅先生说：一个伟大的人格，任何小事都可以撼动他的全生命。好比一无涯的大海中，一小石落下也可以撼动全海的波涛。一个伟大的人格，任何巨大的刺激，他都可使它平静。好比在一无涯的大海里，纵然是火山的爆裂，也可随着来往的波涛而平静！

唐君毅强调，人生的艰难，是由人的存在本身的荒谬性决定的。这种荒谬性在于，人的出生和死亡都是未经人自己同意的，而且是孤寂的。

人的出生不是人自己自由选择的。当他一天一天地长大，他便要获取环境中所有之物为自己所有，与此同时，他也负荷着其内在的无穷欲望，在环境中拼命挣扎奋斗，并必然要承担一切环境与他的欲望之间所发生的一切冲击、震荡。与此同时，所有人的死，又都是孤独的死。因为世界并不会因为他的死而与他同往，其他一切的人也不会因为他的死而与他同往。他死了，日月照常明亮，其他的人们照常游乐嬉戏。每一个人只能携带着他自己的绝对孤独，各自走入寂寞的不可知世界。但正是这“不可知”构成了人生周围的无限寂寞与苍茫，而这无限的寂寞与苍茫反而把我们有限的人生烘托凸显出来。人生就是无穷的“虚无”之上的一点“有”。但是，就是这一点“有”，也充满着无限艰难。

唐君毅认为：“人生之所求，不外七项事，即求生存、求爱情、求名位、求真、求善、求美，与求神圣……人生实际上总是为这些要求所主宰的。”唐君毅所说的这些人生欲求，大体上又可以分为两类，前三种要求，是俗情世间最大的动力，可以看作人的“形而下的欲求”，其实现可以理解为现实人生：后几种要求，是人力求超越俗情世间的欲求，可以称作人的"形而上的欲求"，其实现可以理解为超越人生。在唐君毅看来，不管是人的"形而下欲求"还是"形而上欲求"，在人生之路上，都必然表现为哀乐相生，既有其上升的一面，也有其下降的一面。此即所谓"人生路滑"。

生存过程中"沦为乞丐"的可能

求生存是人生的第一要事。求生存的欲望，是自然赋予人的本性。所谓"食色，性也"。人为什么会有这样的本性，却并不是由个人的自由意志所决定的。人极难战胜自己的本性。自杀难，断绝求生意志更难，而求继续生存亦难。这就是所有人共有的人生之第一艰难。

生存问题对每一个人而言都是非常严肃的问题。世界上确确实实存在着无数吃不饱穿不暖的人，这一问题本身是不能掩盖的，它实际上永恒地存在于任何人的身上，任何时间都可能发生。因为，我无论如何富有，我今天吃饱，并不能绝对保证明天我也必能吃饱。当然，根据当前的处境来推测，我们饿饭的可能性是很小的。但是，一切物质保证，永远都不可能是绝对的。而饥饿的可能性，却不是绝对的没有。此可能是你无论用多少力量，都不能根绝的。

在现实生活中，生存问题的严肃性常常得不到人们真切的认识，但所有人都恐惧沦为乞丐而要尽量保护、并竭力增加他的财产，这一现象和事实本身即证明，沦为乞丐的阴影在每一个人的心里蠕动。人总是在与这一阴影搏斗，同时又想方设法压住它而不敢正视这一阴影。

爱情“天长地久有时尽”的可能

唐君毅认为，人生之路第二步的艰难是男女爱情。人需要爱情就像人需要求生存一样，都是人的天性。而且，这一天性的要求也不是先征得人的同意而赋予人的。

当然，在实际的生存中，人可以不结婚，犹如人可以自杀一样。而且世间确实也有不要爱情也不结婚的人。然而，这样做却是十分艰难的。因为，这些要求都是从生命深处涌出。人由父母男女之合而有生命，可见，人之生命的根基，即是男女之性的凝结，而我们每一个人又只能或者为男或者为女，由此，我的性别与我生命之根基就成为一先天的矛盾。这一矛盾自然解决的道路，便是男索女，女求男，即男女之爱。宇宙的无限生命之流，也由此通过男女之凝结所形成的子孙万代，一直流下去。而人如果决定不结婚，断绝一切男女关系，他就必须与他的男女之欲作战，同时即与作为他生命根基的无限的男女之性作战。要把这件事做到家、做彻底，这是极其艰难的，没有大智慧、大勇气，是绝对不可能做到的。

顺着自然生命之流的方向走当然是比较容易的事，但其中也有无限的艰难。在我们的日常生活中，失恋、离婚、情杀及强奸等事，时有所闻。这些事之所以存在，其最深的根据，乃是在于每一个人都有与任何异性发生男女关系的可能，也有失去其关系的可能。这一可能，就包含无穷苦恼，也是无穷罪恶之根。即使在正常的爱情婚姻家庭中，也总是包含着另一层次的苦恼与悲剧。世间的怨偶总比佳偶多。

对于爱情方面的苦恼、罪恶、悲剧，是与独一无二的个体生命不可分离的事，只有自己单独体验经受；这杯苦酒，只有各人自咽自醉。一切爱情之后，皆有失恋的可能；一切结婚之后，皆有离婚的可能；一切佳偶，皆有成为怨偶的可能。这里只有可能性或大或小的不同，而没有可能性或有或无的不同。

对于爱情之求索，或者与男女之欲本身作战，两者都是最为艰难的，或者为怨偶，或者为佳偶。而怨偶，人或求离而不得；佳偶，则逝水流年，终有一日要被迫分离。由此，你尽可以誓言“在天愿作比翼鸟，在地愿为连理枝”；但是，“天长地久有时尽，此恨绵绵无绝期”却仍然是最后的、最根本的、最明了和不可更改的真实。所以，求爱情犹如求生存，始终是哀乐相生的。

名位之危

唐君毅认为，人之求名位是人生之路上第三步的艰难。

在唐君毅看来，人的好名位之心，其实是人之“希望他人赞美之心”的推扩与延长。

当然，人可以特立独行而不必顾及他人是否称赞与毁誉。一个人在社会上是否有名有位纯粹是“与我无关”的外在的事。只要人行其心之所安，即使举世不见也无悔，这便是我之为我的至上尊严。然而，真要做到这一步，又是人生中极其艰难的事。当世间一切人以至最亲近的人都骂你、诋毁你、侮辱你、咒诅你的时候，你该怎么办？无论对于任何人，这都是一件十分困难的事。其根本的难处在于，此时，一个人的精神同一切人的精神都分离了，人成了一绝对的孤独寂寞。与此同时，人又自己意识到他的绝对孤独寂寞，意识到自己是无数他人精神压迫下的弃儿。这种“绝对的孤独寂寞”以及对这种孤独寂寞的自我意识，的确是一种个人“生命难以承受之重”。此乃人生之最大苦痛。

在实际上，我们每一个人是免不掉要多多少少靠他人的赞美或者高高低低的社会名位来滋养自己的精神。精神的周围不能只有无限的冷酷与荒漠，否则，人的精神便只有在飘零中死亡。依此而言，求大名高位，实现求名位的天性，则似乎是最自然、最滑熟的人生道路，但是其中也充满无限艰难和无名悲情。

一个人之所以通常都多多少少有其名位，源于总有认识他的价值的人；一个人也总可以比另一些人能多实现某一种价值。但是，人真要求大名高位，就不是那么容易的事了。因为这意味着一个人的价值要为无数的人所认识，并在人的价值秩序中居于高位，这在现实生存中是十分困难的。一方面，人自己所表现的价值永远都只能是有限的；另一方面，他人（对自己价值）的认识能力也总是有限的。同时，“名愈大而位愈高的人，当其所实现的价值愈彰著于人心之前，其未能实现而人望其实现的价值亦愈彰著于人心之前，因而责望必然愈多”。在这种“责望”之下，人会感到更加的震颤和危机，这便是所谓的“名位之危”。如某人如果在文坛上暴得大名，旁人便会对他的错误吹毛求疵，甚至专门出书，指出他的“百种错误”，弄得他下不了台。

在现实人生中，人之名或扬或抑，或荣或辱；人之位或升或沉，或尊或卑。由于每个人认为有价值的东西并不一定相同，因而，一个人的价值，也可能根本不为他人所认识。由此，世间永远有无数有才而无名、有德而无位的人。有才有德而且能见知于世、见之于人，在相当意义上，总是基于一定的偶然遇合。由是，世间之名位，必然存在着无穷的冤屈。这些冤屈，有的或者在死后能得到伸张，然而，这种伸张本人已不知不明；大多数冤屈则千秋万世永远得不到伸张而成为历史之谜。除了这些名位之“冤屈”外，还会有有意无意的“盗名、欺名”现象。由于人的记忆力有限，人为了节省记忆力，往往会以“对一人之名的记忆”代替“对一群人之名的记忆”，由此，一群人工作的价值，就会为一人之名所代表而被归功于某一人。另一方面，人的认识不可避免地会有种种错误，往往会将“此人之功”误归为“彼人之功”。由此，在现实人生中就必然会出现无意的盗名现象。此外，人世间还存在着蓄意的盗名和“贪天功以为己力”之事。

总之，在求生存、求爱情、求名位这些人生历程中不可摆脱的形而下活动中，人必然会遭遇各种有名无名的艰难，总是“哀乐相生”，从而体现出“人生路滑”。财物我享则你不能同享；爱情我占则你不能占；名位则我高而你必低。名位须由他人赋予，爱情与婚姻也是双方的事，人之得财富，也赖于各种外在的机缘。人能得到这些，说好一点，是人之“福命”。但是，这些“福”往往又都与“祸”相倚。祸之所以可能，在于它就站在福的后面，与福背靠着背、肩并着肩，此即所谓“祸福相倚”。由于福祸相倚，所以安而有危，哀乐相生。福祸、安危、哀乐，总是在不断的波荡之中。这就是人生之大道。唐君毅说，知此之“道”者，便“知此中之福无可恃，安无可居，而自忘其福与安；于祸与危，亦知其无原则上之不可转，而自忘其祸与危”。

重视个人的西方人生哲学

东方国家强调集体，轻视个人。但集体主义发展到极点就是毫不利己、专门利人的处世哲学。这种哲学在19世纪的俄国十分盛行，出现了许多虔诚的宗教徒。20世纪也有，如1979年获得诺贝尔奖金的特蕾莎嬷嬷（Mother Teresa），她从12岁起，直到87岁去世，从来不为自己，只为受苦受难的人活着，被誉为仁慈天使（Angel of mercy）。

毫不利己、专门利人的处世哲学就是尽量压制人的本能的要求，只为集体作贡献，与之相对的是当今西方世界的个人主义精神，个人主义精神反对社会对个性的压抑，鼓吹个性解放和人权，尊重个人的一切权利。

西方个人主义传统源远流长，可以在古希腊的哲学中找到重个人、轻集体的因素，其次是在14世纪的意大利的文艺复兴思潮中，从弗朗西斯科·佩托拉克和薄伽丘的著作中，可以看到鼓吹个性解放的内容。1776年美国革命通过的“独立宣言”，鼓吹国家应民享、民有、民治，体现了宣言的起草人托马斯·杰斐逊、本杰明·富兰克林等人的思想，还有托马斯·培恩的思想，他认定君主们没有神授的王权。上述三人被认为是美国的国父。1789年开始的法国革命发布了《人权宣言》。这个宣言强调指出：“人们生来就一直是自由的，而且在权利上是平等的。”人的权利就是“自由、财产、安全和反抗压迫”。“法律是公共意志的表现”。《人权宣言》反映了生活在17世纪的英国思想家约翰·洛克的思想。洛克主张：一切政府的存在或应否存在，必须得到被统治者的同意。《人权宣言》也反映了生活在18世纪的法国思想家查理·孟德斯鸠和让·雅克·卢梭的思想，孟德斯鸠主张，政府惟有分权，自由才有保障：即不允许任何个人或一个集团同时拥有立法、行政和司法三种权利。卢梭认为政府应该建立在一个契约的基础之上，即被统治者的同意之上。

西方的资本主义与个人主义的哲学有关，资本主义的理论家是亚当·斯密，他的名著《国富论》在1776年出版，与美国独立同一年。这本书是产业界的独立宣言。他认为，每一个雇工者、每一个售货人应当被允许得到自由，国家应当听之任之，只有这样，一个国家的真正财富才能增长。现代资本主义（Capitalism）的理论家认为，彼此竞争，拥有和获取财富，这是人的本能要求，也是人类生存的一个基本事实，是不能受到压抑，也是根除不掉的。所谓资本主义，就是以赢利为动机、以竞争为发展手段的市场经济体系。It is the permanent equilibrium state of human society 这是人类社会的永恒均衡状态。

西方思想家马克斯·韦伯在其名著《基督教新教思想和资本主义精神》中试图解释基督教新教是西方资本主义发展的精神动力。按他的意见，天主教和基督教新教有很大的差别，天主教代表罗马帝国农村的悠闲生活。人们宁可玩要，也不愿意去赚钱。基督教新教的思想鼓励人们积极进取，生活俭朴，艰苦奋斗。而这种思想的代表人物是17世纪乘坐“五月花”号来新大陆的清教徒，清教徒是造就美国资本主义的先驱。美国成功学的奠基人马腾认为：美利坚合众国的崛起正是基于一种普遍的理念：一个人如果想成功，他必须把自己的全部生命热忱都投入进去。正是基于这种热忱，美国在科学、艺术、商业领域创造了无数奇迹。

但是西方的个人主义观念和自由竞争发展到极端，就成了鼓吹在人类内部弱肉强食的社会达尔文主义，自由放任的资本主义发展到极端，就会变成垄断资本和跨国公司控制一切的局面。因此，社会公平原则和国家对经济的干预是对自由资本主义的必不可少的补充。这在 20 世纪 30 年代美国罗斯福新政中有典型的体现。

西方的个人主义也有异端，最有影响的异端是德国哲学家尼采(Friedrich Wilhelm Nietzsche 1844—1900)。

尼采和叔本华一样，否定理性和科学，但尼采抛弃了叔本华的唯意志主义的悲观颓废和逃避现实的特色，使唯意志论变成了一种鼓吹自我扩张以及诉诸行动的实践哲学，他推出著名的权力意志论和超人说。

尼采主张重新估价一切价值，要求对受理性支配的从古至今的历史文化采取虚无主义的态度。尼采认为，历史文化虽然承认人是世界的创造者、历史进步的核心，可是，实际上，目前这种历史文化却使人服从普遍的纯粹的理性，使人不敢去创造新的东西。

以往理性派哲学家认为，为了解决人生问题，首先要解决认识世界的问题，在尼采的哲学中，占首位的是关于人的问题，至于人对世界的认识问题，则被放在从属的地位。

尼采批判传统的认识论，他和康德一样，认为人们所认识的只是现象，即不是世界本身。但他完全抛弃了康德认识论中的客观因素，他认为现象世界并不具有某种“自在之物”、实体作为其基础。他完全排斥自在的世界、实体等观念。

据尼采说：理性派的认识论的根本错误在于把认识过程看成是无关人的利害的封闭的过程，即获得纯粹和绝对的真理的过程，并把这种抽象的纯粹的真理当作一切人类活动的基础和决定因素。

尼采把人的主观性作用无限夸大，完全取消认识和真理的客观性问题。因此，真理的标准根本不是在于它是否符合实在，而在于它是否符合主体的目的，是否对主体有用。尼采露骨地说：“惟有我才是掌握真理的准绳，我是惟一的仲裁者。”

以往的哲学总是把人的意识、理性的作用无限夸大，把人当成是意识和理性化的人。尼采不同意这种观点。他认为人的精神活动是一种复杂的、多层次的结构，其中意识的活动只是一部分，而最重要的部分是在意识以外发生的，他的这种观点成了后来的弗洛伊德的精神分析的理论先驱。

尼采进一步认为，人的精神活动中最重要的、而且真实存在的部分是倾向、活动、冲动、激情、过程。而这些倾向、活动、过程等等就代表生命，而生命的意志是权力意志。尼采和叔本华一样是唯意志论者，但他以权力意志取代叔本华的生命意志。他鼓吹的权力意志的本质不单纯是求生存，而是渴望统治、渴望权利。人的本质就在于不断地表现自己、创造自己、扩张自己，一句话，就是发挥自己的权力。进化即权力意志实现自己的过程。从人的各种肉体的活动过程到最高级的精神活动无不是权力意志的表现。

自由的虚无

萨特（1905—1980），法国哲学家、作家。一生蔑视金钱和虚名，曾拒绝接受 1964 年的诺贝尔文学奖。

1980 年 4 月他逝世的消息在法国引起的震悼程度，超过许多著名演员、作家或政要。当时有 3 万多群众走上街头为他送葬，按他的崇拜者的话来说，这是一次因萨特的死而举行的示威游行。

他的声名在法国沉寂了 20 年后，今天又在美国的学术界鹊起，受到激进的美国知识分子的崇拜，即使他生前憎恨这个国度。

1905 年 6 月 21 日，萨特生于巴黎。他的母亲安妮·玛丽·施魏策尔是法国科学家、哲学家、赤道非洲传教医生、1952 年的诺贝尔和平奖的得主艾伯特·施魏策尔的亲堂妹。萨特刚满一岁，他父亲就死了，后来他调侃地说：这对他来说倒是一种幸运，使他不至于永远怀念父亲。母亲一人悉心照顾他，将他打扮得像一个小女孩。他 12 岁的时候，另一人夺去了他的母爱，母亲再婚了，他不得不迁居外省小城拉罗谢尔。他童年的不幸似乎给弗洛伊德的理论增添了材料，弗洛伊德曾提出人格为童年的经验所决定的观念，以说明他的潜意识理论。也许正因为这个原因，萨特一生憎厌弗洛伊德，否认童年决定性格和个人命运的任何假说。

第二次世界大战爆发前，萨特作为一位作家已有一定名望，但确定他在文学界的重要地位的是战争期间写的三部曲《自由之路》。这部杰作分别在 1945 年到 1949 年之间发表，其主人公玛蒂厄是作者的第二个我，代表他在战争中确实存在的英雄主义人格。1939 年，萨特在一个气象站里服兵役。德国入侵波兰，萨特被德军俘虏。在战俘营期间，他有机会接近许多普通的士兵，他本人声称，正是这些士兵教育了他，使他相信人类的价值。有人推断说，战俘营的生活也产生了萨特的有影响的名言："他人即地狱。"这句话是他的剧本《密室》的最后一行，可以理解为，他人的存在是自己的参照，这种参照使人备受折磨，因此他人就是地狱。假使没有这种基于他者的价值参照，人就不必时时拷问自己。萨特在战俘营除了思考哲学问题外，还编写和组织演出了几个话剧，最后他以眼睛有疾病根本不可能打仗为理由，使德军军官相信他不是士兵而逃出战俘营，加入了巴黎的抵抗运动。

萨特在他的早期作品里就开始探讨存在主义，就拿他的成名作《恶心》（1938）来说吧，这是一部带有自传性质的日记体小说，通过中心人物罗康丹对世界和人生的看法，充分表达了作者的存在主义哲学观念。1943年发表的《存在与虚无》是他最重要的哲学著作，他通过这部书揭示人是一种悲剧的英雄。

萨特认为，他人的存在是自己的参照，这种参照使人备受折磨，因此，“他人即地狱”。

萨特毕生研究存在主义哲学，虚无是萨特哲学中一个重要的概念，是萨特自由观的哲学基础。在萨特哲学中，存在是先于虚无的，虚无是从自在存在中获得自身的，是一种借来的存在。虚无是自在存在的变化，它随存在的消失而消失，是人的思想意识的表象。人的本质是虚无，是自为存在。但人又不满足这种不稳定的虚无与自为存在，力图成为既充实又自由的存在，这却是不可及的，人生就是这种“无用的激情”。正因人本是虚无，位置、过去、工具、他人、死亡这些实有的存在并不能限制作为本质虚无的人的自由，人注定具有无限的自由。

“虚无”的问题在萨特的存在主义哲学中占有核心地位，其主要著作《存在与虚无》可以说是一部虚无论，萨特用“虚无”这一概念来表达他对人自身的深刻反思以及对自由的执著信念。虚无是自为存在的基础。“如果上帝不存在，什么事情都将是容许的”。人必须在虚无中自我造就，虚无是人生的起点。

存在先于虚无

目前在对萨特的虚无思想研究中，对存在与虚无在萨特哲学中的地位有一些误解。有人认为虚无在萨特哲学占有优先地位，认为萨特哲学是对传统哲学的一种倒转，是一种从无到有的哲学。其实，无论是海德格尔或萨特都不认为在经验的时间中虚无先于存在。相反，萨特明确指出，存在先于虚无，虚无并不是对存在的否定，而是在存在的基础上建立起来的。虚无是从存在中获得自身的，虚无不过是一种独特的存在。存在的消失并不意味着非存在的到来，而只是虚无的同时消失。

因此，虚无也是一种存在，萨特将之称为“自为的存在”，即主体有作为的存在，而不是被动的存在。而这种自为存在之所以存在的基质，萨特将之称为“自在的存在”。

自在的存在与意识无关，也不完全等同于唯物主义所说的客观的物质存在，因为它并不产生意识，而是一种超意识的存在。

首先，这种存在存在着。这种自在的存在既不是主动的，也不是被动的；既不是创造出来，也不是被创造出来的，也不创造任何东西。萨特认为，根据创世说，是上帝把存在给了世界，这样的存在总显得沾染了某种被动性。它既不是肯定的，又不是否定的，只能是自身的固有。如果要自我肯定或否定，则必定要与自身有一定距离。这种存在是自在的，因为这种存在既不能派生于可能，也不能归并到必然。可能是自为的结构。

虚无总是事物的虚无，不依赖自在存在的虚无，犹如不依赖于物体的影子或反光一样不可思议。

虚无消解存在

尽管存在对虚无具有逻辑上的优先性，但是仅仅有这种自在的存在，世界是没有意义的。自在的存在具有必然性、静止性、惰性，在自在的世界里，一切都是铁板一块。这种存在没有他性，不能把自己与他物区别出来。它没有自身的规定性，没有任何意义，只是一种绝对的充实，是没有任何虚无或空隙的整体。

而虚无正是世界意义的起源。当我们对存在进行拷问时，我们会突然发现我们被虚无包围着，我们在存在的缝隙里发现了非存在，而这种非存在还将对存在进行限制。“存在将要成为的那个东西必然隐没在它现在不是的东西的基质中”。

在萨特那里，虚无、意识、自为都是同一意义上的。正因为人有意识，有虚无的观念，才改变了自身与自在存在的关系，使自己成为一种独特的存在。

自在与自为这两种存在的对立，也正是存在与虚无的对立。自在的存在本是全，意识的存在作为虚无而潜入这个存在的大全，从而起到了消解存在的作用。但由于意识本是虚无，所以它的消解作用，本不会影响自在存在，而只能表明意识或虚无的作用。

虚无是与否定相联系的。“虚无是萨特用于称呼消解本体真实的否定的述语”。存在是绝对的、充实的，其本身是不能够提出否定的问题。但意识却可以对存在提出问题，对存在进行设问，“提出问题本身就确立了一个否定的基础，即非存在的基础。”

正是意识才能使存在虚无化。我在咖啡馆里四点钟与皮埃尔有个约会，由于我注意的方向是皮埃尔，所以我就将咖啡馆的基质虚无化了，咖啡馆本身、顾客、桌椅、杯子等一切都被虚无化了，虚无决定否定而不是相反。

虚无并不是乌有，不是零，不是佛教意义上的空无，这与我们平常所理解的虚无有很大的不同。虚无不同于乌有的地方有：虚无是意识的对象，而乌有不能成为意识的对象。人的将来是个虚无，人投向这个虚无，虚无就是希望，但将来不是乌有，人不能投向一个乌有。虚无是自为的虚无，而乌有是自在的虚无。虚无在存在之中，像蛔虫一样钻入存在的内部，而乌有永远超乎存在，在存在之外。虚无是内在的否定，而乌有属于外在否定。虚无是自在的基础，而乌有与自由无关，它既不能激起也不能阻碍自由。

虚无是对存在进行否定后得到的空无。意识与充实的存在相反。“意识从根本上来讲，就是变化本身，就是虚无”。自为因其虚无就要不断脱离自身，超出自身。

这里有一个问题：这个虚无从何处来？自在的存在是充实的，存在只能产生存在而不能产生虚无，可虚无是何处产生的呢？其答案是：人是特殊的，他能够逃出这种存在，人的实在分泌出一种使自己独立起来的虚无。人正是在悬搁了世界之后，虚无才产生了。人与其他存在的区别就在于人能够对自己在世的存在、对自身表示疑问。意识就是一种虚无化的活动。正是在意识世界中，人使对象世界虚无化，人是虚无的起源。

虚无追求存在

人的本质是虚无的。虚无使人一无所有，但又无所不能。

正因为这种欠缺，这种虚无，就决定了人生的历程是不断由不完满向完满的一种超越。因为假若欲望得到满足，自为就不再属于虚无的存在，不再有超越与创造了。可以说，人的生命历程本来就是一个从虚无中求有而又终不可得的历程，如同永远被罚推石头的西西弗斯的命运。人是虚无的，有所欠缺的。所以，意识有一种超越自身的企图，以力图达到完整的自在存在，但这种努力是永远也不会成功的。自为在其存在中会像一个挑战风车的堂·吉诃德一样，永远是一个失败者。

我占有的物质就成了我的存在的象征，原始墓葬的殉葬品就说明了这一点。但这毕竟是虚幻的，物质的占有改变不了本质的虚无。萨特说，人的原始经验是感觉到自己有一个空洞，一切行动的最终目的就是要填满这个空洞而达到实在。人的一生总是进行这种无效的努力。力图从虚无中追求存在，这只能说明人生是“无用的热情”。

自由的虚无

“上帝之死”使自由受到的重重束缚被解脱，自由不再被理解为对必然的认识与服从。但只是在萨特之后，这种解缚的工作才最终完成。萨特用他那冷峻的虚无将人彻底暴露在自由之中，将人类无情地判给自由。从此人类不得不自由，不得不独立承担起自己的命运。

萨特自由观的哲学基础就是虚无。人拥有自由从根本上说是因其本质的虚无，从而使其行动无所凝滞。由于本质虚无，所以人不同于一本书或一把裁纸刀，就因为人是存在先于本质，这是萨特的存在主义的第一原理。人首先是虚无的存在，然后才创造世界与价值，拥有一切可能

死虽然可怕，但是，不自由，毋宁死。（法国　欧仁·德拉克洛瓦：《自由领导人民》）

性。所以自为的存在是一种虚无，同时也是一种绝对的自由。

首先是人类以高昂的代价去假设一个上帝的存在，试图以这种最高的决定因素克服存在的虚无与不稳定状态，克服由虚无而生的孤独，因此萨特非常赞赏陀思妥耶夫斯基的一句话：“假如上帝不存在，一切都存在可能。”

“人不是一种苔藓或一种真菌，或一颗花椰菜，在把自己投向未来之前，什么都不存在”。因此，人由于其虚无而与一切决定论不相干，人处于必然性的系列之外，人的任何存在与行动都是偶然的、无条件的、绝对自由的。人的存在即是人的自由。

萨特说他从来没有感到比在法西斯的监狱里有更多的自由。但实际上，人不去选择也是一种选择。所以环境丝毫不能阻碍自由，人在一切环境中是同样自由的。

人类对自身的认识

纯哲学认识并不能解决人生意义问题

偏重世界和人的本质，偏重人的思维、理智、德行的理想方面最终会导致人生意义问题实质上成为可有可无，因为它已经反映在人本身的定义中了。这种思想倾向在哲学上早就有所反映，记得康德曾写道：“惟有人作为一个思维的生物，运用自己的理智给自己确立了生存的目的，才可能有美的理想，善的界限……既然人是有德行的生物，对他就无需提生存为了什么这个问题，他的生存自有崇高的目的，这项目的使他强大无比，足以驾驭整个自然界……”可是，这种恬静的纯哲学认识并不能使每一个有头脑的人马上找到自己关于人生意义问题的答案，因为人生首先是自己的生活，然后才是种族的生存。对人生意义的寻觅可能达到感情迸发、痛苦忧伤的地步，往往还带有悲剧的色彩，这在人类历史上是屡见不鲜的，就拿 19 世纪的俄国来说吧，当时的一些抽象的哲学议论常常具有极其怪癖的形式，在列夫·托尔斯泰和陀思妥耶夫斯基等人的著作中就是如此。

不要迷信乌托邦

19 世纪，有一种观点在俄国甚有市场，陀思妥耶夫斯基认为“这种学说对人民来说，不过是一种新的花招……这是一种错误理论，一场骗局，但这样的骗局迷惑了许多人”。这种学说把人当作社会结构中各种错误的附庸，因而“把人引导到完全没有个性的地步，使人彻底脱离一切个人道德天职的羁绊，丧失任何独立性，沦入难以想象的恶浊的奴役处境”。因而陀氏尖锐地提出一个问题，“什么是一切生活的目的?”“我不能容忍我将会像粪肥一样为人效劳，即用我的暴行和苦难去给某些人的未来的和谐之树施肥……我压根儿不承认这种崇高的和谐，它不值得人们为之掉一滴眼泪，哪怕掉眼泪的只是一个受了欺负的小孩，他用拳头捶打着自己的胸膛，在臭烘烘的陋室里，伤心地掉落着他的冤枉眼泪，吁求苍天！……我不会出于对人类的爱而盼望和谐，我不盼望……管它对不对”。

如此激愤若狂地憎厌未来也许有的普遍的完美的幸福，只因为通往这种幸福的道路和方法可能和道德及人性相抵触，这给我们刻画出一个理解人生含义的新的侧面。陀思妥耶夫斯基的这段话指的是人类历史上

生活就像熊熊燃烧的火焰一样富丽，一样色彩斑斓，可人对待生活则要小心，以免落入火中，毁伤了身体。（《埃涅阿斯纪》插图，苏联 德·比斯基刻）

屡见不鲜的一个事实：人们为了一张关于未来理想社会的空头支票，往往会干出许多暴行，造成许多苦难，结果换来的却是新的暴政，新的压迫。这就是所谓以暴易暴。许多农民革命的结局就是这样的。陀思妥耶夫斯基大声疾呼这种做法不值得，力劝世人擦亮眼睛，不要上当，认清那些宗教式的乌托邦学说的本质，免得重新陷入被奴役的处境。要理解陀思妥耶夫斯基的这段话，不必花费太多的想象，只要把他的话同我们今天的苦思比较一下就够了。今天令我们苦心思索的不仅是过去，而且包括未来的人和人类，以及未来人类在道德伦理、人道主义方面的表现。未来的理想社会究竟是什么样子的？科技的发展是否有可能摆脱人的控制，反过来威胁人类的生存和人类的精神生活？目前，热核战争威胁着人类，其他全球性问题（原料、能源、人口、生态等）日益尖锐，把一个纯属哈姆雷特式的问题摆在我们面前：人类要么活着，要么死去。许多新的因素（劳动集约化，日常生活紧张化，伴随着日益增强的压迫感；居住环境中化学物质和其他物质增多，遗传病症也随之增多）对人的生理、遗传、心理诸方面的影响，迫使人们对涉及未来的问题作出的回答总带着论战的腔调，有时甚至带有悲剧的韵味。是否就因为这方面的原因，我们今天才常常联想起历史上伟大的先哲，以及他们往昔陷入这个脆弱的道德思想世界中的情景呢？由此推之，先哲们也会同样地联想，他们在思考未来时，也会想起比他们更早的先哲在这方面的苦思，陀思妥耶夫斯基在其关于普希金的著名演说中就说出了这层意思。人类历史上许多伟大的先哲，他们在我们脑海中的形象，是面向未来的，他们仿佛是指路明灯和启示者。他们对现代人生活的影响正是道德的影响，而普希金、托尔斯泰、陀思妥耶夫斯基等先哲更是俄罗斯土壤中道德哲学的真正奠基者。

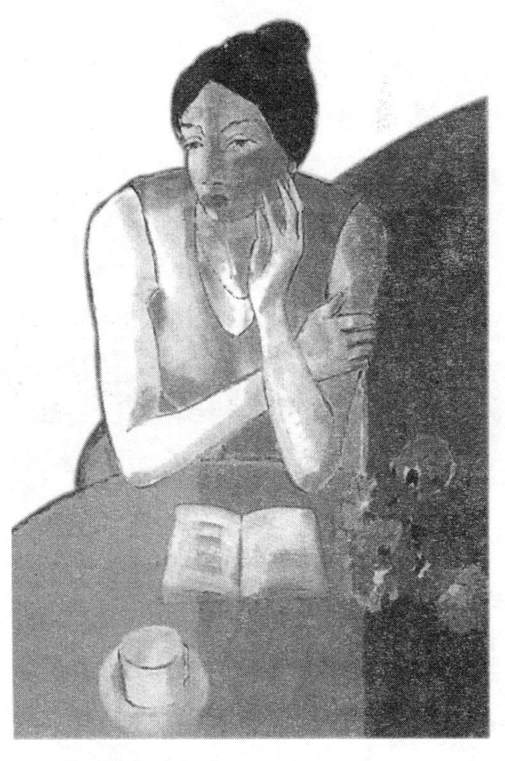

未来的理想社会究竟会给人类带来什么？现代物质文明能带来生活的舒适，却不能带来心灵的安宁。通往未来幸福的道路是否和人性相抵触？（俄罗斯　罗宾莎：《走神儿》）

在提到俄罗斯道德哲学

时，不能忘了俄国宗教哲学家索洛维约夫（1853—1900），他在《善的证实》一书中，试图在宗教和唯心主义的基础上，使一系列关于人生意义的思考具有理论形式，可以说，在道德哲学的探索方面，他的思想和列夫·托尔斯泰以及陀思妥耶夫斯基有类似之处。

人类对自身的认识仍十分有限

人和人的未来是当代的全球性问题，由现代科学进行着广泛的讨论。像早先任何时候一样，今天人类全神贯注地仔细观察自身，有时似乎重新发现了自己：有些人充满着乐观的惊异，甚至赞叹，有些人又充满着痛苦和失望……一些思想家认为，人是最独一无二、最了不起的生物，是自然界和历史的最伟大的创造，人的未来是不可限量和美好的。另一些思想家认为：人是自然界的错误，是自然界不幸的产物，具有数不清的毛病，所以人没有未来，人注定要退化和灭亡。

人对自身的认识居然如此迥异，这证明人们在这方面的研究还非常不够。尽管今天人类在宏观上已探索到百亿光年以外的宇宙超级银河系，微观上已深入到各种基本粒子领域，并已成功登上月球，发明和应用人工智能、基因工程等，这一切充分显示了人类认识世界和改造世界的能力是无限的。但是至今人类对自身的认识却十分有限，在生理、心理、思维和行为等领域遍布空白，存在着众多的不解之谜。

人与动物的区别

首先，人的本质是什么？这是一个由来已久、争论激烈的问题。在人类思想史上，历来存在着意见分歧。由这个问题可以引发一连串的问题：人是有理性的动物吗？是否仅仅只有人才有理性？人是否在本质上或性质上不同于其他动物，还是所有动物都具有同一的基本特征？

达尔文认为："人和高等动物之间在智力上的差别虽然很大，但这种差别无疑仅仅是程度的差别，并非性质上的差别。"他写道："我们已看到，人所引以为自豪的理智和直觉，以及诸如爱情、记忆、好奇、模仿、推理等各种情绪和官能，都可以在低等动物身上找到，它们以一种萌芽的状态，有时甚至是充分发展的状态出现。"根据达尔文的观点，人与其他动物的区别和一种动物与另一种动物的区别并无二致。

但人类历史上有许多大思想家和大哲学家，都认为人和动物有本质的区别，诸如柏拉图、亚里士多德、奥古斯丁、阿奎那、笛卡尔、斯宾诺莎、康德和黑格尔都认为人的某些特殊手段，如意向、推理或才智等是动物所没有的。他们特别指出推理能力为人所独有，并使用"兽性"一词来表明其他动物完全缺乏理性。

许多学者认为，人类社会和蜂窝或蚁堆是完全不同的，人的语言和鸟鸣、兽号或鹦鹉学舌有本质的区别。人的言语是人具有理性的结果。

英国唯物主义哲学家洛克（1632—1704）在《人类理智论》一书的开头说，"理智使人高于其他聪明的动物"。人和其他动物一样，都具有感觉、记忆和想象的能力，但是，他说，"畜生不会抽象……它们根本没有抽象的能力"。这种取得"概括观念"的能力"乃是使人与兽完全有别的能力，也是动物官能决不会获得的一种优点"。

美国哲学家詹姆士（1842—1910）认为，"构成人兽之间明确区别的，与其说是理智，不如说是人具有自由力量这一特性……并且，尤其在人对这种自由意识上，显示出人的心灵的灵性"。

英国哲学家穆勒（1806—1873）写道："人与其他动物的区别首先在于能同情，不仅同情其后代，同情与其友善的某一个人，而且同情全人类，甚至同情一切有知觉的生物。其次，在于具有较发达的智力，这使人的整个感情具有更广阔的范围。由于具有高等智力，一个人能领悟他自己与人类社会之间利益的一致性。”

人的生物本质

20世纪70年代以来，西方兴起一门强调人与自然互为进化的社会生物学。研究这门学科的学者们秉承达尔文的进化论思想，强调人对生物世界的从属性。著名的社会生物学家威尔逊认为，人类一直自命为“万物之灵”，抱定以人类为中心的“人类沙文主义”，这是十分错误的。由于人类对各类生物滥捕乱杀，狂暴地破坏自然界的潜力，造成今天生态危机的恶果。从人类行为的许多后果来看，人对生物世界的从属性尚未被充分意识到。大自然就是生命，她没有推拒人类，而且哺育了人类。人身上的人性就是在与自然的不断接触中产生的。把自己与生物界隔绝起来，对之漠不关心，对保护生命不感兴趣，就根本不可能发展共同感受、合作共事、相互理解的能力。换句话说，人如果不愿归并到有生命的大自然中去，他就不可能揭示、实现自己的生物本质。社会生物学家特别注重人的生物本质。他们认为，所谓生物本质，指的是人的与生俱来的遗传倾向，是由记录在脱氧核糖核酸中的发展方案决定的。社会生物学家认为，人，包括他的道德、文化、社会组织，不可能有任何违背他的生物本质的表现。生物进化是社会进化的基础和伴随发生的过程。按他们的看法，遗传因素似乎在人和社会的发展中起决定性的作用。

著名的社会生物学家威尔逊认为：“我们迫切盼望与其他各种生命形式归并到一起，这是一种内在的渴望，把这种渴望称作生物爱是一点也不过分的。”威尔逊所说的生物爱，是指一种虔敬生命的天生倾向。他的生物爱思想十分符合莱奥波尔德、施魏策尔等人的生态伦理观念。英国生态学家莱奥波尔德认为，一切生物同人一样都有合法生存的权

人如果脱去种种伪饰，也是一个由DNA决定的生物体。(西班牙　萨·达利：《原子的勒达》)

利，人类应该尊重所有生物的生存权，维护生态系统的自然平衡。他还主张，应当把人类的权利观、道德观、价值观、伦理观、善恶观推广到整个自然界中去。法国哲学家、诺贝尔和平奖金获得者阿尔伯特·施魏策尔指出，无缘无故杀死动物、毁坏植物都是不道德的行为，对于一切生命当予极大的珍重，他提出了尊重生命、维护生命、完善生命的发展生命的生态伦理观念。威尔逊在自己的生物爱学说里为施魏策尔等人的生态伦理观念提供了进化生物学的解释。按施魏策尔的观点，尊重生命是人的自我意识增长、自我完善的结果，要建立尊重生命的积极世界观，得付出毕生的艰苦努力。威尔逊的看法则不同，他认为，生物爱是人的一种先天品质，经过遗传渠道，由一代传给一代，正是生物爱的天性为生态学观念、保护环境的活动和人道主义建立了深刻的基础。我们珍惜和保护生命的根本原因在哪里？正在于我们具有生物爱这种天性，这种天性来自古老的祖先，与利他主义、相互利他主义的天性密不可分，这些天性都是生物界进化的最重要的因素。人有了这种积极的进化生物学的基础，他就不可能，也不应当对待自己的同类和自然界残酷无情。人似乎注定要把这种“互爱互助的伦理学”当作自己生存的道德基础。威尔逊写道：“为后代保护好我们的种族和我们的基因，这是崇高的道德表现，人是有能力做到这一点的。”

当代人与其居住的环境的矛盾形势是与不了解生物界的绚丽多彩、品种繁多分不开的。威尔逊指出，不久以前，地球上的物种估计只有

人如果回到大自然中，会发现自己和动物是平等的，人不应该虐待动物。（英国吉卜林《林莽之书》插图，法国杜朗作）

300万种到1000万种，可现在已有3000万种之多。威尔逊认为，生物链使我们十分紧密地与其他生物联系在一起。他还指出："人类不是至善，不是从理论上能想象得出的最好的物种，甚至未必是具有很好的适应能力的物种。人类只是在与其周围的动物比较而言才是先进的。"人如果要爱护自己，首先要爱护与自己差不多的天下众生。威尔逊甚至推崇素食主义，他说，根据我们的食肉标准，智力和感觉能力低下的生物，可以被无情地杀死、吃掉，假设另一星球上的一种非常先进的生物到地球上访问，那么人类就会发现自己像牲畜一样任人宰割。威尔逊的见解中有一种把人和社会的问题生物化的倾向，把人看成和动物等同，甚至人不如动物。他说："动物学家可以把我们的社会制度看作是原始的和平凡的，或许他们会对蚂蚁更感兴趣，认为蚂蚁的智力更高。"

人类道德的根源

当代的许多社会生物学家原来都是生物学家或遗传学家，他们通过对生物的研究，分析遗传学、生态学和进化论方面有关动物行为的情报，从而得出人的适应性行为的规律。学者们相信，与人类行为相似的动物行为，在自然界总是找得到的。在某些方面（如互助合作、分配劳动、利他行为）人们还比不上昆虫群体。例如在蜜蜂（胡蜂、白蚁、蚂蚁也一样）的群体中，雌蜂不离开娘家以繁殖自己的后代，而是留下来帮助蜂王哺育其后代，这样做的结果，使它对下一代所作的贡献大大增加，并使得蜜蜂群体的社会生活能永久维持下去。这是一种适应能力，也就是个体为了群体的利益牺牲了自己生产后代的权利，英国遗传学家汉密尔顿把这种适应能力称作"协同适应性"，社会生物学者特里弗斯根据汉密尔顿的研究得出了昆虫具有亲缘利他主义的结论。

社会生物学家认为，人类和其他生物的社会行为的基本形式有下面几种：性行为，利他主义行为和利己主义行为，侵略性行为。这些学者们对利他主义行为给予了充分的重视，认为这是构成社会的基本要素。按特里弗斯的定义，利他主义行为可以这样确定：该行为使其他生物受益，与此同时，表现出利他行为的生物要遭受相对的损害。威尔逊说，利他主义可能带有不自觉的性质，在这种场合下，行为主体并不期望受益者为这种行为付出任何酬报（带有坚硬核心的利他主义），这样的行为是通过自然选择的途径在生物的进化中发展起来的。利他主义也可能是自觉的（带有柔软核心的利他主义），也就是归根结底是利己性的。这样的利他行为含有施恩图报的意愿，或者行为主体自身获得酬报，或者造福子孙（主体身上部分基因的携带者）。这种形式的利他主义的产生须以文化进化为先决条件，对人来说，这是典型的形式，而对一切其他的生物来说，不自觉的利他主义行为要占优势。社会生物学家认为，在进化过程中，利他主义发挥十分重要的作用，而且不可避免地对利己主义占有优势。个体成员为其他成员的利益而表露出自我牺牲行为的种群，比其成员首先关心一己的福利的种群，所处的条件较为有利。尽管怀有利他主义激情的个体往往会牺牲，未留下后代，但这样的义举为其双亲和亲戚创造了和平幸福的生活条件，以致“利他主义基因”（社会生物学家用这个比喻性的名词称呼导致利他行为的遗传因素）更加大量复制出来。

加拿大格尔发大学教授迈克尔·鲁斯认为，社会生物学家的利他主义概念是由他们的理论的前提而来的。许多社会生物学家（P. 亚历山大，R. 多金斯等）都认为在进化论和遗传学上也可以找到法律、道德、良心等概念的根源，而今日道德观的根源就是动物的利他主义。鲁斯指出，达尔文主义所说的自然选择并非意味着一切动物刚出世就必须无例外地投入到与同类搏斗的战场，动物之间有互助合作，这样的互助合作对进化带来的好处比生存竞争还要多。生物学家把这样的合作称为“利他主义”。自然选择能够在生物体之间孕育出利他主义的关系。社会生物学家们建立了两个有效的“工作”模式，以说明这样的利他主义在现实中可能怎样发展。第一个是所谓血缘选择（Kin selection），社会生物学家强调指出，进化过程中最有现实意义的是把遗传因子成功地传递给后一代。一个生物体如果“身后”留下较大比例的自己的基因，它就是一个较有适应性、较成功的生物体。在正常的条件下，对一个生物体最佳的传递基因的方案是自己繁殖后代。可是由于各种原因，会产生一些意外情况，这时一个生物体为了帮助有血缘的个体繁殖后代，不惜付出自己的生命作为代价。社会生物学家把这种紧要关头的打算称作“血缘选择”，这个模型解决了一个长期令进化论者不解的问题。汉密尔顿指出，蜜蜂群体中工蜂的自我牺牲行为（利他主义）实际上是血缘选择的直接功能和最有效的维持家族的方法。另一个产生利他主义的主要机制是所谓“相互利他主义”。比如说，有一群人正面临没顶之灾，如果大家彼此观望，就只能束手待毙，如果大家能我帮你，你帮我，互相扶持，说不定能共同脱离险境，这种互相帮助的行为被称作“相互利他主义”。相互利他主义与血缘选择的根本区别在于这种利他主义能够促使没有血缘的个体之间实行利他主义。正因为如此，鲁斯认为，具有利他主义气质的个体很可能比缺乏这种气质的个体活得更久，更容易生养后代，因为他不仅为其他个体牺牲自己，而且也可以得到其他个体的帮助，相互利他主义是生存中的一根保险带。鲁斯进一步指出，在动物世界的利他主义（如血缘选择）和人的道德之间可能存在着紧密的联系。我们很可能由生物进化渠道继承了道德的感情。以自然选择为基础的进化论不仅可以推广到人类，而且给我们提供了一把解释道德思维和道德行为本质的钥匙，也就是用进化论来解释伦理学。

人的社会本质

道德是构成社会的基础。惟有人类才有真正的伦理道德。这就涉及了人的社会本质问题。婴儿刚出生到世界上来时，他只是一个自然人，确实和动物没有多大区别，如果他和动物生活在一起，就会具有动物的野性，历史上的许多“狼孩”就是证明。婴儿要成长为一个完整的人，一个能够有效地投身于社会的人，就必须社会化，社会化的过程是十分复杂的。社会化有两个任务，一是使个体知道社会对他有哪些期待，规定了哪些行为规范；二是使个体逐步具备实现这些期待的条件，自觉地以社会的行为规范来指导自己的行为。这里的行为规范很大程度上就是社会的道德标准，所以社会化的过程就是使个体成为一个有教养、有道德的人。对人进行社会化的因素包括个体的全部社会环境，其中包括社会文化、阶级、家庭、学校、同辈群体、社区、工作单位以及大众传播工具等。

人的本质问题由于社会化过程的存在而变得复杂了。一方面，人是地球上生命进化的最高成果，是自然产生出来的一种生物体。单纯就这方面的意义而言，人和动物没有本质上的区别，凡是人具有的本能动物也有。另一方面，每个人又是培养他的社会环境的产物，这是人和动物的根本区别。

人的发展可以说受到两大因素共同的不断影响：一种是生物性的，确切地说，就是受于祖先的遗传因素；另一种是社会性的，即为社会环境和多种多样的生活条件决定的社会因素。人是社会存在物，但他同时也是自然界的一部分，他还是生物存在物。生物和社会这两大因素的复杂的有矛盾的相互作用，把每个人造就为生物社会存在物。探索人的生物社会性，意味着探索这两种因素在人身上表现的具体形式。

人的生物性不同于动物的生物性，它由于社会的影响而“人化了”，“文明化”了，人的生物性是通过基因来遗传的，而社会性则不能记载在基因上，它是通过人类的经验来遗传的。

俄国哲学家 B. B. 凯舍拉瓦把“人的本性”和“人的本质”这两个概念加以区分，在他看来，“人的本性”的概念反映了人的生物性，而

“人的本质”的概念反映了人的社会性。他认为，“人的本性，被理解为原始需要和能力（表现为天赋）的某种总和，仅仅形成人的发展的起点。人的发展是在社会进化过程中实现的”。

这就是说，人的生物性不同于动物的生物性，它由于社会的影响而“人化”了，“文明化”了。在这方面，男女之间的关系是最鲜明的例证。从性的本能的生理实质来说，人与动物没有什么区别。但是，在人身上，性的本能是用“人性”的方式来满足的，它升华成了爱情。男女之间的关系不是性欲，而是爱情。把爱情归结为性欲，实际上就是把人归结为动物。

人的社会性不但给予人的生物性以重大影响，而且它一旦产生，就具有相对的独立性，对人的发展发生着自己特有的作用。在这方面，苏联科学院普通遗传学研究所所长 H. П. 杜比宁提出了“两种遗

不少人惊恐生命时光易逝，因而及时行乐。（俄国　艾森施泰因：《金色的秋天》）

传类型”的观点。他认为，人的生物性是通过基因来遗传的，而社会性则不能记载在基因上，它是通过人类的经验来遗传的。在社会条件下自然选择失去了显著作用，因而人类进化中的社会因素排除了生物因素。

总之，人的社会性就其起源来说，是以人的生物性为基础的。但是，它一经产生，就形成为比生物性更高级的质，对生物性发生重大的影响。它有着自己的不同于生物性的特殊内容，对人的行为起着独立作用。正是人的这种社会性，把人同动物区别开来。动物只有自然天性，没有社会性，因此，有没有社会性成了人同动物的本质区别。

中国先秦哲学家荀子提出了人能合群的学说，他说，人“力不若牛，走不若马，而牛马为用，何曰？曰，人能群，彼不能群也”。荀子的所谓“群”，指的是人的社会组织。他的话包含了人和动物的区别在于有没有社会性的意思。

生命的尺度——人和人的未来

人生是人的社会本质和精神基础完善化的过程

人的本质主要指的是人的社会本质，一个人生下来就要社会化，而人的社会化的主要内容是：学习社会的道德规范，成为一个有道德的人。因此，如果要研究人及人的未来这个大问题，首先势必牵涉到人生的道德意义问题，并且必须把人生看作人的社会本质和精神基础完善化的过程。这样的看待人生问题的角度和解决人生问题的方法是普遍适用的。既适用于经济领域，也适用于人和自然的相互关系，更适用于人的生物社会存在的本身——人的寿命、延长寿命的可能性、对待死亡和长生的态度等。在这些领域里，由于人的社会本质的作用，最首要的问题同样是：道德原则和具有个性的人的生命的意义，这二者直接支配着生物学因素和具有个体的人的天性冲动。

这样便把人生意义问题同人的延年益寿、死亡和长生不老等复杂问题联系起来了，有历史以来，哲学和科学就是把这些问题联系在一起讨论的，古罗马斯多葛派哲学家塞涅卡（前 4—65）在这方面就有过精辟的见解，他说，重要的不在于活得长，而在于你是否正确地过日子。列奥那多·达·芬奇也指出，凡是一生好好度过的，就是长久的生命。法国哲学家、人文主义者蒙台涅（1533—1592）也强调过同样的思想，他的名言是，衡量生命的标准并不在于它的长短，而在于你怎样充分利用它。不言自明，这里的生命尺度受做人的方式，也就是人生的社会方式和道德方式所制约，正是这种做人的方式可以作为解决与延长寿命的想法有关的种种复杂问题的出发点。

生命的尺度

与延长寿命的愿望有关的种种问题之所以错综复杂，是因为生物意义上的个体，在某些方面不过是整个物种的一个工具。正是通过个体的适应生存的活动，物种才得以生存；个体经过生育后代和死亡而结束，而物种作为一种固定的生命形式可以绵延不断，和个体相比，物种活在另一种时间尺度中。然而，虽然从生物学角度看来，大自然对个体是“冷漠无情的”，它在个体完成再生产周期后就对后者丧失兴趣了，但是对于已经成为了一个社会人的人类个体来说，决定他生命的尺度和价值的已经是社会，而不是自然。恰恰是在大自然不再关注的地方，社会的关注不断增长，因为单独的个人的成长乃是人类生存和发展的目的和手段，同时，人类无论是作为生物学上的 Homo sapiens（智能人）物种，还是作为社会共同体而言，都是地球上理智和文明的传递者。

如上所述，大自然对完成生命周期的人类个体不再关注的时候，社会的关注不断增长，这是一种辩证的矛盾。正是这种矛盾，成为了延长人的寿命的基础和推动力。同时，就每个人的个体而言，这种矛盾表现得尤其尖锐，这也是人的个体与个性的矛盾。人的个性要求无限制地发展，但人的生物性个体却使人的个性的发展成为有限的。

行文至此，首先要谈谈什么是人的个性。苏联哲学界认为个性表现为人的自然素质和精神特质，如记忆力、想象力、气质、性格特点以及人的品格等。人、人的个体都是比个性更广泛的概念，在原始社会没有人的个性，只有人的个体，个性是在文明社会中产生的。总而言之，个性就是个人特征的总合，它随着个人自我意识的形成而产生，是人类文明的产物。由此可见，在文明社会里，人不但有一个生物学上的个体，而且有一种独一无二、不可重复的个性。个性的基本特征是什么呢？格鲁吉亚哲学家卡卡巴捷认为，这种特征就是自由。这是因为，一方面，人向往自由，这种对自由的向往似乎是出于人的本性，而不受制于任何社会组织的影响。另一方面，个人对于周围条件具有相对的独立性，他总是自由的，他总是可以同那些包围他的习惯势力作斗争的。由于以上原因，人的个性总是要求无限制地自由发展。但个性虽然不再是个体，可它总是和有个性的个人分不开，而在这种情况下，个性自然不能“摆脱”其赖以存在的自然生物条件和因素，因而也不能无限制地发展，这就是上述矛盾的症结所在。例如说，人的个性希望自己万寿无疆，但人的个体的生物性规定了人的生命是有限的，换句话说，就是生物因素限制了人的寿命，使人的个性的愿望无法实现。

死亡是种族进化付出的代价

生物因素限制了人的寿命，这和人的个性的发展产生了矛盾。不过，话又说转来，即使直接从生物意义上来说，也会有个体寿命相对延长的情况，从进化的角度看来，这样的寿命延长提高了向前发展中的物种的稳定性和保障性。苏联生物学家、动物学家、杰出的进化论者施马尔豪森（1884—1963）就着重指出了这种情况，他写道："随着生物躯体体积的增长，生物的生命和生殖期也得到延长，这是个体为防止其后代的高灭绝率而作出的一种间接的、更完善的（和提高生殖力相比较）反应，这种反应尤其是那些拥有完善的自卫方法的、比较高度分化的和倔强的生命形态的特征。"

可是，就个体寿命这件事本身而言，它并不是衡量生物体系的稳定性、保障性的绝对标准和在一定的环境条件下物种生存延续的条件。物种的延续，或者物种生命的尺度，表现在代的更迭上，和更迭同时发生的主要不是个体生命期的延长，而是个体的衰老和死亡。正如同施马尔豪森指出的："在生物进化系列中有一个个体型愈益完善、愈益强壮的过程……具有十分强健、生机蓬勃的个体型的生物，其传宗接代仅仅使用单个的生殖细胞。身体上一切其他部分迟早会灭亡，死亡是为了获得能长期生存的高一级个体而付出的代价……因而，个体的生存在时间上永远是有限的。即使不是死亡，也有别的原因导致个体的损失。"。

施马尔豪森所说的高度发展的个体型指的是"个体的具有最大能动性的形态"，所以我们满可以把这些评述用来说明作为个体的人——Homo sapiens 物种的代表者。尽管这么一来，从个人的角度来说，上面引述的俄国杰出科学家的话会导致一些十分阴郁的思考和结论……但这些话同前面所引的马克思的论断在一定程度上是相契合的，首先是关于价值方面，施马尔豪森认为衰老个体的死亡是种族付出的代价，以购买种族中个体的更高发展，这是符合马克思的价值观念的。其次，马克思和施马尔豪森都认为，在人的世界里，也和动物界与植物界一样，种族利益总是靠牺牲个体利益来开拓自己的道路，因为种族利益只同“特殊的个体”的利益相符合。但这两种观点的类比只能到此止步。因为马克思主义还认为，在一定的社会条件下（共产主义），具有个性的个体的发展同“种族的利益”是一致的，那时候，必须以每个个体的发展作为所有个体发展的前提。

上述一切都和延长人的寿命问题、与个体和具有个性的人的衰老和死亡问题有直接关系。这些问题很可能从人类诞生之时起就已经扰乱他们的思想了。而且这些问题也仍旧是继续使人类困惑的当代奥秘之一。

老龄化国家和老龄化世界

当今世界上正发生严重的人口老化现象。早在 19 世纪后半期，在一些经济发达国家就开始出现人口年龄结构的变化。它的特点是老年人的比例增加，14 岁以下的低年龄组人口的比例减少。人口老化是年龄结构变化的结果。

波兰研究人口老化问题的著名人口学家罗塞特提出了一个比较完善的人口老化量表。罗塞特把 60 岁定为老年的界线。根据他的分类，凡是 60 岁和 60 岁以上人口的比例在总人口中低于 8%的国家属于人口“年轻型”的国家；凡是这个年龄组的人口在总人口中的比例是 8%—12%的国家则属于“老年型前期”的国家。如果一个国家的老年人口比例超过 12%，则它属于“老年型”国家。如果老年人口达到 18%及以上，那就是“高度老龄化”的国家。我们可以用上述“人口老化”的量表来确定某个国家或地区的人口老化的程度。

1970 年全世界 60 岁及其以上的老年人口为 2.91 亿人，到 2000 年这个数字增加到 5.85 亿左右，即增加一倍多。在这同时，世界人口由

36亿增加到62亿，则增加72%；60岁以上老人在总人口中的比例相应从8%增加到9.4%，可以说，世界人口已经“告别”了人口学上的青年期，进入了“老年型前期”的第一阶段。

随着人口平均寿命的增加，人们把进入老年的年龄界限也提高了。根据世界卫生组织的分类法，男人61—75岁，女人55—75岁只能定为渐近老境的年龄界限，75岁以后才算进入了老年。另外的分类法，除了和罗塞特一样把60岁定为老年的起点外，还有把70岁定为起点的，有个别地区则把起点定得较低，甚至定为45岁。著者认为，进入老年的年龄界限是因时因地而异的，热带地区这个界限可能普遍低一些，寒冷的地区可能高一些，甚至因人而异，因此不必作什么笼统的规定。

人口老化无论在经济发达国家，还是在发展中国家和都会产生。但在发达国家特别严重。

出生率下降是当前经济发达国家人口老化的主要原因。出生率下降造成儿童和青年人数减少，从而增加了老年人数的比重。由于医疗事业的成就，人的寿命得到延长，这在人口老化过程中也起着一定的作用。

应该指出，在西方某些国家（法国、美国），19世纪中叶就开始出现出生率下降（尽管非常缓慢），这在当时就成为人口老化的原因。19世纪末，这个过程遍及北欧和西欧的其他国家，后来又扩展到南欧和东欧。

在西方国家，人口老化过程一直延续到第二次世界大战以后，后来的事实表明，这个过程一直延续到20世纪末期。目前，许多欧洲国家每千名居民中的出生人数已经低于死亡人数。因此，大多数国家中老年人的比例正在增加。

寿命，尤其是老年年龄组的寿命，在人口老化过程中起着一定的作用。在古希腊和古罗马，几乎3/4的居民不到50岁便去世了。20世纪以前，平均寿命增长缓慢。但是，医学的成就和卫生条件的改善使人的平均寿命在20世纪大大增加了。到1975年，全世界人口的平均寿命已达57.4岁。平均寿命最高的是日本，为75岁。

过去，死亡的原因基本上是传染病。现在，人类在对这些疾病的斗争中已经取得重大的胜利。目前，造成死亡的原因主要是因缺乏活动而损害机体功能，以及细胞的变形、突变和遭到破坏。因传染病而死亡的人数比例大大减少了，这样便大大延长了人的平均寿命。除了医学成就之外，毫无疑问，生活条件和生活方式的改善也有利于人的寿命的延长。

在人口老化的同时，老年年龄组中女性人数越来越占优势，例如，1970 年在前苏联 75 岁和 75 岁以上女性的人数与这一年龄的男性人数的比是 2.5∶1。

消极性休息对老人无益

人口老化过程对经济、社会和精神各方面产生了一系列影响，受到人口老化冲击的社会不仅在人口的特点上发生了变化，而且经济关系和社会关系也会发生变化，甚至人们的心理也会发生变化。科学家一致认为，人口老化是一个极其重要和亟待解决的问题，它应该引起人们的重视。在人口老化带来的诸问题中，除了向老年人提供医疗服务和社会服务，解决他们的居住问题和心理方面的问题之外，使老年人度过有意义的晚年的问题，即有关他们职业活动和社会活动的问题以及参加社会公益劳动的问题占有重要地位。

为什么退休的老年人还有职业活动和参加社会公益劳动的问题呢?这中间有两个方面的需要，老年人自己的需要和社会的需要。先谈谈老年人自己的需要，对那些中断了自己职业劳动的老年人进行的大量观察表明，突然地中止劳动活动，有时会对老年人产生非常不利的影响。由于失去昔日的社会联系和文化交往，在许多情况下会造成精神抑郁，意志消沉。科学证实，消极性休息只会使人的健康情况变坏，而不能变好。

为了减少这些消极因素的产生，可以建议逐步减少老年人的工作量以及使退休者不充分就业。

劳动使人忘记“老之将至”

仔细分析起来，老年人在退休后继续参加劳动的主要动机有三种基本类型。第一种类型是劳动的内在倾向，即注重劳动的内容。具有这种倾向的人的特点是文化水平比较高和担任比较负责的职位，如教师、科研人员、行政工作人员和工程师等。对他们来说，工作是一种享受，有了工作，就忘记了一切生活中的烦恼，也忘了“老之将至”。不过，由于这些人所从事的是脑力劳动，因此老年时期应当多注重运动和适当参加一些体力劳动。

第二种类型是劳动的外在倾向。老人参加劳动主要是对劳动报酬的兴趣和对物质保障的要求。文化水平比较低的老年人基本上表现为这种倾向。但有些老人之看重物质利益，并不是由于退休金额低或家庭人均收入低，而是因为退休者希望保持往日的高收入，维持自己在家庭中的经济支配地位和威信。

第三种类型是劳动条件要适宜的倾向。工作量不要过大，目的是维持往日习惯的生活方式。这往往是一些体力劳动者，长期养成了劳动的习惯，猝然停止劳动会致使体重骤增，引起各种疾病，因而继续从事一些有益于身心的劳动是十分必要的。

对于那些由于健康条件不佳或其他条件的限制，而不能在外兼职的退休者，可以适当从事一些家务劳动。

一些老年男子，几乎既不参加家务劳动，也不参加社会劳动，这是很不正常的，家务劳动要做到男女双方合理分配，退休的男子要打破男人从事家务“丢脸”的偏见，多承担一些家务活。女性比男性长寿，长年从事家务劳动也是原因之一。

总而言之，对各类退休者的观察表明，继续参加劳动和社会活动是帮助老年人在退休能改善自我感觉和增进健康的激励因素。

其次，退休的老年人从事职业活动和参加社会公益劳动也是社会的需要。由于老年人口比重的增加，增加了有劳动能力的人口的经济负担，可能使人均国民收入的增长速度减慢，并可能给国民生活水平的提高带来消极影响。然而，如果有计划地推广技术进步的成果，并在一定程度上提高老年人口的劳动能力，就有可能扩大劳动力资源的年龄界限，把大批已到退休年龄的老年人口吸收到社会劳动方面来。由于两种成年居民群体（工作居民群体和退休居民群体）在参加劳动过程中的最有效的结合，人口老化可逐渐成为推动社会发展的因素。

科学是一把双刃剑

由于世界卫生组织的倡议，1982 年在维也纳召开了世界老年人问题会议，会议制订了国际联合行动方案，旨在提高全世界老年人的生活水准，使他们能积极地延续生命，并给他们提供参加劳动和社会生活的机会。“老年应有条件优裕的生活”——这一句箴言是科学家、医学工作者们从多方面进行努力的人道主义依据。

当然，实现这样的方案首先要受社会经济条件的制约。而在这方面，社会主义无疑具有优越性，它提供了现在和将来实现这些人道主义宗旨的可能性。可是，一些全球性质的问题也不容忽视，这些问题不获得科学地解决，人类就延长寿命问题所进行的各种努力就可能被抵消。

目前的全球性问题往往和科学的发展分不开。许多科学发现和技术应用，由于超出了原来的想象力，使现代人不安。核能是 20 世纪的重大发现，可现在热核战争对人类构成了威胁。工业的发展使人类社会改变了面貌，但它又造成了原料和能源的危机，破坏了生态平衡。就拿我们日常乘坐的汽车来说吧，它加快了交通运输，为人类造福不少，但它又造成了无数次的交通事故，夺去了千百万人的生命，它所排出的气体严重污染环境，汽车过多造成了交通拥挤，不得已大量增修高速公路，因而占去了许多良田。科学越是向前发展就越像艾丽丝在神奇王国里高喊的那样："越来越千奇百怪!"昨天还是远离科学的幻想，今天就变成了现实中很平常的东西或可以实现的远景。科学发展所引起的许多新现象，对人和人类，对人类的现在和将来有着重大的影响，有时人们一方面把它们看作是人类的福音，另一方面看作是人类的严重威胁。

造人的构想是要把人变成魔鬼

例如说，现在有人提出，利用现代生物学、遗传学和心理学的成就，可以改造人的大脑和心理状态，据说这种改造能够产生新的人种，创造出具有"非凡智慧"的"超人"。可是这便产生一连串的问题：人的外貌是否会因此发生某种变化？是不是会有某种与现代人全然不同的"超人"产生？这种"超人"会不会取代我们这些智人？将来的人是否都由人来制造？如果这样的话，人类生存的主要价值，如男女之恋和父母之情，还会有什么意义？既然我们这些智人迟早会被取代，延长寿命的研究还用得着吗？

这样的造人构想不是要把人变成上帝，而是要把人变成魔鬼。事实上，这种构想在科学理论上也是站不住脚的，其中夹杂着前科学时期的神话，而且在这种神话里也包含着对未来科学的"魔力"的恐惧。

制造出第一只"克隆羊"的科学家维尔穆特和他的助手们一再宣称他们不会把克隆技术扩展到人体，因为那是"不道德、不合法、而且毫

造人的构想是要把人变成魔鬼，哪来如此母子之情。（美国　卡萨特：《母与子》）

无道理的”。

克隆（Cloning）的历史有一百多年了。克隆是通过一个单一细胞内的反应来生育后代。在克隆中，没有父母基因的结合——所有的基因都来自单亲，这是一种“处女生育”。在植物和动物中，偶然出现过这种罕见和不寻常的生殖方式。如果有一天，人类真是把自己给“克隆”了，那么，维持人类社会的基本架构也就瓦解了，也就是说，那就真正是“人类末日”到来了。

凡是危及人类未来的科学实验都应禁止

我们现在的遗传学知识相当有限，根本谈不上制造什么“超人”的问题。把遗传工程用于人自身尚为时过早。即使科学上有某种可能性，也应该把可能性和实践严格区分开来，任何把科学绝对化因而贬低其他因素的做法都是十分危险的。这里特别要注意道德伦理因素。法国伟大人道主义者 A. 施魏策尔（1875—1965）指出：“只有绝对地、全面地恰当保护和发展生命才是合乎道德的，伦理学崇尚这样的道德。”凡是危及人的生命和人类的未来、危及我们子孙后代的科学实验都应予以禁止，社会应制定出这样的法律，从事这种危险实验的科学家应负道德和法律责任。社会应就科学的伦理基础和科学家的道德立场广泛进行讨论，非科学界应该在自己可能的范围内，注意科学领域的发现，而科学活动则应该对整个社会负责。

科学技术的发展除了可能和人道主义发生矛盾外，还可能对人的生物属性和心理属性产生消极的影响，本来，科学不能使人完全充实，它培养单面性，使人精神贫困化，不断需要艺术、娱乐、人与人的交往来补充。但是，由于科技革命的发展，生活节奏加快和强化了。人的生活技术化和城市化，不但不能弥补人们精神上的空虚，反而扩大了加在人们心理上的沉重负担。心理负担导致精神处于紧张状态，导致一系列所谓的“文明病”（心血管疾病、精神失常、癌和许多其他疾病）。科技革命减轻了体力劳动，但因此心血管疾病就增加了；人的居住环境从来没有像现在这样充满着电离辐射并被化学物质所污染，这是癌和许多其他疾病的主要原因。高度工业化的社会容易使人产生孤独感和被遗弃感，这是精神忧郁症和精神分裂症的发病率增高的原因。这些“文明病”不但夺去了无数老年人的生命，而且使许多中年人过早地死亡。要使人类得到长寿，首先应该解决科学技术革命带来的种种全球性问题，对这些“文明病”加以控制。反之，这些全球性问题如果不能获得科学地解决，人类就许多和延长寿命有关的问题开展的实践活动就没有良好的前提和方向。

生育和性遭遇挑战

人工生殖技术从最初的人工受精、体外受精，到今天的克隆技术

(Cloning) 应用于人工生殖领域，已经有一百多年的历史。人工受精解决的是男性不育问题，而体外受精则解决的是女性不育的问题。无论是人工受精还是体外受精都需要在体外存储精子，于是储存精子的机构——精子库便诞生了。精子库的诞生引起了一系列伦理学问题，首先是“父亲”的地位问题。采用供体精液出生的孩子可以说有两个父亲：一个是提供遗传物质的父亲，一个是养育他（她）的父亲。那么在养育父亲和遗传父亲中间，谁对其“子女”具有道德上和法律上的权利和义务？其次是精子的商品化问题。在美国，供体出卖精子已成常规。如果精子可以成为商品，精子的价格如何确定？是根据供体的健康状况、智力高低、外貌、社会成就来定价，还是根据人工受精后产生的子女的情况来定价？精子的商品化可能导致供体有意或无意地隐瞒自己的缺陷，结果把遗传病甚至艾滋病传给孩子。其次是有关精子地位的问题：精子是一个器官移植物，还是一份可继承的遗产？死去的丈夫遗留下的精子归谁所有？死者的精子是否仍可用来进行人工生殖？如果可以，那么这是否意味着死人也可以生育孩子？第三，非婚妇女的人工受精问题。如果单身妇女通过人工受精生出孩子，那么，孩子的父亲在哪里？他（她）可以去寻找他（她）的父亲吗？找到父亲后，这个“父亲”应该承担什么责任和义务？第四，同性恋的生育问题。当“扮演女方者”通过人工受精生了孩子，那么，“扮演男方者”可以作为孩子的父亲吗？女同性恋者的“扮演男方者”有资格担任孩子的“父亲”吗？人工生殖技术的发展给人类的伦理道德带来了一系列问题，我们无论怎样选择，都无法超越伦理道德的挑战。

1984 年 7 月，英国探索人类受精和胚胎学委员会建议禁止代理母亲。2001 年 2 月，我国卫生部也颁布了《人类辅助生殖技术管理办法》和《人类精子库管理办法》，对实施人工生殖技术做了较为详细的规定。

克隆技术的设想是由德国胚胎学家于 1938 年首次提出的。1952 年，科学家首先用青蛙开展克隆实验。1996 年 7 月 5 日，英国科学家维尔穆特博士用成年羊体细胞克隆出一只活绵羊，给克隆技术带来重大突破。

“多莉”羊的诞生至少意味着以下两点：(1) 动物包括人是可以近乎百分之百地复制的；(2) 一个完全分化成熟了的体细胞，还能完全恢复到早期的原始细胞状态，还能像胚胎细胞一样，完整地保存全部的遗传信息，这同过去的科学结论是不一样的。

许多科学家和各国政要对这一技术可能产生的负面作用表示严重关注。因为令人担心的是，人也将可能被“克隆”出来，从而进入一个制造人的时代。美国著名未来学家托夫勒就认为：“一旦克隆人降临这个世界，必将引起数不清的道德法律问题：克隆人有无法律地位？是否可分割遗产？亲代豢养克隆人以备自己更换器官是否人道，是否合法？克隆出一万个爱因斯坦或希特勒会引发什么社会后果？如果某个工厂主克隆十万个低智能人作为驯服的廉价劳动力将会是什么情景？……其实，更为深刻的因素，是这项技术将彻底粉碎人类对自己生命的敬畏。”科学技术的发展将最终打破人类对生命的敬畏感。生命也必将成为科学技术所操作的对象。

人类基因组计划的进展，使人类能够更有效地在出生前对婴儿进行基因改造，剔除不良基因，增强优秀基因，甚至还可以按照“父母”的意愿设计婴儿。这里就出现了一个基因选择的伦理困境：什么是“好基因”？什么是“坏基因”？梵·高是精神病患者，又是最伟大的画家之一。基因研究告诉我们，基因的缺陷有两面性。如镰形红细胞贫血症基因有利于抗疟疾。我们必须面对这样的问题：用什么标准来确定基因的好与坏？谁来制定标准？

有人提出了增强基因工程，即通过补充人们所需要的健康基因而不是治疗不健康的基因。如通过补充一个生长激素基因使个体长高等，也可以通过基因工程对个性、性格、器官形成、生殖、智能加以人为地改造和控制。如果这些技术果真被用于人体，就有可能改变人类自身的进化过程。如果一旦被滥用，还有可能给人类带来不堪设想的后果。

人体的基因增强技术无疑与优生学相联系。1998 年在北京召开的第 18 届国际遗传学大会上通过一项提案，今后在科学文献中避免使用

“优生学”这个词。因为现代遗传技术有可能被打着“优生学”旗号的人所滥用，导致新的种族歧视。

生殖技术的进步，使得性与生育的彻底分离成为可能。欢悦成为性行为的主要目的。然而，生殖与性的分离有可能改变人们的性道德，导致生育与家庭的分离，从而造成家庭关系的变化。生殖技术的一个重要特点就是把性交排斥于生育过程之外，这就使得单个个体利用供体提供的配子或代理母亲来得到子女成为可能，而不必组成传统的男女婚姻家庭，甚至不一定要发生两性关系。至于无性繁殖，更是从根本上可以取消家庭，人类的性将失去其本来的意义。

网络对家庭婚姻的影响同样是令人震撼的。网络技术被称为虚拟技术。它为人类缔造了一个新的生存境遇。“网婚”、“网恋”就是一例。

死亡之死亡

当代医学家孟宪武先生认为，医学在新世纪的目的是死亡之死亡。就是在人的生命生活中消灭死亡的目的，或长生不死的目的。1996 年克隆羊多莉风暴刮过去之后，我们看到了长生不死的曙光。

从一个人身上取出一个细胞，造就另一个同原生物人相同的克隆人，是个完全可实现的现实。当然，克隆人不具有自然人的思维和记忆及其他能力，但是现在科学家们已在动物身上证实了生物晶片与大脑驳接的可能性。这样，克隆技术与生物晶片相结合，就等于不死。因为可以用生物晶片把自然人大脑中原来储存的全部信息，包括对自己一生的记忆，对亲友的情感，对社会的认识，对知识的累积，对个性的表现都拷贝出来，再完整地植入到克隆人的大脑中。这样，自然人逾越了死亡的障碍，换上了一个新的躯壳。其人格、意志、情绪、情感及记忆等与原来完全相同，能够继续生存，从而达到不死的目的。

生物晶片与克隆人结合的意义：人的特性就其本质来说是记忆，“只要能记住自己是谁，我就是在继续生存”。所以设想把人的思维转移到计算机中去，使记忆在那里获得生命。就好像把一个人的灵魂储存在计算机中，再复制“拷贝”到克隆人、机器人的大脑构件中去，类似神话或宗教中的灵魂转世。

其次，借助器官移植达到消除死亡，先克隆出自然人的胚胎，只培育其所需要的器官以供移植。对一个人全身所有的器官像换自行车的零部件一样无休止地移植下去，也是消除死亡的一种方式。人体主要的零部件——大脑的移植，是可以实现的技术。苏联、美国的科学家都在动物身上做了大脑移植或头颅移植的实验，已获得初步成功。据资料显示1987年瑞士医学家对人脑的移植也获成功。所以，从器官移植这个途径消灭死亡，是具有理论和实验根据的。

对于人类的长生不死，还有许多其他的方式方法，如人工器官、生物元件与机械元件的综合替代，对人类死亡基因的检出与消除，对“死亡激素”的控制等。据说，在未来的社会中很可能有这样几类“人”：第一类是原生物人或称自然人、胚胎人，就是按照传统方法从胚胎发育而成的人。这些人如果愿意死亡的话，可以按传统方式死亡，不愿死亡的话，可以根据情况成为以下几种人，即第二类克隆人，就是按照克隆技术加上生物晶片植入形成的“后生物人”；第三类移植人，就是以交替连续的器官移植而不死的“后生物人”；第四类人工人或机器人，即全部由人工器官组成的人。

据澳大利亚《太阳先驱报》2004年8月30日报道，素有“克隆狂人”之称的美国生育科学家帕诺斯·扎沃斯将于本周向世界宣布他的又一项富有争议的克隆实验：他已通过从两名死者身上提取的DNA细胞成功克隆出了人类胚胎，也就是说他已经具备了让死人“起死回生”的能力。

现年50岁的帕诺斯·扎沃斯是美国男性学协会的会长和肯塔基州生殖医学和试管授精中心副主任，拥有生物学硕士学位和生殖生理学博士学位，扎沃斯的妻子彼得也是一名分娩医学专家，夫妻俩一起醉心于克隆人的研究。

由于美国、英国和许多欧洲国家都对克隆人立法予以禁止，扎沃斯的秘密实验室设在中东的某个国家，扎沃斯本人的态度异常坚决，对于科学界的种种批评不屑一顾。他斗志昂扬地说：“有的人说我假扮上帝，这是污蔑。我不是上帝，也不想扮演什么上帝，我只不过是做上帝没有做完的事情。”

但医学家贺达仁提出不同的见解，他认为，我们不能消灭疾病与死亡，可以说，死亡是不可战胜的，无论是因衰老引起的自然死亡，还是因疾病、灾祸与战乱等引起的非自然死亡，都有其必然性。就其自然规律而言，甚至有其合理性。因为死既符合自然规律与人性，也有利于社会的文明与进步。

死亡能否死亡？要实现“死亡之死亡”，只有自然消亡与人为消灭这两种可能。

据研究，死亡的自然消亡可能是存在的，它是人类进化与灾变周期间的特定现象。人类是生存在适宜于她生存的太阳系的一颗行星上的一类高级生物。太阳系处于银河系的一个旋臂上，它围绕银河系的银心旋转一周（一个银河年），约为 2.88 亿至 3.15 亿年不等。人类在太阳系经过近银心点时出现，而到特征点时灭绝，这一进化起源与灾变灭绝的生存期为 6500 万年左右。而太阳系在经过特征点、再回到近银心点之间的漫长岁月中，死亡确实死亡。因为那时死寂的地球已经不再有生，因而也就不再有死。

自然死亡是客观规律，不可避免。人为消灭死亡是不可能的。我们只能无限地去接近消灭死亡这个终极目标，但却永远也不会完全达到。从 20 世纪 40 年代至今，人类的平均寿命已经延长了 20 年。有人预测，人类一旦用纳米技术攻克诸如疏通脑栓塞、对病损细胞进行修复等医学难题，人类的寿命可以普遍提高到 140 岁左右。但这仍然只是长生，而不是不死。

复制人不是本来意义上的“不死”：通过克隆技术与生物晶片技术相结合，可能实现对人的全方位复制，但是没有一种技术能把克隆本体所处的自然、社会与人际关系环境全部克隆。从这个意义上讲，克隆本体却是永远的、实实在在的死了！

因疾病带来的非自然死亡不能完全消除。人类不能消灭一切疾病。人类生存的基本方式同时就是致病的基本因素。人类的一种疾病消灭了，另一种疾病又产生了。这种疾病谱的变换是伴随其生活方式改变而永无休止的。当我们庆贺消灭天花不久，却又产生了更为可恨的艾滋病；当恶性营养不良症趋于消亡时，营养过剩与肥胖症则早已产生。

人类不能完全消除因疾病带来的死亡：因疾病造成的病理损害，一部分是可逆的，一部分是不可逆的。

死亡是社会历史进步的必要条件之一。人伴随哭声而来，应面带微笑而去，因为直面死亡是人类唯一正确的选择。

新技术还隐藏许多技术难题与伦理风险：谁能保证“生物晶片”不被人修改？不被渗入反社会内容的病毒？不会被人随意拷贝和复制？如果人们盲目地或过早地将“死亡之死亡”作为医学的目的，将带来更多的人们未知的社会危害与生态灾难。

克隆技术能实现长生不老吗

一些科学家认为克隆技术帮助我们拒斥死亡、达到长生不老是一个谎言。因为克隆技术有许多的缺陷和缺憾。这表现为：

其一，动物克隆技术的不完善性。克隆技术是一种人工诱导的无性繁殖方式，成功率很低。在培育“多莉”羊的过程中，科学家采用了体细胞克隆技术，也就是从一只成年的绵羊身上提取体细胞，然后把这个体细胞的细胞核注入到另一只绵羊的已抽出细胞核的卵细胞中，再把这个新合成的卵细胞植入第三只绵羊的子宫内发育形成了“多莉”羊。其中，实验所用的重组卵子数是277个，绝大多数在胚胎阶段失败了，且产下的动物胎儿不是死胎就是畸形，成功率低。同时，克隆出的生物体存活时间短，会未老先衰。因为克隆动物在继承细胞供体动物遗传物质的同时，也继承了供体细胞的年龄。“多莉”的供体细胞来自一只6岁的成年羊，这样，“多莉”出生时同时具有两个年龄：自然年龄为0，但其细胞年龄已经是6岁。也就是说，6年后的今天，“多莉”实际上已是12岁了。这也再次证实了新陈代谢、生老病死乃自然法则。

其二，“克隆人”的不真实性。应用不成熟的克隆技术克隆出有缺陷的后代，这对人类来说，岂不是事与愿违、画蛇添足？即使是克隆出健康的人，其结果是否也同“多莉”一样，未老先衰、英年早逝？

其三，克隆人的不人道性。首先，克隆人将对整个人类构成侵犯。地球上已经有人口爆炸的现象，克隆人的存在将对其他人乃至整个人类的生存权和发展权构成严重的侵犯。而更为严重的是对自然秩序的侵入。新陈代谢、有生有死这是宇宙的普遍法则。在这一法则的作用下，整个世界沿着有序的方向自然进化，维系着自然秩序的平衡。而克隆技术对生命的改造严重侵犯了自然秩序，破坏了整个世界的自然平衡。生命成为科学技术所操纵的对象，这将不仅彻底粉碎人类对生命的敬畏感，而更为现实的问题是，会造成生态破坏、基因库衰减、诱发新病源，使人类自身的生育能力、抵抗防御能力下降。因为交叉受精和繁殖通常会产生更加强壮的样本，而“纯粹”血统的种类却会在漫长的过程中衰减。其次，克隆人本身在社会中会无所适从，这对克隆人也是不人道的。仅从人生观、价值观来看，“他”会遇到以下的难题：首先，当他面对原型或供体，不禁会问：“那个跟我一模一样的人是我还是‘他’？是前‘我’还是后‘我’?”“我又是谁?”“我如何界定?”克隆人的心灵将会被这些问题困扰，痛苦不堪。再次，克隆人面对着一个一模一样的“自己”时，他会问，这是轮回呢还是再生，抑或是永生？世人所谓的生死大事对克隆人算得了什么？此外，若全都是由克隆人组成的世界，那会是个什么样的世界？还能称得上是个有意义的人的世界吗？

一旦人类追求长生不老违反了人的本性，伤害了人类情感，破坏了自然法则，给人类及其生活的世界带来灾难的话，这种长生不老的追求又有什么意义呢？

受各界关注的生命伦理学

生命伦理学是20世纪60年代首先在美国随后在欧洲产生发展起来的一门新学科，也是目前发展最为迅速、最有生命力的交叉学科。生命伦理学的生命主要指人类生命，但有时也涉及动物和植物的生命以至生态，而伦理学是对人类行为的规范性研究。因此，可以将生命伦理学界定为运用伦理学的理论和方法，在跨学科跨文化的情境中，对生命科学和医疗保健的伦理学方面，包括决定、行动、政策、法律等进行的系统研究。

生命伦理学产生后受到医学家、生物学家、哲学家、社会学家、法学家、宗教界人士、新闻界人士、立法者和公众的关注，而且很快地体制化。一些国家建立了总统或政府的生命伦理学委员会，在包括我国在内的许多国家，很多医院或研究中心建立了专门审查人体研究方案的机构审查委员会（Institutional Review Beard）或伦理委员会（Ethics Committee）。我国医药管理局规定，为新药批准所进行的临床药理研究，必须建立机构审查委员会审查研究方案。2000年8月我国卫生部成立了“医学伦理学专家委员会”，就重要医学伦理问题向卫生部提出咨询建议作为决策基础。

中国社会科学院邱承宗研究员最近著文对这门新学科作了全面的介绍，他说：生命伦理学之所以产生于20世纪60—70年代，是与第二次世界大战末期以及以后出现的三大事件密切相关的。第一件事是，1945

年广岛的原子弹爆炸。制造原子弹本来是许多科学家向美国政府提出的建议。他们的本意是想早日结束世界大战，以免战争给全世界人民带来无穷灾难。但是他们没有预料到原子弹的爆炸会造成那么大的杀伤力，而且引起的基因突变会世世代代遗传下去。第二件事是，1945 年在德国纽伦堡对纳粹战犯的审判。接受审判的战犯中有一部分是科学家和医生，他们利用集中营的受害者，在根本没有取得受害者本人同意的情况下对他们进行惨无人道的人体实验。更令人气愤的是日本军国主义的 731 部队所进行的实验。第三件事是，人们突然发现，在寂静的春天，人们看不到飞鸟在苍天游弋，鱼儿在江川腾越。1965 年 Rachel Carson 的《寂静的春天》一书向科学家和人类敲响了环境恶化的警钟，世界范围的环境污染威胁人类在地球的生存以及地球本身的存在。这三大事件迫使人们认识到，对于科学技术成果的应用以及科学研究行动本身需要有所规范，这推动了科学技术伦理学的产生和发展。除了上述三大事件的大背景外，推动生命伦理学产生和发展的因素还有以下方面：

（1）生物医学技术的进步使人们不但能更有效地诊断、治疗和预防疾病，而且有可能操纵基因、精子或卵子、受精卵、胚胎，以至人脑和人的行为。这种增大了的力量可以被正确使用，也可以被滥用，对此如何进行有效的控制？而且这种力量的影响可能涉及这一代（例如对生殖细胞的基因干预），也可能涉及下一代和未来世代。（2）由于先进技术的发展和应用，人类干预了人的生老病死的自然安排，甚至有可能用人工安排代替自然安排，这将引起积极和消极的双重后果，导致价值的冲突和对人类命运的担心。（3）全世界蔓延的艾滋病向一些传统观念和现存的医疗卫生制度提出了严峻挑战。艾滋病在不少国家已经成为民族灾难。全世界感染艾滋病的现在已经达 4000 万人。在预防和治疗艾滋病的层面以及有关防治艾滋病政策层面，都存在着一系列的伦理问题。国家是否有义务向艾滋病患者提供治疗？个人是否有义务改变自己的不安全行为？非感染者和社会是否有义务援助而不歧视艾滋病患者和感染者？（4）医疗费用的大幅攀升导致卫生制度的改革。由于技术含量的提高以及市场化消极面的影响，促使医疗费用在全世界大幅攀升，严重冲击许多国家的公费医疗制度。(5) 在各国的医疗和研究工作中，违反伦理的事件总是存在的。对这些事件的揭露和思考，也推动了生命伦理学的发展。

生命伦理学的性质和内容：生命伦理学是应用规范伦理学的一个分支学科。普通规范伦理学试图提出一些原则来支配人们做事或做人。应用规范伦理学（简称应用伦理学）是应用普通规范伦理学的原则解决特定领域的伦理问题。应用于生命科学技术和医疗保健就是生命伦理学。

生命伦理学的主要内容有五个方面：(1) 理论方面。(2) 临床方面：例如，人体器官移植、辅助生殖、避孕流产、产前诊断、遗传咨询、临终关怀等问题。(3) 研究方面：从事流行病学调查、临床药理试验、基因普查和分析、干预试验以及其他人体研究的科学家都会面临如何尊重和保护受试者及其亲属的问题，同时也有如何适当保护试验动物的问题。(4) 政策方面：医疗卫生改革、高新技术在生物医学中如何应用和管理都涉及政策、管理、法律问题，但其基础是对有关伦理问题的探讨。(5) 文化方面：文化也影响哲学和伦理学，当然也会影响生命伦理学。如在某一文化环境中提出的伦理原则或规则是否适用于其他文化，是否存在普遍伦理学或全球生命伦理学。

生命伦理学的专业特点：生命伦理学以问题为取向，其目的是如何更好地解决生命科学或医疗保健中提出的伦理问题。既然以问题为取向，那么首先要鉴定伦理问题。伦理问题的出现可能有两种情况：一种情况是由于采用了新技术，出现了新的伦理问题。例如人类基因组的研究可使人们预报一些带有疾病基因的人可能迟发疾病，再如一位未婚少女如果带有 BRACAI 基因就有 85%的可能在未来患乳腺癌或卵巢癌，但也有 15%的可能不得这些癌症，那么我们应该告诉她吗？应该建议她现在就切除双侧乳腺和双侧卵巢吗？另一种情况是，本来应该做什么是不成问题的，但由于新技术的应用，重新提出了应该做什么的问题。例如医生抢救病人是义务，在脑死情况下由于脑死导致全身死亡，解除了医生的抢救义务，这本来不成问题。但由于有了生命维持技术，脑死病人的生命可以靠呼吸器和人工喂饲暂时维持下去，那么应该这样做吗?

总之，医学问题和伦理问题的区别在于：医学问题是“能做什么”的问题，而伦理问题是“该做什么”的问题。

对于伦理学来说，重要的是尝试为解决办法提供伦理辩护。生命伦理学的原则有：尊重人，不伤害人，有益于人，公正对待人等。

每人有自己的生命尺度

在各种关系到寿命延长的问题中，一些和人生的意义及价值问题密不可分的哲学、社会学、伦理学和道德问题有着不可忽视的意义。

如果认真思考这些和延长寿命有关的问题，我们就会发现，若要正确提出和解决它们，惟有在这样的基础上：科学地理解人的生、老、死等过程的本质，将其看成是一个生物因素和社会因素相互作用的复杂的完整过程，生物因素和社会因素决定着生命的尺度，决定个人（包括个体和个性）的生命活动的生物时间和社会时间，以及包括寿命演进在内的这两种时间的发展。马克思写道：“人的生命过程要经过不同的年龄……但是，人的各种年龄是并存的，分属于不同的个人。”这里马克思的意思是：人的一生包含各种不同的年龄，如教育年龄、工作年龄、婚姻年龄、退休年龄等，人生的某个阶段，可能同时有几种年龄并存，如一个人从 20 岁到 60 岁这段时间内，可能既是他的婚姻年龄，也是他的工作年龄。一个人受完教育，踏入社会，参加工作，这就开始了他的社会年龄，社会年龄一直延续到他退休回家，方告终止。假如有两个人都活到 80 岁，他们的生物年龄是相同的，但他们的社会年龄可能大相径庭。由于人的一生并存着多种年龄或时间，因而这也会严重影响人对时间长短和生命尺度的感受。有人觉得生命十分短促，也许正是由于他的人生十分丰富多彩，一生兼有多种时间，因而感到生命延长两三倍也不够用。有人觉得生命十分漫长，很可能是由于他的人生十分单调，除了生物时间外，几乎没有别的时间，因而深感人生的寂寞。由此可见，同样长短的时间，在不同的个人身上有不同的感受，也就是说，同样的历史时间可以体现为种种不同的个体时间。由此我们可以看出，人生是个体时间、历史时间、生物时间和社会时间的辩证统一。

所以，当我们关注人的寿命问题，判断和评价寿命延续的可能性时，冒出了一个根本性的重要问题——我们所说的人的寿命指的是哪一种时间，与此相应的是，我们从事延长寿命的研究时，想要延长的究竟是什么：是个体的生物时间，或是社会—个人时间？后一种时间虽有其各方面的客观性，可又随着人的主观而发生改变，导致它改变的是些和时间根本不同的因素，这些因素往往带有相当浓厚的感情、心理、精神色彩。苏联女诗人艾哈迈托娃（1889—1966）写道："生命时光易逝，令我们万分惊恐，可是时间的分秒老早就规定好了的呀。"诗人的意思是，时间的度量（秒，分，小时，天）本是严格规定好的，一成不变的，时间的流逝不会放慢，也不会加快，可是在人的感觉中，由于添上了人生短暂的忧虑，便有"光阴似箭，日月如梭"的感觉。

中国诗人描写时间往往带有感情色彩，如"白日何短短，百年苦易满"（李白）。春天的夜晚和秋天的夜晚长短大抵相同，谚语云"春分秋分，日夜平分"，这说明春夜和秋夜大约都是12个小时左右。可是在中国的古诗里，春夜往往被描写成很短促，如"春宵一刻值千金"（苏轼），"春眠不觉晓"（孟浩然），"春宵苦短日高起"（白居易）等，而秋夜则被描绘成十分漫长，有"漫漫长夜，不知何时天明"之感。如"商歌向秋月，不知何时旦"（钱起），"暗窗凉叶动，秋天寝席单。忧人半夜起，明月在林端"（韦应物），"寂寂南轩夜，悠然怀所知。长河落雁苑，明月下鲸池"（卢照邻），"秋夜长，殊未央，月明白露澄清光，层城绮阁遥相望"（王勃）。在这些诗句里，诗人描述的都是带有感情和心理色彩的个人—社会时间，而不是自然—生物时间。

延长寿命可以作为一种科学的、自觉的社会目标提出来，但这就产生了一个问题：对于个人或社会来说，这为什么是必须的呢？不过，假如生命本身的绝对的十足的价值被认可的话，这样的问题也就不会出现了。在视人命如草芥的社会里，普通老百姓自然谈不上什么延长寿命的问题，统治者只顾自己敲骨吸髓地榨取，哪管人民的死活？在生产力极其低下、灾祸连天的国家里，社会主要关心的是社会依赖的主要劳动力——青壮年的生存，不可能把延长老年人的生命作为一项必需的社会目标。只有在高度发达、高度文明、高度民主的社会里，人的生命具有十足的价值的情况下，这项人道主义的目标才有可能得到全社会的承认。不过，即使没有社会的公认和一致的努力，延长寿命的目标也可以自发地实现，而且的确在实现，人类的历史过程反映出这一点：有史以来，人类的寿命一直在演进，一些历史上和现代的人口学著作提供了这方面的证据。

根据各种人口学资料，人类漫长的历史中发生了人的寿命的演进，这种演进今天仍在发生。不过，因演进而增加的并不是受遗传制约的“纯”生物学时间（人作为主要受社会因素影响的个体，从来不会有这种“纯”生物学时间），而恰恰是生命的社会时间的延长。这里生活条件和社会环境起着决定性的作用，从根本上削弱了生物因素的影响。当然，所运用的资料不一定百分之百的准确，甚至于不同的研究者手里掌握的资料也互有出入，可是，这些资料相当充分地反映了普遍的规律和趋势，也反映了这些规律在当代的发达国家和发展中国家里具体实现的情况。例如，美国专家引用的数据明显证明了生活条件和生活方式影响人的寿命。他们在这些数据中比较了美国少数民族与美国白人的平均寿命（美国黑人的平均寿命比白人少 6 岁），列举了各个社会群体间、男子与女子间平均寿命的差异。

一般说来，发展中国家的老年人数目和平均寿命要比发达国家低得多。一个非洲人在 1975 年可望活到 48.7 岁，而一个日本人可望活到 75

岁。这其中自然气候条件有一定的关系，但最主要的还是社会经济条件，优越的社会经济条件导致了利于寿命延长的积极社会因素，反之，恶劣的社会经济条件产生了不利于寿命延长的消极社会因素。考虑到不同社会经济条件下的不同社会因素，我们可以把人的社会性衰老过程本身分成正常衰老和病理衰老两种。正常衰老是一种自然过程，它与人的机体的潜力的自然消耗一起发生，而在病理衰老中，社会因素的消极后果影响衰老的自然进程。所以，第一位的和主要的任务，是把导致社会性早衰的消极因素缩小到最低限度。这个任务与改造社会的总的任务是一致的，因为进行这种社会改造的目的，就是为了保障人的正常生存条件，包括医疗上的照顾在内。给予每个人以保健权应该是社会改造计划的出发点，也是社会方面确认个人的生存权利的开端。因为人越是有效地充分地发挥自己的一切生物学潜力，把导致社会性早衰的病理因素降到最低限度，人就活得越长久。

总之，目前条件下，在延长人的寿命这个问题中，限制社会性衰老是个基本主攻方向，并且，在这方面进行努力，无论从价值立场或人道主义立场以及社会立场来看，都是说得通的。从纯人道主义观点出发，延长人的正常寿命乃理所当然，其价值不言自明；从社会的观点出发，这样做也很有社会意义，把具有丰富的知识和生活经验以及智慧的人保存下来，就是为社会增添了价值。因此，限制社会性早衰，以便彻底消除这种现象，通过这种途径来增加正常的社会寿命，无论对个人，或是对整个社会来说，都是一个进步的过程。

人的正常寿命

生物性寿命是另一码事，这是生命的物种时间，这种时间是以进化—遗传方式进行编码的，它要求个体生命的更迭作为生命的历史性延续的前提。由此产生了许多新的科学问题，大多属于生物学方面，但在研究这些问题时，不能把它们和人生的本质与意义这个一般性问题的社会及道德—人道主义方面完全割裂开来。

对这些问题的科学探讨首先要直接依靠生物学的成就。正是普通生物学方面关于生死的本质的学术著作，为探索人类的生与死的过程，包括老龄化生物学、现代老年学等创造了前提。这里我们大可不必去翻检古籍，因为现代涉及这些问题的许多提法大都只适用于达尔文以后这个时期，并且和进化论的方法有紧密的联系。大家知道，由于有了进化论，关于生命的科学才得以扎根于"肥沃的科学土地中"（列宁语）。

俄国著名科学家梅奇尼科夫（1845—1916）为解决生死的本质问题作出了重要的贡献。梅奇尼科夫是生物学家、病理学家、俄国进化胚胎学的奠基者之一。他的研究的特点是想在生物学和社会学之间、生命意义的人道主义探讨和哲学阐述之间建立联系。不过，他把重点放在生物学方面，这是可以理解的，因为，众所周知，梅奇尼科夫的立场观点从整个来说，往往为自然主义所囿，这在《人的自然本性的探讨》一书中表现得十分明显，而在《乐观主义探讨》一书中更甚。虽然梅奇尼科夫在这些著作中对人的死亡和衰老、人生的意义和寿命这个主题从广阔的历史范围里进行了探索，但在多数场合下，这样的历史探索依然只起一种提供背景的作用，以便更有根据地从科学—生物学角度讨论生与死的本质问题。诚然，《乐观主义探讨》一书的问世，导致老年学在俄国形成为一门科学，而且一般来说，书中的许多地方能把生死本质问题的研究置于科学的基础上，但社会学的方法、生死问题的道德—哲学和人道主义方面的研究则被降到了次要地位，这使得梅奇尼科夫的观点有时显得十分片面。按他的意见，"人生存的目的在于度过正常的生命周期，随着生命本能的损耗，逐渐趋近于无病的衰老和可忍受的死亡"。梅奇尼科夫因此认为人的正常寿命界限应是 100 岁或者 120 岁，甚至更长些，这样就大大超过了《圣经》中大卫王所规定的界限（72—80 岁）。为什么世界上绝大多数的人不能活到一百多岁，而且无疾而终呢？梅奇尼科夫认为问题的症结在于过早的衰老。过早的衰老是一种疾病，必须用现代的科学方法来医治。这样的科学方法即“合理的长寿法”，是一门“未来的科学”。至于这门科学的内容，梅奇尼科夫认为主要是通过对“人的自然本性”的研究来寻求养生之道。

一个老年学家的玄想

当然，按现代科学的观点看来，梅奇尼科夫的理论是比较朴素和不完备的。无论在他的关于人体组织的“协调”和“不协调”这样的最具体的概念里，或是在他的“医治早衰”的方法建议中，都有许多简单化的倾向。然而，梅奇尼科夫的著作在俄国与苏联学术界起着一种“抛砖引玉”的作用。一石激起千层浪，梅奇尼科夫的理论出现后，俄国和苏联对人的衰老和死亡的科学研究得到了巨大的发展，新作不断涌现，俄国和苏联的科学家对梅奇尼科夫的许多思想不仅进行了批判修正，而且加以发展。

梅奇尼科夫的思想体系中，有许多一般性概念，常常引起科学界的争论和批判，这就是：人的使命和人生存的目的，生的本能和死的本能，人的自然本性的改造（与之相应，还有道德的改造），其目的是“要恢复人的生命的正确的演进，也就是变不协调为协调（合乎卫生的正当生活）”。这里，梅奇尼科夫所说的自然本性即人的天性，包括食欲、情欲、思欲，以及求生、爱美、自主等渴求。这些欲望和渴求是人人共有的，凡人概不例外。梅奇尼科夫之所以说要改造人的天性，使人能过合乎卫生习惯的正当生活，其意思是指人的七情六欲皆应有节制，过度则伤身。若要使人的各部分器官都能十分协调地工作、人的生命能合乎常规地演进，人应该依靠道德的力量来改造自己的天性，过一种有节制、有规律的生活，这样人就能身体健康地享受完自己的天年。照梅奇尼科夫看来，自从人类进入近代后，依靠科学的方法纠正人的天性的不协调的可能性增加了，因为过去一段时期的历史资料表明，人的衰老更接近于正常的“生理现象，死亡也更加自然了”。这里梅奇尼科夫希求的仍然是正常的衰老和无病的自然而然的死亡，想要避免和杜绝的是病理性的早衰和恶疾造成的夭折。他认为，人活着并不是为了放任自己的天性去贪图生命中的直接享受，而是要争取顺利地“活完常规的生命周期”，也就是享尽天年，活到一百多岁，这才是“真正的生存目的”。随着人们向这样的生存目的努力迈进，他们将团结起来，避免纷争，和睦相处，组成一个互助互利、共存共荣的乌托邦式的社会，为了社会的和平安定和人与人之间的息争无事，人们将在相当程度上放弃个人自由。这里所说的个人自由包括生育自由在内。因为发生了人口老化，必须调整和控制出生率。梅奇尼科夫并不认为人口老化会给社会增添难题。他觉得人口老化有积极的一面，老年人的聪明才智是社会的潜在能力，如果发挥出来，社会将受益无穷。他还认为，老年人特别可以通过参加政治活动来发挥自己的能力，“中年以上的人一般在政治上有丰富的经验，由于他们养生有术，生理状况良好无损，耳聪目明，身上保有自己原有的一切才干，他们必将对人类的未来作出巨大贡献”。梅奇尼科夫指出人口老化现象是现代社会进步发展的结果，由于老年人继续在社会上发挥作用，人口老化也将成为推动社会发展的进步因素，这种因素将改变道德的基础，减少当代的利己主义，人们将普遍相信科学，因为“惟有科学才能抑制由于人的天性的不协调而产生的不幸，并使人长寿，这也必将带来教育的发展和普及，而教育的普及反过来更加增强了人们之间的团结和社会的安定”。梅奇尼科夫鼓吹科学万能，他认为既然依靠生物学和遗传学的成就可以改变动植物的自然属性，那么，对于人类自己的天性为什么不可以通过科学进行积极的改造，使它符合理想的标准呢？梅奇尼科夫在自己文章的结尾大肆给科学唱赞歌，竭力鼓吹科学在未来的作用。“假如我们为了要把人们融合到某种未来的宗教中，而正在苦苦思索一种理想的话，那么，这样的理想只能到科学资料中去寻找根据；人们常说生活中不可能没有信念，否则就不能正确地过日子，但是这种信念不可能是别的，只能是对知识万能的信念”。

生命的奥秘

20 世纪 50 年代后，生物学面临一场新的革命，分子遗传学兴起，老年学不得不抛弃它原有的理论成果，以适应分子遗传学的要求。分子遗传学的主要贡献是改变了人们对“生命是什么”这个问题的看法。

生命是什么

自古以来，“生命是什么”一直是个科学难题，令哲学家和科学家伤透了脑筋。中国古代哲学家对这个问题持什么看法呢？先秦哲学家庄子（约前 355—前 275）首先把生命看作气的活动：“人之生，气之聚也。聚则为生，散则为死。”（《庄子·知北游》）气是什么？《说文解字》解释：“气，云气也。”但气在中国古代哲学范畴系统中，是个重要的特有的范畴。它具有多方面、多层次的含义。气既指云烟或云气，又指天地浩然之气和人身上的精气、元气。在宋明理学家心目中，气是个抽象概念，指太虚。在近代中国思想家著作中，气成了电气、质点或以太。总之，气是构成天地万物以及人类的共同的本始物质，气凝聚而人物

阴阳之气，凝而为人，阴气主为骨肉，阳气主为精神。（中国现代画家左正尧、罗莹作）

成，气消散而人物死。人的生死，物的成毁，都是气聚散变化的结果。庄子关于气的思想秉承自老子的观念。老子说："道生一（气），一生二（阴阳），二生三（天地人），三生万物。万物负阴而抱阳，冲气以为和。"汉代人解"一"为气。在老子看来，宇宙万物产生的过程是，由道化生出混沌的气，气化生阴阳之气，阴阳之气化生天地人，进而化生万物。万物都内在地包含着阴阳二气，阴阳二气的交感运动，使万物协调生长。老子的气，即是"一"，是宇宙混沌未分的气。而所谓"冲气"，则是不停地运动着的阴阳之气。

汉代哲学家王充（27—约100）认为，气即元气。"元气，天地之精微也"。元气有阳气阴气之分。阳气体现元气的轻清、阳刚特性，阴气体现元气的重浊、阴柔特性。元气之所以能产生万物和人类，就是由于其内部阴阳之气的合和运动。人也是阴阳之气合和而成的。"气之生人，犹水之为冰也。水凝为冰，气凝为人"。"阴阳之气，凝而为人，年终寿尽，死还为气"（《论死篇》）。"人所以生者，阴阳气也。阴气主为骨肉，阳气主为精神"。阴阳之气交感运动的根本要求是"和"。阴阳气和，才能成物生人。从这个意义上说，万物都是和气所生。在自然界，阴阳气和，则万物繁育，物阜民丰。在社会中，“政平气和”，则百姓安宁，天下太平。人体自身，阴阳气和，则耳聪目明，道德纯正。

万物都是禀于自然之气而生的，可万物怎样分门别类呢？荀子（约前289—前238）说：“水火有气而无生，草木有生而无知，禽兽有知而无义，人有气有生有知亦且有义，故最为天下贵也。”（《荀子·王制》）人由气构成，人之所以为最尊贵的，是因为其与水火、草木、禽兽有很大的区别，不仅有生命、有意识，而且知礼义。荀子在这里把天地间的物类生灵划分为无生命的物体、有生命的植物、有意识的动物和知礼义的人类。人是天地间唯一有自觉智慧的生物，因此人可以自觉地修身养气，治气养心，达到内心血气和平，明达万物，而成为圣人君子。故孟子说：“我善养吾浩然之气。”

气在中国古代哲学中是个基本概念，不了解气的内涵，就无法深入了解中国的宗教（道教）、哲学、医学、气功以至文学。

气之生人，犹水之为冰也。水凝为冰，气凝为人。（意大利文艺复兴时期画家波提切利：《维纳斯的诞生》）

阴阳之气，凝而为人

战国至汉初逐步形成的中医经典《黄帝内经》也认为人是气的运动而产生的："人以天地之气生"，"人生于地，悬命于天，天地合气，命之曰人"。该书认为天地之气是一种至精至微的物质，也是合成人体生命的基本材料。还把气分为天地之气、四时之气、人气、精气、阴阳之气等。人体精气也是生理之气，又叫做精。所谓精，不仅指人的生殖物质，即男女之精，而且指人与生俱来的生命物质。人的健康生长是精气蓄发的结果，人的疾患病变是精气衰弱的结果，人的衰老死亡是精气枯竭的结果。善广蓄养精气，是健康长寿的重要保证。

《黄帝内经》将能导致人的机体病变的各种致病因素，称为"病邪之气"。这种病邪之气，就人体之外能感致疾病的外在条件来说，叫"外感邪气"，包括风气、寒气、暑气、湿气等。体外的病邪之气固可致病，体内的人气、精气、阴阳之气、神气、血气等，如得不到保养调和，发生了混乱，亦可致病。阴阳二气完全失调，人体就会死亡。

《黄帝内经》还广泛分析了人的精神因素对生理之气运动变化的影响。它认为，人的喜、怒、忧、思、悲、恐、惊七情均会损伤生理之气，从而致病。"百病生于气也，怒则气上，喜则气缓，悲则气消，恐则气下……惊则气乱，劳则气耗，思则气结"。

《黄帝内经》提出"上工治未病"的预防医学观点，并对养生之道作了精辟的阐述。《素问·上古天真论》说"上古之人，其知道者，法于阴阳，和于术数，食饮有节，起居有常，不妄作劳，故能形与神俱，而尽终其天年，度百岁乃去"。又云"避之有时，恬淡虚无，真气从之，精神内守，病安从来"。对于外界不正常的气候和有害的致病因素，要及时避开它，思想上要保持安闲清静，没有一切杂念，真气就能顺从，精与神都能守持于内，疾病又从哪里发生呢？"志闲而少欲，心安而不惧，形劳而不倦，气从以顺"。思想上能安闲而少欲望，心境能安定而没有恐惧，形体虽劳动而不使它过分疲倦，真气就能由此而调顺。“故美其食，任其服，乐其俗，高下不相慕，其民故曰朴”。吃任何东西都觉得满意，穿任何衣服都很随便，对于社会上的习惯风俗也乐于相处，地位不论高低都不相倾慕，这些人可以称之为“朴”。“是以嗜欲不能劳其目，淫邪不能惑其心，愚智贤不肖不惧于物，故合于道”。所以嗜好爱欲不能劳累他的眼睛，淫乱邪道不能诱惑他的心，不论愚笨的，聪明的，有才能的，或没有才能的，都能对外界事物无所动心，这样就符合养生之道。

《黄帝内经》是我国现存医学文献中最早的一部典籍。中医的各种流派，主要是从《黄帝内经》的理论的基础上发展起来的。所以后世称这本书为“医家文宗”。书中所叙述的还真返璞的养生之道，今天仍有参考价值。

中国古人除了把生命看作气的活动，还把生命比作火，如“人含气而生，精尽而死，死犹斯，灭也。譬如光焉，薪尽而火灭，则无光矣。故灭火之余，无遗炎矣，人死之后，无遗魂矣”。这种观点强调生命是一个物质代谢过程。

达尔文物种起源

现代科学出现后，人们试图从生命形态的特征归纳出一个定义。比如说，有人指出，生命是一个具有与环境进行物质交换、生长、繁殖和对外界刺激做出反应等特性的物质系统。但是，这个定义有很大的局限性，就以“物质交换”来说，有些非生命现象（如火焰）也进行着剧烈的物质交换。再者，无生命的东西也会生长，例如山洞中的石笋，水结冰形成的冰柱、冰棱等。

要找到一种把生命物质与无生命物质严格区别开来的特征，惟有从物质的微细结构中去找。20世纪50年代以后，现代分子生物学出现了，人们得以从生命物质的微观构成的一致性上去寻求生命的定义。根据现代分子生物学的研究，我们对构成生命活动的基本物质有了一个比较详细的了解。

要了解现代分子生物学的最新成就，我们必须首先回顾一下现代生物学的发展历史。大多数生物学家认为，现代生物学是从1859年开始的。这一年，查尔斯·达尔文出版了《物种起源》一书，书中提出了他的进化论。这个理论提供了了解生命的第一个伟大的统一的原理。达尔文指出，现今居住于世界上的生物的物种，都是现已灭绝的祖先流传下来的后裔，祖先和后裔大不相同，而现今生存的和已经灭绝的生物的物种之间的差异，是由极缓慢地积累起来的变化造成的。达尔文把这些变化归因于特征上的微小变异，任何一个物种的各个成员之中都能找到这样的变异性。于是达尔文认为，进化过程中这些变化采取的方向是由“自然淘汰”的原理决定的。自然淘汰的主要特征是“适应”的观念：有机体越适应环境，产生的后代就越多。这个后代会活得长久，达到能产生更下一代后裔的年纪。因此，任何一个个体若是刚好具有一种变异特征，该特征赋予它较大的适应性，它就会比同一种类中其余那些正常的成员留下更多的后代。于是具有这种变异特征的个体比起同一种族中那些正常的成员来就会逐渐占优势，最后终于完全替代了它们。但由于某一种变异特征较为适合某一种环境，而另一种变异特征则较为适合另一种环境，于是在不同的种类特征里就发生局部的歧异。最后，由于许许多多这样的一代接一代的变异的淘汰，它们使生物在某一种或别一种环境里有越来越大的适应性，就形成两个不同的种类，代替了从那时起灭绝了的祖先种类。

达尔文的理论由于发现久已灭绝的植物和动物种类的化石，而获得强有力的支持，这些化石代表的生物种类明显同现存的种类有关联。达尔文的理论也轻易地说明了一些粗看起来很不相似的动物如蛙、鸟、猫和人之间在躯体设计上毫无疑义的相似性。但达尔文无法说明自然淘汰是怎样“实实在在”发生作用的，他看不出那些较能适应环境的父母把变异特征传递给子孙的办法，因为当时（1859）遗传学还不曾为人所明了。

细胞核的染色体——遗传基因

19世纪60年代，科学家在解答生物繁殖之谜上已有了初步突破。那时在显微镜下对活组织进行的研究显示：组织是由一个个细胞构成的。根据这一发现，植物学家马赛厄斯·施莱登和动物学家西奥多·施万认为，这些微小的细胞就是生命的基本单位。肉眼能见的任何有机体，其实是许多亿万个细胞的集合体。几年后，这个看法得到了更详尽的说明：每个有机体都是由两个单独的生殖细胞——卵子和精子——结合而成的。这种结合所形成的细胞立即分裂为两个“子细胞”，每个子细胞又各自长成而分裂产生自己的子细胞，是为“孙细胞”。这四个孙细胞也会各自生长并分裂，这种细胞生长和分裂的过程继续不已，以至于成年的有机体出现。

19世纪末，显微镜的进步使细胞的内部结构和细胞分裂的过程呈现在眼前。特别是发现细胞包含着一个核，在这个核里呈现出一组清清楚楚的线似的物体，即染色体。细胞分裂前，每个染色体分裂为二，在细胞分裂时，染色体的分配方式是使两个“子细胞”每一个都得到完整的一套染色体。对染色体的分配的这种规律性，导致了一种想法，认为染色体是遗传的传递者。后来这种推想为遗传学的研究所证实。

遗传学（生物学的一个分支，又名发生学或实验遗传学）的科学研究，产生于1865年。这一年，格雷戈·孟德尔发表了他用普通豌豆的不同品种进行杂交的实验结果，这些品种在种子的形状和花的颜色等遗传特性上都各不相同。孟德尔研究了这些特性（种子是圆的或是起皱

新生命的降临，使人们化泪为笑，化恨为爱，化战争为和平，忘记了以往的不幸和苦难。（中国现代艺术家魏小明作）

的，花是红的或是白的）在杂交而产生的下一代植物身上分配的情状。孟德尔根据繁殖实验的结果而断定：有机体把一组遗传单位（即遗传基因，又名“基因”）携带并传送给它的下一代。每个遗传基因只决定一项性格，因此一个有机体的全面的外貌是由那刚好从父代传给它的整套的特别的遗传基因所支配的。孟德尔的研究有 55 年未为世人所注意，只到 1920 年才重新被人发现和器重。20 世纪初的 20 年内，发生学发展成为生物学研究的最重要的领域之一。由于托马斯·摩根和他的同事们的研究实验，世人渐渐知道遗传基因是在细胞核的染色体上依线状的次序排列的。而且，人们已经发现，遗传基因能够进行突然的永久性的变化，名为“突变”。突变造成由遗传基因所决定的特别的遗传性格的变化，例如花的颜色由红变白。

人们根据这个发现可以得知：遗传基因的突变（这是生物学上创新的主要泉源）是推动进化的发动机。大家也认识到：达尔文的自然淘汰实际选择的是携带着新遗传基因（或遗传基因的新组合）的有机体，这些新遗传基因或新组合提供了更大的适应性。在实际应用方面，发生学带来了极大的利益。在农业上已经可能设计合理的繁殖方法，借此就能产生许多比传统的农作物和家畜在经济上更为优越的变种。在医学上，承认遗传基因在人的许多疾病中的作用，就为采取措施来防治或减轻这些疾病提供了理论基础。

发生学在 20 世纪上半叶的伟大成功使它在生物科学中的地位特出。但它的中心概念——遗传基因——的物理性质却始终神秘莫明。没有人知道遗传基因是由什么东西构成的，它用什么办法把它的特性加在携带着它的那个有机体上，它在细胞分裂时如何毫不走样地将自己一变为二。遗传基因的这些方面的情况，迟至 20 世纪五六十年代才研究出来。

春天来了，万物复苏，生命欣欣向荣。（俄国 普拉斯托夫：《春天》）

酿酒酵母使人们发现了酶

要解答遗传基因是什么这个问题，首先要谈谈人类对细胞内部结构的研究和酶的发现。

直到19世纪末叶为止，世人普遍认为，生命中都有一种秘密的化学物质（生命素），其化学作用只能在活着的、原封不动的细胞里进行。因此，这种化学作用永远不容许人用化学家的试管方法来进行研究。但在1897年，爱德华·巴克纳证明情况并非如此。巴克纳把酿酒用的酵母做成糊，用磨石将它磨碎，把破裂的酵母细胞释放出来的汁液收集起来。巴克纳把糖加进酵母细胞汁液里，发现糖变成酒精和二氧化碳汽泡。换句话说，这种不是由细胞构成的汁液在试管里发生了发酵的过程，同那些原封不动的酵母细胞通常在酿酒者的大琵琶桶里所进行的发酵过程一模一样。通过对酵母细胞汁液的研究人们发现：汁液里含有一些作用物，能特别促进发酵过程的化学作用。人们给这些作用物取了个名字，酵素（酶），此字源自希腊文，意为“在酵母里”。由于不久之后从别的许多细胞中抽取到的汁液里发现了能促进别的许多种化学作用的酶，巴克纳的发现就标志着生物学的一个分支，即现在生物化学的源起。

20世纪的开头50年里，生物化学家想尽办法研究出在细胞里进行着的几千种化学作用中的绝大部分。这些化学作用主要牵涉到两种通常形式的化学过程。其中一种是把从周围环境里取得的原子和分子合成为细胞的新成分。另一种化学过程是从环境中抽取为支持生命所必需的能。这种能的主要来源是阳光。绿色植物通过一种表现为“光合作用”的一连串化学反应而吸收阳光并把它转变为化学能。尽管光合作用的全面的、依靠光的化学作用早在于19世纪之初已被人发现，它的详情细节却迟至20世纪50年代才为人所了解。绿色植物以外的有机体取得能的方法是吃下它们周围环境里的绿色植物，或吃下一些吃绿色植物的东西。

据发现，在一切种类的生命里，最重要的化学作用几乎是相同的。而一种有机体能够或不能进行光合作用，这种看来似乎极重大的差别，其实不过是由细胞化学的伟大而普遍的计划里极小的差异所造成的。最足以证明达尔文关于一切生物起源于共同的祖先的学说为真确可信的，莫过于20世纪生物化学的研究结果，即一切生物使用差不多相同的化学过程来谋求生存。据发现，细胞的几乎每一种化学作用都依赖于一种特别的酶，这一种酶能够促进这一种化学作用，并且只对这一种化学作用有效。因此，要了解生命的过程，中心的问题已成为：酶是什么？它们怎样发生作用？它们是怎样被制造成的？

奇妙的双股螺旋线

酶是什么东西，这个答案是在1926年由詹姆斯·萨姆拉发现的。他发觉酶是蛋白质，而构成细胞的全部材料中，大部分就是蛋白质。其后30年里对酶蛋白的研究逐步表明：酶蛋白由于具有特别的特定的结构，就能够把原子和分子联结起来，而促进这些原子和分子的化学作用。至于酶是怎样被造成的，这个问题的答案，据乔治·比德尔和爱德华·塔特姆在1940年提出的见解，认为酶是被遗传基因制造成的。比德尔和塔特姆提出一个想法，认为每个遗传基因决定一种特别的特性，办法是指挥合成一种特别的酶，这种酶又促进一种特别的化学作用。

1944年，即比德尔和塔特姆提出见解认为遗传基因指挥酶的合成之后四年，奥斯瓦德·艾弗里及他的同事们发现：遗传基因是由脱氧核糖核酸（Deoxyribo Nucleic Acid，简称DNA）所构成的。脱氧核糖核酸头一次从细胞核里分离出来，是由弗里德里克·迈歇尔在1868年办到的。以后，科学界久已疑心脱氧核糖核酸同遗传基因有关联，特别是

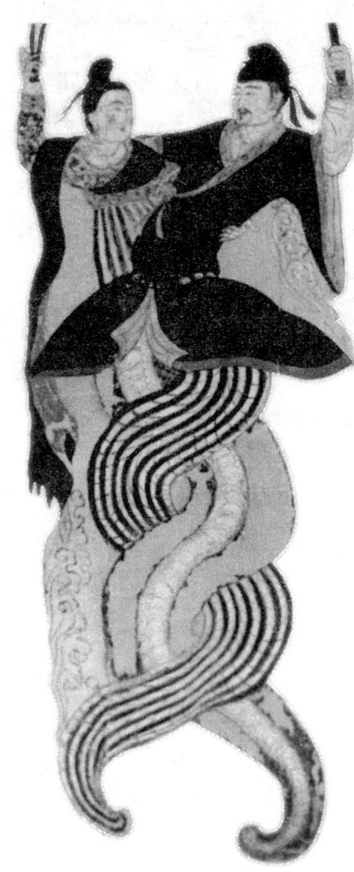

现代发现的脱氧核糖核酸双股螺旋线，使人们不禁想到中国的《伏羲女娲图》。

在20世纪20年代以后，因为当时已经表明脱氧核糖核酸是染色体的主要成分。但是在艾弗里以前，世人无法断定脱氧核糖核酸的真正功能，艾弗里证明：一个细胞缺乏某一种遗传基因时，只要给它以从另一个已知具有这种遗传基因的细胞里抽取出来的纯粹的脱氧核糖核酸分子，它就能够取得这种遗传基因。

1953年发生了最重要的单独一次的突破，终于导致了对于遗传基因的性质的了解，这一年詹姆斯·沃森和弗朗西斯·克里克发现脱氧核糖核酸是一条双股螺旋线，由两个很长的、结构互为补充的、缠结起来的分子组成。沃森和克里克并且表明了染色体里的脱氧核糖核酸怎样为了准备后来的细胞分裂而自行繁殖：结成双股螺旋线的互为补充的两个分子首先彼此分开，然后各以自己为模式或样板建造一个新的补充性的下一代的分子。19世纪孟德尔的遗传基因概念，至此可以用现代的词句来表达：遗传基因是染色体里的一段脱氧核糖核酸双股螺旋线，它规定某一个酶蛋白的构造。并且，作这样的规定，须有一套遗传密码，借以把蛋白质分子的构造编列于脱氧核糖核酸双股螺旋线的构造上。而且，据沃森和克里克说，遗传基因突变的过程可以理解为双股螺旋线繁殖时偶然发生的错误。这种错误造成由突变的脱氧核糖核酸分子所规定的酶蛋白构造上的永久性的变化，这种变化又造成由突变了的酶所促进的化学反应上的永久性变化，而后一种变化又造成突变种有机体特性上的永久性变化。

沃森和克里克发现脱氧核糖核酸双股螺旋线以后的时期里，一个新的生物学上的专业——分子生物学兴盛起来了。新的分子生物学的一个目标是把沃森和克里克提出的关于脱氧核糖核酸在遗传上的功能的想法拿来试验，加以扩充，必要时予以修正。另一个目标，也是更艰难的目标，是解释脱氧核糖核酸遗传基因实际上究竟怎样设法指导某一种酶蛋白的合成，因为这种酶蛋白的构造是由它来规定的。到 1965 年，这些目标已达到了。沃森和克里克的建议，事实证明几乎全部都是正确的。而且，多亏一小群聪明的实验者的共同努力，由脱氧核糖核酸指导的蛋白质合成的技巧逐渐为世人所明了。遗传的密码已经破解：一切有机体用来把蛋白质的构造铭刻到脱氧核糖核酸里的精确的文字（生命的普遍的语言）至此已向世人透露了。而“生命是什么”这个问题也有了完全明确的答案：生命是一个核酸—蛋白质相互作用产生的可不断繁殖的物质反馈循环系统。

大肠杆菌和人的基本结构相同

根据现代分子生物学，生命中，不管它是简单的，如大肠杆菌，还是复杂的，如人，其基本结构都是由三类大分子的骨架形成的。这三类大分子是：脱氧核糖核酸（DNA）、核糖核酸（RNA）和蛋白质（酶）。这种一切活的种类都是具有几乎完全相同的分子的情况，是令人信服的证据，证明我们所知的一切生物都是同一个共同的祖先传下来的。

DNA 是由 4 种不同的脱氧核糖核苷酸的小分子按一定排列顺序组成的一条大分子链。例如，大肠杆菌的 DNA 就是由两千万个脱氧核糖核苷酸分子所组成的长链。各种不同形式的生命体中的 DNA 都是由这 4 种单体组成的，只是其长短不同，排列次序不同，RNA 也是由 4 种不同的叫做核糖核苷酸的单体连接成的分子链，其情况与DNA相似，但链较短，只相当于DNA长链的片断。蛋白质是由20种不同的称为氨基酸的单体按照一定次序连接起来的长链分子。各种不同形式的生命体中有各式各样的单体排列次序的蛋白质，长短不同，链也可有不同卷曲形状。但构成其分子的单体即氨基酸却只有20种。我们说，所有生命物质都具有微观结构的一致性，就是指构成生命物质的基本骨架——核酸、蛋白质，它们的组成元件都是通用的，这些核酸、蛋白质在生命活动中所起的作用也是一样的。

在蛋白质与RNA的参与下，DNA有以自身为模板进行复制的能力，因此它具有遗传作用。此外，DNA还可作为合成RNA长链的模板，即DNA链上单体排列的次序有决定RNA分子中单体排列的作用。这个过程称之为“转录”。蛋白质分子中的氨基酸的排列次序又由RNA分子中的次序所决定。以RNA为模板合成蛋白质的过程称为“翻译”。各种蛋白质有不同的性质和作用。在生命体中执行着各种不同的功能。总结起来，DNA的自身复制能力决定了生命物质具有繁殖和遗传的能力；DNA又通过转录和翻译作用决定了RNA及蛋白质的结构，从而控制生命活动及其外观。而复制、转录及翻译过程又都需要蛋白质和RNA的参与。这样，根据分子生物学，生命可定义为：生命是一个核酸——蛋白质相互作用产生的可不断繁殖的物质反馈循环系统。

区分霉和铁锈的标准

上述定义太深奥了些，按较通俗的说法，生物不同于非生物的特征是：(1) 生物一般都含有原生质，组成原生质的主要物质如上文所述，是蛋白质和核酸等。(2) 生物都能表现出应激性，它们对周围环境的变化能有所反应。(3) 能吸收食物并生长。(4) 能自我繁殖。

第一个特征上文谈得很详细，不再赘述。我们说说第二个特征——应激性。这里所说的应激性并不是意味着人、狮子或树的脾气都是急躁的，我们的意思只不过是说，它们对周围环境的变化能有所反应。

我们假如将一粒沙子和一颗种子并排埋在地里，那砂粒会一直留在那里，要不就是它可能被某种动物——也许是蚯蚓——带到地面上来。它可能受热、受潮或受寒，但它仍然是沙粒。种子怎么样呢？它在某一段时间内也会处于惰性状态。但是，假如它的环境开始变化，假如土地被太阳晒暖、被雨水或溶雪滋润，那么，种子就会起反应，它会开始发芽。不久，它的茎就会钻出地面；经过一段时间，细小的茎会长成一株植物。种子不同于沙粒，表现出应激性；它对周围环境的变化起了反应。

应激性是以运动的方式表现出来的。当然，运动绝不只限于生物。河水流动，是由于受到了外力的影响；重力使水从高处流向低处。外力也能使生物运动。当跳伞运动员跳离飞机时，重力对他所起的作用，就像对河水所起的作用一样。这并不是我们所说的作为应激性表现出来的那种运动。如种子内部的幼芽对阳光有反应而膨胀，或者花蕾在夜间入眠时便关闭。

生物除了对外力有反应以外，对内部刺激也有反应。小孩摸到一个热炉子就急忙把手缩回，这是因为内部的刺激——刺激从受伤害区沿神经传到反射中枢，又从反射中枢传到手臂肌肉。在非生物中就没有与此相应的东西。

还有，生物不同于非生物，是因为它们的增长方式不同。非生物只有通过附加的方法才能够增长——在它们原有的大小上再加上一些由同样物质构成的东西。河流就是通过这种方式变大的，因为有小溪的水流了进来；冰柱变大，是因为越来越多的水增加到水柱上，又结成了冰。但是一条变大的河流里的水和增加的冰柱上的水，并没有任何变化，它仍然是水。另一方面，一个生物（比如小孩）的发育，是依靠向体内吸收在化学成分上与他本身不相同的食物，用化学方法改变这种食物，并把它变成自己的一部分，正在发育的小孩体重增加，是因为他吃了奶类、蛋类、面包和肉类等。但是这些食物已经改变了，你要在小孩的小腿肚上的二肌头肌肉内找到一点儿奶类、蛋类、面包和肉类，是徒劳无益的。

最后，生物有自我繁殖的能力。人、蛇和昆虫全都有幼体，这些幼体可发育为成年体。树结出种子，过一段时间，种子变成树。非生物没有这种性质。

所有活的生物体终有一死。但是，尽管个体的生命将会终结，种族却仍生生不息。因此，生死都是生命不可分割的部分，生殖乃是使生命得以延续的需要。

繁衍生殖采取的方式是非常丰富多样的。甚至不同的哺乳动物的生殖行为也极其不同。鼠类出生后 1 个月即可进入性成熟期，孕期只要 3 至 4 周，每胎约产 6 只幼鼠。这样，在理论上，每对新生鼠 1 年以内便可繁殖 2 万多个后代。相比之下，1 头母象 1 年只能产 1 只小象。

很久以前，有人相信某些非生物能生长为生物。有些读书人常常说，蚜虫是从植物上的露水中长出来的；蛆是从腐烂的肉中生出来的；马鬃可以变成蠕虫；尼罗河的淤泥可以生出鱼来。然而我们现在知道，蚜虫、蛆、蠕虫和鱼，全都是从成年母体或产的卵中产生出来的。换句话说，就我们现在的知识水平而言，生命产生生命，只有生物才能自我繁殖。

现在可以作总结了，生物不同于非生物，这是因为：(1) 生物一般都含有原生质；(2) 生物表现有应激性；(3) 生命能生长；(4) 生命能自我繁殖。用这四条来衡量，我们就能确定某种东西是生物还是非生物。如果我们将一块面包和一根铁条暴露在空气中，面包总有一天会发霉，铁会生锈。我们怎么知道霉和锈是有生命的还是无生命的呢？我们所根据的就是上述四条标准。霉：(1) 含有活的原生质；(2) 表现有应激性；(3) 能吸收食物并生长；(4) 能自我繁殖，因此它是生物。铁锈不具备生命所需要的这四个条件中的任何一条，因此它不是生物。

在上述四条标准中，最关键是的第一条：生物必须含有活的原生质，而原生质则由蛋白质和核酸等组成，根据分子生物学，核酸，主要是脱氧核糖核酸（DNA）和核糖核酸（RNA）等大分子，“生命的密码”即包含在这些大分子里。

每一个活细胞都含有这种“生命的密码”。这种密码含有使该细胞成长为神经细胞、肌肉细胞或皮肤细胞所需的全部信息。而且，这种密码还会有可以用来确定该细胞究竟将长成鼠细胞、犬细胞还是人细胞的信息。

我们身上都含有这种密码，这种密码不仅使你不同于低等动物，它还使你不同于你的朋友，甚至不同于你的兄弟姐妹。它使你成为有别于同类、独一无二的生物体。

衰老和死亡

魏斯曼的学说

德国进化论者、生物学家 A. 魏斯曼（1834—1914）对衰老和死亡问题有独创的研究。苏联对魏斯曼的学说进行过严厉的批判，把苏联进化论者施马尔豪森的思想同魏斯曼学派在生死问题上的观点尖锐对立起来。有人还把魏斯曼学说的流行说成是“由于同宗教原理符合”的缘故。这些批判都是不正确的，在每门自然科学领域内，应该容许不同流派存在。中国在 20 世纪 50 年代初期，也受了苏联的影响，对魏斯曼和遗传学家摩尔根与孟德尔进行过不公正的批判，但在贯彻“双百”方针时对这种错误倾向进行了纠正。

由施马尔豪森的著作《死亡和长生不老问题》的自身推理中我们可以看出，施马尔豪森对魏斯曼的思想作了批判的发展，但绝非全盘否定它，更没有把它置于自己观点的对立面，只是试图对其作某种分析综合。

魏斯曼认为衰老和死亡是进化过程中产生和不断加强的有机体分化作用的结果。分化作用指有机体在进化和发育的过程中，细胞向不同的方向发展，各自在构造和功能上，由一般变为特殊的现象，也就是有机体愈进步，机能的分工愈细。按魏斯曼的意见，最简单的有机体有潜在的永生性，这种永生性在多细胞生物那里丧失了。这就是说，在单细胞生物那里没有死亡，死亡是有机体进化到多细胞生物以后才产生的一种现象。施马尔豪森同样强调了年龄增长在衰老和死亡方面的意义，例如说，衰老是生长期终止的直接后果。按他的看法，“老年的退化属于人体的正常现象，死亡是生命链条中最后一个环节”。这种观点似乎和恩格斯的思想是一脉相承的，恩格斯把死亡看成是“生命中的本质因素”。施马尔豪森指出：“死亡和生存有不可分割的联系，这是由于，任何生命现象都必须依靠消灭大量活的物质才可能存在。死亡仿佛是生命的负的一面。没有生就没有死。死的源头就是生”。

施马尔豪森还征引了魏斯曼的关于永生的学说，准确点说，是关于最简单的机体的潜在的永生的学说。他强调说，在最简单的有机体那里，“没有任何类似死亡的情况。死亡乃生命的终结，随之总要有尸体出现。此处这两种情况都没有，一切都活得好好的，没有什么东西灭亡”。诚然，在最简单的生物那里没有自然的生理学上的死亡。哪怕生存条件最恶劣，他们只会成堆成块地消亡。然而，在他们分裂成两个时，丧失了原来单独的母体，该母体已溶在其派生物中了。但是，施马尔豪森认为，个体的客观的损失同死亡是不可比的，死亡发生于高级的个体形成以后，这种个体具有严格固定的外形，各部分的关系充分协调。这样的个体必将会衰老，同时发生的是体内诸器官组织之间的不协调，这首先发生在神经系统。按施马尔豪森的意见，生长既然有限期，那么生命也必然只有一定的期限，随着衰老的出现，生命日益迫近这个大限。

长寿不是生物学上的有益现象

施马尔豪森追随魏斯曼以及其他许多科学家的观点，把寿命和动物身体内的组织联系起来。特别是其中的“脑磷脂素”。所以，“最聪明的动物引起最大的生命运转，并活得较长久”。与此同时，他并不认为，动物神经系统物质的增加总是导致生命的延长，这只有在身体内一切组织都确立了严格的协调秩序才有可能。并且，按施马尔豪森的意见，完全没有理由把长寿看成是生物学上的“有益”现象。施马尔豪森写道：“我们不能不放弃长寿‘有益’的偏颇观念，并承认对每一种动物来说（甚至每一个性别和每一个类型）都有自己独特的寿命，而且远非大多数能够享有，决定这种寿命的是他全身的组织。有时可以看到短促得惊人的生命，这是由于先天性生理体质极不协调所造成的。”

施马尔豪森在这里着重提出的正是魏斯曼的一个观念，即把寿命看成是为适应传种接代的需要而存在的，而死亡则被当做一种“有益的适应，使那些年老体衰的分子不再参与繁殖，因为他们只会生出羸弱的后代来”。在总结中他断言：“生物性寿命首先是与动物的生育能力和生养、哺育后代的生物特征紧密相连的。”照他的意见，“用死亡来限制生命期限是用一定的标准来限制动物的生长和形状的结果”。限制生长——这就是限制同化作用，干扰新陈代谢，消除这些现象或者弱化它们，将有助于延长寿命。有趣的是，康德老早就说出了和这类似的思想："动物和人赖以生存和生长的是一种生物机制，等他们的生长终结了时，又是同一种机制最后给他们带来了死亡。"

施马尔豪森在结束分析时，写道：魏斯曼"把死亡看成是动物的次生的适应性和它们在生存斗争中有益的获得物。许多别的学者认为死亡是一切机体生命周期中不可避免的最后阶段，也就是活质的原始性质。两方面的意见都有相当程度的正确性"。施马尔豪森对这些观点进行了理论上的综合，美中不足的是，他没有吸收最新著作中的观点。按他的意见，"寿命和身体内所有的组织一样，归根到底，是由生殖细胞及其'基因'的成分来决定的。因此，所有的组织的严格协调是活到最高寿命的一个条件"。

施马尔豪森接着说，动物的生命期限本来可以大大增加，之所以达不到，并非"活质的一般性质所造成，而是有机体生存的生物学条件所致"。也就是说，有机体生存的必需条件阻止动物寿命的无限延长。他引用了魏斯曼的学说，把这同确保正当的世代交替联系在一起，在进化过程中，世代交替无疑是必不可少的，这样的结果正和德国哲学家恩·舒尔茨（1761—1836，康德的对手）所说的，自然剥夺了我们的永生，作为补偿，让我们有爱情。早在一千多年前，中国唐朝诗人卢照邻就有了这样的感触，他咏叹道："得成比目何辞死，愿作鸳鸯不羡仙。比目鸳鸯真可羡，双来双去君不见。生憎帐额绣孤鸾，好取门帘贴双燕……"诗的本意在于歌颂爱情，但也说出了"爱情是死亡的补偿"这个哲理。

生是死的源头。由于生物的生长有一定的期限，所以生物的生命也有限期。塞涅卡说："从我们诞生的那一刻起，死亡就已经开始。"据说，佛教的创始人释迦牟尼最后的遗言是："永远不要忘记，生命之源同时又是毁灭与死亡之根，让你们的意识里贯穿这个真理吧。"早在两千多年前，中国哲学家庄子也有这样的朴素认识："子祀、子舆、子犁、子来四人相与语曰：'孰能以无为首，以生为脊，以死为尻，孰知死、生、存、亡之一体者，吾与之友矣。'四人相视而笑，莫逆于心，遂相

与为友。”（《庄子·大宗师》）

庄子在这里记载了古代四位学者的一次哲学讨论，结果四人达到了一致的意见：死、生、存、亡是构成一体不可分的。可以把“无”比作头颅，把“生”比作脊梁，把“死”比作尾骨，有了这几样东西才能形成一个整体，缺一不可。

庄子的学说是一种消极的自然主义，但庄子认识到了生死之间的辩证关系。《庄子·齐物论》中说：“方生方死，方死方生，方可方不可，方不可方可……”其意思是说：这一物刚生出来，也就是它通向死亡的过程，这一物刚走向死亡，也就正是它出生的过程，刚说它可以，它一会就转向不可以了，刚刚说它不可以，它一会又转向可以了。庄子在两千多年前就有这样的认识是十分可贵的。

人类文明绵延不绝使人的精神永生

人为什么能享有比其他哺乳动物相对较长的寿命呢？按施马尔豪森的看法，这是由于人具有高度发达的个体型，而且身体各部分长得格外匀称。同时，“整个机体的细胞能充分再生……又丝毫不会丧失构成我们生命全部价值的个体型……无论如何，即使没有这些条件，人的寿命也会相对长一些，而且无疑可以明显延长”。施马尔豪森强调指出：“我们还有一个胜过动物的地方——我们创造活动的成果不会随同我们一起毁灭，而且积累下来，为后人造福。死亡限制了其他生物的不朽的精神创作保存下来的可能性，仅就这点而言，人的生命就大大优于其他生命，让这样的意识照亮我们短促的一生吧！”

施马尔豪森对当代关于人的生命、衰老和死亡的观念有重大影响，为这些观念的发展开辟了新的一章，使人们格外注重这个复杂问题的社会、道德伦理、人道主义等方面。

人也是动物，但她颈上的项链却代表了人类胜过其他动物的文化和文明。（法国　马约尔：《戴项链的维纳斯》）

施马尔豪森作为一个进化论者，认为人类胜过其他动物的地方主要是因为人类有文化和文明，而不仅是只有人类才具有智慧。进化论认为人和其他高等动物在脑神经的生理上不可能存在太大的差别，因此，把人看成神明是一种传统的偏见，这妨碍我们同大自然友善相处和保护各种动物。人类应该认识到自己也是大自然家族里的一员，比起其他动物来，人类只是略胜一筹，而无天渊之别。人类和其他灵长类动物在遗传因子上可能只有微细的差别。由于人类产生了能够沟通思想的复杂的语言，才能把我们创造的成果一代代地积累起来，构成光辉灿烂的现代文明。

英国当代科学哲学家波普尔认为人类创造的文明已经构成了一个独立的不依附于人的体系，波普尔把这种体系称为第三世界，以别于物质世界（第一世界）和人的思维世界（第二世界）。具体代表第三世界的是全世界的图书等资料，万一全世界的物质财富都毁灭了，只要图书等资料还在，人类的物质文明又可以在废墟上重建，第二次世界大战后从废墟中重新振兴的日本和德国就可资证明。即使人类本身也毁灭了，一种新的高级动物如果掌握了人类遗留下来的图书等资料并懂得如何运用，也可建立起同样光辉灿烂的文明。人类文明的绵延不绝和繁荣昌盛是人真正优于其他动物的地方。文明使得许多千百年前的古人依旧活在我们当中，使得人类的精神可以获得永生。

生物的寿命是自然选择的结果

今天，老年学内部存在着许多（大约有 300 种）互相不同的观念，这些观念各自强调人体衰老过程中的不同因素（有时将其绝对化），而且其中有许多不过是根据新的生物学资料（包括分子遗传学）把一些过去就有的假说现代化。有些人把这些观念分成两大类，一类认为衰老和死亡同遗传程序不相干，另一类认为衰老和死亡是发生了遗传性的缺损的结果，缺损日益严重，机体来不及恢复。可是，一般来说，两类观念都把衰老和死亡同某些进化机制联系起来，很明显，这是受了上文述及的那些基本观念的影响，特别是魏斯曼、梅奇尼柯夫、施马尔豪森等人的观念。

梅奇尼科夫是进化论者。进化论和宗教思想是明显对立的。宗教认为人是万物之灵，是上帝创造的尘世的主宰，人与动物有根本的区别，因为人死后有灵魂，动物则没有；进化论认为人和动物没有根本区别，人和动物一样，都是由原生动物进化来的。人和动物的一生都经过胚胎期、生长期、性成熟期、成熟期和衰老期，这些时期的相加就是寿命。那么，人能活 90 年，白鼠只能活 3 年，这是不是说，造物主对人类特别厚爱呢？进化论回答说，这是在进化的自然选择中长期变异的结果。

由于自然选择的结果，每一种生物的寿命都不一样，寿命长短相差十分悬殊，短命者，刚出世便夭折了，长寿者却能绵延数百年。一些低等生物，如蜉蝣，它的幼虫期长达数年，而成虫只活 24 小时，交配即死亡，而蜻蜓幼虫可活 1 年以上，成虫仅生存 1—2 个月，蝉只能活数天，但其幼虫，可活 17 年之久。当我们走进长寿世界里，可见到各种长寿者，自然有一种惊奇、羡慕之感。树生百年不是罕事，银杏树、柿树可活 100 多年，松树、杉树能活 500 年以上，栗树 2000 年，柏树 3000 年。然而这些都不算树中的“寿星”。一种叫“世界爷”的巨杉，生长在北美洲加利福尼亚海岸，有一株已经活了 7800 年。但堪称“万岁爷”的大树生长在非洲西部的西那利亚岛上，是一棵龙血树，是现存地球生物已知最长寿的，500 年前西班牙人测定它已有了 8000—10000 岁了。动物中寿命最长的也许要算大象和龟了，据统计，大象中活得久的可以超过 200 岁，海龟可能活到 800 岁。此外，鳄鱼、鹰、乌鸦、鹦鹉也可活百多岁，鲑鱼、鲤鱼 150 岁，梭鱼 260 多岁。

生长越快，寿命越短

俄国学者 B. 马欣柯和 B. 尼基京得出结论说：两个物种的寿命出现很大的差异，这是自然选择诱发产生变异的结果，但这种选择主要诱使生长速度和性成熟速度发生变异，它对衰老速度的影响是次要的。一般说来，生长速度和性成熟速度越快，寿命就越短，反之则越长。古希腊哲学家亚里士多德早就指出，动物生长时期长的，它们的寿命也长。法国博物学家巴风进一步提出一种“寿命系数”说，他根据经验和观察，认为包括人类在内的哺乳动物的寿命，一般的是它生长期的 5—7 倍。如果把动物骨骼停止生长的时期，假定为动物生长期的终止时期，那么把生命期的年数，用 5 或 7 来乘时，就可以算出寿命的年岁。按照这个“寿命系统”推算，狗的生长期是 2 年，它的寿命是 10 至 15 年；猫的成长期为 1 年，它的寿命是 8 至 10 年；牛的成长期是 4 年，它的寿命是 20 至 28 年；马的成长期为 5 年，它的寿命是 20 至 30 年；骆驼的成长期为 8 年，它的寿命是 40 年左右。人的生长速度比其他动物要慢，所以寿命最长，估计，人的生长期约为 25 年，寿限就当是 125 至

175 年。

人的寿命较长也是进化的结果。苏联学者施佩特对种系发生史上多数物种的资料进行了研究，发现在物种进化过程中，有两种趋势，一种趋势是生长速度越来越快，繁殖前时间的长度在相对缩短，绝对寿命在降低（指某些昆虫、鱼类和低哺乳类），一种趋势是生长速度越来越慢，绝对寿命在增加。第二种趋势是人科（灵长目的一种，包括现代人和古代人）进化史的特征，近两三百万年中，人科的寿命增加了一倍，在 15 万至 20 万年以前，人最后定型为一个生物种的时候，这种演进以最快的速度进行，都每进化 10 万年增加 14 岁。

由进化的角度对人的寿命的研究，扫清了人类中心论和宗教思想的迷雾。原来，人的物种寿命并非上帝所赐，而是进化中自然选择的结果，人能活 90 年，老鼠只能活 3 年，都是为了更好地适应彼此的生存条件。

多种影响寿命的因素

有人认为生物的寿命与它的生殖力成反比。生殖力越强，寿命越短，例如老鼠、兔子的生殖力很强，寿命因此很短。梅奇尼科夫在著作中写道："生殖是最消耗母体的事，孩子最多的母亲，老得最早，甚至不能达到高龄。"又有人认为，生殖消耗会影响寿命，例如某些昆虫交媾后即刻死亡，麻雀是最爱性交的鸟类，寿命也短。相反地，那些对性生活极有节制的动物，它们的寿命都很长。苏联学者马利诺夫斯基偕同一组科学家研究了 151 种哺乳类动物的寿命，获得了大量解剖生理数据。获得的资料表明，动物的寿命和其生理特征之间有准确的相互关系，与寿命有关的生理特征包括体型的大小、脑部优势生长系数、孕期长短、性成熟年龄、一胎产仔的数目、一生怀孕的次数、新生仔的独立能力、生活方式的合群性和一些其他的参数。另一学者萨谢尔认为寿命只和两种参数有关，一是脑部优势发展系数（指神经活动向脑部集中的趋势），二是37℃的情形下机体新陈代谢的速度。根据这种观点，脑部越发达、越聪明的动物导致最大的生命运转周期。由于人最聪明，所以人类的享年最长。这有点人类中心说的意味。但是长寿潜力和脑部发达这二者，的确是互为因果的。长寿潜力的增进为脑部功能的完善创设了前提，而智力的增长又使生物不易受侵害，因而为长寿创设了前提条件。

上文提到，魏斯曼认为衰老和死亡是生物进化过程中产生出来的一种现象，是机体的分化作用的结果，魏斯曼还主张最简单的机体可能有潜在的永生性，这种永生性在多细胞生物那里丧失了。在衰老和死亡的研究领域，魏斯曼学说具有承前启后的重要作用，影响十分深远。本书多次提到他的理论。简要概括起来，他的学说可表述如下：（1）死亡不是生命的本质现象；（2）单细胞生物不可能有自然的死，即由内在原因造成的死，因为简单生物体不能分成躯体部分和生育部分；（3）多细胞生物由体细胞和性细胞两部分组成，这就使得这种生物有死亡的可能，死亡使物种具有进化的更替，这样的更替对物种有益，死亡是自然选择的结果；（4）多细胞生物的性细胞保留着潜在的永生性。魏斯曼可以称得上是现代老年学的奠基人。他的学说今天仍有重要意义。

基因中的死亡密码

魏斯曼所处的时代，分子生物学还没有产生，人们所知道生命的最小单位是细胞，因此，魏斯曼只能从细胞的层次上来分析，将生物分成单细胞和多细胞的，并由此导出他的衰老和死亡的理论。

随着分子生物学的形成和发展，人们通过对细胞内部结构的研究，如前文所述，发现细胞主要由蛋白质和核酸等组成，特别是，新的研究进一步发现，组成核酸的主要成分是脱氧核糖核酸和核糖核酸等大分子。而“生命的密码”则包含在这些大分子里。每一个活细胞都含有这种“生命的密码”，这样的密码决定了细胞的生长方式，也决定每个生物的生长方式和生长形态，决定它属于哪一类生物，也决定它的长相、气质与同类有别，也决定了它的生育方式、生长期限，时候一到，这个“生命的密码”，也就是人们常说的“基因”就开启死亡的程序。

这么一来，魏斯曼的假说已不适应分子生物学的发展形势，无法说明生物的死亡程序就包含在基因的密码内部，必须加以补充和新的解释。

1979 年，苏联学者 M. 艾金和 P. 温克勒在莫斯科出版了《生命的游戏》一书，书中根据分子生物学的观点，对上文提到的魏斯曼衰老学说加以新的阐释：(1) 在进化过程中，DNA 复制的准确性增加了，这样就很难产生变异，因而生物的进化迟缓不前；(2) 摆脱这个僵局的办法是两性的繁殖和遗传物质的复合，这样就可能不断产生变异；(3) 在这样的条件下，对一个单独的个体而言，它在生殖中输入信息应当受到一定的时间限制，因为单独个体的信息是固定不变的，时间一长，这样的信息就会变陈旧，陈旧的信息不断输入会毁掉所有的进步；(4) 为了保证能够进步，所付出的代价是进化中产生的死亡的必然性，而且是遗传程序决定的死亡，并非指因意外不幸造成的偶然的死。

魏斯曼学说的悲观色彩

这样的遗传程序死亡学说产生后，一直遭到一些科学家的质疑。有些人认为，在自然界里，按遗传程序死亡的情况极小，绝大多数的死都是偶然性的。山雀在实验室条件下可以活 9 年，可是，在自然条件下，由于饥饿、寒冷、疾病和猛禽袭击的结果，长成的个体在一年内会死亡 1/4，包括原始人在内的整个哺乳动物通常都是未活到衰老就死亡了的。根据现在的估算，武木冰期原始人 50%不能活到 29 岁，中石器时代的人 50%不能活到 22 岁。对美洲印第安人阿利加尔部落（1750—1785）的墓葬遗骸进行研究表明，只有 4%的死者活到了 50 岁。这种规律是如此明显，以致梅奇尼科夫提出这么一个问题：在自然界里，究竟有没有自然而然的死亡，即合乎自然的老死呢？这么一来，按遗传程序死亡具有必然性的假说显得不那么有说服力了。我们认为这种死亡只有可能性，而没有必然性。主张遗传程序死亡的学者把一次性生殖的物种的生物特征当做主要证据，一次性生殖的物种包括一生结果一次的植物，某些昆虫和鱼类（如大马哈鱼）。这些物种把个体的全部生命资源都转到繁殖上来了，生殖一次后即死亡，生殖行为也就是这些物种开启自我毁灭遗传程序的信号。但另一些人认为，这些物种在生殖后的急遽退化同衰老不太相似，某些一次性生殖的物种（如胡蜂）在产卵后并不死亡，因此，一次性生殖只是进化中一个小范围的变异，并不反映总的进化蓝图。

魏斯曼学派提出的原生动物永生的假说也一直有争论。原生动物学家的观察导致了不一致的结论。许多原生动物显露出明显的衰老现象，这样的迹象和多细胞生物的衰老现象十分相似，以致 1979 年东京召开的国际老年学科学讨论会上，科学家们建议将来使用原生动物作为研究衰老的模型。这么一来，认为衰老和死亡是多细胞生物独有的现象是没有根据的。至少可以这样说，原生动物中的某几种已经够复杂了，完全可以探讨它们的衰老问题，真正没有衰老过程的是微生物和病毒等更加低级的生物。

从哲学观点来看，魏斯曼学派的理论有一种明显的悲观色彩，反映出人类面对死神时无可奈何的心情。把死亡看成是进化的目的和自然选择的结果，并说死亡对物种有益，这就无异奉劝人类不要徒劳地对抗死亡，死亡既然是有益的事情，又何必拒绝它呢？同样，把死亡看成是由生物大分子的遗传密码操纵的，人们可以这样去体会，生物体什么时候死亡，是早已注定好了的，如果没有什么意外事故导致早死，临到遗传程序的死亡信号开启的那个时刻，也逃不脱死亡这一关。真是“阎王注定三更死，不能延迟到五更”。

衰老是进化的消极效果

20世纪医学的进步，卫生条件的改善，生活水平的提高，使人类与死亡的斗争取得了很大的进展。许多猖獗的传染病（如天花、鼠疫、伤寒、小儿麻痹等）被人类制服了，人类的平均寿命逐年增加，这与全世界广大医学工作者和科学家的努力是分不开的，和这种积极向上的同死神拼搏的精神相适应，一种和魏斯曼学说相对立的关于衰老和死亡的观点也应运而生。

这种观点把衰老看作进化的附带效果（副作用），不是进化的目的。进化的目的在于增强生物体内“维持生存的机制”，同时，把衰老造成的死亡看作一种没有适应意义的现象，也不是由生物体内的自杀程序操纵的，根据这种观点，在进化过程中，生物体内产生了一种没有适应意义的，在生理上有害的消极的机制。当然，身体内同时存在一种维持生命的积极机制，能够抵消和中和消极机制。但是随着年龄的增长，消极的机制越来越强大，积极机制抵消不了它，便造成了衰老和死亡。这样的消极机制究竟是什么？没有一致的解答。持这派观点的人很多很杂，不像魏斯曼派那样有一个中心代表人物。

梅奇尼科夫是最早持这一类观点的人，他认为这样的消极机制是大肠内细菌产物的积聚使机体中毒。施马尔豪森的某些说法也接近于这一派观点。上文已谈到，施马尔豪森认为，地球上动物的身体大小都是受到严格控制的，这本是一个有适应意义的成分，但是随着身体的长成，同时出现的是有限的“能的储备”的衰竭和“具有抑制性质”的调节器官的生成，这两种因素可以说是导致衰老的消极机制。

进化的目的在于增强抗老机制

20世纪50年代，F. 梅达沃和G. 威廉斯依据孟德尔的基因学说，提出基因的多效性说，以解释导致衰老的消极机制。所谓基因的多效性，意指基因具有多种潜在的效能，其中既有积极的效能，也有消极的效能，这两种效能不同时发生作用，不然的话，会互相抵消。生物体年龄较小时，基因发挥积极的效能，生物体年龄较大时，基因潜在的消极效能就发挥了出来。这种假说的逻辑上有缺陷，例如，基因没有计时器，它怎能测出主体所活的时间呢？生物学家们根据当代分子遗传学对多效性观念作了新的解释：机体的许多生命现象都有多效性，即有正负两种效能，例如，胶原有多效性，氧呼吸也有多效性。胶原是一种硬蛋白。它的结构是专门为了执行补充养料的功能。可是胶原的结构特征造成单独的分子间产生连接，这是胶原的负效能，随着年龄的增长，连接在一起的分子不断增多，对机体带来危害。有氧呼吸是重要的进化获得物，许多物种的高效动力都依靠它。但与此同时，在生物的呼吸过程中产生过氧化物和过氧化物的残基 O_2^-，这些物质对大分子有害。这是有氧呼吸的副作用。随着生物年龄的增长，这样的多效性的消极效果在数量上不断增加，其增加的方式和前面说的基因潜力的晚期实现是不同的，这里指的是经常存在的微小效果的累积作用，因而，人的衰老是个日积月累的过程。美国的内森·肖克通过细心研究，描述了不同器官系统功能衰退的速率。据发现，我们在30岁时所具有的功能，此后每多一年便丧失1%左右。有少数功能衰退得较慢，有些则较快，但这个1%左右的减退率是个通例。

与魏斯曼的观点对立的生物学家在讨论多效性的观点的时候，特别注意进化在其中的作用。他们认为多效性的消极效果是没有适应意义的，不是进化的目的。进化的目的在于组织积极成分去中和消极成分。进化过程中生物体内生成了一些积极的机制，这些机制阻碍衰老的进程，保护大分子、细胞和生理系统的功能。这一类机制旨在中和多效性的消极成分，人们称之为“抗老”机制或“维持生命”、“保障生命”机制。当代的老年学大都热衷于这些机制的研究，因为这是和人们战胜衰老、延年益寿的愿望一致的，但是这和魏斯曼学说背道而驰，魏斯曼学派主要注意那些有害的机制，认为它们有适应性的意义。

现在有人提出了一种和魏斯曼完全对立的观点：“每一个细胞最初就是必死的，在进化中得到巩固的不是死亡机制，而是增强它的生存能力的机制。”于是，人们在这种观点的影响下，由研究死亡的机制转向研究增强生存能力的机制。许多著作连篇累牍地讨论“抗老”过程的进化问题，至于生物体内限制寿命的机制是怎样发挥作用的问题，则很少有人问津了，新的研究趋势引起新的科学的诞生。青春学（关于如何保持青春的科学）试图同老年学（关于衰老和老年的学问）并驾齐驱，并且极有市场，各种保持青春的医学方法纷纷出现。

生物体内存在着两种机制

总而言之，当前对于衰老和死亡的研究存在着两类不同的意见，一类可称为新魏斯曼派，支持这一派的人为了证明衰老的遗传程序说，运用分子遗传学的新成果，提出了不少假说。诸如基因合成出一些“自我毁灭”的特殊蛋白质啦，调节基因的功能紊乱啦等，他们认为这些现象是实现衰老程序的机制。因为，这些现象给大分子造成不能修补的损害，而衰老正是这种损害积累的表现。同时，潜在损害的积累是复杂机体才有的特征，原生动物由于只有一个细胞，可以避免这些复杂问题，因而也许可能不死。另一类意见把生物体潜在损害的积累看成是分子遗传机制工作中偶然失误的结果，并用这一点来证明专门的衰老程序是“不需要的”。死亡的来临是个根本没有程序的随机过程，并且是延长生命的机制尚不够完善的结果，而延长生命是进化的目的。

这两类意见谁是谁非呢？如果把问题局限在分子遗传学领域内，是无法获得答案的。因为单纯依靠分子遗传学实验的成果，既不能证明，也不能否定衰老和死亡遗传程序的存在。而现在之所以第二种意见占上风，是因为人们站在社会学和人道主义的立场，认为第二种意见较符合人们内心的愿望，为人们制定延长寿命的计划提供了更大的可能性。

由哲学观点来看，生命存在的本身，生命的实际表现，包括衰老和死亡现象在内，都是各种意义不同、方向不同的趋势交互作用的结果。这些交互作用错综复杂，不像人类中心论的田园诗所表明的那样简单，也不会那么合乎人们的心愿。不能单凭某个科学团体的意见，就把这样的田园诗当成生物界的规律来看。一般来说，由辩证唯物主义的对立统一规律来看，生物体内存在着两种机制，一种旨在稳定地保持生命能力，另一种导致生命能力不断下降，这两种机制都是与生物系统的结构和功能不可分割地联系在一起的。这两种机制的矛盾是进化的一个前提，而这两种机制的可移动的平衡是进化的一个结果。

老年学应综合化系统化

在老年学的各类概念和假说中，常常显露出还原论（即生物遗传决定论）的倾向，这种倾向把人体生命活动的某个因素绝对化了。然而，现在大家越来越认识到有必要以综合、系统的观点来看待人的衰老和死亡问题（例如，乌克兰的老年学基辅学派的适应调节观念就是这样看待问题的），并认识到应该把研究的重点放在理解人的社会本质上，因为社会本质中介入了生物学因素，并使其处于从属地位。当然也有一些人持相反的看法，认为社会条件的研究在老年学中并不能起主导作用。

衰老的逻辑——数学模型

从 19 世纪以来，人们就试图以综合、系统的观点来研究人的衰老和死亡问题。为了揭示衰老的最普遍、最重要的特征，有必要研制一些衰老的逻辑—数学模型。建立这样的模型是当代衰老生物学的特点，这反映了整个生物学的普遍趋势：提出课题模式化和研究手段数学化。一个半世纪以前，西方学者冈珀茨提出了一个死亡率随着年龄成指数增长的方程式，这是一个最简单的描述衰老的模型。冈珀茨是英国的保险统计员，他从保险公司的人寿保险费的统计中发现，人大约在 30 岁以后他们的死亡可能性每 8 年增加一倍。这个方程式也适用于较低等的动物种类，但死亡可能性加倍所需的时间短得多，由几天到几个月不等。

近年来，许多学者以冈珀茨的方程式为依据，提出了许多衰老的数学模型。按一些粗浅的见解，在建立机体衰老模型时，可以将其看作由相等的独立的成分组成的系统。可是，任何生物体都是由许多子系统组成的一个系统，这些子系统各自不同，在功能上互有联系，有等级，分层次。因此，各个成分的互不相同及其功能上的相互联系肯定对整个体系的可靠性有相当程度的影响。按西方学者 R. 罗森的意见，生物系统的失事（也就是死亡）可能与它的组织系统的各成分有密切关系。在可靠性理论中（老年学的观点常常有意或无意借用可靠性理论的表达意义的词汇），有一个这样的普遍采用的公理：如果一定数量的子系统 X_1，X_2……X_n 在工作中出现了差错，那么系统 X 就不可能毫无差错地发挥功能。罗森由这个公理出发，推出这样的定理：由于系统X有差错，各子系统为了充分保障自己所有的运行质量，子系统 X_1，X_2……X_n 就会丧失稳定性；因而整体的衰老是部分衰老的原因。苏联学者 A. 波格丹诺夫强调指出"系统的分崩离析"在衰老过程中可能有的作用，认为数目的增多和成分的驳杂不仅减少了各子系统在系统中协调一致的可能程度，而且以超前的速度扩大了灾难性的功能紊乱的概率。波格丹诺夫阐明自己的思想说，如果把一些时钟的指针联合成一个系统，那么，随着时间的流逝，这个系统必将中断，因为，即使每座时钟的机器结构都完好无损，但它们都有一个最初的行走误差，天长日久，这个误差越来越大，每座时钟各走各的，系统自然瓦解。罗森的文章中所讲的实际上也是这层意思，只是说法不同而已。他说，单纯只了解系统的个别成分，而不去了解它们的相互联系，就没有可能揭示衰老在演化中的意义和衰老扩展的时间机制。美国学者艾伯内西（J. D. Abernethy）的观点和罗森相对立，他不认为最重要的系统成分的衰老是决定性的。按艾伯内西的意见，衰老是伴随着系统的层次中最低级的成分的随机的不稳定出现的，因此，这位学者认为，细胞分裂的极限是衰老模型的最合适的生理当量。人体细胞分裂到50代时，就衰老死亡。由此推测，人的寿命可达110岁以上。

人体好比一台极复杂的机器

美国的伯纳德·斯揣勒教授也把有机体的衰老当成一个系统来研究。他说："一切活的东西，包括人，都是极错综复杂的机器。机器的定义是物质的集合体。借着这种集合体的结构，能够做工作。"然后他又指出有机体衰老的原因说："但是，一切机器除了能够创造秩序外，还具有一个共同的特征，这就是，它们随着时间的推移并由于使用而趋向于衰败。机器的这种自动的衰败反映了热力学的第三定律，这个定律说，一切有组织的系统随着时间的推移都趋向于较为无秩序的状态。例如，锈积累起来，轴承被腐蚀，铅管破败，灯泡和电视真空管烧坏。但关于活的系统的老迈化的中心要旨是，它们和机器一样，也会自动变老，除非把一切丧失了效用的部件都替补了。”

但是斯揣勒教授认为生物体的衰老和死亡并非是不可避免的，“上述的一般性法则只有一个例外。任何一种机器若是给建造得使它能修理或替补它的一切部件，至少能在部件一衰败时就修理替补好，这种机器就能经历无限长久的时刻”。因此，按斯揣勒教授的意见，在名叫“人”的机器里，如果所有的部件一衰败就能及时替补好，人就会长生不老。

逃避死亡的假说

在延长寿命方面，现在或最近可看到的远景是什么？依笔者个人愚见，至少，今天我们应该树立一种信念：使用种种不同的科学方法达到人的最高的物种寿命（即生物寿命，许多科学家规定为 120—150 岁）是可能的。这也就是目前科学家们主要努力的目标。自然还有一些人致力于更宏大和更琐细的任务。有人甚至这样说：“我们正站在一个新时代的门槛上，到那时，医学将把 Homo sapiens（万物之灵）变为 homo longevus（长寿之灵）——超长寿命，那时成年男女将保有充沛的智力和体力，一旦这成为现实，我们便可以用一种完全不同的目光看待生命了。”这是一本老年学著作中的一段话，书名为《制服死亡！战胜衰老，延长寿命》，作者在书中探讨了种种不同的人为延长寿命的办法，包括移植法、工艺学、仿生学、低温生物学、遗传工程等，可是，作者实质上排除了社会因素和精神因素在人的衰老中的作用。

上文说过，美国的斯揣勒教授也属于这一类乐观派，他认为生物可以避免衰老和死亡，因为生物体也是机器一类的东西，只要生物机体能够像机器一样及时修补缺损，就可以永久运转下去。他还具体举例说，有些生物种类似乎长生不老：这些种类之中有某些海葵以及不少种类的植物，其中有些作为个体至少活 5000 年（硬毛毬松），或者作为群体（即遗传上完全相同的植物，由发芽而产生）而生活 2 万至 5 万年。斯揣勒还谈到了自己关于人长生不老的设想，他说，假如我们保持着我们在 15 岁左右所具有的活力，我们将平均能活 1 万岁！如果不是由于人会变老，我们或许还能跟亚历山大的一些同胞谈话，或是同耶稣或苏格拉底最初的门徒中至少三两位讨论宗教哲学。

人真的能长生不老吗？斯揣勒教授回答说：能。他认为人可能凭借和运用他自己的智力而终于会打破死亡的枷锁，只要习俗和流传于一般人之中的偏见不妨碍这种努力。斯揣勒教授称这一类的偏见为神话怪谈。

斯揣勒教授具体指出下列的一些神话怪谈妨害了对于人的老迈过程的性质及其控制作大规模的研究：老迈和死亡是生物上的进化所必需的，老迈给人以智慧之类的好处（智慧往往随高龄以俱来），老迈重新赋予社会以生气，因为它清除了居于权势地位、衰老而不肯与时俱变的人。斯揣勒作结论说：这些神话怪谈绝大部分已经证验为根据虚假的前提的一相情愿的想法，或含混不清的推理。他又十分乐观地展望未来说；幸亏凡是谬论都不能经久存在，而关于构成我们人的内在的机制的知识将终于为人的死亡的秘密提供一个答案。人的死亡的秘密也可能向人们提供长生不老的方法。

人的死亡秘密

人的死亡的秘密在哪里呢？斯揣勒教授认为在人的遗传机制中，因此只需弄清遗传机制的秘密，死亡的秘密便可豁然明朗。斯揣勒教授说当代分子生物学上的成就已经揭示了遗传机制的秘密。他指出：生物机体和人造的机器一样也日夜运转，但生物机器内部带有建造机器本身的遗传上的蓝图，这是生物机器与人造机器不同的地方。

为了阐述斯揣勒教授的长生不老学说，不得不谈谈分子生物学，因为斯揣勒教授的学说是以分子生物学为根据的。

一、构成生物重要器官的一类特别的分子，名叫蛋白质。蛋白质的分子量约在 1 万以上，故被归于大分子之列。所谓大分子是指由简单的单体以正常的化学键相连而成的线性长链聚合物，而蛋白质则是名为氨基酸为单体连接成的线性聚合物。氨基酸共有 20 种。由于其含量和排列方法不同，故而构成不同形态的蛋白质分子。

二、有一批特别重要的蛋白质，名叫酶（酵素）。现在已知有几千种酶，一个细胞至少有 1000 种不同的酶。酶是一种生物催化剂，它在细胞中加快一批必须进行的反应，它能够把分子和原子联结起来，而它本身却永远不起变化。

三、一些特定的蛋白质的集合体，联合在这些蛋白质影响下制造出来的物质，构成了细胞。生物体是由细胞组成的，并且是通过细胞的活动而反映其功能的。人体包含数百万亿个细胞。

四、但是，像人这样的动物不是由细胞自动集合成的，指导它们集合的训令都是储存于单独的一个室里——即细胞核里。这些训令写在漫长的分子带上，这种带长达几十亿个原子，名为脱氧核糖核酸（DNA）。DNA 包含构成生命体的蓝图，即“生命的密码”。

五、但是，细胞中的 DNA 分子是很宝贵的，必须好好保护，不可能一次又一次把它用于构成蛋白质的过程，所以它们位于细胞核内，那里受伤害的可能性最小。那么，DNA 所含的信息是怎样传递到细胞的其他部分，使细胞能按照其中的遗传密码发挥功能和制造新的蛋白质的呢？原来，信息的传递是由核糖核酸（RNA）来完成的。

遗传信息的传递过程

RNA 和 DNA 一样，是由核苷酸组成的长链。但 DNA 分子是双螺旋体，其基本单位是脱氧核糖核苷酸；RNA 分子比 DNA 分子小得多，通常是单螺旋体，其基本单位是核糖核苷酸。RNA 在细胞中具有许多功能，但其主要的功能是抄录和翻译 DNA 分子所含的密码信息。要把 DNA 分子中关于合成蛋白质的遗传情报解读出，要经过一些较为简单的步骤。第一步骤名叫转录，这就是由细胞核中的核糖核苷酸把 DNA 长链中的某一小片段照抄一份，同时这些核糖核苷酸单位像拉链似地连结成完整的 RNA 分子，这样形成的抄本分子名叫“信使 RNA”。信使 RNA 形成后，便从细胞核中移到细胞中制造蛋白质的地方中去。每一个信使 RNA 分子都具有制造一种特定的蛋白质所需的密码。

第二步骤名叫翻译，是把信使 RNA 抄录到的情报翻译为制造蛋白质的语言。信使 RNA 从细胞核移出后，同细胞内称为核糖体的颗粒相连接。这些颗粒起着“工作台”的重要作用，在那里进行制造蛋白质的工作。但是单独依靠信使 RNA 尚不能制造蛋白质，因为信使 RNA 的密码信息是用核酸的语言写成的，只能说明在 DNA 和 RNA 中核苷酸的顺序。上文说过，蛋白质是由氨基酸组成的聚合物，氨基酸的排列顺序决定了蛋白质的形状和特性，所以必须把密码信息中的核酸语言翻译成蛋白质的语言，方能说明蛋白质链中氨基酸的顺序，从而制造出蛋白质来。这项翻译工作由一种叫做转移 RNA 分子来完成。转移 RNA 是一些很小的分子，它在读出信使 RNA 所含的遗传信息方面起着重要的作用。有 20 种转移 RNA，每一种找一种不同的氨基酸，转移 RNA 分子与相应的氨基酸松散地结合在一起。翻译工作开始时，一群特定的转移 RNA 分子在核糖体上同信使 RNA 的特定部分对面的地方连续地排列起来，由转移 RNA 牵引的氨基酸也排列成固定的序列，而核糖体上的酶则使得排成一列的氨基酸连结在一起，形成一个蛋白质分子，生成的蛋白质分子随即与转移 RNA 松脱开，转移 RNA 也与信使 RNA 松脱开，而信使 RNA 便腾出来去建造另一条氨基酸链。

一个既定的转移 RNA 分子都是三联体，包含三个核苷酸，只能结合一个特定的氨基酸。这样的转移 RNA 分子称“反密码子”。信使 RNA 中与其对应的单位叫“密码子”，也包含三个核苷酸，可能有 64 种不同的密码子。要认出特别的信使密码子，须凭与其相对应的正确的“转移 RNA”分子（反密码子），因为呈现于“转移 RNA”分子上一个特定地区的形状刚好切合于信使密码子上的空隙。用这种方法就可以保证翻译的精确性。此外，把氨基酸联接到正确的“转移 RNA”上是一批特定的蛋白质，名叫“转移 RNA 氨基 acylase”。

衰老的原因在于不能及时替补损伤细胞

斯揣勒教授认为，正是由于身体没有能力以适当速率替补它的一些部件——替补的速率须高得足以补偿继续不断的损坏和腐蚀——才终于限制了个人的寿命的长度。

按斯揣勒教授的意见，衰老的原因在于身体不能及时替补一些遭损坏的部件，由分子生物学的看来，就是不断替补损伤的细胞和分子。斯揣勒又说，即令在人身上，似乎也有些系统不会变老，它们是些细胞，例如构成皮肤外层的细胞和红血球，都是依规律的时间表替换的——几天或几个月换一次。变老的主要部位是位于那些不能有规律地替补的细胞和别的结构。不能替补的主要细胞是：神经细胞、心脏细胞、肌肉细胞以及某种产生激素的细胞。由此可见，在许多细胞里，促使细胞繁殖的管制机能的确永久“关熄”掉了。那么，在发展的计划里，为什么要包括那么多不同种类的生物体里那么多类型的细胞的“关熄”呢？斯揣勒教授认为这是生存竞争的结果。

斯揣勒教授说，生存竞争的原因是这个星球上的绝大多数生物所过的绝大部分日子都没有剩余食物。活的东西很快繁殖到了食物供应的极限，这么一来，就必然为了食物和空间而发生竞争。在这样的情况下，一是动物和植物中较强健的家系，竞争时的胜算较大；二是那些能够有效率地利用有限资源的家系就会受到择取而不致受汰除。根据第二种推论，可以说，凡是在连续发生于自然界的激烈竞争中生存下来而活到现在的那些生物，就是不曾因从事于不必要的活动而浪费有限的粮食供应的家系。有一种方式可以实行这样的节约，就是把那些并非直接促进种族生存的制造程序自动关熄掉。各种节约措施中有一种会是主要的，就是把细胞的替补关熄掉。

由于上述各种理由，看来似乎衰老是进化的经济学和节省术的间接结果。为了要活到传宗接代的时候，我们的祖先把遗传上的指示列入身体之内，这种指示要把一切非绝对必需的制造活动全部关熄，只容许为种族的生存所绝对必需的活动。

斯揣勒教授说到这里，不禁感叹说：进化的历史看来是十分凄凉的；为了确保种族的生存，种族倾注全力于产生大量有活力的子代的种类，而不管父代的晚期状态如何。

斯揣勒教授的长生梦

但是，这种情况又使得科学家们产生了一些乐观的看法：如果进化的计划只不过是关熄某些遗传基因而让别的遗传基因活跃，那么，不论开关的性质如何，只要它们一旦让人明确了，就很可能反其道而行之——把这些“闭塞”的开关重新开启，这样，细胞所遭受的损坏就可以及时替换，人不是就可以长生不老了吗？

因此，斯揣勒教授指出，由于当代分子生物学的进步，人们已开始对高等生物种类的遗传控制机构进行研究，而对于较简单的生物系统如细菌之类，科学家们已能精致地描述其遗传基因的开关装置。这主要是荣获诺贝尔奖金的法国人雅各和莫诺的开创性研究的结果。被发现的控制基因的系统名叫“操纵子”机制，它发生作用以控制产生各种不同的信息的速率。达成这种控制作用所凭借的是特别的蛋白质的行动，这些蛋白质在某些环境条件下同脱氧核糖核酸的某些部分相结合——在别的、相反的条件之下却会释放这些蛋白质。

对于哺乳动物之类的高等生物，科学家们的注意力大都集中于在信息翻译场所控制遗传基因的表现。有些科学家主张细胞分化的限制性因素之一可能是酶。上文说过，有一种酶叫“转移 RNA 氨基 acylase”，它的任务是把恰当的氨基酸连接到细胞所含有的一群“移转 RNA”上。假如这样的酶供应不足，致使某个特定的“移转 RNA”连同连接于它的适当的氨基酸不再由一个细胞产生，那么，这个细胞将不能再产生任何蛋白质，也就不能再分裂和繁殖。因为，一个细胞中生产蛋白质的机构只会领悟它能够解读的那些信息，而蛋白质的密码信息是记在 DNA 里和转录在信使 RNA 上的，并且，这样的信息必须由“转移 RNA”进行翻译后，生产蛋白质的机制才能领悟和解读，假使某些特定的移转 RNA 分子不能到场，密码就不能被完全翻译，即令密码中只有一个字没有翻译出来，这一蛋白质也是不能制成的。因此，斯揣勒指出，衰老的原因很可能是由于大自然安排好了的对遗传密码中一个或几个字的解读能力的丧失，而丧失的原因是酶供应不足，致使某些特定的“解读者”分子（移转 RNA）不能到场。

这样的假说在若干试验中得到了证实，例如，试验中发现，在变老的植物组织里，能连接到“转移 RNA”上的亮氨酸（氨基酸的一种）的分量大大减少。还有试验表明，老的植物的提纯液里包含一种物质，毒害（或抑制）存在于年轻和年老的组织里的一些正常的酶。在一些昆虫的实验中，人们发现昆虫的某些组织制造特定蛋白质的能力随着年龄的增长而减弱，但如果注入一种名叫“年青激素”的物质，就会开动组织中的“转移 RNA 氨基 acylases”，其制造蛋白质的能力又可以恢复。

这些发现使科学家们深受鼓舞，对战胜衰老的前景感到乐观。因为，他们设想只要把恰当的物质采用到机体的系统里，这些物质很可能恢复整套已丧失的修理和替补作用，因而可使机体避免衰老，达到长生不老。

古今长生学说

除了以上这一种假说外，目前在延长人的寿命方面，还有许多类似的乐观的想法，都是建立在分子生物学的最新成就上的。但这都是些推测和假说，目前尚不能用来一劳永逸地解决人的衰老和死亡问题。连提出这样的假说的斯揣勒教授也告诫大家说，目前科学在衰老问题上的探索只是一个有希望的开端，并不一定会导致人类衰老问题的永远解决，因为人类衰老死亡的问题不仅是一个生物学上的问题，而且是一个有关社会学、伦理学和人道主义诸方面的问题。这个问题即使圆满解决了，也要考虑到它对未来的世界引起的种种新问题，首先，它对人口爆炸增添了新因素，尽管开头只是个小小的因素。

从更深一层来分析，也使人对这个问题不敢盲目乐观。因为人类的衰老是个极复杂的问题，可能至今研究出来的衰老模型（包括对细胞和大分子的修补在内）并不足以代表人类的老迈过程。现在许多科学家认为，像衰老这样十分复杂的综合过程，不能认为只是一种原因造成的。

古人的成仙梦

从古至今，除了今天的克隆造人说外，还有许多人提出过长生不老的学说。上文说过，19 世纪时，著名的俄国生物学家梅奇尼科夫认为衰老是机体受某些特殊毒素的作用而慢性中毒的结果，这种毒素是由积聚在大肠里的细菌产生的。因此，他建议通过手术切除大肠，这样就可使人长生不老，一些赞成他的观点的外科大夫进行了大肠切除手术，然而，并没有收到预期的效果，梅奇尼科夫本人也只活了 71 岁。

20 世纪初，一些医学刊物上发表了一条消息，它使人们对于长寿的可能性问题又产生了新的希望。奥地利外科医生叶·施泰纳赫在老鼠身上进行了试验。他捉来了几只老雄鼠，然后将小雄鼠的睾丸移植到老雄鼠身上。于是产生了一种惊人的变化。老雄鼠变得活蹦乱跳，鼠毛有了光泽，它们的生育机能又重新出现了。1919 年，俄国外科医生 C. 沃罗诺夫在巴黎进行类似的复壮试验，他把黑猩猩、绵羊等动物的睾丸移植到男人身上。这种手术很快被传为佳话。一些中年人硬要沃罗诺夫给他们做睾丸再植手术。他为他们做了许多这类手术。他自认为找到了一种使老翁还童的办法。然而，后来他感到十分失望，他在总结自己那些年的工作成绩时终于痛切地宣布，这些年来，他走的是一种迷途。

在这之后，奥地利外科医生施泰纳赫建议采用一种比较简单的手术，即把输精管结扎起来就行了，这样做的目的是，使精子完全保存在体内，再由自身加以吸收，并产生一种刺激作用。但是，这种做法也很快失败了。

以上是近代人试图一劳永逸地战胜衰老的失败记录。至于古代和中世纪的许多谋求长生的方法，就更加荒谬不经了。例如，中国道家认为“御女”和研习“房中术”可以长生。西方也有人认为姑娘们的呼吸能使老年人焕发青春和延年益寿。道家还认为“辟谷”（绝食）和“尸解”（自杀）可以长生，因而使得许多信徒为追求长生而提早结束了生命。

欧洲中世纪的医生认为，血液是把“内热”传导给生机活动之源的媒介。据说，罗马教皇英诺森三世（1199—1216）的父亲为了使自己祛除疾病和保持青春之态，他每顿饭喝三个孩子的血。17世纪，匈牙利的伊丽莎维特·巴托里伯爵夫人每天早晨要举行一次巫术仪式，用少女的鲜血洗澡，因为她相信，这会使她永远年轻。一连很多年，为了举行这样的沐浴，竟屠杀了650名农奴家的少女。法国当代剧作家普兰的历史剧《浴血美人》（1983）就以这事为题材。

古往今来的事实证明：人类要想最后战胜衰老和死亡，是件十分困难的事情。而进化所加于人类遗传结构的控制，可能是微妙得非人力所能干预的。

还有一类以寻求长生不死途径为其中心内容的民间传说故事，这类故事，中国古代叫它做仙话。在仙话中，人们用幻想的胜利——升仙，来向威胁人类的最大厄运——死亡进行挑战。

“仙人”是什么？《说文·释名·释长幼》说：“老而不死曰仙；仙，迁也，迁入山也。”所谓仙人，就是长生不死且迁居山中的人。而《庄子·逍遥游》上说：“藐姑射之山，有神人居焉……不食五谷，吸风饮露。”此“神人”者，实际上就是后世所说的仙人。

人类珍爱生命的观念、不死的观念，可能在原始社会时期就已经有了。《山海经》是中国先秦时期的神话总集，其中不止一处出现了仙话的影子，如《海外南经》有不死民；《大荒南经》有不死国；《海内经》有不死山；《海外西经》有轩辕国，“其不寿者八百岁”，有白民国的乘黄兽，“乘之寿二千岁”；《大荒西经》有“颛顼之子，三面一臂，三面之人不死”等记载。

《山海经》上还记叙有不死树，不死树生长在昆仑山巅，吃了不死树的果实可以长生不老。因此，这种果实又名“不死药”，掌管不死药的秘密的是西王母。根据中国古代的神话，西王母住在昆仑山顶峰的一个由软玉和碧石构成的奇妙山洞里，有许多仙女陪侍左右。在有些古书中，把西王母住的奇妙山洞称作“瑶池”。瑶池的四周都是宝石构成的湖泊和仙桃园，仙桃树结长生果，吃了可以长生不老。

由西王母而敷衍出了美丽的嫦娥奔月的故事。《搜神记》卷十四上说：

> 羿（嫦娥丈夫）请不死药于西王母，嫦娥窃之，以奔月。将往，枚筮之于有黄。有黄占之曰："吉。翩翩归妹，独将西行，逢天晦芒，毋恐毋惊，后且大昌。"嫦娥遂托身于月，是为蟾蜍。

嫦娥奔月的传说为后世的诗人提供了素材。例如，李白月蚀诗曰："蟾蜍薄太清，蚀此瑶台月。圆光亏中天，金魄遂沦没……"李商隐诗曰："嫦娥应悔偷灵药，碧海青天夜夜心。"

在我国少数民族的神话中，也有长生不老的观念。如纳西族神话有《崇人抛鼎寻不死药》，说这种不死药可以起死回生。苗族神话有《榜香由》，说榜香由曾盗食天上豆楼仙果，可活千年万载而不死等。

汉晋时代有两部最重要的仙话的结集，一部是刘向撰的《列仙传》，另一部是葛洪撰的《神仙传》，其中有不少故事，对后世影响很大。如萧史、弄玉吹箫引凤的仙话说：

> 萧史者，秦穆公时人也，喜吹箫，能致白鹤孔雀于庭。穆公有女名弄玉，好之，公遂以女妻焉。日教弄玉作凤鸣。居数年，吹似凤声，凤凰来止其屋。公为作凤台，夫妇止其上不下。数年，一旦，皆随凤凰飞去。秦人为作凤女祠于雍宫中，时有箫声而已。

这不仅是古人成仙的幻想，而且是美丽的神话传说，《列仙传》的其他记叙，如江妃二女、马师皇医病龙、琴高乘赤鲤、祝鸡公养鸡升仙等，都可当作优美的神话故事看待。

葛洪的《神仙传》用具体的人物和事实来证明："仙化可得，不可全学。"全书所录神仙共 84 人，书中有若干含有神话意味的片断，引人入胜。如"白石先生"条写白石先生"常煮白石为粮"；"黄初平"条写黄初平叱石成羊；“刘安”条写淮南王刘安仙去时，“遗药器置于中庭，鸡犬舐啄之，尽得升天，故鸡鸣天上，犬吠云中”；“左慈”条写左慈以幻术戏曹操，操欲收而杀之，慈化为羊，“走入群羊中，而追者不分”；“壶公”条写费长房见壶公悬壶卖药于市，“日入之后，公跳入壶中，后长房亦随公跳入，惟见仙宫世界”；“麻姑”条写麻姑在蔡经家向神仙王方平自说云：“接待以来，已见东海三为桑田……”等，都是耐人寻味的神话故事，后人传诵不绝。

唐宋传奇中也有不少仙话，成了后世评话、戏曲的题材。如唐裴航所作“裴航遇云英”就是，其大略为：

唐长庆中，秀才裴航，游鄂渚，佣舟还都。同载有樊夫人，国色也，乃赂其婢，投以诗。樊答诗曰：“一饮琼浆百感生，玄霜捣尽见云英。蓝桥便是神仙路，何必崎岖上玉清。”后航过蓝桥驿，见路旁一老妪绩麻，航渴求饮，妪呼云英捧一瓯饮之。航见云英姿容绝世，饮其浆，真玉液也，因谓欲娶此女。妪曰：“昨有神仙与药一刀圭，须玉杵臼捣之。欲娶云英，须以玉杵臼为聘，为捣药百日乃可。”航求得玉杵臼，遂娶云英。乃知樊夫人名云翘，云英姊，刘纲仙君之妻也。后航夫妇俱入玉峰，饵绛雪琼英之丹，仙去。

这段仙话对后世影响很大。演为戏剧、播为小说者屡见不鲜，如元代有《裴航遇云英》杂剧，明朝有剧曲《蓝桥记》等。但唐代的神话小说，影响后世最大的，首推李朝威的《柳毅传》，至今“柳毅传书”这个故事，还不断搬上舞台和银幕。其大意为，柳毅应举下第，过泾阳，为牧羊女传书，遂至龙宫。乃知女为洞庭龙君小女，误嫁匪类，困辱于泾川龙子。其叔钱塘龙秉性刚暴，闻而愤往擒食之，携侄女还，因欲以侄女妻毅。毅以义所不当，峻拒之，然意不能无眷念。后辞别龙君，载所赠珍宝归家，初娶张氏、韩氏，皆相继而亡，乃徙家金陵，再婚于范阳卢氏。居月余，毅因晚入户，视其妻，深觉类龙女，而逸艳丰厚，则又过之，因与话昔事。妻曰：“余即洞庭君之女也。”后又徙南海，复归洞庭。入龙宫为仙矣。

民间的神仙故事反映了古人要战胜死亡的愿望。而欣赏这类故事的人也从中得到抚慰，减少了对死亡的恐惧。这类故事转化为戏剧和小说，则丰富了群众的文化生活。但如果过分沉湎于这类神话故事中，想从道家古籍里探寻成仙的秘诀，则往往会误入歧途，而不能自拔。

唐代诗人白居易曾在诗中对成仙迷进行过尖锐的讽刺："人有梦仙者，梦身升上清。坐乘一白鹤，前引双红旌。羽衣忽飘飘，玉鸾俄铮铮。半空直下视，人世尘冥冥。渐失乡国处，才分山水形。东海一片白，列岳五点青。须臾群仙来，相引朝玉京……仰谒玉皇帝，稽首前致诚。帝言汝仙才，努力勿自轻。却后十五年，期汝不死庭。再拜受斯言，既寤喜且惊。秘之不敢泄，誓志居岩扃。恩爱舍骨肉，饮食断羶腥。朝飡云母散，夜吸沆瀣精。空山三十载，日望辎軿迎。前期过已久，鸾鹤无来声。齿发日衰白，耳目减聪明。一朝同物化，身与粪壤并……徒传辟谷法，虚受烧丹经。只自取勤苦，百年终不成。悲哉梦仙人，一梦误一生。"

延长寿命的最佳方法是不要缩短它

在与衰老作斗争方面，我们应该把什么放在首要地位来考虑呢？正确的生命观应该是，人的思想和行为应以现实可行的人道主义为目标，这个目标严格规定了延长生命的真谛所在。只有遵循这个目标，才能正确理解人为什么应当活得更长一些，才能懂得人的寿命本来就要受到同个体特点和社会需要相适应的标准年龄参数的制约。不用说，各种个人目标的本身的实现完全依赖于社会条件，但是个人目标对社会条件也可起反作用。这方面同样有它自己的辩证法，可暂时还很少为老年学的研究者考虑到。

不过，在目前许多有关衰老成因的理论中，已呈现出一种趋向，即以生物性成分和社会性成分、个性成分和公共性成分的辩证关系作为研究的出发点，例如，人们在对人的生命时间进行功能分析时，就试图把它分成时间年龄、生物年龄、心理年龄和社会年龄。据笔者的看法，不久的将来，人们在对关于人的寿命的社会方面的概念本身进行划分时，也将考虑到个人的思想和行为的目标（包括道德—人道主义目标），也就是说，充分注意到社会条件和个人目标的辩证关系。无论如何，不管科学（尤其是长寿学——一种延长生命的科学）在今天和将来给我们带来多大的希望，塞涅卡的古老而明智的箴言至今犹有分量："延长寿命最好的办法是不要缩短它。"而康德得出的经验是："……要想活得最长，就绝不要去操心什么延年益寿之事，但要小心防备着，别让各种各样的干扰因素进入我们的富有活力的天然生命中，以致缩短了它。"

应当指出，康德在这个问题上并不单纯局限于生命的保养。他的《单靠意志战胜病痛感的精神能力》是针对著名德国医生胡费兰特撰写

人是一种富有活力的天然生命。（鲁本斯：《打猎归来的黛安娜》）

的《延年益寿术》一书所作的回答，后者的书当时十分畅销。深谙医学的现代读者可能对康德论文中的许多内容会嗤之以鼻，但论文中有一个论点还是十分重要和深有教益的：强调包括道德因素在内的精神因素在延长寿命中的作用和意义。康德在论文结尾中所说的正是这层意思："合乎道德的实用的哲学同样是万灵的医术"，即算这种哲学不能医好病，但"每次治疗过程中都非有它不可"。康德一方面同意胡费兰特对养生学所下的定义，即把这看成是一门祛病延年的学问（但不能保证生命中有快乐），另方面他主张把坚忍主义作为养生学的一个原则。因此哲学中的实用部分"不仅可作为关于美德的科学，也可作为治疗的科学，而治疗方法在下列情况也可成为哲学：如果人的生活方式全靠理智来决定，由理智本身来采取控制自己感情的措施"。至于谈到抽象的哲学研究的本身，照康德的意见，这样的研究是摒除不愉快感的手段，并且可以激发那些实质上不是哲学家的人也对精神生活产生业余的兴趣，根据康德的信念，这种兴趣能"防止生命力的停滞"，如果某人潜心于探求完整的理智的终极目标的哲学研究（这项目标是绝对不可分的），那么，这种研究的本身反而可以产生一种力量感，这种感觉在相当程度上能凭借对生命价值的理智态度来补偿暮年人的体力衰弱。但是，康德又作了附带的说明，在任何别的科学研究中，只要运用这一类的方法，也可以直接受益。凡是沉湎于这种方法的人，实质上就成了哲学家，并感受到同样有益的功效，足以激发他的力量，保住他的青春，使他不至于对生命的漫长感到厌烦。除此之外，康德还诙谐地指出：庸碌的操劳也可导致同样的结果，而过惯了无忧无虑的生活的人，一到暮年便由于寂寞而怕死。

我们活着是由于有些事情待我们去做

美国的C. 霍科特·帕克逊和格尔曼·列·康普特对这方面的思想

甚感兴趣，试图把这些思想的精华综合成一门长生术，虽然他们那些生物遗传决定论和马尔萨斯主义的片面概念理应受到尖锐的批评，但他们说出了一个堪称最现实的思想：延长生命的办法多得很，但必须记住一点：生或死的问题很大程度上依附于智能状况，我们之所以会死，至少部分是由于我们活得够长了，我们之所以活着，是由于还有些事情待我们去做。笔者特别赞成这种思想，因为它极有分量地把个人的目标同寿命联系起来，其中包括个人对生命的意义、人生的目的和道德伦理评价的理解。延长寿命的问题同人生的目的问题本来就是不可分的。

早在两千年前，古罗马的政治家、演说家、作家西塞罗（前 106—前 43）也表达过同样的思想。他认为："老年的界限并非固定不变的……只要他们还能挑起重担，蔑视死亡，所以老年甚至比青年更勇敢、更有力量……"

西塞罗写《论老年》名著时，已经 62 岁了，自认距离步入老年的时间不会久了，此文是为了献给他的朋友阿梯克斯，作为一种慰藉，以消除年岁所带来的一切烦恼。西塞罗在文中强调老年人的价值。他说："有人说老年人无所事事，这是没有道理的，老年人虽然不适宜担任需要体力强壮的工作，但仍可担任许多需要智慧和脑力的工作，他做工作与年轻人不同，但他的

现代的老年人不但能自理生活，而且身体健康，能继续服务于社会。（埃里克·菲谢尔：《老人的船与老人的狗》）

醇和的老年人，好似落日的余晖渐渐消隐。（中国现代画家杜凤宝作）

贡献比那些年轻人更有意义、更有价值。”他还说：“伟大的行动并不是体力或速度造成的。而是思想、性格和判断的产物。这些品质绝不因年老而消逝，反而随年龄而益增。”西塞罗奉劝老年人多一点“年轻人的气度”，做到“精神上永远不老”。

西塞罗自己对死亡抱十分达观的态度。他把人生比作一场戏剧。他说每个人都是演员。戏演完了，演员便不需要留在台上，只要他在出场表演时赢得了掌声，就算尽到责任了。他还说：“假如真有一位神，给我力量，让我返老还童，再在摇篮里哭泣，我会坚决拒绝。我已经跑完了我的路途，不想被叫回来，再从头跑起。”“死亡降临在年轻人头上是暴风疾雨，对老年人却是瓜熟蒂落。想到这里，就很安慰，当我迫近那一天时，会觉得有如一个人在漫长的航程后靠近码头一样，为看到陆地而欣喜。”

罗素将死亡比做百川归大海，西塞罗将之比做万里航程泊近码头，这种达观的态度，对我们很有启发。

这方面最耐人寻味和最有指导意义的是恩格斯在马克思死后的第二天写给弗·佐尔格的信中的一段话："……医术或许还能保证他勉强拖几年，无能为力地活着，不是很快地死去，而是慢慢地死去，以此来证明医术的胜利。但是，这是我们的马克思绝不能忍受的。眼前摆着许多未完成的工作，受着想要完成它们而又不能做的唐达鲁士式的痛苦，这样活着，对他来说，比安然死去还要痛苦一千倍。"

在有关寿命和个人目标关系的讨论中，一些思想观念的发展甚有意义，按照这些思想观念，社会因素的主导作用似乎应该是社会生物学的基础，而且只有在社会生物学的范围里，这种提法才能找到充分的论据，而这个研究范围和人这个社会生物的真正本性是相适合的。在这个研究领域里，关于人的科学哲学和社会学，以及对人的生、老、死的道德伦理的基础和意义的特点的认识，将发挥重大的方法论和价值论的作用，许多事实和趋势都说明了这一点。然而，据笔者看来，这大体上指明了"人的世纪"是科学的未来这个事实。

在这样的科学的未来阶段中，将把人的科学作为一门人道主义的真正关于人的学问，研究的将不仅是延长人的寿命的生物学途径，而且要给人的生命规定一个普遍的标准，在这个标准中，生物学的方法同对生和死的社会学、伦理学、人道主义的理解辩证地统一在一起。这个标准同完美实现人的固有能力有紧密的联系，因而，延长个体寿命这件事的本身并非科学和社会的目的，开发人的天然能力资源才是最终目的，这样的目的加上个人参与人类集体生活的程度，以及个人参加实现人（作为社会生物）的无限发展的观念，将是决定人的生命的个体参数（同生物学的可能性相适应）。

自然，这要求从根本上改变一般人心目中关于人生意义的概念和人生中个体和社会的相互关系的概念，同样要改变对待死亡的态度，这不仅指科学领域中的态度，而且包括社会伦理、道德—人道主义等方面的死亡观。当今延长人的寿命已作为一项目标摆在科学的面前，但目标本身究竟是什么，却很不一致。分歧明显表现在时间参数上，人们几乎从未让它依附于社会伦理和人道主义因素，以致有人说未来可能把人的物种寿命延长到1000年以上，有时还可以无限延长。

然而，如果站在社会伦理和道德—人道主义的角度，对这一切将怎样看呢？人类会不会一味追求个体的最高寿命，以至长生不老呢？不然的话，人类就必须探寻另一种解决方法，使社会伦理和道德—人道主义意识深入人心，改变大家对人生意义的理解，并由此认识到，个人不能同人类分离，人类的需求和利益对个人来说显得至高无上，这就意味着个体的寿命将受实际的历史条件和与个人相一致的社会的可能性和必然性的制约。这方面同样可以看到由整个未来社会的存在所决定的意识，也将决定该社会本身的存在，同时又决定每个人的存在，包括他的寿命。

很难说今后科学将怎样解决延长人们的物种寿命的问题，尽管有一点是清楚的，这就是要在解决这个问题时，必须综合使用各种不同的方法，这些方法则应考虑到人体这个完整系统中复杂的相互作用。今天更难讲明白的是，个体的生物性寿命将由哪些切合实际的时间参数来决定，而且，犯得着为那些接替我们的后辈操这份闲心吗？别忘了他们将比我们明智得多，仁爱得多。目前有大量著作指出，对个人而言，主要的关键是如何使他的达到成熟年龄的智力得到发挥，而这种智力可以一直维持到很迟的暮年。

1982年3月末在意大利的孟都亚举行了一次会议，专门讨论脑的衰老问题。会议广泛探讨了遗传因子在衰老速度中的作用、衰老过程中行为的改变，等等。L. 贾尔维克报告了他从40年代末期起，对处于衰老过程的人们进行长期观察的结果。他说从64岁到73岁这段时间里人们的智力很少改变。通过对一组年龄从73岁到84岁的人的长期观察，他发现大多数人都是在死前不久才出现智力活动急遽下降的情况。

因此，当前我们的主要任务恐怕应归结到怎样使人的智力这种无价的天赋得到最大限度的合理使用的问题。我们暂且还不必提出其他的各种目的，因为其他的目的对人类和个人来说要怎么样才算完全达到是万难搞清的，而寿命超过物种参数这个远景的本身在社会、心理和道德伦理方面将对这些目的产生什么影响，也是很难逆料的。这首先要靠“血液工程学”把人的机体作一番十分重大的改造，这样做可能有丧失人的个性和共性的危险，除此之外，其危险性不仅会产生老年恐怖症，还会形成老年怪癖。一代代人历史性周转的停滞，已经活到了高龄的人像老古董一样保存维护。由此而推及几百年，其远景足以吓倒任何人，更不用说延长到永恒了。而且任何真正配得上永生的人也未必会同意充当一名永恒的化身和“普通人”的标本，这样也就是把自己和未来强扭在一起，不由自主地在其中磨去了对一切新鲜美好的东西的敏感性和人的“形成的绝对运动”的奥秘，马克思曾谈到过这种绝对运动，它孕育出产生新的亚里士多德、歌德、托尔斯泰、爱因斯坦和马克思的希望。

古代许多文人高龄时仍创作不辍。（韩滉：《文苑图》）

其实，英国作家斯威夫特（1667—1745）早就在其名著《格列佛游记》中，以飞岛（勒皮他）上的选民为例把这方面的思想抒发得十分详尽。那里的选民是中国《山海经》上所说的不死民，生下来就注定只能老而不能死，因而每看到别的老人安静地死去便羡慕备至。歌德笔下的浮士德之所以放弃自杀的念头，并非他恋生怕死，而是出于对人们的爱，为了要分担人类的共同命运，不用说，这也就保住了青春。返老还童的梦想现在又复活了，即所谓青春学，我认为，这门学说的基础还必须经受严肃的检验，不仅从生物学上，而且从社会伦理、道德—人道的立场上进行检验。无论如何，达维多夫斯基的老年学宗旨较有理由和扣人心弦，他认为，“延长寿命是和积极创造性的老年这个问题联系在一起的，这里面的内容比枯燥的永生观念更为现实，更为可行。实际上，这指的是一种新人，他意识到自己的潜在的可能性不仅在地球上，而且在无边无际的宇宙空间。他成了时间和空间的主人”。

请记住莎士比亚的名言：“懦夫在未死以前，就已经死过多次，勇士一生只死一次。”（绘画作者待查）

笔者认为，苏联这位杰出的科学家对这些问题的看法不仅和当前的科学现状相适应，而且至少在最近的将来也不会过时，但是最主要的是，它符合社会伦理和道德原则，而这样的原则乃是人的寿命的最重要的、往后也可能是决定性的调节者。达维多夫斯基的见解肯定了生命是一个无止境的历史性延续，其途径是生年有限的个体生命的理智而仁爱地交替。正如人有悲欢离合、月有阴晴圆缺一样，无穷无尽的个体在交替着繁荣和永不可复的死亡。

这样的人道主义论点以一种新的科学和哲学的意识为前提，即认清人生的意义和人类现在和将来的社会的道德的普遍进步。人类在这种进步的道路上，可能还会遇到许多曲折和险阻，人类全部思想史都要求实现这样的进步——特别是当我们思考死亡和永生之时。

一段难以忘怀的人生经历（代后记）

尊敬的读者们，最后让我谈一谈我为什么要研究生死学。当代生死学大师罗斯教授说："我们认识的豪杰，乃是那些遭过失败，受过痛苦，经历过奋斗，遭受过损失，以及从苦难的深处找到他们的路子的人。这些人对于生活具有了解与敏感，豪杰不是天上掉下来的。"我称不上豪杰，但我算得上罗斯教授所说的从苦难的深处找到路子的人。下面就是我个人的经历：

我是父母亲的最小的儿子，父母亲给予我许多特殊的照顾，因而多少引起哥哥姐姐们的一些嫉妒。父母亲用殷切期望的目光，看着我长大成人，甚至打算送我出国留学。但随后的境遇，毁掉了父母的梦想。我高中毕业时，母亲常常暗自抹眼泪，当时我不懂得母亲的心思，以后渐渐明白了：哥哥自从离家读大学后，就很少回来探望父母，因为他已在外地结婚生子，成家立业。现在轮到我离家读大学了，母亲怕我步哥哥的后尘，从此也一去难返，故偷偷抹泪。

但我的大学梦并没有哥哥那样顺利，才读了一年多，就被划成右派，送往广东三水农场劳动教养，这件事对父母亲的精神打击可想而知。亲朋们都和我划清界限，惟有母亲永远不会抛弃沉沦的儿子，她按月给我寄钱寄物来，不断写信鼓励我，正是母亲的来信支持着我，使我度过了4年漫长难熬的劳教岁月。

在劳教场所，我十分怀念家乡，并且把家乡想象得十分美好。可当我终于获释回到阔别6年的家乡湖南省邵阳市时，发现家乡并不如我想象的模样。往昔那种丰衣足食的情景不存在了。普遍的食物缺乏，一家人每餐都得分饭吃，市场萧条，有钱也买不到东西。父母亲比以前苍老了许多，他们花钱买的一处旧房被强占了，当时住在一所比以前更差、更简陋的房子里。父亲虽已退休多年，身体有病，但仍应聘在各地指导修筑电站。他这样做，主要是因为地方需要他，同时也为了赚点钱贴补家用。当时父母亲还要养育哥哥的两个小孩。

全家人无比高兴地迎接我的归来，特别是母亲，她反复念叨着“我的儿子回来了!”这句话，起码念了10多分钟，其他的话一句也说不出。

父母亲希望我回来能振兴家业，不幸的是，我大大辜负了他们的殷切期望。当时的客观条件也制约了我，阶级斗争的口号喊得越来越响，像我这种政治背景的人到处受到排斥。父亲利用各种关系，想为我谋一份工作，可都被拒之门外。街道居委会只要求我干义务劳动，有报酬的活极少轮到我的头上。父亲还得用他那份有限的退休金来养活我。

“文化大革命”开始时，我正在一家建材厂干极重的体力活，工厂领导赏识我的劳动态度，想让我长久在工厂里干活，但居委会认为这样不利于“监督”我，强行要工厂将我解雇。我又回到了街道，除了义务劳动外，还得承受沉重的政治压力。1967年，形势似乎有了松动的迹象，我在一些朋友的建议下，前往广州某大学申诉，就是这所大学将我打成右派，并毁掉我的前程的，我希望能获得平反。我在那所学校里找到了一些造反组织的负责人，他们都同情我的遭遇，但不敢采取什么行动来帮助我。我一无所获地又回到家乡，父母亲仍旧笑脸相迎，他们温言婉语安慰我，劝我耐心等待“文化大革命”结束，或许那时会有机会。

1969年春节到了，这是我和父母亲在一起度过的最后一个春节。我在父母身旁度过20多个幸福的春节，每次都是母亲操持一切。这年春节也一样，母亲做好了丰盛的饭菜，供全家享用，还亲自酿酒待客。

虽然她已经70多岁了，可她勉强支持着自己瘦弱的身躯，每天从早到晚，劳作不息。

1969年春节的气氛格外宽松，由于派系斗争，出现了无政府状态，群众中一些旧的习俗又恢复了，甚至互相请吃春酒。但这种祥和的气氛是反常现象，是飓风即将来临前的十分短暂的平静。不久，新的领导班子成立，无政府状态结束，开始了严密的清查行动。不用说，我是重要的清查对象，因为我公开翻案，罪上加罪。派出所的干警一再要我交待"翻案"的经过。不久，一个支持我翻案的造反派小头目被判了7年徒刑。

我的一个在医院工作的表姐（原先是我的嫂子）是"摘帽右派"，在清查运动中也自缢身亡了。这件事对父母亲的刺激很大。

父亲退休在家，从未参加过"文化大革命"，但清查运动的锋芒也临到了他头上。那是一个风和日丽的日子，我和父亲在家里看报，母亲上街买菜去了，绝没想到会祸从天降。忽然几个不速之客推门而入，父亲见是发电厂的同事，连忙让座。这些人问起抗日战争年代的一件往事。父亲说，这件事在历次运动中已做了结论，为何旧事重提？但这些人强词夺理，断然否定历次运动的结论，声称要重新审查。我知道和这些人讲理是没有用的，便提笔代父亲写了一份详细的材料。这些人临走时，通知父亲当晚去工厂里开会。

晚上我陪父亲去工厂里开会，他们勒令父亲站在台上，给他戴了一块大牌子，上面写着"反革命"三个大字。

父亲一生忙于技术工作，本和政治无缘，可抗日战争期间，他在邵阳光明电灯工厂任唯一的工程师，而这家工厂又是全城唯一的现代工厂，敌机来袭时，全城的灯火管制和放警报的指挥工作便落到了父亲的头上，国民政府以防止汉奸混入工厂破坏防空工作为借口，强令父亲担任一个职务，这是一个空头衔，并无实际意义，何况是为了抗日，父亲也就接受了。没想到这件事在25年后，为父亲招来了"反革命"的头衔。

往下是接连不断的批斗、写材料、集训……把父亲整得死去活来。我现在依然记得父亲第一次游街时的情景：两个身强力壮、二十余岁的年轻人口里咒骂着，用一根绳索拖着气喘吁吁、步履蹒跚的父亲前行。我被这情景吓呆了，没有冲上前去保护父亲，这给我留下了终生的悔恨。我失魂落魄地走回家中，把这情况告诉了母亲。母亲预感到会出事，急得眼泪直流。我被感动了，跑出门去寻找父亲，可跑遍了全城，都没有找到，发电厂内外都不见父亲的踪影。

深夜，父亲回来了。在游街时他摔了一跤，摔得头破血流，他自己跑到一家医院做了简单的包扎，止了血。我最后看到的父亲就是这副目青鼻肿的样子，因为几天后，我就被抓捕，从此再也没有见到父亲的面了。

我被抓捕前，有一个知情人告诉我，造反派即将采取旋风般的打击行动，他劝我到另一个地方暂避。但我犹豫不决，改不了筑室道谋的老毛病，没采取任何行动。这时是9月。

就在这个月，造反派采取了三次旋风打击行动，我是在9月3日的第一次旋风行动中被捕的。当天晚上8点钟左右，街上已经抓了不少人，我感到形势很紧，跑到一位朋友家中，想和他商议个办法，可那朋友也心慌意乱，没有主意。他自己后来也被捕了。

我抱着希图幸免的心理回到家中。母亲见我回来了，十分着急地问道："你跑到哪儿去了？不要随便乱跑啊！人家已经上门来查问呢！"

这说明我已经被监视起来了，我心中有一种不祥的预感，同时也产生了一种恐惧，这恐惧转化成怒意，我竟顶撞母亲说："我出去一下有什么关系？干吗管得这样严啊！"

母亲受到顶撞，心里很难受，再没有多说话，就回房休息去了。这是母亲和我在正常情况下的最后一次谈话。我为自己与母亲永诀前还顶撞她而感到终生悔恨。

我也熄灯就寝，心里认为自己今晚很难幸免，因为门口就坐着一个监视我的人。

我们住的是一个四合院，前面有两扇大门。晚上11点钟左右，一群抓捕我的人真的来了！他们凶猛地捶击大门，隔壁那个监视者立即把门打开。我断定这些人是朝我来的，急忙跑到母亲房中，十分恐惧地对母亲说："这一定是来抓我的！"

母亲临事总是很镇定，这是她的坚强性格所致。这一次也同样，她没有多说话，也没有恐惧表情，只是命令我说："快跑！快跑！"

母亲这两个字的指令是说：即使抓捕的人已经到了大门口，我应当从后门逃走，留下她这个七旬老妪来应付一切，阻挡一切。

母亲的指令是有理由的，当时乡下正在杀人，资江上偶尔能见到漂着的尸体，这些人都是那时所谓的专政对象。我家一个亲戚的孙子在乡下也被杀了。邵阳市已成了一个只有片刻安宁的孤岛。在这种情况下被捕是很危险的，所以母亲命令我"快跑"，保住性命再说。

但我没有勇气逃跑，只好束手就擒。

母亲见我这样没用，只好亲自出面，为自己的小儿子的生命做最后的拯救。她面对那些凶恶的造反派，为我申辩。她说：孩子被打成右派时，才只17岁，即使有什么错误，也是少不更事，当时已经为此受过一次处分，不应该在11年之后，又一次加以惩罚。母亲当时十分担心我会死于造反派的皮鞭之下，因而声嘶力竭地向他们央求、哀诉，希望我能得到他们的豁免。我那次奇迹般地幸免于难，恐怕是母亲的精诚所至。可更不幸的是，不出10天，母亲自己却丧生于造反派之手。母亲临死的前一天，还在为我做饭、送饭，真是"春蚕到死丝方尽"！

10余天后，我在拘押营中得知了母亲死亡的消息。不久，从探监的侄儿口中，知道父亲也随即死亡了。

两个月后，我终于获释，方才得知父母死亡的经过：母亲死于9月13日，也就是所谓开展第二次旋风运动的那一天。那天晚上，电厂的造反派来我家抄家，他们要父母亲交出武器、发报机等，结果什么也没找着，只找到少量银行存款，还有几件首饰（这是母亲往日生活的纪念品，后来鉴定只值几百元人民币）。母亲为了保护父亲，承担了一切责任，把造反派打手的注意力吸引到自己身上。造反派打手们把母亲吊打了一整夜，并实行车轮战，这一批走了，另一批又来，其中以“保派”打手下手最重，“造派”打手下手略轻，母亲死于天亮时分。打手们为了掩饰他们的罪行，毁尸灭迹，至今我未找到母亲的遗体。

父亲死于母亲逝世半个月后，据说是从电厂宿舍的二楼上跳下来的，但我从未找到父亲的遗书，据许多当事人讲，父亲是被打手从楼上推下摔死的。

我从此永远失去了父母，也永远失去了家庭的温暖。自父母死后，我又苟活了30余年，但过的是一种毫不幸福的生活，我感到的只是生活的无比沉重的压力，在生活中找不出丝毫的乐趣，我多么怀念我的父母双亲啊！

以上是我自己九死一生的一段经历以及我父母的不幸遭遇，往事像梦魇一样始终萦绕着我，使我无法安眠，以往痛苦的经历多次在我的梦中出现，研究生死哲学是我寻求解脱的良方。

这部书稿写作时间较长，从1983年开始，前后达二十余年。问世之前，已被湖南省社会科学界评为优秀哲学著作，由湖南省动用社会科学基金资助出版，出版后又被湖南省社会科学联合会评为获奖优秀著作。

但本书稿第一次出版只印了500册，读者多不知道这本书。幸有湖北人民出版社两位编辑王建槐先生和程小武先生专程来湖南组稿，他们看到这本书，决定重新修订出版。这次修订不但增补了不少新内容，删除了个别过时的章节，而且增加了许多图片，力求图文并茂。本书能以新面目问世，乃上述二位先生之功。

本书写作过程中曾参考了一些中外典籍和名家新著，这些书已在前言中列出，另外还选用了一些现代画家的作品，在此向这些学者、作家、画家们致以诚挚的谢意。

吴兴勇

2005年11月8日

图书在版编目（CIP）数据

论死生/吴兴勇著. —北京：人民出版社，2011
（人民·联盟文库）
ISBN 978-7-01-010238-2

Ⅰ.①论… Ⅱ.①吴… Ⅲ.①生命哲学-研究 ②死亡哲学-研究
Ⅳ.①B083 ②B086

中国版本图书馆 CIP 数据核字（2011）第 186774 号

论死生
LUN SI SHENG
吴兴勇 著

责任编辑：程小武 安新文
封扉设计：曹 春
出版发行：人 民 出 版 社
北京朝阳门内大街 166 号 邮 编：100706
网 址：http://www.peoplepress.net
邮购电话：（010）65250042/65289539
经 销：新华书店
印 刷：三河市金泰源印装厂
版 次：2011 年 9 月第 1 版 2011 年 9 月北京第 1 次印刷
开 本：710 毫米×1000 毫米 1/16
印 张：28.5
字 数：414 千字
书 号：ISBN 978-7-01-010238-2
定 价：55.00 元

版权所有 侵权必究

《人民·联盟文库》第一辑书目

分　类	书　名	作　者
政治类	中共重大历史事件亲历记(2卷)	李海文主编
	中国工农红军长征亲历记	李海文主编
哲学类	中国哲学史(1—4)	任继愈主编
	哲学通论	孙正聿著
	中国经学史	吴雁南、秦学颀、李禹阶主编
	季羡林谈义理	季羡林著,梁志刚选编
历史类	中亚通史(3卷)	王治来、丁笃本著
	吐蕃史稿	才让著
	中国古代北方民族通论	林幹著
	匈奴史	林幹著
	毛泽东评说中国历史	赵以武主编
文化类	中国文化史(4卷)	张维青、高毅清著
	中国古代文学通论(7卷)	傅璇琮、蒋寅主编
	中国地名学源流	华林甫著
	中国古代巫术	胡新生著
	徽商研究	张海鹏、王廷元主编
	诗词曲格律纲要	涂宗涛著
译著类	中国密码	[德]弗朗克·泽林著,强朝晖译
	领袖们	[美]理查德·尼克松著,施燕华等译
	伟人与大国	[德]赫尔穆特·施密特著,梅兆荣等译
	大外交	[美]亨利·基辛格著,顾淑馨、林添贵译
	欧洲史	[法]德尼兹·加亚尔等著,蔡鸿滨等译
	亚洲史	[美]罗兹·墨菲著,黄磷译
	西方政治思想史	[美]约翰·麦克里兰著,彭维栋译
	西方艺术史	[法]德比奇等著,徐庆平译
	纳粹德国的兴亡	[德]托尔斯腾·克尔讷著,李工真译
	资本主义文化矛盾	[美]丹尼尔·贝尔著,严蓓雯译
	中国社会史	[法]谢和耐著,黄建华、黄迅余译
	儒家传统与文明对话	[美]杜维明著,彭国翔译
	中国人的精神	辜鸿铭著,黄兴涛、宋小庆译
	毛泽东传	[美]罗斯·特里尔著,刘路新等译
人物传记类	蒋介石全传	张宪文、方庆秋主编
	百年宋美龄	杨树标、杨菁著
	世纪情怀——张学良全传(上下)	王海晨、胡玉海著

《人民·联盟文库》第二辑书目

分　类	书　名	作　者
政治类	民族问题概论（第三版）	吴仕民主编、王平副主编
	宗教问题概论（第三版）	龚学增主编
	中国宪法史	张晋藩著
历史类	乾嘉学派研究	陈祖武、朱彤窗著
	宋学的发展和演变	漆侠著
	台湾通史	连横著
	卫拉特蒙古史纲	马大正、成崇德主编
	文明论——人类文明的形成发展与前景	孙进已、干志耿著
哲学类	西方哲学史（8卷）	叶秀山、王树人总主编
	康德《纯粹理性批判》句读	邓晓芒著
	比较伦理学	黄建中著
	中国美学史话	李翔德、郑钦镛著
	中华人文精神	张岂之著
	人文精神论	许苏民著
	论死生	吴兴勇著
	幸福与优雅	江畅、周鸿雁著
文化类	唐诗学史稿	陈伯海主编
	中国古代神秘文化	李冬生著
	中国家训史	徐少锦、陈延斌
	中国设计艺术史论	李立新著
	西藏风土志	赤烈曲扎著
	藏传佛教密宗与曼荼罗艺术	昂巴著
	民谣里的中国	田涛著
	黄土地的变迁——以西北边陲种田乡为例	张畯、刘晓乾著
	中外文化交流史	王介南著
	纵论出版产业的科学发展	齐峰著
译著类	赫鲁晓夫下台内幕	[俄]谢·赫鲁晓夫著，述弢译
	治国策	[波斯]尼扎姆·莫尔克著，[英]胡伯特·达克（由波斯文转译成英文），蓝琪、许序雅译，蓝琪校
	西域的历史与文明	[法]鲁保罗著，耿昇译
	16～18世纪中亚历史地理文献	[乌]Б. А. 艾哈迈多夫著，陈远光译
	亲历晚清四十五年——李提摩太在华回忆录	[英]李提摩太著，李宪堂、侯林莉译
	伯希和西域探险记	[法]伯希和等著，耿昇译
	观念的冒险	[美]A. N. 怀特海著，周邦宪译
人物传记类	溥仪的后半生	王庆祥著
	胡乔木——中共中央一支笔	叶永烈著
	林彪的这一生	少华、游胡著
	左宗棠在甘肃	马啸著